LAS CONCESIONES DE DOMINIO PÚBLICO PORTUARIO EN LA LEGISLACIÓN ESTATAL DE PUERTOS: RÉGIMEN JURÍDICO, NUEVAS PERSPECTIVAS Y RETOS FUTUROS

EDITORIAL
UNIVERSIDAD DE SEVILLA

JULIO DAVID MORENO PRIETO

LAS CONCESIONES DE DOMINIO PÚBLICO PORTUARIO EN LA LEGISLACIÓN ESTATAL DE PUERTOS: RÉGIMEN JURÍDICO, NUEVAS PERSPECTIVAS Y RETOS FUTUROS

EDITORIAL
UNIVERSIDAD DE SEVILLA

INSTITUTO
CLAVERO
ARÉVALO

SEVILLA 2024

© Editorial Universidad de Sevilla 2024
   c/ Porvenir, 27 - 41013 Sevilla
   Tfnos.: 954 487 447; 954 487 451
   Correo electrónico: info-eus@us.es
   Web: https://editorial.us.es

© Julio David Moreno Prieto 2024

Impreso en papel ecológico
Impreso en España-Printed in Spain

ISBN: 978-84-472-2646-7
Depósito Legal: SE 2873-2024

Maquetación: Cuadratín Estudio
Impresión: Podiprint

Para mi padre, que estaría muy orgulloso
Para toda mi familia, compañeros y amigos

Índice

Prólogo

Tengo la satisfacción de prologar la excelente obra de Julio David Moreno Prieto *Las concesiones de dominio público portuario en la legislación estatal de puertos: régimen jurídico, nuevas perspectivas y retos futuros*, que tiene su origen en la tesis doctoral que he tenido la oportunidad de dirigir, y cuya defensa tuvo lugar en la Facultad de Derecho de la Universidad de Sevilla el 26 de febrero de 2024 ante una comisión de expertos, integrada por los profesores Ángel Menéndez Rexach, Francisco Jiménez de Cisneros Cid, María Zambonino Pulito, M.ª de los Ángeles Fernández Scagliusi y Manuel Estepa Montero. Obtuvo la máxima calificación:*sobresaliente cum laude.*

España es el país europeo con más kilómetros de costa. Los puertos son infraestructuras de enorme importancia para España,la Unión Europeay su posicionamiento geoestratégico. El sector del transporte marítimo constituye un epítome de la globalización, como ha puesto de manifiesto en los últimos tiempos la avalancha de buques contenedores que están recibiendo los puertos españoles por la crisis del mar Rojo y el abandono del canal de Suez, debido a los ataques hutíes a cargueros occidentales en el estrecho de Ormuz. Esto sitúa a los puertos de Algeciras, Valencia o Barcelona como puntos de entrada a Europa. Esta crisis supone tanto una oportunidad económica –más ingresos por el trasiego de contenedores– como un desafío logístico[1].

Los puertos españoles se gestionan bajo el modelo conocido como *land lord*, un sistema descentralizado en el que las autoridades portuarias gozan de gran autonomía en la toma de decisiones y aplican criterios empresariales. Actualmente hay 46 puertos clasificados como de «interés general», gestionados por 28 autoridades portuarias, coordinadas por el organismo público Puertos del Estado. Son muchas las empresas que prestan servicios portuarios o comerciales en los puertos de interés general o que desarrollan actividades industriales, comerciales o de servicios amparados por una concesión demanial.

---

[1] https://elpais.com/economia/2024-05-05/los-puertos-espanoles-reciben-una-avalancha-de-buques-de-contenedores-por-la-crisis-del-mar-rojo.html

El marco constitucional del sistema portuario español se fundamenta en la noción de «interés general» como criterio de atribución de competencia exclusiva en favor del Estado. El Estado ostenta también la titularidad del dominio público marítimo-terrestre, sobre el que se asientan los puertos, que no es un criterio atributivo de competencias.

Su autor examina con carácter previo los diversos títulos habilitantes para la ocupación del demanio portuario al objeto de distinguirlos de la concesión demanial y de figuras afines, como los contratos. A este respecto, puede citarse por su importancia la reciente adjudicación el 1 de julio de 2024 de las obras de construcción de la terminal de contenedores de la ampliación norte del Puerto de Valencia Expediente EC23-C02-10000, suspendido cautelarmente por el Tribunal Administrativo Central de Recursos Contractuales (TACRC) como consecuencia de la interposición de un recurso (vid. expediente y nota informativa en Plataforma de Contratación del Sector público Autoridad Portuaria de Valencia).

A partir del capítulo 3 estudia pormenorizadamente todos los aspectos del régimen jurídico de la concesión demanial portuaria.

La determinación de la naturaleza jurídica de la concesión demanial, como negocio jurídico de carácter patrimonial o contractual, resulta un asunto controvertido sobre el que todavía no existe un criterio unánime y que tiene indudable relevancia práctica. Entre otras cuestiones, determina el régimen jurídico aplicable (especialmente el sistema de prelación de fuentes) y el sistema de recursos administrativos. Del Real Decreto Legislativo 2/2011, de 5 de septiembre, por el que se aprueba el Texto Refundido de la Ley de Puertos del Estado y de la Marina Mercante (TRLPEMM) se desprende que la naturaleza jurídica de la concesión de dominio público portuario es patrimonial, no contractual. En idéntico sentido se ha pronunciado la jurisprudencia más reciente que descarta tajantemente la aplicación de la LCSP a las concesiones de dominio público portuario. Julio D. Moreno Prieto defiende mantener la sustantividad y los contornos propios de la concesión de dominio público portuario, pero también potenciar una mejora mediante la aproximación de su regulación a la legislación de contratos públicos y sus principios cardinales para introducir nuevas perspectivas de interés general en el uso y explotación del demanio portuario.

El procedimiento para el otorgamiento de concesiones de dominio público portuario se regula en los arts. 83 a 87 del TRLPEMM y en el Pliego de Condiciones Generales para el otorgamiento de concesiones de dominio público portuario aprobado por Orden FOM/938/2008, de 27 de marzo (PCG). Se trata de un procedimiento complejo, compuesto por dos fases. En la primera fase, y en función de las particularidades del caso, la Autoridad Portuaria tiene que optar entre los trámites de competencia de proyectos, concurso y adjudicación directa. La regla general es el trámite de competencia de proyectos, si bien el doctor Moreno Prieto subraya que el que ofrece mayores garantías en términos de publicidad, concurrencia, transparencia y salvaguarda de la libre competencia es el concurso. Por ello considera con acierto que debería convertirse en la regla general para otorgar concesiones en el demanio portuario. Una vez concluido el trámite que proceda, se pasa a una segunda fase, que es común, y que se denomina procedimiento de otorgamiento de la concesión.

Según la regulación actual, el otorgamiento o denegación de una concesión portuaria tiene carácter discrecional pues se fundamenta en la satisfacción de un «interés portuario» que el art. 85 del TRLPEMM basa en criterios de rentabilidad y eficiencia del propio demanio portuario. Mas, como acertadamente manifiesta el autor y que constituye una de sus aportaciones relevantes en este trabajo, desde la aprobación del nuevo marco estratégico del Sistema Portuario en el año 2022 la discrecionalidad en el otorgamiento de concesiones también debería estar alineado con las exigencias que emanan de la dimensión ambiental y social, superándose con ello los aspectos puramente económicos, propios de la corriente de valorización de dominio público brillantemente estudiada por la profesora Mª. A. Fernández Scagliusi (*El dominio público funcionalizado: la corriente de valorización*, INAP, 2015; *La rentabilización del dominio público en tiempos de crisis. ¿Nuevas tendencias coyunturales o definitivas?*, Tecnos, 2015).

La duración de las concesiones portuarias –que es un asunto de enorme importancia al estar íntimamente conectado con la inversión acometida, su periodo de amortización y con la continuación de las relaciones jurídicas subyacentes– se examina en el capítulo 5. Se trata de una cuestión difícil de responder en ocasiones a los efectos de luego poder dilucidar si puede o no optar a alguna de las prórrogas contempladas en el TRLPEMM. Recientemente la disposición final segunda de la Ley 2/2024, de 1 de agosto, de creación de la Autoridad Administrativa Independiente para la investigación técnica de accidentes e incidentes ferroviarios, marítimos y de aviación civil ha vuelto a incidir en el régimen del plazo de las concesiones, al modificar el art. 82.2 TRLPEMM. Debemos subrayar que en la Exposición de Motivos de la citada Ley 2/2024 se omite la motivación de esta nueva reforma. El límite temporal máximo sigue siendo 50 años para las prórrogas ordinarias y 75 años para las prórrogas extraordinarias, pero añadiendo algunas modificaciones de gran importancia práctica para las empresas concesionarias que aspiren a una prórroga o que tengan en curso una solicitud dirigida a obtener su otorgamiento.

También prevé un régimen transitorio retroactivo que conduce a aplicar esta reforma tanto a las concesiones vigentes, independientemente de la fecha en la que se otorgaron como a los expedientes de prórroga del plazo concesional que se hallen en tramitación a la fecha de entrada en vigor de esta ley. De este modo se consolida el criterio uniformador del régimen de las prórrogas para todas las concesiones con independencia de la fecha de su otorgamiento.

La concesión portuaria en su vertiente dinámica o en el tráfico jurídico se analiza en el capítulo 6 a la luz de la jurisprudencia más reciente: desde la modificación y revisión, la suspensión temporal; la división y unificación; la transmisión, enajenación de acciones, participaciones o cuotas y actos de gravamen, así como las distintas formas de extinción y sus efectos.

La concesión portuaria es soporte de actividades económicas, servicios portuarios y obras y, como es bien sabido, no exime a su titular de la carga de obtener otros títulos administrativos. Considero de especial relevancia subrayar como lo ha hecho el autor, la aplicación de la Ley 20/2013, de 9 de diciembre, de Garantía de la Unidad de Mercado (LGUM) a los servicios comerciales y actividades económicas que se desarrollan en dominio público portuario. El Tribunal Supremo ha declarado recientemente que la LGUM resulta de aplicación a cualquier actividad económica, también a las que se desarrollan en el dominio público portuario otorgado en concesión, lo que conlleva que cualquier título habilitante que otorguen las autoridades portuarias al amparo del TRLPEMM debe interpretarse de conformidad con los principios y reglas contenidos en la LGUM.

Otro aspecto de gran interés es el análisis de los usos y obras y de los actos sujetos y exentos de licencia urbanística. Como explica el autor, la cuestión del sometimiento al control preventivo municipal de las obras que se ejecuten en el demanio portuario no está bien resuelta en la legislación estatal de puertos.

Termina la monografía con un destacado y original análisis en el capítulo 8 de la incorporación de cláusulas sociales y medio ambientales en las concesiones portuarias, manteniendo la naturaleza de acto unilateral de naturaleza patrimonial, pero tomando la contratación pública como «espejo». Como advierte su autor, hasta que no se produzca una reforma legislativa difícilmente se va a poder acudir al ámbito de la contratación pública para justificar la incorporación de cláusulas sociales y medioambientales en las concesiones portuarias, pues la jurisprudencia ha dejado sentado que no es posible aplicar supletoriamente la LCSP a las concesiones portuarias. Pese a ello, en este trabajo se ha realizado un esfuerzo por examinar el estado actual de esta cuestión en el ámbito de las concesiones portuarias, y por agrupar determinados principios y preceptos de la legislación portuaria que abrirían la puerta a la incorporación de cláusulas sociales y medioambientales en distintas fases del procedimiento para el otorgamiento de concesiones portuarias, sin necesidad de modificar el vigente TRLPEMM.

Con todo, sostiene su autor que la oportunidad y conveniencia de modificar la legislación estatal de puertos estaría más que justificada en los resultados satisfactorios que ofrece la utilización de estas cláusulas en el ámbito de la contratación pública y los objetivos de marcado interés general que se persiguen. El nuevo marco estratégico del Sistema Portuario de interés general, aprobado mediante la Orden TMA/1014/2022, de 7 de octubre destaca tres dimensiones prioritarias de los puertos: la económica, la ambiental y la social. La sostenibilidad debe abandonar su condición colateral o complementaria, a favor parte consustancial de toda actividad portuaria. La incorporación de estipulaciones medioambientales y sociales en las concesiones portuarias se califica por el nuevo marco estratégico como una actuación «urgente» y que debe implementarse mediante «una próxima revisión del Pliego de Condiciones Generales (PCG) que el actual marco legal contempla para las concesiones y autorizaciones en los puertos».

Lleva a cabo el examen de las cláusulas de contenido ambiental y social previstas en el PCG y llega a la conclusión que no se trata de auténticas cláusulas sociales o medioambientales, sino más bien ante cláusulas garantistas que tienen como único objetivo recordar el cumplimiento de la normativa vigente.

Cierra el capítulo un minucioso y útil análisis de distintos pliegos de condiciones particulares y bases del concurso aprobados desde hace décadas por las distintas autoridades portuarias. Las estipulaciones examinadas se han incorporado en un cuadro que se extracta en el anexo de esta obra, que valoro como sobresaliente y del que se infieren importantes conclusiones entre las que destacan:

— Se observa una evolución en los pliegos de condiciones particulares de las concesiones portuarias y en los pliegos de bases del concurso, de manera que los aprobados en los últimos años contienen mayores exigencias de contenido ambiental y social.

— Los pliegos de bases de concursos públicos para el otorgamiento de concesiones portuarias suelen incorporar cláusulas medioambientales y sociales como criterio de adjudicación, si bien, la puntuación que se suele otorgar sigue siendo mínima en comparación con otros criterios económicos y técnicos.

— Entre las estipulaciones medioambientales pueden destacarse: la suscripción con la Autoridad Portuaria de un convenio de buenas prácticas en materia ambiental; exigir el registro y la implantación de sistemas de gestión ambiental; imponer la participación en proyectos que analicen la ecosuficiencia de los puertos; propuestas de concesiones que mejoren el entorno y el impacto paisajístico; que exijan altos estándares en materia de recogida y gestión de residuos, de vertidos y que eviten las emisiones a la atmosfera y los altos niveles de ruido; imponer medidas de implementación de la sostenibilidad en edificación y la integración de fuentes de energía renovables, de eficiencia energética y uso sostenible de los recursos; prohibir que concurran en las licitaciones aquellas personas físicas o jurídicas condenadas mediante sentencia firme en delitos contra el medioambiente y exigir un nivel determinado de solvencia en materia medioambiental como requisito para concurrir en las licitaciones.

— En materia social las estipulaciones son menores.

Termino felicitando a su autor, que ha llevado a cabo con una escritura clara y ágil un excelente y completo estudio de la concesión de dominio público portuario. No ha eludido ninguno de los temas controvertidos que plantea el régimen jurídico de la institución y en el que se hallan relevantes puntos de vista y aportaciones. Exhaustivo en el manejo de la jurisprudencia y de la doctrina científica, propios de un magnífico jurista e investigador, este trabajo va a ser de consulta obligada para todos los interesados en la concesión de dominio público portuario, tanto desde una perspectiva académica, como del ejercicio profesional de la abogacía.

Encarnación MONTOYA MARTÍN
Catedrática de Derecho Administrativo
La Antilla, Huelva, agosto de 2024

Tabla de abreviaturas y acrónimos

Normativa	
CE o CE 1978	Constitución Española
Código Civil	Real Decreto de 24 de julio de 1889 por el que se publica el Código Civil
Directiva de sectores excluidos	Directiva 2014/25/UE del Parlamento Europeo y del Consejo, de 26 de febrero de 2014, relativa a la contratación por entidades que operan en los sectores del agua, la energía, los transportes y los servicios postales
Directiva de Servicios	Directiva 2006/123/CE del Parlamento Europeo y del Consejo, de 12 de diciembre de 2006, relativa a los servicios en el mercado interior
LBRL	Ley 7/1985, de 2 de abril, Reguladora de las Bases del Régimen Local
LC o Ley de Costas	Ley 22/1988, de 28 de julio, de Costas
LCSP	Ley 9/2017, de 8 de noviembre, de Contratos del Sector Público, por la que se transponen al ordenamiento jurídico español las Directivas del Parlamento Europeo y del Consejo 2014/23/UE y 2014/24/UE, de 26 de febrero de 2014
LEC	Ley 1/2000, de 7 de enero, de Enjuiciamiento Civil
LEF	Ley de 16 de diciembre de 1954 sobre Expropiación Forzosa

Normativa	
LOCE	Ley Orgánica 3/1980, de 22 de abril, del Consejo de Estado
Ley 2/2024	Ley 2/2024, de 1 de agosto, de creación de la Autoridad Administrativa Independiente para la investigación técnica de accidentes e incidentes ferroviarios, marítimos y de aviación civil
Ley 2/2013	Ley 2/2013, de 29 de mayo, de protección y uso sostenible del litoral y de modificación de la Ley 22/1988, de 28 de julio, de Costas
Ley 13/2003	Ley 13/2003, de 23 de mayo, reguladora del contrato de concesión de obras públicas
Ley de Puertos de 2003	Ley 48/2003, de 26 de noviembre, de régimen económico y de prestación de servicios de los puertos de interés general
Ley 18/2014	Ley 18/2014, de 15 de octubre, de aprobación de medidas urgentes para el crecimiento, la competitividad y la eficiencia
Ley Hipotecaria	Decreto de 8 de febrero de 1946 por el que se aprueba la nueva redacción oficial de la Ley Hipotecaria
Ley Paraguas o Ley 17/2009	Ley 17/2009, de 23 de noviembre, sobre el libre acceso a las actividades de servicios y su ejercicio
LGP	Ley 47/2003, de 26 de noviembre, General Presupuestaria
LGUM	Ley 20/2013, de 9 de diciembre, de Garantía de la Unidad de Mercado
LGT	Ley 58/2003, de 17 de diciembre, General Tributaria
LJCA	Ley 29/1998, de 13 de julio, reguladora de la Jurisdicción Contencioso-administrativa
LOPJ	Ley Orgánica 6/1985, de 1 de julio, del Poder Judicial
LOTC	Ley Orgánica 2/1979, de 3 de octubre, del Tribunal Constitucional

Normativa	
LPA	Ley 21/2007, de 18 de diciembre, de Régimen Jurídico y Económico de los Puertos de Andalucía
LPAC	Ley 39/2015, de 1 de octubre, de Procedimiento Administrativo Común de las Administraciones Públicas
LPAP	Ley 33/2003, de 3 de noviembre, del Patrimonio de las Administraciones Públicas
LPEMM o LPEMM de 1992	Ley 27/1992, de 24 de noviembre, de Puertos del Estado y de la Marina Mercante
LPV	Ley 2/2014, de 13 de junio, de Puertos de la Generalitat
LRJSP	Ley 40/2015, de 1 de octubre, del Régimen Jurídico del Sector Público
LTPP	Ley 8/1989, de 13 de abril, de Tasas y Precios Públicos
PCG	Orden FOM/938/2008, de 27 de marzo, que aprueba el Pliego de Condiciones Generales para el otorgamiento de concesiones en el dominio público portuario estatal
RAFSP	Reglamento de actuación y funcionamiento del sector público por medios electrónicos, aprobado por el Real Decreto 203/2021, de 30 de marzo
RBEL	Reglamento de Bienes de las Entidades Locales, aprobado por Real Decreto 1372/1986, de 13 de junio
RD-Ley 3/2020	Real Decreto-ley 3/2020, de 4 de febrero, de medidas urgentes por el que se incorporan al ordenamiento jurídico español diversas directivas de la Unión Europea en el ámbito de la contratación pública en determinados sectores; de seguros privados; de planes y fondos de pensiones; del ámbito tributario y de litigios fiscales
RD-Ley 8/2014	Real Decreto-ley 8/2014, de 4 de julio, de medidas urgentes para el crecimiento, la competitividad y la eficiencia

Normativa	
RDL 15/2020	Real Decreto-ley 15/2020, de 21 de abril, de medidas urgentes complementarias para apoyar la economía y el empleo
RDL 26/2020	Real Decreto-ley 26/2020, de 7 de julio, de medidas de reactivación económica para hacer frente al impacto del COVID-19 en los ámbitos del transporte y vivienda
Reglamento Hipotecario	Reglamento Hipotecario, aprobado por el Decreto de 14 de febrero de 1947
Reglamento (UE) 2017/352	Reglamento (UE) 2017/352 del Parlamento Europeo y del Consejo de 15 de febrero de 2017 por el que se crea un marco para la prestación de servicios portuarios y se adoptan normas comunes sobre la transparencia financiera de los puertos
RGC de 1989	Reglamento general para desarrollo y ejecución de la Ley 22/1988, de 28 de julio, de Costas, aprobado por el Real Decreto 1471/1989, de 1 de diciembre
RGC de 2014	Reglamento General de Costas, aprobado por el Real Decreto 876/2014, de 10 de octubre
TRLPEMM	Texto Refundido de la Ley de Puertos del Estado y de la Marina Mercante, aprobado por el Real Decreto Legislativo 2/2011, de 5 de septiembre

Otros	
AN	Audiencia Nacional
AAN	Auto de la Audiencia Nacional
AP	Audiencia Provincial
AAP	Auto de la Audiencia Provincial
ATS	Auto del Tribunal Supremo
ATSK	Auto del Tribunal Superior de Justicia
BOE	Boletín Oficial del Estado
CDGT	Consulta de la Dirección General de Tributos

Otros	
DCE	Dictamen del Consejo de Estado
DEUP	Delimitación de los Espacios y Usos Portuarios
DGRN	Dirección General de los Registros y del Notariado
DGSJFP	Dirección General de Seguridad Jurídica y Fe Pública
DGT	Dirección General de Tributos
DOUE	Diario Oficial de la Unión Europea
IAE	Informe de la Abogacía del Estado
RDGSJFP	Resolución de la Dirección General de Seguridad Jurídica y Fe Pública
SAN	Sentencia de la Audiencia Nacional
SAP	Sentencia de la Audiencia Provincial
STC	Sentencia del Tribunal Constitucional
STJCE	Sentencia del Tribunal de Justicia de la Comunidad Europea
STJUE	Sentencia del Tribunal de Justicia de la Unión Europea
STS	Sentencia del Tribunal Supremo
STSJ	Sentencia del Tribunal Superior de Justicia
TARCJA	Tribunal Administrativo de Recursos Contractuales de la Junta de Andalucía
TC	Tribunal Constitucional
TCu	Tribunal de Cuentas
TJUE	Tribunal de Justicia de la Unión Europea
TS	Tribunal Supremo
TSJ	Tribunal Superior de Justicia

Introducción

I. Puertos han existido siempre y son tan antiguos como las primeras civilizaciones. En nuestra tradición histórica, el régimen jurídico de los puertos ha pasado de estar muy ligado al contrato de concesión de obra pública en la Ley de Puertos de 1880 a la idea de servicio público en las sucesivas leyes portuarias, pero estando siempre muy vinculado a la categoría de dominio público.

En los inicios, la concesión administrativa no era una institución jurídica muy utilizada en los puertos de titularidad estatal, ni existían tantas posibilidades para el uso privativo del espacio portuario. Las actividades económicas y los servicios que se prestaban en los puertos pivotaban, principalmente, sobre otras instituciones típicas de la disciplina jurídica administrativa, como la obra pública y el servicio público.

En la actualidad, los puertos de interés general son auténticos nodos multimodales y centros económicos que conforman un sector muy importante de nuestra economía y constituyen un motor de crecimiento socioeconómico del Estado y de las comunidades autónomas. Coadyuvan, además, al desarrollo comercial y económico de la Unión Europea.

En España, existen 46 puertos de interés general gestionados por 28 Autoridades Portuarias, cuya coordinación y control corresponde al organismo Puertos del Estado. Son muchas las empresas que prestan servicios portuarios o comerciales en estos puertos, o que desarrollan actividades industriales, comerciales o de servicios, amparados por un título concesional.

La importancia que tiene hoy la concesión de dominio público portuario es fruto de un proceso evolutivo, pero, sobre todo, de una apuesta decidida del Legislador, especialmente a raíz de la Ley de Puertos de 2003, por la ampliación progresiva de las posibilidades de utilización del espacio portuario y la promoción e incremento de la participación de la iniciativa privada en la financiación, construcción y explotación de las infraestructuras portuarias y en la prestación de los servicios portuarios y comerciales.

II. Los puertos se encuentran, además, inmersos en un contexto de profundos cambios para abordar cuestiones trascendentes para la sociedad, como la emergencia climática, la transformación digital, la irrupción de la economía 4.0, diversos episodios bélicos que asechan la economía a escala mundial, la incertidumbre en torno al comercio internacional, el crecimiento del transporte de personas por ocio, o su capacidad de resiliencia para adaptarse a cambios inesperados como ocurrió, por ejemplo, con la crisis sanitaria del COVID-19.

La concesión administrativa debe y tiene que adaptarse a todos estos cambios para seguir siendo un título jurídico útil para la ocupación temporal del dominio público portuario. Son muchos los retos y oportunidades que tiene por delante. Necesariamente, tiene que consolidarse en nuestro ordenamiento jurídico como una técnica de colaboración público-privada que verdaderamente coadyuve a una mejor gestión del demanio portuario, su contribución a consideraciones de tipo social, medioambiental y de innovación, más allá de su mera utilización privativa por parte de la iniciativa privada y la rentabilización de los espacios portuarios por parte de los organismos portuarios.

En las páginas que siguen se analiza, a la vista de la legislación estatal de puertos y las dispares interpretaciones doctrinales y jurisprudenciales sobre la materia, el régimen jurídico de las concesiones demaniales como la principal técnica jurídica para la utilización privativa del dominio público portuario en el sistema portuario de titularidad estatal.

Este trabajo pretende agrupar y sistematizar en un único documento la esencia de esta institución jurídica, su contenido principal y las contradicciones detectadas en su regulación y aplicación práctica por parte de los operadores jurídicos. Pero el objeto de este trabajo no se detiene en la mera exposición teórico-práctica de esta materia, supone la necesidad de posicionarse en muchas de las cuestiones controvertidas para hallar soluciones jurídicas prácticas, y aducir temas candentes *de lege ferenda* que podrían ser objeto de reflexión en una eventual reforma de la legislación estatal de puertos que está próxima.

De hecho, en 22 de marzo de 2024, el Consejo de Ministros aprobó el Plan Anual Normativo de la Administración General del Estado para el año 2024, en el que de las 199 normas con rango de ley que pretende impulsar, una de ellas es la Ley de Reforma del TRLPEMM, con objeto de «actualizar aquellos contenidos que han quedado desfasados» y «cubrir las lagunas de la regulación que se han detectado durante estos últimos años». No se trata de una novedad, esta misma iniciativa también se recogía en el Plan Anual Normativo para el año 2023, pero dicho propósito no se cumplió[2].

_____

[2] El 2 de agosto de 2024 se ha publicado en el BOE la Ley 2/2024, de 1 de agosto, de creación de la Autoridad Administrativa Independiente para la Investigación Técnica de Accidentes e Incidentes ferroviarios, marítimos y de aviación civil, que modifica, en su disposición final segunda, el artículo 82.2 del TRLPEMM, además de otros preceptos de esa norma. En 1 de agosto de 2024, se registró en el Congreso de los Diputados un nuevo Proyecto de Ley para modificar el TRLPEMM y la Ley 14/2014, de 24 de julio, de Navegación Marítima. En lo que a las concesiones portuarias se refiere, el Proyecto de Ley propone reformar los artículos 81.3, 92.3 y 8, 96.b) del TRLPEMM. La modificación del artículo 92.3 del TRLPEMM es la que, en mi opinión, tiene mayor impacto, pues la Autoridad Portuaria ya no solo tiene que autorizar la transmisión de la

Otro de los objetivos que persigue este trabajo, en línea con las nuevas tendencias, es el de proponer fórmulas para la mejora del uso y explotación del dominio público portuario y su contribución a consideraciones de tipo social, medioambiental y de innovación. La puesta en práctica de estas perspectivas en el modelo concesional en vigor apunta a los principales aspectos de la regulación que también deberían abordarse en una eventual reforma de la legislación estatal de puertos.

La necesidad urgente de mejorar el uso y explotación del dominio público portuario se refleja en el nuevo Marco Estratégico del sistema portuario de interés general, aprobado mediante la Orden TMA/1014/2022, de 7 de octubre[3]. Es sabido que el Marco Estratégico se regula en el artículo 52 del TRLPEMM, y es un documento que elaboran Puertos del Estado y las Autoridades Portuarias, y que aprueba el Ministerio de Fomento (actualmente, Ministerio de Transportes y Movilidad Sostenible). Este documento establece, para un periodo de tiempo determinado, el modelo de desarrollo estratégico, los criterios de actuación, así como los objetivos generales de gestión técnicos, económicos, financieros y de recursos humanos del conjunto del sistema portuario de titularidad estatal. Se trata de una guía para la planificación de los puertos de interés general, que será ejecutada por las Autoridades Portuarias a través de sus Planes de Empresa y podrá ser desarrollado por medio de Planes Estratégicos y Planes Directores de Infraestructuras. El Marco Estratégico aprobado en el año 2022 tiene un horizonte temporal que se sitúa en el año 2030[4].

---

concesión una vez que se acredite por el adquirente el cumplimiento de los requisitos del artículo 92 del TRLPEMM, sino que ahora también tendrá que autorizar la participación de los interesados en los procedimientos de remate judicial y administrativo, así como en los procedimientos regulados en la ley concursal. Otro cambio relevante es la regulación de la tasa de ocupación del demanio portuario por ocupación de terrenos con obras e instalaciones fijas, dando una nueva redacción a las letras a) y c) del artículo 175 del TRLPEMM.

[3] BOE núm. 257, de 26 de octubre de 2022.

[4] El sistema portuario de titularidad estatal actual es heredero de la ejecución durante las últimas décadas del primer Marco Estratégico del Sistema Portuario de Titularidad Estatal, que fue redactado durante los años 1996 y 1997, en otro contexto económico general distinto, y que, finalmente, aprobó el Consejo Rector de Puertos de Estado en su sesión de 17 de febrero de 1998. Este primer Marco Estratégico estuvo vigente durante más de veinte años. En síntesis, dicho Marco Estratégico tenía como finalidad mejorar la competitividad del sistema portuario estatal en un contexto de competitividad entre los puertos de interés general, de creciente internalización de los puertos españoles y de liberalización de las actividades económicas, como consecuencia de las distintas normas y directrices establecidas por la Unión Europea. El análisis estratégico se basó, entonces, en (i) un nuevo modelo de gestión, para convertir a los puertos en proveedores de infraestructuras y espacios y regulador de los servicios portuarios (ii) un nuevo modelo de organización, que permita a las autoridades portuarias gestionar los puertos de su competencia con criterios empresariales, y (iii) un nuevo modelo de relación, que resulte capaz de afrontar los nuevos retos.

El nuevo Marco Estratégico destaca tres dimensiones prioritarias de los puertos de interés general en el nuevo horizonte temporal: la económica, la ambiental y la social[5]. El desarrollo de estas dimensiones se producirá a través de siete criterios de actuación preferentes, equiparables a valores o principios rectores (eficiencia, conectividad, digitalización, innovación, sostenibilidad, seguridad y transparencia), dieciséis líneas estratégicas y cincuenta y seis objetivos generales de gestión (que se exponen en el siguiente cuadro), que se concretan con un calendario de actuación para el cumplimiento de múltiples metas.

Tabla 1. Líneas estratégicas y objetivos del Marco Estratégico del Sistema Portuario

Líneas estratégicas	Objetivos generales de gestión
Autoridades Portuarias económicamente sostenibles	Fórmulas revisadas de financiación Presupuestación efectiva Tasas ajustadas a la realidad portuaria FCI tasado y alineado
Ordenación y gestión ágil y avanzada del dominio público	Espacios portuarios con alto rendimiento Espacios portuarios al servicio del interés general Espacios portuarios geo-digitalizados
Infraestructuras orientadas a demanda, fiables, conectadas y sostenibles	Infraestructuras orientadas a demanda Infraestructuras funcionales y rentables Infraestructuras fiables y resilientes Infraestructuras conectadas Infraestructuras ambientalmente respetuosas
Servicios competitivos y operaciones eficientes	Servicios competitivos al servicio del interés general Operaciones eficientes al servicio del interés general Ordenación de funciones y procedimientos

---

[5] El modelo de desarrollo estratégico conecta la perspectiva económica con la actividad que se realiza en los puertos, la ambiental con el entorno natural en el que se asientan, y la social, que recoge tanto a las personas como a las instituciones en las que se enmarcan.

Líneas estratégicas	Objetivos generales de gestión
Seguimiento y facilitación de la actividad portuaria	Refuerzo del Observatorio Estadísticas avanzadas Oficina de estudios Servicios océano-m. de alta precisión
Inspecciones y tramitaciones administrativas ágiles y eficaces	Controles e inspección en frontera ágiles Trámites eficaces y optimizados Mayor interrelación institucional
Administración portuaria digital. Puertos inteligentes y sincromodales	Administración portuaria digital Puerto digital Estandarización e interoperabilidad Puerto inteligente Puerto sincromodal
Puertos innovadores	Impulso sistémico de la innovación Organismos portuarios co-creadores Innovación al servicio del crecimiento azul Premios a la innovación
Puertos con proyección internacional	Refuerzo relaciones internacionales Potenciación marca «Puertos de España» Foro de puertos iberoamericanos
Puertos ambientalmente sostenibles	Debida diligencia en la gestión ambiental Elevar la calidad ambiental Poner en valor la ecoeficiencia
Puertos ecoproactivos	Incentivar movilidad ecosostenible Contribuir a mitigar el cambio climático Contribuir a adaptación al cambio climático
Puertos comprometidos con su ciudad	Puertos abiertos al ciudadano Servicios portuario-municipal coordinados Fomento de la RSC en el entorno Dar a conocer el puerto
Puertos seguros y protegidos	Mejora de la seguridad industrial y la circulación Mejora de la protección portuaria Puertos ciberseguros

Líneas estratégicas	Objetivos generales de gestión
Ayudas a la navegación (AtoN) avanzadas y de calidad	Modernizar equipos y procesos Reforzar la calidad y la transparencia Acercar las AtoN al ciudadano
Cultura ética corporativa	Código ético portuario Cumplimiento corporativo
Ampliación y mejora continua del capital humano	Ampliación y reestructuración del capital humano Ser inclusivos e impulsar la igualdad Mejorar formación y promoción Promover comunicación y participación

Fuente: Elaboración propia a partir del contenido del Marco Estratégico del Sistema Portuario

Destacan, por una mejor gestión del demanio portuario, la «ordenación y gestión ágil, transparente y avanzada del dominio público», «infraestructuras orientadas a demanda, fiables, conectadas y sostenibilidad», «servicios competitivos y operaciones eficientes», «puertos innovadores», «puertos ambientalmente sostenibles», «puertos comprometidos con su ciudad» y «cultura ética corporativa» como líneas estratégicas. También los «espacios portuarios al servicio del interés general», «infraestructuras ambientalmente respetuosas», «servicios competitivos y al servicio del interés general», «elevar la calidad ambiental», «poner en valor la ecoeficiencia» como objetivos generales.

Pero, sin duda, si debemos destacar una línea estratégica (con sus respectivos objetivos generales de gestión), es la «ordenación y gestión ágil, transparente y avanzada del dominio público», en la que se resalta que «el uso privativo del espacio portuario requiere ser alineado no solo con la estrategia económica del puerto, sino con las exigencias que emanan de su dimensión ambiental y social» y, para ello, es preciso avanzar en la regulación de la incorporación de condiciones sociales y medioambientales en los pliegos de las concesiones de dominio público portuario.

En definitiva, los objetivos de la presente investigación no se detienen en el estudio teórico-práctico del régimen jurídico de las concesiones de dominio público portuario en el vigente TRLPEMM, sino también en el análisis de las nuevas perspectivas y retos futuros que harían de la concesión de dominio público portuario una institución clave para un mejor uso y explotación del dominio público portuario en los próximos años.

III. La presente obra se estructura en ocho capítulos, en función de aquellos campos que han sido objeto de riguroso estudio durante los años de investigación.

En el capítulo primero, titulado «El sistema portuario en la Constitución española», se ofrece una visión general del modelo competencial que deriva de la Constitución española de 1978, referido al sistema portuario de titularidad estatal. Se trata de un capítulo esencial para delimitar la temática objeto de estudio y sentar las bases del trabajo que se desarrollará en los siguientes capítulos.

El capítulo segundo, denominado «Títulos habilitantes para la ocupación del demanio portuario», analiza las similitudes y diferencias de la concesión de dominio público portuario con otros títulos de ocupación del demanio portuario. También se presta especial atención a las técnicas contractuales privadas para la ocupación total o parcial de terrenos concesionados (las denominadas «subconcesiones») y a la problemática existente en los enclaves privados situados en la zona de servicio de algunos puertos de interés general.

El tercer capítulo, que tiene por título «La concesión de dominio público portuario», aborda el análisis jurídico de una gran variedad de cuestiones de la institución de la concesión de dominio público portuario en la legislación estatal de puertos. Se estudia, así, la evolución de esta institución desde sus orígenes hasta la actualidad, el concepto de «concesión portuaria», su naturaleza jurídica, sus elementos esenciales y notas características, y su régimen jurídico, prestando especial atención a la problemática del sistema de prelación de fuentes. Asimismo, en este capítulo se analiza otras cuestiones de sumo interés práctico para los operadores jurídicos, como el régimen de protección del dominio público portuario y el régimen resarcitorio de los distintos sujetos intervinientes.

El capítulo cuarto, que tiene por rúbrica «Procedimiento para el otorgamiento de concesiones portuarias», contiene un estudio exhaustivo y sistemático de las distintas fases que conforman el procedimiento para el otorgamiento de concesiones portuarias. Se presta especial atención al alcance de los últimos pronunciamientos judiciales dictados por el Tribunal Supremo, que inciden en la necesaria reconfiguración del trámite de competencia de proyectos y suponen una apuesta por el concurso, como procedimiento preferente para el otorgamiento de concesiones demaniales.

El quinto capítulo, que tiene por título «El plazo máximo de duración de las concesiones portuarias», presenta una visión general del régimen de plazos máximos y sistema de prórrogas de las concesiones de dominio público portuario en el sistema estatal de puertos. Se estudia la evolución legislativa, las pautas para determinar el plazo máximo de una concesión portuaria, los sistemas ordinario y extraordinario de prórrogas y otros mecanismos afines previstos en la legislación portuaria para extender el plazo de determinadas concesiones portuarias. Este capítulo concluye con un análisis jurídico sobre cuestiones de sumo interés práctico, como la documentación que debe acompañarse a una solicitud de prórroga, el procedimiento, duración y efectos del silencio administrativo, la necesidad de publicación la prórroga en el BOE y el estudio de la potestad de la Autoridad Portuaria para otorgar o denegar una prórroga.

El capítulo sexto, «La concesión portuaria en el tráfico jurídico», aborda el estudio más dinámico de la institución de la concesión portuaria y, con ello, de los diferentes mecanismos jurídicos previstos en la legislación para alterar el título concesional. Se examina en profundidad la modificación y revisión del título concesional, la división y unificación, los actos de transmisión *mortis causas* e *inter vivos*, la cesión total o parcial del uso, la alteración de la composición del capital social del concesionario, los actos de transmisión y gravamen y las diversas formas de extinción de las concesiones portuarias. Se propone, también, la necesidad de incorporar en la legislación estatal de puertos el mecanismo de «suspensión temporal de las concesiones de dominio público portuario» para afrontar situaciones excepcionales e imprevisibles que pongan en riesgo la estabilidad del negocio concesional, en términos parecidos a la «suspensión de contratos públicos» regulado en la LCSP.

En el capítulo séptimo, «La concesión de dominio público portuario como soporte de actividades económicas, servicios portuarios y obras», se analiza la perspectiva del demanio portuario como superficie soporte sobre la que se ordenan los servicios portuarios y comerciales, se desarrollan actividades económicas y se ejecutan obras. Este capítulo se completa con el estudio de la interrelación del título concesional con otros títulos administrativos habilitantes que vengan exigidos por otras disposiciones legales. Y, como cierre, se examina el impacto de la LGUM en las actividades económicas que se desarrollan en dominio público portuario, al hilo de un pronunciamiento del Tribunal Supremo.

Por último, el capítulo octavo tiene por rúbrica «La incorporación de cláusulas sociales y medioambientales en las concesiones portuarias». Su objetivo no es otro que resaltar la aptitud de la concesión portuaria como vehículo para la implementación de políticas en materia social y medioambiental en el ámbito portuario. Con ello, se pretende ofrecer una nueva visión sobre un mejor uso y explotación del dominio público portuario, más allá de su mera rentabilización, que contribuya a la mejora regulatoria del modelo concesional vigente en la legislación estatal de puertos. Dicho capítulo acoge, además, uno de los retos de los puertos para el horizonte temporal 2030 ofrecidos por el nuevo Marco Estratégico del sistema portuario de titularidad estatal, aprobado en el año 2022.

Capítulo Primero

EL SISTEMA PORTUARIO EN LA CONSTITUCIÓN ESPAÑOLA

1. LA NOCIÓN DE «INTERÉS GENERAL» COMO CRITERIO DE DISTRIBUCIÓN COMPETENCIAL

La transformación de la estructura del Estado debido a la entrada en vigor de la CE de 1978 también afectó al reparto competencial en materia de puertos. Hoy nos encontramos con un Estado organizado territorialmente en diecisiete Comunidades Autónomas y, tanto estas como la propia Administración General del Estado cuentan con competencias en materia portuaria, como se desprende de los artículos 148.1.6ª y 149.1.20ª de la CE. La materia «puertos» y sus distintas tipologías actúan como criterios de distribución competencial entre estos entes territoriales.

El modelo competencial actual deriva de los artículos 148 y 149 de la CE. El Estado tiene competencia sobre los llamados puertos de «interés general», según dispone el inciso tercero del artículo 149.1.20ª de la CE[6]. En aquellas Comunidades Autónomas cuyas competencias se encuentren regidas por el artículo 148.1.6ª, el Estado también ostenta competencia sobre los puertos que desarrollen «actividad comercial», cuando estas no hayan asumido su titularidad.

De otro lado, y con arreglo a lo previsto en el artículo 148.1.6ª de la CE, las Comunidades Autónomas pueden asumir competencias sobre «los puertos

---

[6] El concepto de 'interés general' es utilizado por la CE en múltiples ocasiones, para la distribución de competencias en diversas materias. Aparece siempre ligado a una materia competencial, adjetivándola. La CE no define este concepto, corresponde al Legislador delimitar su alcance, mediante una ley sectorial.

de refugio, los puertos y aeropuertos deportivos y, en general, los que no desarrollen actividades comerciales». En los inicios del periodo constitucional existían diferencias sustanciales entre las competencias que habían asumido las Comunidades Autónomas con litoral en función de la vía de acceso al autogobierno. Aquellas que accedieron por la vía gradual del artículo 143.2 de la CE[7] adquirieron, primero, competencia sobre los puertos de refugio, los puertos deportivos y, en general, los que no desarrollaban actividad comercial (artículo 148.1.6ª de la CE) y, luego, pasado el plazo de cinco años, extendieron su competencia sobre todos los puertos que no tenían la clasificación de interés general (artículo 148.2 de la CE). Asimismo, con el paso de los años, casi todas estas Comunidades Autónomas[8] asumieron competencia de ejecución sobre los puertos de interés general cuando el Estado no se hubiera reservado su gestión directa, lo que no ha ocurrido, pues el Estado, a través de las Autoridades Portuarias, gestiona directamente todos los puertos de interés general.

Por tanto, en las Comunidades Autónomas que accedieron a la autonomía por la vía del artículo 143.2 de la CE, el Estado no ostenta actualmente competencia sobre los puertos que desarrollan actividades comerciales, con la salvedad de aquellos que han sido clasificados como de interés general.

En cambio, las Comunidades Autónomas con litoral que accedieron por la vía rápida de la disposición transitoria segunda[9] o del artículo 151 de la CE[10] asumieron, directamente, un mayor grado de competencias, atribuyéndose la de todos los puertos no clasificados expresamente como de interés general, en aplicación de lo dispuesto en el artículo 149.3 de la CE. Además, en algunos casos, las Comunidades Autónomas conservaron la facultad de ejecutar la legislación estatal sobre los puertos de interés general cuando el Estado no se hubiera reservado su gestión directa.

En consecuencia, también en las Comunidades Autónomas que accedieron a la autonomía por la por la vía rápida, el Estado no ostenta actualmente competencia sobre los puertos que desarrollan actividades comerciales, salvo que hayan sido clasificados como de interés general.

Una mención especial merece la Comunidad Autónoma de Extremadura[11], que es la única Comunidad sin litoral que mantiene en su Estatuto de

---

[7] Principado de Asturias, Cantabria, Comunidad Valenciana, Región de Murcia, Islas Baleares y Canarias.

[8] Es el caso de las Comunidades Autónomas de Canarias, Comunidad Valenciana, Islas Baleares y Principado de Asturias.

[9] Comunidades Autónomas de Cataluña, País Vasco y Galicia, las cuales ostentaban un régimen preautonómico previo a la aprobación de la CE.

[10] Comunidad Autónoma de Andalucía.

[11] Extremadura accedió al autogobierno en virtud del artículo 143.2 de la CE.

Autonomía competencia en materia portuaria[12], en concreto sobre «puertos deportivos y otras infraestructuras de transporte que no sean de interés general».

Las Ciudades Autónomas de Ceuta y Melilla también cuentan en sus respectivos Estatutos de Autonomía con competencia en materia portuaria, concretamente en el artículo 21.1 de ambos textos, que confieren a estas ciudades autónomas competencia, únicamente, sobre los puertos deportivos que radiquen en sus respectivos territorios.

En definitiva, la competencia del Estado en materia portuaria queda reservada a (i) los puertos de interés general y (ii) a los puertos que desarrollen actividad comercial, siempre y cuando las Comunidades Autónomas no hayan asumido su titularidad. De ahí que la noción clave a los efectos de esta obra es la de «interés general»[13].

Finalmente, para desarrollar el sistema competencial portuario, al igual que ocurre con otros títulos competenciales, el Gobierno, a propuesta de la Comisión Mixta de Transferencias Administración del Estado-Comunidades Autónomas, ha aprobado durante los años de vigencia de la CE multitud de reales decretos de traspasos de funciones y servicios de la Administración General del Estado a las Comunidades Autónomas, al amparo de la Ley 12/1983, de 14 de octubre, del Proceso Autonómico.

2. LA DEFINICIÓN DE «INTERÉS GENERAL» COMO EXCLUSIVA ATRIBUCIÓN DEL ESTADO

La primera ley dictada tras la entrada en vigor de la CE de 1978 que delimitó el concepto de «interés general» fue la LPEMM de 1992. Su artículo 2 declaraba, en su apartado 5º, que «los puertos marítimos pueden ser considerados de interés general en atención a la relevancia de su función en el conjunto del sistema portuario español». Este precepto debía complementarse con el artículo 5 de la citada norma legal, que abordaba el concepto de puertos de «interés general».

La definición de «interés general» no fue del agrado de algunas Comunidades Autónomas, ni tampoco el Anexo al que se remitía el artículo 5.1 de la

---

[12] Esta afirmación merece una precisión, pues si bien es cierto que en la actualidad es Extremadura la única Comunidad Autónoma sin litoral que mantiene competencia en materia portuaria, no es menos cierto que antes también lo contemplaban los Estatutos de Autonomía de las Comunidades Autónomas de Madrid y Aragón.

[13] La Administración General del Estado, a través del Ministerio de Defensa, también ejerce competencia sobre los puertos, bases, estaciones, arsenales e instalaciones navales militares y zonas militares portuarias, de conformidad con lo dispuesto en el artículo 14 del TRLPEMM.

LPEMM de 1992, el cual enumeraba los puertos de interés general de competencia exclusiva de la Administración General del Estado. En concreto, estos y otros preceptos de la LPEMM de 1992 fueron tachados por Gobiernos de las Islas Baleares, Galicia, Cataluña y Canarias mediante la presentación de cuatro recursos de inconstitucionalidad, por entender que, con dicha ley, el Estado había vulnerado el orden de distribución territorial de competencias, tal como resulta de la CE y de los respectivos Estatutos de Autonomía. Estos cuatro recursos fueron acumulados en un mismo proceso, y resueltos en unidad de acto por la STC núm. 40/1998, de 19 de febrero (BOE núm. 65, de 17 de marzo de 1998, ECLI:ES:TC:1998:40).

Esta sentencia abordó múltiples cuestiones de interés para la comprensión del sistema portuaria actual y sentó las bases para resolver los conflictos competenciales que puedan surgir en torno a la competencia portuaria del artículo 149.1.20 de la CE[14].

En lo que respecta al concepto jurídico de puertos de «interés general», el TC aclaró que compete delimitarlo al Legislador estatal: «Puesto que el constituyente no ha precisado qué deba entenderse por "puerto de interés general", sin que pueda darse a la expresión un sentido unívoco, los órganos estatales –y muy singularmente el legislador– disponen de un margen de libertad para determinar en qué supuestos concurren las circunstancias que permiten calificar a un puerto como de interés general. Este tribunal tiene solo, como se ha dicho, un control externo, en el sentido de que su intervención se limita a determinar si se han transgredido los márgenes dentro de los cuales los órganos del Estado pueden actuar con libertad».

El TC confirmó su criterio anterior seguido en relación con los aeropuertos de «interés general»[15], en el sentido de reiterar que, efectivamente, corresponde al Legislador ordinario, mediante una ley sectorial, la facultad de «proyectar la noción de interés general sobre los puertos». La atribución competencial al Estado no responde al tipo de actividad que desarrolla en los aeropuertos (o puertos), sino a la trascendencia que tienen para el conjunto del Estado.

La siguiente cuestión que abordó el Tribunal Constitucional fue «si puertos no comerciales –y más específicamente los puertos pesqueros, deportivos y de refugio– pueden ser considerados de interés general a los efectos

---

[14] Esta sentencia fue analizada por Jimenez de Cisneros Cid, F. J., «Los puertos en el territorio: la constitucionalidad de la Ley de Puertos del Estado y de la Marina Mercante: Análisis de las Sentencias del Tribunal Constitucional núm. 40/1998, de 19 de febrero y de 2 de abril de 1998», *Revista de derecho urbanístico y medio ambiente*, núm. 160, 32, 1998, pp. 11-45. También por Blasco Díaz, J.L., «Competencias urbanísticas municipales y obras estatales portuarias en la sentencia del Tribunal Constitucional 40/1998 de 19 de febrero», *Revista Vasca de Administración Pública*, núm. 52, 1998, pp. 351-362.

[15] STC núm. 68/1984, de 11 de junio (BOE núm. 165, de 11 de julio de 1984, ECLI:ES:TC:1984:68).

del art. 149.1.20ª C.E. o si, por el contrario, han de ser siempre de titularidad autonómica».

El TC, acogiendo la tesis de la Abogacía del Estado, confirmó que un puerto no comercial y, más específicamente, los puertos pesqueros, deportivos y de refugio (o que desarrolle cualquier otra actividad) también pueden ser clasificados, en atención a sus particulares, como de interés general, si bien, lo razonable es entender que por lo general los puertos comerciales serán los que reúnan los requisitos establecidos en el artículo 5.1 de la LPEMM de 1992 para determinar su clasificación como de interés general.

En cuanto a los concretos criterios justificativos del calificativo de interés general que hace el Legislador en el artículo 5.1 de la LPEMM de 1992, los recurrentes cuestionaron los apartados a), d) y e). Por su parte, el TC fue analizando estas impugnaciones caso por caso, respecto de las cuales realizó las siguientes consideraciones (Fundamentos Jurídicos 19 y 20). El TC salvó la constitucionalidad de estos criterios, afirmando que «no le corresponde determinar cuáles son las circunstancias que permiten –o incluso exigen– la clasificación de un puerto como de interés general», todo ello sin perjuicio de que si en el futuro el Legislador hace un uso excesivo en la clasificación de un puerto en cuestión en aplicación de las mencionadas circunstancias «cabrá, lógicamente, su impugnación jurisdiccional».

Esta misma idea se repitió más adelante cuando el TC examinó la constitucionalidad del Anexo de la LPEMM de 1992, concretamente por la inclusión de los puertos ubicados en las Comunidades Autónomas de Galicia y Canarias. El TC señaló que «el hecho de que el Legislador se haya limitado a enumerar (en el anexo) los puertos de interés general, sin concretar la circunstancia o circunstancias del art. 5.1 LPMM que concurren en cada uno de ellos, no supone, por sí mismo, vulneración alguna de la Constitución, ni quebranto del principio de seguridad jurídica, pues nada impide a las Comunidades Autónomas afectadas su impugnación si consideran que alguno de los puertos mencionados no reúne ninguna de las referidas circunstancias» (Fundamento Jurídico 21).

3. LA QUIEBRA DEL SISTEMA DE REPARTO COMPETENCIAL CONSTITUCIONAL

Pese a que la gestión de los puertos de interés general compete al Estado, y su competencia se ejerce a través de los organismos portuarios (Puertos del Estado y las Autoridades Portuarias), la Ley 62/1997, de 26 de diciembre vino a incorporar modificaciones en la LPEMM de 1992 que, *de facto*, alteraron el régimen competencial antes expuesto, sin modificar la calificación de los puertos ni utilizar los instrumentos de transferencias competenciales establecidos en el artículo 150.2 de la CE.

Esta norma, adoptada en el Consejo de Ministros de 3 de marzo de 1997 y remitida al Congreso de los Diputados para su tramitación por el procedimiento ordinario el 18 de marzo de 1997, tuvo como objeto principal, según indica su Exposición de Motivos, «profundizar en la autonomía funcional y de gestión de las Autoridades Portuarias» y establecer medidas precisas para que las Comunidades Autónomas «participen con mayor intensidad en la estructura organizativa de las Autoridades Portuarias», dada «la organización territorial del Estado y el impacto económico y social que para las Comunidades Autónomas tienen los puertos de interés general ubicados en su territorio».

En concreto, las novedades más significativas de esta norma aparecen reguladas en el artículo 10.2, que quedó redactado como sigue: «Las Comunidades Autónomas designarán a los órganos de gobierno de las Autoridades Portuarias, en los términos establecidos en esta Ley, y ejercerán las funciones que les atribuye la misma y el resto del ordenamiento jurídico».

Lo destacable es que la Ley 62/1997, del 26 de diciembre alteró el sistema de reparto competencial, al atribuir a las Comunidades Autónomas un protagonismo sustancial en la gestión de los puertos de interés general. Son sumamente interesantes las reflexiones que se contienen al respecto en el Informe de las Comunidades Autónomas de 1997 sobre esta norma y, particularmente, sobre la singular forma de alterar el sistema de reparto competencial derivado del texto constitucional sin que formalmente lo parezca[16].

---

[16] Aja Fernández, E., *Informe Comunidades Autónomas 1997. Vol. 1*, Ed. Instituto de Derecho Público, Barcelona, 1998, pp. 25 a 54. Entre otras reflexiones destacamos las siguiente: «También la Ley 62/1997, modificadora de la Ley de Puertos de 1992, contiene una regulación curiosa desde el punto de vista competencial, al atribuir a las CC.AA. la designación de las autoridades portuarias en los puertos de interés general, que son competencia del Estado. Sin modificar la calificación de los puertos, ni utilizar los instrumentos de flexibilización competencial (como la Ley Orgánica de Transferencias), la ley realiza un cambio implícito de competencias, al margen de la mayor o menor bondad de la solución material. Esta especie de transferencia encubierta del Estado a las CC.AA. realizada por una ley ordinaria no solo supone un precedente delicado desde el punto de vista técnico, que debilita el bloque de constitucionalidad, sino que abre la puerta a que se realicen otros en el futuro, en la misma dirección o en la contraria. […] La modificación de la ley de Puertos por la ley 62/1997 encierra, de hecho, una curiosa transferencia de competencias ejecutivas a través del mecanismo de permitir a las Comunidades Autónomas que designen los órganos de gobierno de las Autoridades portuarias. De este modo la Comunidad Autónoma pasa, *de facto*, a ejecutar la política portuaria de acuerdo con la dirección y coordinación de la Autoridad portuaria estatal, facultad que se asume sin alterar la calificación de Puerto de interés general ni proceder a la transferencia o delegación de competencia […]. Pero la reforma tiene otra razón de ser, que afecta no a la autonomía de las autoridades portuarias, sino a la autonomía de las Comunidades Autónomas. La ley reconoce el interés de estas en relación al gobierno de los puertos de interés general ubicados en su territorio, pues entiende que la actividad de esta infraestructura condiciona la intervención autonómica en el gobierno de la

4. EL PRINCIPIO DE UNIDAD DE GESTIÓN

Otra de las cuestiones de obligado tratamiento es la referida a la competencia sobre los espacios destinados a barcos de refugio, deportivos y que no desarrollen actividades comerciales, cuando se encuentren ubicados dentro de un puerto de competencia de la Administración General del Estado, clasificado como de interés general.

En el apartado anterior se han analizado cómo los puertos que desarrollan una actividad no comercial, deportiva o de refugio pueden ser clasificados de interés general de acuerdo con la función que desempeñen dentro del sistema portuario español y siempre que cumplan con alguno de los requisitos establecidos en el artículo 5.1 de la LPEMM de 1992, pero la cuestión que ahora se aborda es sustancialmente distinta, referida a un espacio concreto (y no un puerto en su conjunto) ubicado dentro de un puerto de competencia de la Administración General del Estado.

Algunas Comunidades Autónomas impugnaron el entonces vigente artículo 3.6 de la LPEMM de 1992 que consagró el principio de unidad de gestión de los puertos que dependen de la Administración General del Estado, pues entendían que este principio vulneraba las competencias que les otorgaban la CE y sus respectivos Estatutos de Autonomía, al quedar desplazadas en favor del Estado. Esta cuestión también fue resuelta en la ya citada STC núm. 40/1998.

En este sentido, el TC comenzó señalando que «para resolver esta cuestión, conviene tener en cuenta que la Constitución, en sus arts. 148.1.6ª y 149.1.20ª, atribuye, bien al Estado, bien a las Comunidades Autónomas, competencia sobre «puertos» y que, como hemos señalado en anteriores ocasiones (STC 77/1984), esa competencia se extiende tanto a la realidad física del puerto como a la actividad portuaria que en él se desarrolla».

A continuación el Tribunal aclaró que «es evidente que ello no significa –y será necesario volver sobre este tema más adelante– que sobre la realidad física del puerto e incluso sobre la actividad en él desarrollada no puedan incidir otros títulos competenciales (como por ejemplo, los de urbanismo y ordenación del territorio), pero lo que no es posible es la concurrencia del mismo título competencial, pues entonces –tal y como sostuvo el Abogado del Estado– se produce la identidad tanto del objeto físico como del jurídico».

---

economía de la propia región. Como consecuencia, la ley traduce este interés en la participación de las Comunidades Autónomas en la estructura y organización de los puertos de interés general a través de la designación de los órganos de gobierno de las Autoridades portuarias. La solución adoptada por el legislador merece ser destacada por su singularidad desde la perspectiva del sistema competencial».

Por tanto, el TC concluyó –en contra de lo mantenido por las Comunidades Autónomas recurrentes– que la competencia constitucional recae sobre los puertos en su conjunto y no sobre las instalaciones portuarias individualmente consideradas, ni sobre concretas actividades portuarias, por lo que la competencia sobre estos espacios o actividades la ostenta la Administración competente del puerto en cuestión, en ese caso la Administración General del Estado.

Continuó el TC añadiendo que «los argumentos de las Comunidades Autónomas solo podrían compartirse si se llegara a la conclusión de que los espacios destinados a barcos pesqueros y deportivos son realidades físicas diferentes del puerto; pero el hecho de que efectivamente dentro de éste puedan estar separados los muelles y dársenas dedicados al tráfico comercial de los destinados a actividades pesqueras o deportivas no supone, en modo alguno, que estemos ante puertos distintos; la solución contraria supondría modificar artificialmente el concepto de puerto».

Por último, el TC recordó, por un lado, que el Estado «no puede ampliar de forma artificial la zona de servicio del puerto con intención de incluir en la misma puertos pesqueros o deportivos que, de otra forma, serían de titularidad autonómica; de hacerlo así siempre cabrá el correspondiente recurso jurisdiccional». Y, por otro lado, que «los espacios pesqueros y los destinados a usos náuticos deportivos, a que se refiere el apartado 6 del artículo 3 de esta ley, podrán ser segregados de la zona de servicio de los puertos de interés general, siempre que posean infraestructuras portuarias independientes, espacios terrestres y marítimos diferenciados, no dividan o interrumpan la zona de servicio del puerto afectado a la explotación de este, no existan usos alternativos previstos en el plan de utilización de los espacios portuarios para dichas zonas, se acredite que la segregación no puede ocasionar interferencia alguna en la gestión de los puertos de interés general y se garantice la reversión si se modifican las causas y circunstancias que den lugar a dicha segregación; tal segregación deberá realizarse mediante Real Decreto, previo informe favorable de Puertos del Estado, implicando la modificación de la zona de servicio del puerto».

5. LA NOCIÓN DE «INTERÉS GENERAL» COMO MODULADOR DE COMPETENCIAS CONSTITUCIONALES Y COMO CRITERIO DE PREVALENCIA

En un espacio físico pueden coexistir competencias de distintas Administraciones Públicas. En el pasado era muy común que sobre el espacio portuario los municipios renunciasen a sus competencias sobre cuestiones urbanísticas o de actividad, y que esta fuese una cuestión de exclusiva competencia de los organismos portuarios. Incluso muchos planes generales ignoraban el espacio portuario, que aparecía grafiado como una simple «macha» en blanco[17]. Este mismo panorama también acontecía, por ejemplo, en los aspectos ambientales o de seguridad de las actividades que se implantaban en el dominio público portuario, donde el control de otras Administraciones Públicas quedaba diluido en favor de la competencia de la Administración General del Estado.

A partir de finales de la década de los 80, esta situación empezó a cambiar paulatinamente, a raíz sobre todo de la experiencia adquirida conforme al nuevo marco constitucional, los constantes pronunciamientos del TC y las nuevas políticas expansionistas de las distintas Administraciones Públicas con base en sus nuevos títulos competenciales.

El Estado ostenta competencia exclusiva sobre los puertos de interés general. Asimismo, y entre otras, el Estado tiene competencias exclusivas en materia de marina mercante, de buques, iluminación de costas y señales marítimas (artículo 149.1.20ª de la CE), así como en materia de obras públicas de interés general (artículo 149.1.24ª de la CE) y en régimen general de comunicaciones (artículo 149.1.21ª de la CE). De otro lado, todas las Comunidades Autónomas –sin excepción–, mediante sus respectivos Estatutos de Autonomía, asumieron competencias sobre la ordenación del territorio y el urbanismo (artículo 148.1.3ª de la CE), completándose, en algunos casos, con la ordenación de la zona litoral. También tienen competencias sobre puertos de refugio, los puertos y aeropuertos deportivos y, en general, los que no desarrollen actividades comerciales (artículo 148.1.6ª de la CE).

Los municipios, por su parte, ejercen competencias propias, en los términos establecidos en las legislaciones del Estado y de las Comunidades Autónomas, entre otras en urbanismo, particularmente en «planeamiento, gestión, ejecución y disciplina urbanística. Protección y gestión del Patrimonio histórico. Promoción y gestión de la vivienda de protección pública con criterios de sostenibilidad financiera. Conservación y rehabilitación de la edificación» (artículo 25.2.a de la LBRL).

Ante la confluencia de competencias de distintas Administraciones Públicas que inciden sobre un mismo espacio físico (en este caso, el puerto), el TC tuvo que diseñar, a través de numerosas sentencias, un cuerpo doctrinal que apostó por la búsqueda de soluciones en un marco de cooperación entre las distintas Administraciones Públicas. De esta forma, las restantes Administraciones Públicas que no son titulares prevalentes también pueden hacer efectivo el ejercicio de sus propias competencias sobre estos espacios, mediante la modulación de sus competencias. Si los cauces de cooperación resultan

---

[17] Jiménez de Cisneros Cid, F. J., «La ordenación jurídica de la zona de servicio de los puertos de interés general», *Revista de Derecho Urbanístico y Medio Ambiente*, núm. 134, 1993, pp. 117-164.

insuficientes, según esta doctrina constitucional, la decisión final corresponderá al titular de la competencia prevalente[18].

Así, por ejemplo, en la STC núm. 8/2016, de 21 de enero (BOE núm. 45, de 22 de febrero de 2016, ECLI:ES:TC:2016:8) se resolvió, con cita en abundante doctrina jurisprudencial, que «la atribución de una competencia sobre un ámbito físico determinado no impide necesariamente que se ejerzan otras competencias en ese espacio, siempre que ambas tengan distinto objeto jurídico, y que el ejercicio de las autonómicas no interfiera o perturben el ejercicio de las estatales». Cuando existe concurrencia de títulos competenciales sobre un mismo espacio físico, las competencias deben modularse y resulta obligatorio «buscar fórmulas de cooperación que optimicen su ejercicio». En el caso de que «los cauces de cooperación resulten insuficientes para resolver los conflictos que puedan surgir, será preciso determinar cuál es el título prevalente en función del interés general concernido, que determinará la preferente aplicación de una competencia en detrimento de la otra».

En materia portuaria, la noción de «interés general» adquiere una relevancia trascendental en aras del carácter prevalente en caso de conflictos competenciales, «ya que, a través de este concepto jurídico indeterminado, por un lado, se delimita el ámbito competencial en materia portuaria entre el Estado y las CCAA y, por otro, se justifica el condicionamiento que la legislación estatal sectorial efectúa en las competencias de ordenación del territorio y urbanismo»[19].

El«interés general» como noción delimita y condiciona las competencias que se proyectan sobre los espacios portuarios de interés general. Pese a que en el ámbito portuario estatal la competencia del Estado es prevalente, como confirmó el TC, habrá que estar a cada caso concreto a los efectos de dilucidar o no su prevalencia[20].

La LPEMM de 1992 y, en la actualidad, el TRLPEMM cuentan con distintas técnicas de coordinación para articular las competencias estatal, autonómica y local sobre el espacio físico de los puertos de interés general, bajo un criterio de modulación de las competencias no portuarias, y, cuando los cauces de cooperación no son suficientes para alcanzar acuerdos, la legislación de puertos tiene mecanismos para solventar las eventuales discrepancias. En este caso, la decisión final corresponde al titular de la competencia prevalente,

---

[18] Entre otras, las SSTC núm. 40/1998, de 19 de febrero (BOE núm. 65, de 17 de marzo de 1998, ECLI:ES:TC:1998:40) y 38/2002, de 14 de febrero (BOE núm. 63, de 14 de marzo de 2002, ECLI:ES:TC:2002:38).

[19] García Morales, V. Y., «Políticas sectoriales que condicionan la competencia de ordenación del territorio y urbanismo. Especial referencia a puertos», *Revista Digital Facultad de Derecho*, núm. 2, 2010, p. 76.

[20] STC 40/1998, de 19 de febrero (BOE núm. 65, de 17 de marzo de 1998, ECLI:ES:TC:1998:40).

que en materia portuaria de interés general es la Administración General del Estado. De este modo, la noción de «interés general» también tiene como función solventar el conflicto de intereses sobre el espacio portuario como criterio de prevalencia.

Recapitulando, cuando sobre el espacio portuario se proyectan competencias de la Comunidad Autónoma, la noción de «interés general» cumple con dos funciones, la primera que actúa como criterio modulador de las competencias autonómicas, y la segunda, como criterio de prevalencia para solucionar eventuales conflictos competenciales. Esta doctrina constitucional se encuentra plasmada en el vigente TRLPEMM, por ejemplo, en la relación entre los instrumentos de planificación urbanístico y portuario o en los títulos habilitantes para ejecutar obras calificadas como de interés general.

6. EL «DOMINIO PÚBLICO» NO ES UN CRITERIO ATRIBUTIVO DE COMPETENCIAS

Identificados cuáles son los conceptos jurídicos claves que determinan la competencia de la Administración General del Estado sobre los espacios portuarios, la siguiente cuestión necesaria es si el concepto «dominio público», como categoría que integra un conjunto de bienes y derechos, sirve para delimitar competencias entre Administraciones Públicas.

La CE no contiene un título competencial específico sobre el dominio público. Los artículos 148 y 149 no determinan a qué Administración corresponde la titularidad del dominio público, pues esta «no es, en sí misma, un criterio de delimitación competencial y que, en consecuencia, la naturaleza demanial no aísla a la porción del territorio así caracterizado de su entorno, ni la sustrae de las competencias que sobre ese aspecto corresponden a otros entender públicos que no ostentan esa titularidad»[21].

Únicamente, el artículo 149.1.18ª de la CE declara que el Estado tiene competencia exclusiva sobre «legislación básica sobre contratos y concesiones administrativas y el sistema de responsabilidad de todas las Administraciones Públicas». Pero, como la doctrina ha resuelto, este precepto tampoco deslinda la competencia sobre el demanio público entre la Administración General del Estado y las Comunidades Autónomas ni determina la titularidad de este[22].

---

[21] STC núm. 149/1991, de 4 de julio (BOE núm. 180, de 29 de julio de 1991, ECLI:ES:TC:1991:149).

[22] López Benítez, M., «Las normas básicas y las competencias estatales del artículo 149.1.18 de la Constitución», en Rebollo Puig, M., López Benítez, M., y Carbonell Porras, E. (Coord.), *Régimen jurídico básico de las Administraciones Públicas: Libro homenaje al Profesor Luis Coscullela*, Ed. Iustel, Madrid, 2015, pp. 111-134.

Por otra parte, el artículo 132 de CE no es ciertamente una norma atributiva de competencia sobre los bienes demaniales ni traza nítidamente las fronteras entre demanios estatales y autonómicos[23]. No obstante, este precepto sí faculta al Legislador estatal para establecer el dominio público estatal (apartado 2º) y configurar el régimen jurídico de los bienes que integran el dominio público (apartado 1º). Pero, como advirtió el TC, esta previsión no significa «que corresponda en exclusiva al Estado la incorporación de cualquier bien al dominio público, ni que todo bien que se integre en el demanio deba considerarse, por esta misma razón, de la titularidad del Estado»[24].

Es más, la facultad que ostenta el Legislador para determinar qué bienes han de formar parte del dominio público estatal no es ilimitada, por cuanto «no puede ser utilizada para situar fuera del comercio cualquier bien o género de bienes si no es para servir de este modo a finalidades lícitas que no podrían ser atendidas eficazmente con otras medidas»[25]. El Estado podrá demanializar, si así lo estima oportuno en atención a los intereses generales, aquellos bienes o categorías de bienes cuya competencia le corresponda en virtud de los artículos 148 y 149 de la CE[26].

Cuestión distinta es el ejercicio de competencia sobre un bien demanial. El TC, desde antiguo, viene manteniendo que el artículo 132 de la CE no aísla una porción del territorio de su entorno, ni sustrae las competencias que otras administraciones puedan ostentar conforme a otros títulos competenciales. La titularidad de un bien de dominio público no predetermina la competencia exclusiva y excluyente sobre ese espacio. Por el contrario, la titularidad de una administración es plenamente compatible con el ejercicio de competencias por parte de otra Administración Pública. Para delimitar a qué administración le compete el ejercicio de competencias, lo importante es analizar los preceptos constitucionales y estatutarios que regulan la materia concreta[27].

Por el contrario, la CE no prohíbe que las Comunidades Autónomas ostenten la titularidad de bienes demaniales ni que ejerzan las competencias sobre sus propios bienes demaniales. Tampoco impide que estas desarrollen sus competencias sobre los bienes demaniales de titularidad estatal. En aplicación de la CE y disposiciones estatutarias, las Asambleas Legislativas de las

---

[23] SSTC núm. 58/1982, de 27 de julio (BOE núm. 197, de 18 de agosto de 1982, ECLI:ES:TC: 1982:58), 85/1984, de 26 de julio (BOE núm. 203, de 24 de agosto de 1984, ECLI:ES:TC:1984:85), 94/2013, de 23 de abril (BOE núm. 123, de 23 de mayo de 2013, ECLI:ES:TC:2013:94), 233/2015, de 5 de noviembre (BOE núm. 296, de 11 de diciembre de 2015, ECLI:ES:TC:2015:233), etc.

[24] STC núm. 227/1988, de 29 de noviembre (BOE núm. 307, de 23 de diciembre de 1988, ECLI:ES:TC:1988:227).

[25] STC núm. 149/1991, de 4 de julio (BOE núm. 180, de 29 de julio de 1991, ECLI:ES:TC:1991:149).

[26] STC núm. 227/1988, de 29 de noviembre (BOE núm. 307, de 23 de diciembre de 1988, ECLI:ES:TC:1988:227).

[27] STC núm. 149/1991, de 4 de julio (BOE núm. 180, de 29 de julio de 1991, ECLI:ES:TC:1991:149).

Comunidades Autónomas dictan leyes que regulan su patrimonio en lo que respecta a sus propias competencias[28].

7. EL ESTADO OSTENTA LA TITULARIDAD DEL «DOMINIO PÚBLICO MARÍTIMO-TERRESTRE» SOBRE EL QUE SE ASIENTAN LOS PUERTOS

Los puertos se construyen sobre terrenos que, hasta ese momento, son principalmente bienes de dominio público marítimo-terrestre. No es objeto de este trabajo ahondar en el concepto «dominio público marítimo-terrestre» ni en las características que determinan su naturaleza jurídica.

Como ya se ha dicho, los artículos 148 y 149 de la CE distribuyen las competencias entre Estado y Comunidades Autónomas. No obstante, el artículo 132.2 de la CE señala que «son bienes de dominio público estatal los que determine la ley y, en todo caso, la zona marítimo-terrestre, las playas, el mar territorial y los recursos naturales de la zona económica y la plataforma continental»[29].

Como ha tenido ocasión de aclarar la doctrina constitucional, las peculiaridades de este precepto radican, por un lado, en que los espacios enumerados en el artículo 132.2 de la CE tienen, *ex constitutione*, la consideración de dominio público[30]. En cambio, los demás bienes tendrán el carácter de dominio público estatal cuando una ley expresamente los califique y, en su caso, en la forma que determinen las leyes (*ex lege*)[31].

Por otro lado, debe advertirse que la CE atribuye al Estado la titularidad del dominio público marítimo-terrestre, pero no su competencia (el matiz es importante). Como recordó el TC, la «condición de dominio público no es un criterio utilizado en la Constitución ni en los Estatutos de Autonomía, para delimitar competencias, ni tampoco sirve para aislar una porción de territorio de su entorno y considerarlo como una zona exenta de las competencias de los diversos entes públicos que las ostenten»[32]. Las competencias que sobre esta franja de terreno se pueden ejercitar competen a las Administraciones Públicas que, en cada caso, correspondan en función de los artículos 148 y 149 de la CE y los correspondientes Estatutos de Autonomía.

---

[28] Los Estatutos de Autonomía suelen contener una previsión que le atribuye competencia exclusiva a dicha Comunidad Autónoma sobre bienes de dominio público de su titularidad.

[29] Esta previsión de la CE ha sido desarrollada, entre otras normas, por la LC.

[30] STC núm. 149/1991, de 4 de julio (BOE núm. 180, de 29 de julio de 1991, ECLI:ES:TC:1991:149).

[31] Artículos 132.2 CE y 5.1 LPAP.

[32] SSTC núm. 247/2007, de 12 de diciembre (BOE núm. 13, de 15 de enero de 2008, ECLI:ES:TC: 2007:247), 149/1991, de 4 de julio (BOE núm. 180, de 29 de julio de 1991, ECLI:ES:TC:1991:149) y 103/1989, de 8 de junio (BOE núm. 158, de 4 de julio de 1989, ECLI:ES:TC:1989:103).

El dominio público marítimo-terrestre es, por tanto, un bien de titularidad estatal[33]. Como consecuencia de dicha titularidad, y en virtud de la normativa de costas y de patrimonio público, el Estado ostenta una serie de facultades, potestades y prerrogativas sobre dichos bienes, muy especialmente las de gestión, debiendo orientar su actuación hacia la protección y preservación de sus características naturales. Dada la titularidad estatal, las Comunidades Autónomas precisan de un título jurídico, la adscripción, para la implantación de un puerto de su competencia sobre demanio marítimo-terrestre. Como aclaró Zambonino Pulito, en un mismo espacio tendríamos dominio público marítimo-terrestre de titularidad estatal (soporte físico), para distinguirlo del dominio público portuario de competencia autonómica (bienes afectos al servicio portuario)[34].

Doctrinalmente, se planteó un debate sobre la pertenencia o no del demanio portuario al marítimo-terrestre. De un lado, aquellos autores que sostuvieron que el dominio público portuario se configura como una «subespecie» del dominio público marítimo-terrestre; frente a otros que abogaban por su «sustantividad propia». Debate que, como recordó Jiménez de Cisneros Cid, tiene también sus consecuencias prácticas, pues el primero de los posicionamientos comporta la aplicación supletoria y genérica de la legislación de costas en todo lo que no se oponga a la normativa de puertos y, en el segundo caso, la LC quedaría excluida, aunque no sus principios generales, ni aquellas cuestiones sobre las que exista una remisión legal expresa[35]. De la propia legislación de puertos y costas, se desprende, claramente, que el demanio portuario es una subcategoría dentro del dominio público marítimo-terrestre. Buena muestra de ellos son los artículos 67.1 y 73.1 del TRLPEMM y 4.11 de la LC que así vienen a confirmarlo. Por eso considero acertado el posicionamiento doctrinal que defiende que el demanio portuario es una legislación especial dentro de otra normativa especial, como la legislación de costas[36].

---

[33] Artículos 132.2 de la CE, 5 del TRLPEMM y 49 y 50 de la LC.

[34] Zambonino Pulito, M., *Puertos y Costas: Régimen de los puertos deportivos*, Ed. Tirant lo Blanch, Valencia, 1997, pp. 93 a 116. Sobre la técnica de la adscripción, puede verse la STSJ de Andalucía de 9 de febrero de 2023 (ECLI: ES:TSJAND:2023:935).

[35] Jiménez de Cisneros Cid, F. J., «A propósito del dominio público portuario» en Jiménez de Cisneros Cid, F. J. (Dir.), *Homenaje al profesor Ángel Menéndez Rexach*, Ed. Thomson Reuters Aranzadi, Cizur Menor (Navarra), 2018, pp. 323-345.

[36] Así también parece desprenderse de la STS de 15 de diciembre de 2011 (ECLI:ES:TS: 2011:9097).

Capítulo Segundo

TÍTULOS HABILITANTES PARA LA OCUPACIÓN DEL DEMANIO PORTUARIO

1. AUTORIZACIÓN PARA LA OCUPACIÓN PRIVATIVA

Dejando al margen la concesión de dominio público portuario, que se ocupa en los siguientes capítulos, la autorización para la ocupación privativa del demanio portuario (o autorización demanial) es una figura parecida –aunque no similar– a la concesión portuaria. No debe confundirse con otras autorizaciones que se contemplan en el TRLPEMM, como son la autorización para la utilización de instalaciones portuarias fijas por los buques, el pasaje y las mercancías[37], la autorización para la prestación de servicios comerciales y otras actividades[38] y la autorización de dragado y vertidos[39].

El TRLPEMM ha introducido en el artículo 75.1 distintos criterios objetivos de distinción entre las autorizaciones y concesiones demaniales:

— El plazo máximo por el que puede otorgarse la autorización es menor que el de la concesión portuaria. La ocupación no puede superar los tres años, incluida sus eventuales prórrogas[40].

— La autorización conlleva una menor intensidad en la ocupación, pues solo se permite «con bienes muebles o instalaciones desmontables, o sin ellos».

— La autorización no otorga un derecho real a su titular, como sí ocurre con la concesión demanial, que es un negocio jurídico más estable[41].

---

[37] Artículo 74.a) del TRLPEMM.
[38] Artículos 138 a 141 del TRLPEMM.
[39] Artículos 58.2, 62 y 64 del TRLPEMM.
[40] Artículo 75.1 del TRLPEMM.
[41] Fernández Scagliusi, M.A., «El problemático plazo de las concesiones de uso del dominio público (a propósito de la Resolución de la DGRN de 4 de diciembre de 2012)», *Revista de Estudios de la Administración Local y Autonómica*, núm. 317, 2011, p. 288.

Por eso, la primera se otorga en precario y la segunda se inscribe en el Registro de la Propiedad[42].

— El procedimiento para la concesión de la autorización es más simple y cuenta con menos trámites que el procedimiento de otorgamiento de una concesión, aunque en ambos casos el acto de otorgamiento es discrecional. De hecho, el carácter discrecional de la autorización se declara expresamente en el artículo 78.3 del TRLPEMM.

— La competencia para su otorgamiento difiere en el caso de autorizaciones otorgadas por un plazo inferior a un año, que corresponde al presidente de la Autoridad Portuaria, en lugar de al Consejo de Administración, que es el competente en los restantes casos[43].

— Las condiciones preceptivas del título administrativo tampoco son las mismas en las concesiones y autorizaciones[44].

— Las autorizaciones se otorgarán con carácter personal e intransferible *inter vivos* y su uso no podrá ser cedido a terceros, salvo las de ocupación de dominio público que constituyan soporte de una autorización de vertidos de tierra al mar[45].

— No se contemplan mecanismos para solventar las vicisitudes de la autorización (modificación, revisión, división, unificación, renovación y actos de transmisión y gravamen)[46].

— Las causas de extinción coinciden en las concesiones y autorizaciones[47], aunque la revocación tiene un tratamiento distinto[48], y no se prevé en la legislación portuaria el rescate de las autorizaciones[49].

2. CONVENIO PARA LA UTILIZACIÓN PRIVATIVA

El artículo 73.3 del TRLPEMM regula la figura del convenio de utilización del demanio portuario, como título alternativo a la concesión portuaria. Es un título administrativo del que solo pueden hacer uso determinados sujetos para ocupar por un tiempo determinado el demanio portuario.

Tiene naturaleza administrativa y no tiene la consideración de convenio de los que regula el Capítulo VI del Título Preliminar de la LRJSP. En defecto de

---

[42] Artículos 75.2 y 92.9 del TRLPEMM.
[43] Artículo 78.3 del TRLPEMM.
[44] Artículos 80 y 87 del TRLPEMM.
[45] Artículo 75.4 del TRLPEMM.
[46] Artículos 88 a 92 del TRLPEMM.
[47] Artículo 96 del TRLPEMM.
[48] Artículo 97 del TRLPEMM.
[49] Artículo 99 del TRLPEMM.

reglas específicas recogidas en el propio convenio, les resulta de aplicación la normativa portuaria y, en caso de insuficiencia, la legislación de costas[50]. Dada su naturaleza administrativa, en caso de litigio entre las partes, las cuestiones en controversia deben someterse a la jurisdicción contencioso-administrativa, de conformidad con lo previsto en el artículo 44 de la LJCA.

En síntesis, los requisitos para suscribir un convenio son los siguientes:

— Subjetivo: están legitimados únicamente los órganos de la Administración General del Estado o cualquier organismo o entidad vinculada o dependiente de la misma. Las Comunidades Autónomas, las entidades que integran la Administración Local o cualquier organismo o entidad dependiente de cualquiera de ellas también pueden utilizar esta figura, condicionada a que la legislación autonómica prevea un régimen similar (principio de reciprocidad). Al respecto, la Abogacía del Estado aclaró que es suficiente con que se regule en la legislación general de patrimonio de la respectiva Comunidad Autónoma, no siendo necesario que se contemple expresamente en la normativa de puertos[51].

— Objetivo: permite la ocupación de una porción de dominio público portuario para llevar a cabo una utilización que debe ser compatible con la normal explotación del puerto. Cuando la Autoridad Portuaria considere que la solicitud es incompatible, «la elevará a Puertos del Estado quien, una vez emitido el correspondiente informe, lo trasladará al ministro de Fomento quien resolverá sobre el otorgamiento de la autorización, atendiendo al interés general»[52]. Esta técnica no puede utilizarse para los recintos aduaneros[53].

— Temporal: no se establece limitación de plazo para la ocupación del demanio portuario, como sí ocurre con las autorizaciones o concesiones demaniales en los artículos 75 y 82 del TRLPEMM, respectivamente.

El convenio solo transfiere facultades para utilizar el dominio público portuario autorizado, pero no implica una cesión de la titularidad del demanio portuario[54]. Tampoco implica transferencia alguna de recursos dinerarios de la Autoridad Portuaria a una Comunidad Autónoma o a un ente dependiente[55]. La Administración que suscriba el convenio con la respectiva Autoridad Portuaria estará exenta del pago de las tasas de ocupación y de actividad, de conformidad con lo dispuesto en los artículos 169.a) y 170 del TRLPEMM.

---

[50] IAE de 14 de marzo de 2018 (ref. A.G. Entes Públicos 20/2018).
[51] IAE de 27 de diciembre de 2012 (ref. A.G. Entes Públicos 130/12).
[52] Artículo 73.3 del TRLPEMM.
[53] Párrafo 4º del artículo 73.3 del TRLPEMM.
[54] IAE de 28 de diciembre de 2007 (ref. A.G. Servicios Jurídicos Periféricos 21/07).
[55] IAE de 27 de diciembre de 2012 (ref. A.G. Entes Públicos 130/12).

3. CONTRATOS DE CONCESIÓN DE SERVICIO Y OBRA PÚBLICA

3.1. CONTRATOS DE CONCESIÓN DE SERVICIO Y DE OBRA PÚBLICA

Hasta la llegada de la Ley de Puertos de 2003 la contratación pública era la técnica más utilizada en los puertos en detrimento de los negocios patrimoniales. Hoy día, la contratación pública ocupa un lugar secundario en la ocupación del demanio portuario[56].

El objeto de los contratos de concesión de servicio[57] y de obra pública es la contratación servicios o de obras cuya contrapartida consiste en el derecho a explotar dichas obras o servicios, o este mismo derecho acompañado de un pago. Estos contratos pueden conllevar, o no, la traslación de la propiedad a los poderes o entidades adjudicadores del contrato, quienes obtendrán, en todo caso, los beneficios derivados de las obras o servicios[58].

Sus características esenciales son las siguientes: (i) el servicio o la obra debe ser susceptible de explotación económica, (ii) el negocio jurídico implique, necesariamente, el derecho del concesionario a la explotación y que ese derecho constituya la base de la contraprestación económica, con independencia de las fórmulas que se utilicen y (iii) la ejecución conlleve la transferencia real del riesgo operacional al concesionario de manera que, a lo largo de la ejecución de la concesión, este se exponga a las incertidumbres del mercado.

---

[56] En materia de contratación debe partirse, necesariamente, del artículo 24.2 del TRL-PEMM, que señala que las Autoridades Portuarias ajustarán su actividad en materia de contratación al ordenamiento jurídico privado, salvo en el ejercicio de funciones de poder público que el ordenamiento les atribuya. En todo caso, puntualiza la norma, habrán de someterse a los principios de publicidad, concurrencia, salvaguarda del interés del organismo y homogeneización del sistema de contratación en el sector público, así como, conservando su plena autonomía de gestión, a las legislaciones de contratos públicos y de sectores excluidos. Las Autoridades Portuarias son entidades de los denominados sectores excluidos previstas en del RD-Ley 3/2020 y tienen la consideración de poder adjudicador no administración Pública, conforme a lo dispuesto en la LCSP. Los contratos comprendidos en el ámbito objetivo del artículo 12 del RD-Ley 3/2020 (los denominados «contratos del sector del transporte») se rigen por esa norma. En cambio, no se sujetan a dicho RD-Ley 3/2020 los «contratos del sector del transporte» cuando sus umbrales no sean iguales o superiores a los establecidos en su artículo 1 en función de la tipología contractual, quedando sometidos al régimen jurídico establecido en la LCSP, concretamente al Libro III, sin que les sean aplicables las normas de los contratos sujetos a regulación armonizada. Si estos contratos se encuentran sujetos a regulación armonizada, se regirán, para su preparación y adjudicación, por las normas establecidas en las Secciones 1ª y 2ª del Capítulo I del Título I del Libro II de esta ley.

[57] El contrato de concesión de servicio sustituyó al contrato de gestión de servicios públicos debido a las influencias del derecho comunitario.

[58] Estos contratos se regulan, principalmente, en los artículos 14, 15, 247 a 283 y 284 a 297 de la LCSP.

Si se cumplen acumulativamente los requisitos anteriormente mencionados, estaremos ante un «contrato de concesión» de los regulados en la LCSP
sin que, en principio, la naturaleza demanial de los terrenos portuarios determine una mutación en el régimen jurídico del contrato[59].

3.2. DISTINCIÓN ENTRE CONCESIÓN DEMANIAL Y CONTRATO DE CONCESIÓN DE SERVICIO

Concesión portuaria y contrato público son dos figuras sometidas a distinta regulación, portuaria y contractual. A ello se añaden las dificultes que en ocasiones se presentan para la calificación del negocio jurídico, si como contrato o
concesión demanial, para la adecuada aplicación de su régimen jurídico y, en
caso de que constituya un contrato, determinar la competencia de los tribunales administrativos especiales de recursos contractuales.

Las principales diferencias entre ambas instituciones son las siguientes:

— El contrato de concesión de servicio «se caracteriza por su naturaleza
esencialmente contractual» frente a la concesión demanial que tiene
«naturaleza patrimonial»[60].

— En la concesión de servicio prevalece «un interés público o finalidad
pública frente al interés privado de la instalación de un negocio o actividad que requiera la ocupación privativa de un bien demanial». Al
efecto de determinar la naturaleza del negocio jurídico resulta necesaria la previa distinción del carácter patrimonial o contractual y deslindar, en este último caso, su incardinación en alguna de las tipologías
contractuales[61].

— La concesión de servicio, a diferencia de la concesión demanial, se vincula al giro o tráfico de la Administración, por cuanto es «una forma de
gestión indirecta de un servicio público, cuya titularidad corresponde a
la Administración concedente»[62]. Ahora bien, debe matizarse que la regulación actual del contrato de concesión de servicio permite que puedan celebrarse contratos de concesión de auténticos servicios públicos
y contratos de concesión de servicios que no tienen, por su propia naturaleza, la condición de servicio público[63].

— La causa del contrato es distinta, siendo «la finalidad de dar servicio a
los usuarios de la instalación, junto con la fijación de condiciones de

[59] Artículo 257.c) de la LCSP.
[60] STS de 5 de marzo de 2007 (ECLI:ES:TS:2001:6446).
[61] STSJ de Aragón de 15 de junio de 2022 (ECLI:ES:TSJAR:2022:1087).
[62] STS de 5 de marzo de 2007 (ECLI:ES:TS:2001:6446).
[63] Así se desprende, contrario sensu, del párrafo final del artículo 285.1 de la LCSP.

prestación, como las relativas a horarios, servicios, productos o pre-cios, entre otros, son claros indicios de la naturaleza administrativa del contrato»[64].

— El carácter predominante de la prestación de un servicio e instrumental de la ocupación del demanio, típico del contrato de concesión de servi-cio; frente a la ocupación de terrenos demaniales, que resultan necesa-rios para explotar una actividad o prestar un servicio en esa ubicación concreta, propio de las concesiones demaniales[65].

— Por último, debe advertirse que, a veces, la legislación sectorial (y los operadores jurídicos) califican determinadas ocupaciones de dema-nio público para prestar servicios como concesiones demaniales, y a la inversa.

3.3. LA ACCESORIEDAD DE LAS CONCESIONES DEMANIALES A LAS DE SERVICIO PÚBLICO

El principio de atracción de la concesión demanial por la de servicio pú-blico o principio de subordinación del dominio público al servicio público viene a significar que, cuando sobre terrenos de dominio público se instala un servicio público, «el régimen del servicio público prevalece sobre el ré-gimen del dominio público»; en estos casos, el uso de esos bienes se regirá, ante todo, por las normas reguladoras del servicio y, subsidiariamente, por las del demanio público[66].

En palabra de Santiago Fernández «se trata de una concesión de explota-ción de una obra pública que tiene la naturaleza de concesión mixta, de ser-vicio público y demanial, puesto que el concesionario para la prestación del servicio público está utilizando un bien de dominio público, y por ello, nos en-contramos ante la concurrencia de una concesión demanial y otra de servicio público, en las cuales no se produce el denominado principio de atracción de las concesiones demaniales, sino que da lugar al fenómeno de accesoriedad concesional subordinando la concesión de dominio a la del servicio (STS 6 de junio de 1997)»[67].

---

[64] Informe 13/2018, de 30 de mayo, de la Junta Consultiva de Contratación Administrativa de la Comunidad Autónoma de Aragón.

[65] Resolución del TARCJA núm. 276/2018, de 4 de octubre (rec. 227/2018).

[66] González García, J. V., «Concesiones demaniales y servicio público» en Martínez Fernán-dez, J.M. (Coord.), *La gestión de los servicios públicos locales en el marco de la LCSP, la LRJSP y la LR-SAL*, Ed. El Consultor de los Ayuntamientos, Madrid, 2019.

[67] Santiago Fernández, Mª. J., «Régimen Jurídico aplicable a las Concesiones sobre Puertos Deportivos que fueron transferidos a la Comunidad Autónoma de Andalucía al amparo del Real

Este principio, que no cuenta con una regulación expresa en el TRLPEMM, como sí ocurre con otras normas (por ejemplo, los artículos 87 a 90 de la LPAP y 74 del RBEL), y tiene su reflejo en el contrato de concesión de obra pública portuaria (artículo 101 del TRLPEMM).

4. CONTRATO DE CONCESIÓN DE OBRA PÚBLICA PORTUARIA

El contrato de concesión de obra pública portuaria del artículo 101 del TRLPEMM es una subcategoría del contrato de concesión de obra pública que se define en el artículo 14 de la LCSP, y se regula en los artículos 247 y siguientes del citado texto legal.

En al ámbito portuario, el contrato de concesión de obra pública portuaria se incorporó a la legislación portuaria a través de la Ley de Puertos de 2003 como una forma de obtener financiación para la ejecución de obras públicas portuarias. Por ello, muchos de los puertos anteriores al año 2003, se construyeron y explotaron bajo la fórmula del contrato de concesión de obra pública en vez del contrato de concesión de obra pública portuaria[68].

El contrato de concesión de obra pública portuaria habilita a un particular para que ejecute una obra pública portuaria que habrá de revertir a la Administración al finalizar el plazo concesional y, a cambio, el concesionario recibe, como retribución o compensación, el derecho a explotar dicha infraestructura mediante la prestación del servicio durante un periodo de tiempo determinado, asumiendo el riesgo de la explotación[69].

El elemento subjetivo de este contrato está conformado por la Autoridad Portuaria competente para adjudicarlo, y el sujeto que va a ejecutar la obra[70]. Puertos del Estado únicamente informará con carácter vinculante los proyectos de construcción de infraestructuras portuarias que vayan a ejecutarse mediante esta modalidad contractual[71].

El elemento objetivo es la construcción y explotación de un nuevo puerto o una parte nueva de un puerto que sea susceptible de explotación independiente, siempre que se encuentre abierta al uso público o aprovechamiento

---

Decreto 3137/1983, de 25 de agosto, por el que fueron transferidas a la Comunidad Autónoma de Andalucía las funciones y servicios del Estado en materia de Puertos Deportivos y de Recreo», *Reflexiones: Revista de Obras Públicas, Transporte y Ordenación Territorial*, núm. 12, 2021, p. 57.

[68] Concha Jaraba, M., «Un acercamiento a la Concesión de Obra Pública Portuaria regulada en el artículo 126 de la Ley 48/2003, de 26 de noviembre, de régimen económico y prestación de servicios en Puertos de Interés General», *Reflexiones: Revista de Obras Públicas, Transporte y Ordenación Territorial*, núm. 1, 2017, p. 103 a 121.

[69] Artículo 101.3 del TRLEPMM.

[70] Artículo 101.1 del TRLPEMM.

[71] Artículo 101.7 del TRLPEMM.

general[72]. El concesionario de la obra pública no se reserva el demanio para ejercer una actividad privada como ocurre en la concesión demanial –por ejemplo, implantar una industria–, sino para la explotación de la obra misma mediante el cobro de una tarifa a terceros o a la propia Administración, en la forma en que se determine en los pliegos de condiciones.

Finalmente, el elemento temporal debe venir contemplado en los pliegos de cláusulas administrativas particulares, sin que puedan superar los cuarenta años. La prórroga por encima de cuarenta años es potestativa para la Autoridad Portuaria y debe hacerse en «los términos y por las causas previstas en la legislación general reguladora del contrato de concesión de obras públicas. En estos casos deberá emitir informe vinculante Puertos del Estado»[73].

El TRLPEMM no prevé el procedimiento que debe seguirse para formalizar un contrato de concesión de obra pública portuaria. Tampoco regula el cumplimiento, modificación y extinción de dicho contrato. Pero sí establece que esta modalidad contractual «se regirá por lo dispuesto en la legislación reguladora del contrato de concesión de obras públicas con las especialidades previstas en este artículo»[74].

5. RESERVA DE BIENES DE DOMINIO PÚBLICO

La reserva demanial es una técnica patrimonial que permite, al igual que la concesión demanial, la utilización exclusiva por un sujeto de bienes de dominio público, con la particularidad que, en este caso, ese sujeto debe ser necesariamente una Administración Pública. Riverso Ysern y Montoya Martín recuerdan que esta figura «se ha ido fraguando en nuestro ordenamiento jurídico precisamente en el ámbito del derecho minero, habiéndose expandido a otros ámbitos del dominio público y, particularmente, al ámbito de las costas y de las aguas continentales»[75]. Por su parte, Rodríguez López resalta que «el fundamento jurídico de la reserva radica en la naturaleza misma del dominio público»[76].

Como apunta López Ramón, las leyes especiales son las que deben regular en detalle las reservas demaniales, como ocurre «en la legislación minera y de

---

[72] Artículo 101.3 del TRLPEMM.
[73] Artículo 101.7 del TRLPEMM.
[74] Artículo 101.10 del TRLPEMM.
[75] Rivero Ysern, J.L. y Montoya Martín, E., «Una nueva oportunidad para la minería metálica: la reapertura de la mina de Aznalcóllar en Sevilla», *Revista Andaluza de Administración Pública*, núm. 91, 2015, p. 56.
[76] Rodríguez López, P., *Derecho Administrativo Patrimonial*, Ed. Bosch, Barcelona, 2005, p. 768.

hidrocarburos y en la de aguas, respondiendo a finalidades de tipo fiscal (hidrocarburos), seguridad nacional (minerales radiactivos) y económicas (ordenar el aprovechamiento de los recursos».

El TRLPEMM no contempla expresamente una declaración general de reserva del dominio público portuaria a favor de la Administración General del Estado, aunque sí es cierto que los artículos 14 y 15 pueden suscitar alguna duda interpretativa, pues el primero se refiere a los espacios reservados al Ministerio de Defensa para el ejercicio de sus competencias, y el segundo para el ejercicio de las competencias que la legislación atribuye a la Guardia Civil.

En ausencia de una regulación específica, cabe acudir a la legislación de costas, de aplicación supletoria, que sí regula la reserva en los artículos 47 y 48, al igual que la LPAP cuyo artículo 104.1 también la prevé. La doctrina ha apuntado que mientras que la Administración General del Estado sí tiene competencias para llevar a cabo reservas sobre el demanio portuario, la Autoridad Portuaria carece de dicha competencia, como se desprende de los artículos 25 y 26 del TRLPEMM[77].

La Abogacía del Estado ya apuntó en un informe de la Dirección General del Servicio Jurídico del Estado que «la ocupación y uso de determinadas partes o dependencias del dominio público portuario de titularidad estatal por órganos de la Administración del Estado que las necesiten para el cumplimiento de sus funciones que legalmente les estén atribuidas ha de instrumentarse jurídicamente a través de la pertinente reserva demanial en los términos que prevé el artículo 47.1 de la vigente Ley de Costas, y no mediante concesión administrativa, sin que en consecuencia, pueda exigirse por tales ocupaciones y usos del dominio público portuario el abono de canon o precio público alguno»[78].

Años más tarde, se elevó una nueva consulta, en la que la Autoridad Portuaria de Málaga entendía que dicha conclusión solo sería aplicable a los terrenos de dominio público de la zona de servicio del puerto, pero no a las construcciones existentes sobre tales terrenos que hubieran sido costeadas exclusivamente con cargo a esa Autoridad Portuaria, sin subvención ni aportación alguna de la Administración General del Estado. Además, dicha Autoridad Portuaria sostuvo que las reservas demaniales solamente podían recaer sobre terrenos y no sobre las instalaciones o construcciones. La Abogacía del Estado concluyó que la Administración del Estado «puede reservarse, total o parcialmente, los terrenos de dominio público portuario» incluida «las construcciones sobre mismo que sean de su titularidad, para el cumplimiento de sus fines». Como contrapartida, sigue razonando, «la Autoridad Portuaria está

---

[77] Eguinoa de San Román, R., *La gestión de los puertos de interés general,* Ed. Atelierlibros, Barcelona, 2012, p. 329.

[78] IAE de 11 de octubre de 1994 (ref. AEH Patrimonio 53/94).

facultada para exigir a la Administración General del Estado el canon de ocupación por la cesión del uso de las instalaciones y construcciones realizadas
sobre terrenos de dominio público de titularidad estatal por la antigua Junta
del Puerto de Málaga o por la actual Autoridad Portuaria, con cargo exclusivo
a sus presupuestos y que, por consiguiente, son de la titularidad de dicha entidad. En el cálculo de la base imponible del canon deberá descontarse, necesariamente, el valor del suelo»[79].

6. ADSCRIPCIÓN DE BIENES DE DOMINIO PÚBLICO

Distinta a la reserva demanial es la adscripción de bienes de dominio público,
que constituye otra técnica jurídica que permite la utilización por otra Administración Pública de terrenos demaniales que no son de su titularidad, sin alterar la titularidad del bien o derecho adscrito.

El TRLPEMM hace referencia expresa, en su artículo 5, a la adscripción de
dominio público marítimo-terrestre a favor de las Comunidades Autónomas
para el ejercicio de sus competencias estatutarias en materia de puertos. Si
bien la escasa regulación contenida en dicho precepto determina, como se indica en su apartado 4º, que «en la regulación de las adscripciones será de aplicación la legislación de costas».

El Tribunal Constitucional aclaró que «una vez adscrita una porción del dominio marítimo-terrestre a una Comunidad Autónoma no es preciso renovar
dicha adscripción mientras el terreno siga destinado al puerto o a la vía de
transporte que dio lugar a la adscripción inicial, y, por eso, el art. 49 de la Ley
de Costas, aunque prevé la adscripción no sólo para la construcción o la ampliación de puertos y vías de transporte sino también para la "modificación" de
los existentes, no puede ser interpretado en el sentido que temen los órganos
recurrentes. Resulta indudable, sin embargo, que el hecho de la adscripción no
exonera a la Administración del Estado de su deber de velar por la integridad
física y jurídica del demanio marítimo-terrestre y que, por tanto, es legítimo
que la Ley prevea cauces que le permitan conocer a tiempo si las obras de modificación proyectadas por una Comunidad Autónoma pueden llegar a producir una alteración importante del dominio, o influyen sobre la costa y pueden
afectar a su regresión, o distorsionan la dinámica litoral, a los efectos previstos
por los arts. 42.2 y 44.2 y 3 de la Ley de Costas. Salvaguardados estos legítimos
intereses demaniales, queda agotada la intervención del Estado, cuya Administración no está autorizada por este precepto para inmiscuirse en la gestión

---

[79] IAE de 18 de marzo de 1998 (ref. A.G. Servicios Jurídicos Periféricos 2/98).

o explotación de los servicios portuarios o viarios de competencia de la Comunidad Autónoma»[80].

7. TÉCNICAS CONTRACTUALES PRIVADAS

7.1. RÉGIMEN JURÍDICO Y JURISDICCIÓN COMPETENTE

Los concesionarios en modalidad demanial o contractual pueden suscribir contratos con los usuarios, quienes explotarán sus negocios o prestarán servicios sobre demanio portuario[81]. Esta es una técnica muy utilizada en las concesiones de puertos deportivos y en las Zonas de Actividades Logísticas (ZAL) de los puertos de interés general. Pensemos, por ejemplo, en los contratos de «cesión de uso» de determinados elementos de la concesión, de «arrendamiento» de locales comerciales o naves industriales, de contratos de «amarre», de «derecho de superficie», de «usufructo», contrato de constitución de servidumbre de paso o, incluso, en el caso de negocios en zonas lindantes a los puertos, de contratos para la instalación en la zona portuaria de determinados elementos accesorios, como mesas, sillas, u otros enseres.

En ejercicio de la autonomía de la voluntad, el concesionario y los usuarios pueden suscribir negocios jurídicos sobre la utilización de los espacios portuarios objeto de la concesión, siempre que no se contravenga el título concesional, ni la normativa de aplicación. Estas relaciones pueden instrumentalizarse a través de negocios de naturaleza personal o real, y se rigen por el Derecho Privado (Código Civil, Ley de Arrendamientos Urbanos, Ley Hipotecaria, etc.). Las controversias que puedan surgir sobre su cumplimiento y extinción se resuelven por los órganos jurisdiccionales civiles[82].

7.2. LÍMITE A LA DURACIÓN MÁXIMA

El concesionario y los usuarios pueden suscribir negocios jurídicos-privados para la utilización de elementos de la concesión siempre que ello no contravenga

---

[80] STC núm. 149/1991, de 4 de julio (BOE núm. 180, de 29 de julio de 1991, ECLI:ES:TC:1991:149).

[81] Artículo 68 del TRLPEMM.

[82] SSTS de 6 de junio de 2005 (ECLI:ES:TS:2005:3588) y de 17 de mayo de 2012 (ECLI: ES:TS:2012:3634), así como la SAP de Murcia de 13 de mayo de 2019 (ECLI: ES:APMU:2019:908). También pueden citarse a Rivas Andrés, R., «La obligatoriedad de publicar en Diario Oficial los Reglamentos particulares de cada puerto», *Diario La Ley*, núm. 7.091, 2009, y a Sabaté i Vidal, J.M. y Fuentes i Gasó, J. R., «Derecho Público y Derecho Privado en las concesiones administrativas de dominio de los puertos y dársenas deportivas», *Actualidad Administrativa*, núm. 5, 2015.

el título concesional y demás normas imperativas de aplicación, dada la instru-mentalidad de los mismos.

Una cuestión por destacar es la relativa a la limitación temporal de los negocios jurídicos que se suscriban entre el concesionario y los usuarios del puerto, pues es evidente que la finalización del plazo concesional conlleva la reversión íntegra a favor de la Autoridad Portuaria del demanio portuario, que-dando automáticamente extinguidos los derechos que pudieran ostentar los terceros, debido a su carácter accesorio[83].

La limitación temporal de los contratos privados sobre elementos portua-rios y su vinculación con el plazo de la concesión demanial, dada su instrumen-talidad, ha sido aceptada pacíficamente por la jurisprudencia desde antaño[84]. Para mayor seguridad jurídica, la limitación temporal de la concesión debería reflejarse en el clausulado de los contratos privados y en el Registro de la Pro-piedad, pues la concesión es un título inscribible según los artículos 2 de la Ley Hipotecaria y 31 y concordantes del Reglamento Hipotecario, así como en el artículo 92.9 del TRLPEMM.

Es indiscutible, por tanto, que extinguida la concesión finalizarán también los negocios jurídicos-privados subyacentes; circunstancia que deberán cono-cer los terceros conforme a la información obrante en el Registro de la Propie-dad –si el título está inscrito– y que debería constar también en los contratos privados que se suscriban, para mayor seguridad jurídica de estas relaciones. También debe tenerse en cuenta que las resoluciones de otorgamiento de las concesiones portuarias se publican en el BOE, haciéndose constar, al menos, la información relativa al objeto, plazo, tasas, superficie concedida y titular de la concesión[85].

7.3. EFECTOS DE UNA EVENTUAL PRÓRROGA DE LA CONCESIÓN DEMANIAL

Ahora bien, una cuestión controvertida es qué ocurre con los negocios priva-dos cuando el concesionario obtiene una prórroga de su concesión, cuando esta no estaba prevista en el título de otorgamiento. En este momento el con-cesionario debe valorar si le interese prorrogar los mismos contratos privados, modificar las condiciones de los contratos suscritos o, directamente, forzar la ruptura del vínculo contractual.

Esto nos lleva a analizar si la prórroga de la concesión –no prevista en el tí-tulo de otorgamiento– debe tratarse como una «nueva concesión» frente a

---

[83] Artículo 100 del TRLPEMM.

[84] STS de 19 de diciembre de 1983 (LA LEY 8390-JF/0000). Más recientemente, puede citarse la STSJ de Andalucía de 12 de febrero de 2018 (ECLI: ES:TSJAND:2018:8544).

[85] Artículo 85.7 del TRLPEMM.

terceros o como la «misma concesión», sin que el concesionario tenga margen para renegociar nuevas condiciones o contratos privados. Es decir, si la prórroga de la concesión no prevista en el título de concesional determina la extinción del uso o aprovechamiento otorgado a terceros, que expirarán una vez que concluya el plazo inicial de la concesión.

La legislación sectorial de puertos no aborda de forma expresa esta cuestión. La solución quizá pueda encontrarse en el propio título concesional o en los contratos privados suscritos con los usuarios, si sus redactores fueron suficientemente diligentes y regularon específicamente este escenario.

Desde un plano estrictamente teórico, difícilmente puede sostenerse que una prórroga de la concesión pueda tratarse como una nueva concesión a todos los efectos. Si bien, en lo que a los contratos privados suscritos con terceros se refiere, y a menos que se pacte lo contrario entre los contratantes, lo lógico es sostener que una prórroga de una concesión no prevista en el título de otorgamiento no conlleva, de manera automática y como efecto en cadena, la prórroga de los contratos privados subyacentes.

La cuestión debe analizarse en el marco de la relación contractual libremente pactada entre las partes, conforme a los principios y reglas establecidos en las normas civiles (*pacta sunt servanda* y reglas de interpretación de los contratos), respetando las normas imperativas del TRLPEMM.

En primer lugar, resulta fundamental comprobar si la voluntad de los contratantes fue la de supeditar la duración de los contratos privados al plazo inicial de la concesión o si, por el contrario, fue la de extender su duración a eventuales prórrogas de la concesión.

En segundo lugar, debe tenerse en cuenta que los contratos privados se suscriben en un momento temporal determinado, teniendo en cuenta unas circunstancias muy concretas. Habría que comprobar si, en dicho momento temporal, era jurídicamente viable otorgar una prórroga a la concesión portuaria correspondiente, conforme al marco legal entonces vigente. De esta forma se podría llegar a averiguar si los contratantes valoraron en la configuración del contrato privado subyacente la posibilidad o no de que se prorrogase la concesión y, por ende, los contratos privados.

En tercer lugar, es importante comprobar si el precio de los contratos privados se determinó en función de la duración inicial de la concesión. Es decir, si la duración de la concesión administrativa se configuró como una circunstancia determinante del precio pactado en los contratos privados subyacentes[86].

Un último argumento es que los contratos privados subyacentes no se podrían prorrogar, aunque se prorrogue la concesión demanial por una cuestión

---

[86] SSAP de Baleares de 20 de octubre de 2017 (ECLI: ES:APIB:2017:1843), 29 de abril de 2015 (ELCI:ES:APIB:2015:826) y de 19 de julio de 2007 (ECLI:ES:APIB:2007:1325). También, la SAP de Santa Cruz de Tenerife de 21 de junio de 2012 (ECLI: ES:APTF:2012:1527).

de índole económica. Cuando se otorga una prórroga no prevista en el título concesional, el concesionario debe afrontar cuantiosas inversiones, sin que resulte razonable que quede atado por unos contratos privados que pueden haberse suscrito hace décadas, en otro contexto económico radicalmente distinto. La prórroga altera el esquema económico y financiero de la concesión y precisa de libertad negocial para el concesionario. No hay que olvidar que el plazo de la concesión es el elemento esencial al que se vincula la amortización de la inversión que debe acometer el concesionario para que la Autoridad Portuaria le otorgue una prórroga no prevista en el título de otorgamiento. La necesaria amortización de la inversión exigible para la obtención de una prórroga ordinaria o extraordinaria no prevista en el título de otorgamiento exige que la concesionaria pueda disponer de libertad para negociar nuevos contratos o condiciones con terceros en unos espacios portuarios renovados y modernizados para su explotación, acorde a las nuevas necesidades que demande el interés general y el puerto.

7.4. VÍAS DE ACTUACIÓN FRENTE A TERCEROS INCUMPLIDORES

En el caso de que el concesionario no llegase a un acuerdo con algún usuario del puerto para establecer nuevas condiciones de su relación contractual durante el plazo de la prórroga y este se negase a dejar libre y expeditos los elementos cedidos, la concesionaria podrá ejercitar el desahucio civil o solicitar de la Autoridad Portuaria, como Administración titular del demanio portuario, el ejercicio del desahucio administrativo.

Es posible que la Autoridad Portuaria no acuerde el ejercicio de su potestad de desahucio administrativo si considera que la discrepancia entre el concesionario y el usuario sobre la explotación de una porción del demanio es una cuestión estrictamente civil, que debe resolverse en su caso por los Juzgados y Tribunales de ese orden jurisdiccional[87]. En cambio, el ejercicio de la potestad administrativa de desahucio sí podría estar justificado en el caso de que sea necesario recuperar unos bienes públicos ocupados por terceros para la ejecución de obras portuarias o de interés para el puerto (por ejemplo, para la realización de las nuevas inversiones propuestas para lograr la prórroga ordinaria o extraordinaria), así como para garantizar el adecuado servicio público portuario.

En definitiva, sí procedería el desahucio administrativo cuando concurran razones de interés público o portuario relevantes que justifiquen la intervención coactiva de la Administración titular del puerto para asegurar el

---

[87] STSJ de Extremadura de 28 de enero de 2016 (ECLI: ES:TSJEXT:2016:65).

cumplimiento de sus potestades o de los fines de la actividad portuaria, pero no ante meros incumplimientos de contratos privados que no tengan una proyección general.

8. ENCLAVES PRIVADOS DENTRO DE LA ZONA DE SERVICIO

De partida, debe advertirse que la existencia de terrenos de titularidad privada enclavados en el espacio portuario y calificados como sistema general portuario, sin que formalmente forme parte del dominio público portuario, es una situación anómala desde la perspectiva del TRLPEMM. Pero antes de abordar esta cuestión, es preciso recordar que la delimitación de los puertos debe constar en los instrumentos portuario y urbanístico, los cuales deben estar coordinados.

Desde el plano portuario, los puertos existentes en nuestro país se han delimitado de distinta forma en atención a las previsiones legales vigentes en cada momento. Sin ánimo de exhaustividad, puede mencionarse órdenes ministeriales de adscripción de terrenos, órdenes de delimitación de zonas de servicios de puertos, expedientes de expropiaciones forzosas de parcelas, el plan de utilización de espacios portuarios contemplado en la LPEMM de 1992[88] y la delimitación de espacios y usos portuarios del vigente TRLPEMM[89].

Desde el prisma urbanístico, la zona de servicio de un puerto puede ser parte de uno o varios términos municipales y, por tanto, debe incluirse en los planes generales. La Administración Urbanística tiene que integrar el espacio portuario con el resto de la ciudad. Los planes generales y demás instrumentos generales de planeamiento deben clasificar la zona de servicio de los puertos estatales, así como el dominio público afecto al servicio de señalización marítima como sistema general portuario[90]. El sistema general portuario debe desarrollarse mediante un Plan Especial o instrumento equivalente, que formulará la Autoridad Portuaria y que tramitará y aprobará la administración competente en materia de urbanismo.

Además, debe tenerse en cuenta que ni la legislación estatal de suelo, ni muchas de las legislaciones urbanísticas establecen que, de la calificación de un suelo como sistema general, determina que este sea de naturaleza demanial y, por tanto, de titularidad pública. Es decir, no todos los sistemas generales tienen que ser necesariamente de titularidad pública.

Pero en el ámbito portuario, la demanialidad de estos terrenos viene dada por una norma especial, la legislación de puertos. El TRLPEMM es tajante en

---

[88] Artículo 15 de la LPEMM de 1992.
[89] Artículo 69 del TRLPEMM.
[90] Artículo 56.1 del TRLPEMM.

el sentido de confirmar, en su artículo 67.1.a), la naturaleza demanial y la titularidad pública de los terrenos que integran el dominio público portuario, así como en los preceptos que regulan el modelo de gestión y utilización del dominio público portuario, donde no es posible que coexistan terrenos de titularidad privada (artículos 66 a 103).

En definitiva, la existencia de terrenos de titularidad privada enclavados en el sistema general portuario y que, por ende, no se encuentren afectados al dominio público portuario es una situación extraña, pero todavía presente en algunos puertos.

El origen de estos enclaves privados parte, principalmente, por la creciente expansión de muchos puertos en un contexto de ausencia de recursos económicos y de una normativa portuaria que no abordaba de manera clara esta situación. También por una dejación de funciones de las administraciones competentes, por la existencia de una negociación entre administraciones y propietario que se encalla, por una situación litigiosa que se demora en el tiempo, o bien porque el particular acepta las restricciones que derivan de tal incorporación fáctica a la zona de servicio, sin necesidad de expropiar los terrenos, etc.

Para solventar esta situación, habría que analizar, caso por caso, y consensuar con las administraciones portuaria y urbanística fórmulas para regularizar la situación anómala de la parcela en cuestión, bien mediante una expropiación forzosa de los terrenos para su integración formal en el demanio portuario, una adquisición de esta por parte de la Autoridad Portuaria, una aprobación o modificación del DEUP para integrar o excluir formalmente estos terrenos en el demanio portuario, así como, en su caso, mediante una modificación de los instrumentos urbanísticos existentes (plan general y plan especial del puerto). Esto último es sumamente necesario para dotar a dichos terrenos de unos parámetros urbanísticos acorde con su situación fáctica.

Si el instrumento portuario (DEUP) deja fuera del perímetro portuario unos terrenos, estos quedarán desafectados del demanio portuario y, en consecuencia, se debería modificar el planeamiento general urbanístico y, de existir, también el plan de desarrollo urbanístico, para dotar a esos suelos de la correspondiente clasificación y calificación. Se trataría, en definitiva, de regularizar la situación portuaria y urbanística de dichos terrenos, dotándolos de coherencia en la planificación portuaria y urbanística.

La existencia de enclaves privados dentro del sistema general portuario vulnera frontalmente el TRLPEMM como han confirmado los juzgados y tribunales del orden contencioso-administrativo[91]. La legislación de puertos es sumamente clara en el sentido de que los terrenos incluidos en la zona de

---

[91] SSTS de 24 de febrero de 2016 (ECLI:ES:TS:2016:706), de 14 de diciembre de 2011 (ECLI: ES:TS:2011:8496) y de 30 de octubre de 2009 (ECLI: ES:TS:2009:6518).

servicio de un puerto forman parte del demanio portuario. Además, no debe obviarse la propia configuración jurídica del demanio portuario y su modelo de gestión y utilización, que excluye la existencia de terrenos de titularidad privada enclavados en el demanio público. Además, la existencia de enclaves privados dentro de la zona portuaria puede suponer la existencia de actividades a perpetuidad en el demanio portuario, que es precisamente lo que se pretende evitar desde la entrada en vigor de la LPEMM de 1992 con la limitación del plazo máximo de duración de las concesiones de dominio público portuario. Es decir, la existencia de enclaves privados en la zona de servicio de un puerto puede alterar las reglas de competencia dentro del propio puerto, al no estar sometidas las actividades que allí se desarrollen a las exigencias contempladas en la legislación de puertos, en igualdad de condiciones que el resto de las actividades.

Por tanto, los enclaves privados existentes dentro de los puertos son terrenos que deberían ser demanio portuario o, por el contrario, sobre los que las administraciones urbanística y portuaria deberían actuar para que definitivamente quedarán excluidos de la zona de servicio del puerto, si la voluntad es la de no integrarlos. Mientras eso no ocurra, en mi opinión, se trataría de terrenos «llamados a ser» demanio portuario, en los que existiría un riesgo latente expropiatorio, al menos en el plano formal.

9. OTRAS MODALIDADES DE OCUPACIÓN

No se ha querido cerrar este apartado sin dejar apuntado que las normas sectoriales pueden establecer otras modalidades de ocupación del dominio público portuario para determinadas actuaciones, tales como infraestructuras ferroviarias, carreteras, viales públicos o zonas dotacionales que se ubican en la zona de servicio de un puerto de interés general.

Capítulo Tercero

LA CONCESIÓN DE DOMINIO PÚBLICO PORTUARIO

1. ANTECEDENTES HISTÓRICOS

Sin perjuicio de que existen antecedentes de la época romana y medieval que apuntan a la existencia de algunas instituciones jurídicas con rasgos propios de la concesión administrativa[92], la primera referencia al contrato de obra pública –al que en sus orígenes se ligaba la concesión demanial– la encontramos en el artículo 5 del Real Decreto de 10 de octubre de 1845, que aprueba la instrucción para promover y ejecutar obras públicas. Dicho precepto facultaba a los empresarios para que pudieran obtener como contraprestación por la ejecución de obras nacionales, provinciales o municipales un rendimiento económico vinculado a la explotación de la obra.

Más tarde, el artículo 2 del Decreto de 14 de noviembre de 1868 para la nueva legislación de obra pública permitía que, tras la ejecución de una obra pública, la Administración pudiera otorgar una concesión de uso exclusivo para el concesionario, quedando este libre para enajenar o explotar aquella en la forma que estime conveniente.

De otro lado, los antecedentes de la concesión de dominio público portuario, como categoría específica dentro de la concesión demanial, también nos sitúan en sus inicios en el contrato de obra pública, pues el régimen jurídico de los puertos estuvo estrechamente vinculado a la idea de obra pública[93]. Así, la

---

[92] Para profundizar más sobre los orígenes de las concesiones administrativas puede verse a Fernández Acevedo, R., *Las concesiones administrativas de dominio público*, Ed. Aranzadi, Navarra, 2007. Esta monografía cuenta con una segunda edición, publicada en el año 2012. También a López Molina, L., Pontón Aricha, T. y Vázquez Fariñas, M. (Dir.), *Puertos. Historia, evolución de la navegación y su reglamentación*, Ed. Dykinson, Madrid, 2023.

[93] Trias Prats, B., «Servicios portuarios, actividades comerciales y dominio público» en Eguinoa de San Roman, R. (Coord.), *El Reglamento Europeo de Puertos y su impacto en el sector*, Ed. Atelier, Barcelona, 2019, pp. 36-40. También puede verse a Menéndez Rexach, Á., «La concesión demanial: significado histórico y actual», en Rodríguez Mourullo, G. (Hom.), *Homenaje al profesor*

Ley de Puertos de 1880 se remitía, en parte, a la Ley General de Obras Públicas de 1877. En este sentido, podemos citar el artículo 28 de la Ley de Puertos de 1880, que señalaba que «las obras de los puertos de interés general, incluso las que se hallen proyectadas o comenzadas por cuenta del Estado, podrán realizarse también por medio de concesiones a empresas particulares, con arreglo a la Ley General de Obras Públicas».

Los artículos 42, 44 y 58 de la Ley de Puertos de 1880 que, aunque utilizaban el concepto «autorización», ciertamente se estaban refiriendo a la concesión de dominio público portuario, como se desprende de su tenor literal. En este sentido, por ejemplo, el artículo 42 hacía referencia al «carácter permanente» del negocio concesional. Por su parte, el artículo 44 diferenciaba entre autorizaciones con destino «particular», rasgo típico de la concesión portuaria (uso privativo), y autorizaciones con destino «público», más propio del contrato de concesión de obra pública (la infraestructura debe encontrarse abierta al uso público o aprovechamiento general). Y, el artículo 58 regulaba el contenido mínimo que debía contener el título de otorgamiento.

En el año 1889 se aprobó el Código Civil, que mencionaba a los puertos entre los bienes catalogados como de dominio público. Como apuntó Menéndez Rexach, no se trataba de una novedad, pues ciertamente la doctrina española ya se había mostrado prácticamente unánime desde mediados del siglo XIX en reconocer el carácter demanial de los puertos, y así se venía reflejando también en el derecho positivo desde la Ley de Aguas de 1866[94].

En 15 de diciembre de 1992 entró en vigor la LPEMM de 1992, que derogó un conjunto de normas que la precedieron y, particularmente, el Real Decreto Ley de 19 de enero de 1928 sobre puertos, que era la norma portuaria de referencia. El Preámbulo justificaba su aprobación en el nuevo marco constitucional que deriva de la vigente CE de 1978, la dispersión legislativa existente hasta la fecha, el aumento del tráfico marítimo, la entrada en vigor de una nueva legislación de carácter tributario y, sobre todo, de la nueva Ley de Costas y su Reglamento.

La utilización del dominio público portuario mediante autorización y concesión demanial contaba con muy pocos artículos en esta nueva norma (artículos 53 a 68) y con dos disposiciones transitorias (la cuarta y la quinta; la primera de ellas, para las autorizaciones que suponían ocupación del dominio

---

Dr. Gonzalo Rodríguez Mourullo, Ed. Civitas, Madrid, 2005, pp. 2103-2128. Este autor aborda los orígenes de la concesión demanial, prestando especial atención a los orígenes de la concesión de dominio público portuario. También a Almazán Gárate, J. L. y Estepa Montero, M., *El régimen jurídico de los puertos del Estado*, Ed. Universidad Politécnica de Madrid Escuela Técnica Superior de Ingenieros de Caminos, Canales y Puertos, Madrid, 2007.

[94] Menéndez Rexach, Á., «Dominio público portuario. El dominio público portuario estatal», *Revista de Derecho Urbanístico y Medio Ambiente*, núm. 145, 1995, pp. 79-122.

público portuario y las concesiones vigentes a la entrada en vigor de la presente ley; y la segunda, para los puertos en régimen concesional). Además, muchas cuestiones principales que giraban en torno a esta institución se regulaban en la legislación del dominio público marítimo-terrestre. En estos primeros años del periodo constitucional las actividades económicas y los servicios portuarios se instrumentalizaban mediante contratos públicos, siendo la concesión demanial una institución ciertamente residual.

Una de las grandes modificaciones introducidas tras la entrada en vigor de la LPEMM de 1992 fue la relativa al régimen de explotación del dominio público portuario. Las normas portuarias eran más proclives a destinar el suelo público portuario a usos relacionados con el tráfico portuario. La LPEMM de 1992, en su versión inicial, mantenía esta tendencia, si bien, esta norma sufrió una importante modificación con Ley 62/1997 de 26 de diciembre. Entre otras novedades, esta norma supuso el inicio de la apertura del demanio portuario a otras actividades, instalaciones y construcciones distintas a las estrictamente portuarias.

La LPEMM de 1992 había instaurado en los puertos de interés general los principios de autonomía de gestión y autosuficiencia económico-financiera. La Ley 62/1997 incorporó algunas modificaciones en el modelo de organización y explotación del sistema portuario de titularidad estatal, como el reforzamiento de la autonomía funcional y de gestión de las Autoridades Portuarias, la participación de las Comunidades Autónomas en la estructura y organización de los puertos de interés general, la profesionalización de la gestión de los puertos y la potenciación del sector privado en las operaciones portuarias, entre otras.

La Ley de Puertos de 2003 fue la norma que verdaderamente modificó la LPEMM de 1992 en lo que respecta al régimen jurídico de los usos permitidos en demanio portuario. Se introdujo, como novedad, criterios de rentabilidad y eficiencia en la explotación del dominio público portuario. Este hito supuso el reforzamiento de la concesión demanial frente a las técnicas contractuales, así como el punto de partida del modelo de explotación actual, en el que además de usos estrictamente portuarios, podían implantarse sobre el demanio otros usos. Además, esta norma fue la primera que comenzó el proceso de adaptación del sistema portuario estatal al entorno europeo. La Ley de Puertos de 2003, entre otras modificaciones, adaptó el sistema tarifario portuario a la naturaleza jurídica de las tasas, estableció unas pautas para adaptar los puertos al contexto económico europeo, avanzó en la liberación de los servicios portuario y sentó las bases para potenciar la participación de la iniciativa privada en la explotación del demanio portuario y las actividades que se desarrollen en los puertos de interés general.

La Exposición de Motivos de la Ley de Puertos de 2003 enfatizaba, como un elemento clave para conseguir los objetivos liberalizadores perseguidos por esta nueva norma, «la introducción de importantes y novedosos elementos en la regulación de la gestión del dominio público portuario para conseguir un completo desarrollo del modelo concesional que favorezca la máxima rentabilización socioeconómica de este dominio público dentro de los usos portuarios».

La Ley de Puertos de 2003 dedicó casi la mitad de su articulado a la concesión de dominio público portuario y a su régimen económico, y ello no fue casualidad. En ese sentido, la Exposición de Motivos señalaba que el nuevo modelo de gestión del dominio público portuario «está orientado a promover la participación del sector privado en la financiación y explotación de instalaciones portuarias y en la prestación de servicios a través del otorgamiento de concesiones y autorizaciones demaniales y de concesión de obra pública».

Otra novedad importante de la Ley de Puertos de 2003 es que reguló en su artículo 126, por primera vez, el contrato de concesión de obra pública portuaria como «especie» dentro del contrato de concesión de obra pública. Esta institución jurídica pasó a tener sustantividad propia y relevancia dentro de los distintos títulos de ocupación del demanio portuario.

En 21 de octubre de 2011 entró en vigor el vigente TRLPEMM, que refundió en un único texto las principales normas vigentes en materia portuaria y de la marina mercante: principalmente, la LPEMM de 1992 y la Ley de Puertos de 2003[95]. Debe destacarse el Capítulo III del Título V del Libro I referido a la utilización del dominio público portuario estatal y el Capítulo II del Título VII del Libro I dedicado al régimen económico de la utilización del dominio público.

De las reformas legislativas que afectaron al TRLPEMM debe destacarse el Real Decreto-ley 8/2014 y, más tarde, la Ley 18/2014, de 15 de octubre, que introdujeron modificaciones relevantes, para la mejora de la competitividad y la conectividad de los puertos de interés general. Entre otras, destacan el incremento de plazos de las concesiones portuarias, la incorporación de nuevos supuestos de prórroga extraordinaria, la creación del Fondo Financiero de Accesibilidad Terrestre Portuaria y el levantamiento de la prohibición de destinar al uso hotelero, a albergues u hospedajes determinadas infraestructuras portuarias en desuso situadas en demanio portuario y sujetas a protección por formar parte del patrimonio histórico.

Finalmente, debe hacerse una breve mención a uno de los grandes hitos logrados en la Unión Europea en el ámbito de los servicios portuarios. Se trata de la aprobación del Reglamento (UE) 2017/352, que entró en vigor el 24 de marzo

---

[95] Estepa Montero, M., *Análisis sobre la política pública de los puertos de interés general*, Ed. Marcial Pons, 2021. Esta obra se centra en el periodo de elaboración, aprobación y la puesta en práctica del TRLPEMM, analizando la evolución del sistema portuario de interés general y la implementación de las políticas públicas portuarias del Estado.

de 2017, pero que resulta de aplicación a partir del 24 de marzo de 2019[96]. En síntesis, el reglamento tiene como objetivos (i) establecer un marco de referencia para la prestación de los servicios portuarios y (ii) configurar un conjunto de normas comunes sobre transparencia financiera, tarifas por servicios portuarios y tasas por infraestructuras portuarias. Es importante destacar que el reglamento no establece un modelo determinado de gestión de los puertos, ni se pronuncia sobre la propiedad pública o privada de la zona portuaria, de modo que, como ha confirmado la doctrina más autorizada, es perfectamente compatible con nuestro modelo portuario de utilización del demanio portuario estatal y, por ende, con la institución de la concesión demanial[97].

2. APROXIMACIÓN AL CONCEPTO «CONCESIÓN»

Es bien sabido que la concesión de dominio público portuario tiene cierta tradición histórica en nuestro ordenamiento jurídico y que, además, el término «concesión» es multívoco, como sucede con otras categorías del Derecho Administrativo.

La historia refleja que en los puertos podemos distinguir tres grandes grupos de concesiones administrativas: (i) la concesión de dominio público portuario, (ii) el contrato de concesión de obra pública portuaria y (iii) el contrato de concesión de servicio público. No obstante, también es posible encontrar en los puertos contratos de concesión de obra pública, dobles concesiones o concesiones mixtas, concesiones de dominio público marítimo-terrestre, concesiones demaniales *de facto* o cualquier otra modalidad típica o atípica prevista en el ordenamiento jurídico.

La existencia de distintos tipos de concesiones impide, apriorísticamente, extraer conclusiones sobre el concepto, sus elementos esenciales, la naturaleza jurídica o, incluso, su régimen jurídico, lo que exige un análisis individualizado, caso por caso, de cada una de estas tipologías de concesiones. En este trabajo nos centraremos únicamente en las concesiones de dominio público portuario previstas TRLPEMM; es decir, en las concesiones portuarias que se otorgan en los puertos de interés general.

Ninguna norma portuaria acuña un concepto general de concesión de dominio público portuario, lo que explica las vacilaciones doctrinales en torno a

---

[96] Antes de aprobarse el Reglamento (UE) 2017/352 estaba en vigor la Directiva 2006/123/CE del Parlamento Europeo y del Consejo, de 12 de diciembre de 2006, relativa a los servicios en el mercado interior. Esta Directiva no se aplicaba a los servicios portuarios, que quedaron expresamente excluidos.

[97] Eguinoa de San Román, R., «Reflexiones para una reforma de la legislación de puertos de interés general», *Revista General de Derecho Administrativo*, núm. 56, 2021, pp. 11-12.

ella. En las normas portuarias contemporáneas (estatales y autonómicas), la práctica habitual es que cada legislación regula el régimen jurídico de las concesiones portuarias, sin ofrecer una previa definición de esta institución jurídica. De modo que la tarea de identificar y definir el concepto jurídico es un asunto eminentemente de carácter doctrinal.

La mayoría de las diversas teorías que la doctrina *iuspublicista* ha formulado durante los últimos años sobre el concepto de concesión portuaria pueden agruparse en torno a lo que podríamos denominar la concepción objetiva o material, que enfatiza las notas características de esta figura jurídica:

— Eguinoa de San Román define la concesión portuaria como «el título administrativo otorgado por una Autoridad Portuaria que habilita a su titular para ocupar de forma privativa el dominio público portuario siempre que dicha ocupación tenga alguna de estas características: a) que la ocupación se haga con obras o con instalaciones no desmontables; b) que la ocupación sea por un plazo superior a tres años»[98].

— Zabala Landa señala que «las concesiones por su parte están destinadas a la ocupación del dominio público portuario con obras o instalaciones no desmontables o usos por un plazo superior a tres años. En este caso el plazo máximo será de cincuenta años incluyendo así mismo las prórrogas»[99].

— Menéndez Rexach sostiene que la concesión portuaria, como subcategoría de la concesión demanial, es aquella que tiene por objeto «la realización de actividades privadas que tienen como soporte el dominio público y que también implican la construcción de obras o instalaciones fijas, ya que, de lo contrario, bastaría también una autorización»[100].

— García Pérez indica que «la concesión demanial es el título por excelencia habilitante para la utilización privativa del dominio público, que podrá definirse por su carácter excluyente y constitutivo, discrecional y estable». El carácter excluyente «impide o limita drásticamente su utilización por parte de otros interesados», el carácter constitutivo «supone el nacimiento de un derecho *ex novo*, inexistente con anterioridad en la esfera patrimonial del beneficiario como consecuencia del otorgamiento del título para la utilización privativa del domino público», el carácter discrecional deriva del acto de otorgamiento, que

---

[98] Eguinoa de San Román, R., *La gestión de los puertos… Op. cit.*, p. 274.

[99] Zabala Landa, F.J., «Gestión del dominio público portuario y régimen de garantías en la Ley de Puertos y Transporte Marítimo del País Vasco», en Martín Osante, J.M. (Dir.), *Navegación de recreo y puertos deportivos: nuevos desafíos de su régimen jurídico*, Ed. Marcial Pons, Madrid, 2019, p. 77.

[100] Menéndez Rexach, Á., «Concesión de utilización de dominio público», *Revista Direito E Justiça*, núm. Especial, 2005, pp. 134-135.

«es diferente a las licencias, permisos o autorizaciones otorgados en el ámbito de la policía general o demanial respecto al uso común, de naturaleza reglada» y, finalmente, el carácter estable deviene de «la estabilidad del título en los diversos momentos de su vida jurídica»[101].

— Gonzalo Rodríguez apunta que «por la concesión administrativa portuaria se trasfiere a un particular el uso exclusivo de un bien de dominio público marítimo o la explotación de un servicio público portuario de carácter comercial. Por tanto, se puede hablar de concesiones portuarias de servicio público y de dominio público»[102].

En nuestros días, considero que cualquier definición del concepto de concesión portuaria tendría que destacar no solo su perspectiva como título habilitante para la ocupación temporal del demanio portuario, sino también su configuración como auténtico instrumento de colaboración público-privada para un mejor y mayor rentabilidad y eficiencia en la explotación del demanio portuario.

La configuración de la concesión portuaria se encuentra muy condicionada por el modelo de gestión portuario vigente en la legislación de puertos, que descansa en factores y criterios de rentabilidad y eficiencia en la explotación del dominio público dentro de los usos y actividades permitidas, así como en la promoción e incremento de la participación de la iniciativa privada en la financiación, construcción y explotación de las instalaciones portuarias y en la prestación de servicios portuarios y comerciales, para conseguir un modelo concesional que satisfaga plenamente los legítimos intereses del sector privado.

En definitiva, conforme al marco legislativo actual, la concesión portuaria tiene que coadyuvar a los organismos portuarios a conseguir la máxima rentabilización económica del dominio público portuario. Pero, como veremos más adelante, no solo puede ser un fin la rentabilización del demanio portuario por parte de las Autoridades Portuarias y la legítima satisfacción del interés privado de los concesionarios, sino también, la mejor calidad en su uso y explotación, mediante factores ambientales y sociales.

---

[101] García Pérez, M., *La utilización del dominio público marítimo-terrestre. Estudio especial de la concesión demanial*, Ed. Marcial Pons, Ediciones Jurídicas S.A., Madrid, 1995, pp. 127 a 129.

[102] Gonzalo Rodríguez, I., «Concesiones y autorizaciones portuarias», *Revista de Administración Pública*, núm. 46, 1965, p. 369.

3. ELEMENTOS ESENCIALES

El siguiente paso es analizar los elementos de la concesión de dominio público portuario, que contribuyen a comprender mejor la esencia de esta institución jurídica.

3.1. ELEMENTO PERSONAL

En primer lugar, el elemento personal, que está conformado por los sujetos intervinientes en el negocio concesional, y que gira en torno al consentimiento.

De un lado, la Autoridad Portuaria concedente. El origen de las Autoridades Portuarias podemos ubicarlo en la Ley 27/1968, de 20 de junio, sobre Juntas de Puertos y Estatuto de Autonomía, que confirió la posibilidad de que determinados puertos que adquiriesen un adecuado nivel de tráfico anual y económico pudiesen ser gestionados por una entidad independiente al Estado en régimen de Estatuto de Autonomía, y sujetos a Derecho Privado. Estos organismos autónomos vinieron a sustituir a las Juntas de Obras y Servicios de Puertos, regidas por el Decreto Ley de 14 de noviembre de 1868 por el que se aprueban las Bases generales para la legislación de obras públicas, que tenían como finalidad agilizar el proceso de construcción de las obras públicas en los puertos, cuando el Estado no había podido ejecutarlas[103].

El artículo 24 del TRLPEMM aborda la naturaleza jurídica de las Autoridades Portuarias. La legislación de puertos señala que las Autoridades Portuarias son «organismos públicos de los previstos en la letra g) del apartado 1 del artículo 2 de la Ley General Presupuestaria […] y se rigen por su legislación específica, por las disposiciones de la Ley General Presupuestaria que les sean de aplicación y, supletoriamente, por la Ley 6/1997, de 14 de abril, de Organización y Funcionamiento de la Administración General del Estado», pero ciertamente la vigente redacción de la LGP ya no contiene ninguna letra g) en su artículo 2.1, pues esta fue suprimida, con efectos desde el 2 de octubre de 2016, por la disposición final 8.1 de la LRJSP. Tampoco está vigente la

---

[103] Jiménez de Cisneros analizó desde la perspectiva del Derecho Administrativo las nuevas figuras que surgieron a raíz de las nuevas formas de organización del Estado y las razones que justificaban la huida hacia el Derecho Privado (entre ellas, se menciona a las Autoridades Portuarias). Al respecto, pueden citarse a Jiménez de Cisneros Cid, F. J., «Organización instrumental pública en la ley de organización y funcionamiento de la administración general del estado», *Estudios de Derecho judicial,* núm. 14, 1998, pp. 153-186 y «Organización instrumental pública en la Ley de Organización y Funcionamiento de la Administración Pública», *Documentación administrativa,* núm. 246-247, 1996-1997, pp. 303-416.

Ley 6/1997, de 14 de abril, de Organización y Funcionamiento de la Administración General del Estado, que también fue derogada por la LRJSP[104].

Navajas Rebollar apunta, con acierto, que «en la redacción actual de la LGP, la referencia que hace la legislación portuaria debemos entenderla hecha al apartado i) del artículo 2, que se refiere a cualquiera organismos y entidades de derecho público vinculada o dependientes de la Administración General del Estado. Se trata, en definitiva, de un cajón de sastre para referirse a los organismos dependientes de la Administración General del Estado que no pueden ser incluidos en ninguna de las categorías anteriores»[105].

En definitiva, las Autoridades Portuarias son organismos públicos vinculados o dependientes de la Administración General del Estado, con personalidad jurídica propia, cuya actividad queda sujeta al Derecho Privado, salvo en el ejercicio de funciones de poder público que el ordenamiento jurídico les atribuye.

Un sector de la doctrina considera que las Autoridades Portuarias son organismos públicos, pero difícilmente encuadrables en una de las tres categorías que recoge el vigente artículo 84 de la LRJSP. Para estos autores, estos organismos se sitúan, a modo de un *tertum genus*, entre los organismos autónomos y las entidades públicas empresariales, no siendo tampoco agencias especiales, por lo que escapan del esquema clasificatorio clásico de los organismos públicos[106]. O, como expresa con cierta ironía Eguinoa de San Román, son organismos públicos «apátridas»[107].

Sin embargo, considero que las Autoridades Portuarias se aproximan, ciertamente, al régimen jurídico de las Entidades Públicas Empresariales (EPE), pues su rasgo diferenciador es precisamente que estas se rigen por el Derecho Privado, excepto en el ejercicio de las potestades administrativas que tengan atribuidas. Su personal, además, se rige por el Derecho Laboral[108], salvo aquellos puestos de trabajo de Fuera de Convenio (Subdirectores, Jefes de Área, Jefes de Departamento, Jefes de División, Jefes de Unidad y Secretarías de Fuera de Convenio) y aquellos funcionarios que se integran en virtud de convenios con la Administración General del Estado, como por ejemplo los Abogados del Estado[109].

---

[104] Debe recordarse que la LRJSP contiene una disposición adicional duodécima dedicada al régimen jurídico de las Autoridades Portuarias, que complementa el artículo 24 del TRLPEMM.

[105] Navajas Rebollar, M., «Comentarios al artículo 24 del TRLPEMM», en Petit Lavall, Mª. V., Blasco Díaz, J.L., Puetz, A. y Oller Rubert, M. (Dir.), *Comentarios al texto refundido de la Ley de Puertos del Estado y de la Marina Mercante y normativa de desarrollo*, Ed. Tirant lo Blanch, Valencia, 2023, p. 621.

[106] STSJ de Cataluña de 30 de enero de 2012 (ECLI:ES:TSJCAT:2012:1308).

[107] Eguinoa de San Román, R., «Reflexiones para una reforma de…», *Op. cit.*, p. 11.

[108] Convenio colectivo de Puertos del Estado y Autoridades Portuarias.

[109] Artículo 24.7 del TRLPEMM.

Las Autoridades Portuarias están adscritas al Ministerio de Fomento (actualmente, al Ministerio de Transporte y Movilidad Sostenible) a través del organismo público Puertos del Estado. Se trata de entidades instrumentales que gestionan el dominio público titularidad de la Administración General del Estado y que cuentan con amplias potestades administrativas para el cumplimiento de sus fines.

En España, el sistema portuario sigue un modelo de gestión *landlord port* (gestión público-privada), en el que las Autoridades Portuarias deciden sobre la gestión administrativa de las infraestructuras portuarias, planifican la actividad y los espacios demaniales y proporcionan infraestructuras básicas y servicios generales a todos los usuarios, pero la utilización del dominio público mediante el ejercicio de actividades y servicios (portuarios y comerciales) se encomiendan, por lo general, a terceros. Este modelo persigue un equilibrio entre los intereses portuarios y privados[110], y se contrapone a los modelos de *tool port*, *service port* (también conocido como *operating port* o *comprehensive port*) y «puerto privado» que utilizan otros Estados[111].

De otro lado, el otro sujeto interviniente en el negocio concesional es la concesionaria, al que se le otorga por un tiempo determinado, que no puede sobrepasar ciertos límites legales[112], el uso privativo de una porción de dominio público portuario, tras la tramitación de un procedimiento administrativo reglado, y previo cumplimiento de una serie de presupuestos[113]. No existe inconveniente en que la titularidad del derecho concesional pueda ser adjudicado a sujetos de titularidad pública o privada, ni siquiera a varias personas en proindiviso[114]. Además, como veremos más adelante, la condición de concesionario puede variar durante la vigencia de la concesión en virtud de distintos negocios jurídicos.

Asimismo, las Autoridades Portuarias y Puertos del Estado pueden participar directa o indirectamente en una sociedad que resulte adjudicataria de una concesión de dominio público portuario, salvo que sobre dicha concesión se preste o pueda llegar a prestarse servicios portuarios, en cuyo caso estará prohibido[115].

Para que la concesión portuaria se otorgue es necesario que, tras la tramitación del procedimiento administrativo, exista consentimiento de las partes. Para otorgar una la concesión portuaria, la Autoridad Portuaria tiene que

---

[110] Artículo 66 del TRLPEMM.

[111] Musso E., Parola F. y Ferrari C., «Modelos de gestión portuaria», *Papeles de economía española*, núm. 131, 2012, pp. 116-127.

[112] Actualmente, el artículo 82.2 del TRLPEMM fija el plazo máximo de las concesiones portuarias en 50 años de manera ordinaria y en 75 años de forma extraordinaria.

[113] Artículos 84 a 86 del TRLPEMM.

[114] STS de 21 de febrero de 2022 (ECLI:ES:TS:2022:710).

[115] Artículo 46.1 del TRLPEMM.

dictar un acto de otorgamiento y elaborar unos pliegos de condiciones particulares en respuesta a una solicitud de un particular (o tras la publicación del concurso), que debe aceptar el solicitante o interesado en obtener la concesión portuaria (trámite de oferta de condiciones). No es suficiente con la voluntad de la Autoridad Portuaria para otorgar una concesión, se necesita de la colaboración del peticionario, mediante la aceptación de las condiciones propuestas[116].

3.2. ELEMENTO MATERIAL

En segundo lugar, el elemento material, que inicialmente se identifica por la porción de demanio portuario objeto de aprovechamiento privativo temporal para realizar obras o instalaciones no desmontables o implantar usos por plazo superior a tres años[117]. El modelo concesional tiene como elemento definitorio la presencia del dominio público portuario, que es decisivo para la conformación de su régimen jurídico. Desde este punto de vista, la concesión portuaria habilita para la ocupación de una porción de demanio portuario (que puede o no estar transformado), siendo dicha ocupación o utilización consustancial a este negocio jurídico. La porción de terreno (y en su caso, construcción) se otorga para un fin determinado.

El titular de una concesión dispondrá de un derecho real administrativo sobre las obras, construcciones e instalaciones fijas que haya construido para el ejercicio de la actividad autorizada por el título concesional, que incorpora imprescindiblemente el demanio público sobre el que está construida. Ciertamente, la *utilitas* del demanio portuario otorgado se reduce a las concretas utilizaciones o aprovechamientos sobre los mismos[118]. Rodríguez López precisa que «ello es importante porque, como hubo ocasión de comprobar, hay utilizaciones que no modifican la sustancia material del bien (concesiones de aguas para aprovechamiento hidroeléctrico), otras que la consumen (concesiones de agua para abastecimiento de poblaciones) y otras que la enriquecen (concesiones de puertos deportivos). El objeto de la concesión es, por consiguiente, una particular *utilitas* para la que el bien público es idóneo, esto es, para ser filológicamente correctos, la concesión es sobre el bien, no del bien»[119].

Este derecho real es transmisible, gravable, registrable y devenga a favor de la Autoridad Portuaria de un canon por parte del titular del concesionario.

---

[116] Eguinoa de San Román, R., *La gestión de los puertos… Op. cit.,* p. 310.

[117] El artículo 67.1 del TRLPEMM recoge los elementos que conforman el dominio público portuario.

[118] Artículo 97 de la LPAP.

[119] Rodríguez López, P., *Derecho Administrativo Patrimonial… Op. cit.,* p. 754.

Para garantizar que se cumpla la función *pública de* la concesión demanial, las Autoridades Portuarias cuentan con amplios poderes de protección y defensa del demanio portuario[120] y las concesionarias con un conjunto de derechos y obligaciones[121].

Como apunta la doctrina, «la condición demanial del bien es requisito previo, de carácter material y jurídico, para que la Administración pueda servirse de la técnica concesional». De suerte que si se otorga una concesión sobre un bien que no es demanial, la consecuencia no puede ser otra que la nulidad total conforme a lo dispuesto en los apartados c) y f) del artículo 47.1 de la LPAC, pues comportaría «una suerte de expropiación implícita prohibida por el artículo 33.3 de la Constitución española»[122].

La concesión demanial tiene siempre como objeto parcelas de dominio portuario, esto es, concretas instalaciones y/o porciones de agua del puerto. Por ello, la pérdida de la condición demanial objeto de la concesión determina su extinción[123]. Si produce una desafectación sobrevenida total o parcial, la parte de la concesión que se mantiene en el demanio portuario habrá que acordar unas nuevas condiciones y, entre ellas, la reducción de la superficie, que deberá instrumentalizarse mediante el procedimiento de modificación de las concesiones previsto en el artículo 88 del TRLPEMM o el procedimiento de revisión del artículo 89 del citado texto legal, según la causa. En cambio, para la parte desafectada, la Autoridad Portuaria debería suscribir un negocio jurídico-privado que mantenga la relación jurídica preexistente (artículos 24.2 del TRLPEMM y 102.3 de la LPAP) y, en caso de optar por la enajenación de estos terrenos desafectados, debería garantizar el derecho de adquisición preferente (artículo 103 de la LPAP).

Finalmente, debe advertirse que el Tribunal Supremo ha resuelto que no es posible someter a arbitraje una controversia sobre la caracterización jurídica de un bien propiedad de una Autoridad Portuaria[124].

3.3 ELEMENTO CAUSAL

En tercer lugar, y a los efectos de este trabajo el más relevante, el elemento causal, esto es, el fin primordial o interés asociado a este negocio jurídico. No

---

[120] Por ejemplo, el desahucio administrativo que se regula en el artículo 103 del TRLPEMM.

[121] Entre ellas, garantizar un nivel de tráfico mínimo o el abono de las tasas portuarias (principalmente ocupación y actividad).

[122] Fernández Acevedo, R., *Las concesiones administrativas de dominio... Op. cit.*, pp. 180 a 182.

[123] Artículo 100.h) de la LPAP.

[124] STS de 20 de diciembre de 2017 (ECLI: ES:TS:2017:4617).

cabe duda de que, en la concesión de dominio público portuario, convergen intereses «privados» de la concesionaria y «portuarios» de la propia Autoridad Portuaria concedente.

Podríamos afirmar que el interés «privado» es aquel que persigue la concesionaria para obtener un beneficio de la ocupación y explotación del demanio portuario. Ciertamente, las modificaciones introducidas en esta institución en las últimas décadas van en la línea de fomentar e incrementar la participación de la iniciativa privada para conseguir un modelo concesional que satisfaga plenamente los legítimos intereses del sector privado y, por supuesto, que le permita amortizar las inversiones. Buena muestra de ellos son las sucesivas ampliaciones del plazo máximo de duración de las concesiones portuarias y el sistema de prórrogas ordinarias y extraordinarias instaurados tras la entrada en vigor de la LPEMM de 1992.

De otro lado, el interés «portuario», que no es más que una subcategoría del interés público, y que justifica el carácter discrecional de otorgamiento de las concesiones portuarias[125]. De conformidad con el sistema portuario actual, las Autoridades Portuarias deben velar por la rentabilización o valorización del demanio portuario y por el cumplimiento de los objetivos marcados desde el sistema portuario de titularidad estatal (proveer infraestructuras, garantizar los servicios portuarios, la autosuficiencia económica y la rentabilización del patrimonio). Es importante resaltar que hoy en día el concepto de interés portuario que tipifica el vigente TRLPEMM se encuentra anclado en criterios meramente económicos y de rentabilización.

3.4. LA FORMA

En último lugar, el elemento formal o forma escrita, que se configura como un requisito *ad solemnitatem* de la vigencia del título administrativo concesional, en base a lo dispuesto en el apartado 7º del artículo 85 del TRLPEMM, conforme al cual «la resolución de otorgamiento de la concesión se publicará en el Boletín Oficial del Estado, haciéndose constar, al menos, la información relativa al objeto, plazo, tasas, superficie concedida y titular de la concesión».

Por su parte, el artículo 93.2 de la LPAP establece que «cualquiera que haya sido el procedimiento seguido para la adjudicación, una vez otorgada la concesión deberá procederse a su formalización en documento administrativo. Este documento será título suficiente para inscribir la concesión en el Registro de la Propiedad».

---

[125] La discrecionalidad en el otorgamiento se estudia en otro capítulo de esta obra.

Dada la esencialidad de los cuatro elementos antes mencionados, considero que, la ausencia de cualquiera de ellos debería determinar la nulidad del negocio concesional, conforme a lo dispuesto el apartado f) del artículo 47.1 de la LPAC.

4. APROXIMACIÓN A LA NATURALEZA JURÍDICA

El siguiente paso es abordar las distintas posiciones doctrinales acerca de la naturaleza jurídica de la concesión demanial, si como negocio jurídico de carácter patrimonial o contractual. No existe un criterio unánime en la doctrina sobre la naturaleza jurídica de las concesiones demaniales. Esta discusión no es una cuestión baladí, pues tiene indudable relevancia práctica, por cuanto entre otras cuestiones puede determinar el régimen jurídico aplicable (especialmente el sistema de prelación de fuentes) y el sistema de recursos administrativos.

Siguiendo al ilustre profesor Fernández Acevedo, podríamos afirmar que tres son las principales teorías que han predominado en los últimos tiempos sobre la naturaleza jurídica de las concesiones demaniales[126]:

— Un sector de la doctrina considera que la concesión demanial es un negocio patrimonial, siendo el título concesional una resolución administrativa unilateral declarativa, que precisa de la aceptación del concesionario.

— Otro sector afirma que concesión demanial es un contrato administrativo que nace de un acuerdo de voluntades entre la administración concedente y el solicitante de la concesión, que se materializa en el título concesional[127].

---

[126] Fernández Acevedo, R., *Las concesiones administrativas de dominio… Op. cit.,* pp. 109 a 115. También puede citarse a López Menudo, F., «Títulos hábiles para la utilización de bienes y derechos demaniales. Tipología y régimen», en Horgué Baena, C. (Coord.), *Régimen Patrimonial de las Administraciones Públicas,* Ed. Iustel, Madrid, 2007, pp. 218-219. La STS de 26 de octubre de 1996 (ECLI:ES:TS:1996:5874) señaló que «sobre la naturaleza de la concesión, quizá deba aludirse a que la jurisprudencia y la doctrina han suministrado las calificaciones más variadas hablándose de acto unilateral de la Administración, acto administrativo bilateral, acto unilateral en su emisión pero bilateral en su vinculación, acto administrativo necesitado de la colaboración de un particular, vínculo o pacto contractual del que derivan derechos y obligaciones recíprocas, concierto de obligatoria observancia, contrato bilateral, entre otras».

[127] Dentro de esta tesis podríamos incluso ahondar en las distintas corrientes doctrinales sobre la naturaleza jurídica de los contratos públicos. A este respecto, dejamos citado a Gallego Córcoles, I., «El Derecho de la contratación pública: Evolución normativa y configuración actual», en Gamero Casado, E. y Gallego Córcoles, I. (Dir.), *Tratado de contratos del sector público, Tomo I,* Ed. Tirant lo Blanch (2ª ed.), Valencia, 2024, pp. 176 a 183.

— Un tercer sector de la doctrina aboga por posturas intermedias, mixtas o a medio camino entre el acto administrativo unilateral que necesita de aceptación (tesis patrimonial) y el contrato administrativo (tesis contractual).

García Pérez agrupa los principales posicionamientos doctrinales de esta corriente doctrinal: (i) la tesis del negocio jurídico complejo, que sería aquella «que sin faltar los componentes bilaterales se engloban potestades administrativas que son de obligado ejercicio (es decir, no negociables) por acto unilateral»; (ii) la tesis que define la naturaleza jurídica de la concesión demanial por razón de su contenido; (iii) la corriente de los más prácticos, que apuestan por buscar en el derecho positivo la respuesta en uno u otro sentido; y (iv) la teoría de la concesión como un supuesto híbrido, en el cual «existe una zona de penumbra donde se difumina la distinción entre el acto y el contrato. La solución debe buscarse acudiendo a la normativa aplicable y, en su defecto, a las declaraciones jurisprudenciales respecto de los casos concretos»[128].

Del TRLPEMM se desprende que la naturaleza jurídica de la concesión de dominio público portuario es patrimonial, no contractual. La legislación de puertos regula la concesión de dominio público en las Secciones 3ª y 4ª del Capítulo III (artículos 81 a 100), y tras su regulación, la Sección 5ª (artículo 101) se refiere al «contrato» de concesión de obras públicas portuarias, de lo que se desprende que no tienen idéntica naturaleza jurídica, pues esta última institución «se regirá por lo dispuesto en la legislación reguladora del contrato de concesión de obras públicas con las especialidades previstas en este artículo».

En idéntico sentido se ha pronunciado la jurisprudencia más reciente como se analiza en el siguiente apartado[129], que descarta tajantemente la aplicación de la LCSP a las concesiones de dominio público portuario.

Del vigente ordenamiento jurídico se desprende, por tanto, que la concesión de dominio público portuario surge de un acto administrativo unilateral que precisa de aceptación del concesionario, que no debe confundirse con un contrato. Como aclaró Menéndez Rexach, la apariencia de bilateralidad de una concesión demanial «no significa que la concesión demanial sea un contrato, pese a que así lo hayan mantenido en ocasiones el Consejo de Estado y el Tribunal Supremo. No lo es, porque, además de que no hay vinculación recíproca, la relación tampoco tiene un carácter sinalagmático. No hay equilibrio en las prestaciones, como ocurre en los contratos típicos. El canon que el

---

[128] García Pérez, M., *La utilización del dominio público… Op. cit.*, pp. 147-148.
[129] SSTS de 20 de julio de 2021 (ECLI: ES:TS:2021:3126), de 26 de julio de 2021 (ECLI:ES:TS:2021:3270) y de 9 de marzo de 2022 (ECLI:ES:TS:2022:927).

concesionario se obliga a abonar no es el precio de un contrato, sino el pago por la ocupación de un bien de dominio público»[130].

Ahora bien, también es cierto que de la propia legislación de puertos se evidencia que en multitud de cuestiones la concesión de dominio público portuaria se asemeja a un contrato público[131]. Esto es una realidad que no se puede negar. La explicación que puede tener es que, al igual que está ocurriendo con otras instituciones jurídicas, la contratación pública está irradiando a la concesión de dominio público portuario por influencias del Derecho Comunitario.

Con todo, considero que la concesión portuaria debería consolidarse en nuestro ordenamiento jurídico como una técnica de colaboración público-privada que verdaderamente mejore la gestión del demanio portuario, más allá de su mera rentabilización o valorización que exige la vigente legislación estatal de puertos de interés general. Por ello, es necesario mejorar el marco regulatorio existente y la obligación de avanzar hacia un modelo concesional en el que el interés y finalidad pública se erija como nuevo elemento caracterizador de esta institución. Resulta necesario superar los planteamientos de máximos en torno a la naturaleza jurídica y adoptar un modelo de utilización del demanio portuario que aproxime la concesión demanial a la tesis contractual, cuya normativa contribuiría a la mejora del uso y explotación del dominio público portuario, su contribución a consideraciones de tipo social, medioambiental y de innovación, más allá de la mera utilización privativa y su rentabilización.

Esta es, además, la visión del modelo concesional que se desprende del nuevo Marco Estratégico del Sistema Portuario de interés general, aprobado mediante la Orden TMA/1014/2022, de 7 de octubre, que apuesta decididamente por reforzar, en el nuevo horizonte temporal previsto hasta el año 2030, no solo la perspectiva económica del dominio público portuario, sino también la ambiental y la social[132].

Con ello, no se puede llegar al equívoco de que la intención es defender la naturaleza contractual de la concesión portuaria, lapidar la concesión demanial

---

[130] Menéndez Rexach, Á., «Concesión de utilización de dominio…» Op. cit., p. 140.

[131] Algunos ejemplos evidentes son la configuración de los procedimientos de otorgamiento de concesiones portuarias, particularmente los trámites de competencia de proyectos y concurso, propios de la contratación pública (artículos 85 y 86 del TRLPEMM), la existencia de prohibiciones de contratar (condicionante típico de las condiciones particulares), de pliegos de condiciones como lex contractus (artículos 81, 83 y 86 del TRLPEMM), de potestades administrativas típicas (artículos 87.3, 94.3 y 99 del TRLPEMM), de penalidades (artículo 94.3 del TRLPEMM) o, incluso, las garantías exigibles a la concesionaria (artículos 93 a 95 del TRLPEMM).

[132] En el capítulo 8 dedicado a las cláusulas sociales y medioambientales en las concesiones portuarias se aborda, con más detalle, la relevancia del nuevo Marco Estratégico del sistema portuario de titularidad estatal.

o propugnar una unificación de las concesiones demaniales y contractuales[133]. La verdadera intención que aquí se defiende es la de manteniendo la sustantividad y los contornos propios de la concesión de dominio público portuario, potenciar una mejora, un acercamiento, una aproximación de su regulación a la legislación de contratos públicos y sus principios cardinales, que servirán para introducir nuevas perspectivas de interés general en el uso y explotación del demanio portuario. Y ello solo se consigue permitiendo, aunque sea en cuestiones puntuales, que pueda aplicarse supletoriamente la LCSP a las concesiones portuarias.

5. RÉGIMEN JURÍDICO

5.1. SISTEMA DE PRELACIÓN DE FUENTES

Otro aspecto controvertido de la institución de la concesión de dominio público portuario es su régimen jurídico, particularmente, el sistema de prelación de fuentes que lo conforman. El estudio del régimen jurídico es una consecuencia lógica de la incardinación de esta institución jurídica en la tesis patrimonial antes expuesta.

De lege data, las concesiones portuarias se rigen, en primer término, por el título concesional y sus pliegos de condiciones particulares, que definen los aspectos jurídicos, económicos y administrativos de la relación jurídica. Estos documentos deben adecuarse a las normas vigentes en el momento de su otorgamiento[134].

En segundo término, por la propia legislación sectorial de puertos y las disposiciones de carácter general de desarrollo (en particular, el PCG[135]), así como por los reglamentos y ordenanzas del puerto correspondiente. El Derecho Portuario funciona como derecho de aplicación supletoria de primer rango, y como norma que acota y orienta la esfera dispositiva de las partes. Como veremos más adelante, debe advertirse que la normativa portuaria aplicable a una concesión de dominio público portuario es la vigente *ratione temporis* en el momento de su otorgamiento, a menos que una normativa posterior disponga lo contrario, tal y como ha ocurrido, por ejemplo,

---

[133] El profesor López Menudo aborda la problemática que gira en torno al concepto unitario de concesión administrativa en el siguiente trabajo: López Menudo, F., «¿Régimen jurídico unitario para las concesiones o pluralidad de regímenes especiales?», *Revista Andaluza de Administración Pública*, núm. 63, 2006, pp. 11-46.

[134] En este sentido, pueden verse la STS de 13 de diciembre de 2021 (ECLI:ES:TS:2021:4907) y la STSJ de la Comunidad Valenciana de 6 de junio de 2023 (ECLI:ES:TSJCV:2023:1907).

[135] Orden FOM/937/2008, de 27 de marzo dictada por el Ministerio de Fomento.

con las sucesivas leyes de puertos en materia de plazos máximos y en el sistema de prórrogas[136].

En tercer término, por la legislación del dominio público marítimo-terrestre y sus disposiciones de desarrollo, dada la especialidad del demanio portuario dentro del demanio costero. Expresado en otros términos, la Ley de Puertos se configura como una ley especial dentro de otra ley especial, que es la legislación de costas. Así se desprende de los artículos 67.1 y 73.1 del TRLPEMM y de la Regla 1ª del PCG[137].

En cuarto término, por la legislación patrimonial y sus disposiciones de desarrollo. Ello, de conformidad con lo dispuesto en los artículos 24.2 del TRLPEMM y 5.4 y 84.3 de la LPAP, así como en la Regla 1ª del PCG.

Y, finalmente, por las restantes normas de Derecho Administrativo y, en su defecto, por el Derecho Privado, tal y como se desprende de los artículos 5.4 y 84.3 de la LPAP. A este respecto, es interesante recordar la reveladora Sentencia del Tribunal Supremo de 22 de enero de 2020, que aclaró cómo debe operar la supletoriedad del Derecho Privado en cualquier situación regida por el Derecho Administrativo en ausencia de una norma legal o reglamentaria que complete el correspondiente régimen jurídico aplicable al supuesto de hecho. La principal enseñanza de este pronunciamiento judicial es que, antes de acudir al Derecho Privado en busca de una solución, las eventuales lagunas deben intentar autointegrarse buscando en los principios propios del sistema jurídico-administrativo, que persiguen ante todo la satisfacción del interés general. Esto deja a la legislación civil como un derecho supletorio de ulterior rango en materia de concesiones de dominio público portuario[138].

En cambio, con el marco jurídico actual no cabe aplicar supletoriamente y de manera indiscriminada la legislación de contratos públicos a las concesiones portuarias. El derecho positivo va en esta línea, pues lo cierto es que ni el TRLPEMM, ni la LCSP establecen expresamente la aplicación supletoria de esta última norma a las concesiones portuarias. En este sentido, el artículo 9.1 de la LCSP señala que esta ley no es aplicable a las concesiones demaniales «salvo en los casos en que expresamente se declaren de aplicación las prescripciones de la presente ley». En términos parecidos, su artículo 4 especifica que, a los negocios excluidos, como las concesiones demaniales, les resulta de

---

[136] Por ejemplo, la disposición transitoria segunda del TRLPEMM respecto al plazo máximo de duración de las concesiones portuarias otorgadas antes de la entrada en vigor de la LPEMM de 1992.

[137] El IAE de 20 de octubre de 2022, emitido por Dª. Mónica Moraleda Saceda, Subdirectora General de Coordinación y Apoyo de los Servicios Consultivos de la Dirección General de Consultivo, trata sobre la aplicación supletoria de la legislación de costas en el ámbito del dominio público portuario. Se aborda, con sumo rigor, qué es la supletoriedad, cuáles son sus presupuestos y cómo aplica la legislación de costas en el demanio portuario.

[138] STS de 22 de enero de 2020 (ECLI:ES:TS:2020:124).

aplicación únicamente «los principios de esta ley para resolver las dudas y lagunas que pudieran presentarse».

En la jurisprudencia más reciente encontramos algunos pronunciamientos que también descartan tajantemente la aplicación de la normativa de contratos del sector público a las concesiones portuarias. Así cabe citar a título meramente enunciativo las Sentencias de la Sección 5ª de la Sala de lo Contencioso-administrativo del Tribunal Supremo de 20 de julio de 2021 (ECLI: ES:TS:2021:3126), de 26 de julio de 2021 (ECLI:ES:TS:2021:3270) y de 9 de marzo de 2022 (ECLI:ES:TS:2022:927).

Por extractar un ejemplo sumamente ilustrativo, en la última de las sentencias mencionadas, el Alto Tribunal resolvió como sigue: «La respuesta a tal cuestión requiere que partamos del régimen jurídico aplicable a estas concesiones demaniales pues, como hemos recordado recientemente en nuestra sentencia de 20 de julio de 2021, rec. 2800/2020 (en el mismo sentido, sentencias de 5 de julio de 2016, rec. 954/2014 FJ 5 y de 11 de julio de 2014, rec. 5219/2011), estas concesiones sobre el dominio público portuario, como es la de autos, no se rigen por la legislación de contratos del sector público de la que se encuentran excluidas (arts. 4.1.o TR de la LCSP de 2011 y 9.1 LCSP de 2017), sino por la propia regulación contenida en el TRLPEMM (arts. 81 y ss.), aplicándose supletoriamente la legislación sobre costas (art. 67.1 TRLPEMM), así como la Ley 33/2003, del Patrimonio de las Administraciones Públicas (art. 84.3, de esta última norma)».

En cambio, en dicha jurisprudencia se observa que, aunque no sea posible invocar la normativa de contratación pública, sí que es posible la aplicación de sus principios cardinales –publicidad, imparcialidad, transparencia y concurrencia competitiva–, especialmente en los procedimientos de otorgamiento de las concesiones portuarias; principios, como sostuvo el Alto Tribunal, que se encuentran ínsitos en los propios trámites de competencia de proyectos y concurso aplicables en el demanio portuario *por mor* de los artículos 85 y 86 del TRLPEMM.

Volvemos a traer a colación otro párrafo de la citada Sentencia 9 de marzo de 2022 sumamente ilustrativo: «Ello no obstante y hecha esta matización, en su otorgamiento –y así lo hemos recordado también en dicha sentencia de 20 de julio de 2021–, tanto si se sigue el procedimiento de competencia de proyectos como el de concurso seguido en este caso (art. 85 TRLPEMM), han de respetarse los principios de publicidad, imparcialidad, transparencia y concurrencia competitiva, pues así se deriva de dicha regulación y se encuentra ínsito en el propio procedimiento de concurso aquí utilizado. Por tanto, si bien la modificación de las concesiones demaniales tiene un régimen jurídico distinto del de los contratos, en tales modificaciones debe operar como límite el principio de concurrencia que ha regido, asimismo, su otorgamiento».

La exclusión de la normativa de contratos del sector público a las concesiones portuarias solo puede explicarse desde la perspectiva de su naturaleza jurídica. Siempre se parte de la calificación de un negocio jurídico como patrimonial o contractual y se deslinda, asimismo, en este último caso, su incardinación en alguno de los diferentes tipos contractuales. Y, consecuentemente, se le aplica un régimen jurídico u otro. Considero necesario superar esta concepción antagónica, pues la regulación contractual –y principios cardinales– coadyuvarían a la mejora regulatoria del uso y explotación del dominio público portuario, su contribución a la sostenibilidad ambiental y social, más allá de su rentabilización o valorización en la que se encuentra aferrada la legislación portuaria.

5.2. SUCESIÓN DE NORMAS DURANTE EL PROCEDIMIENTO DE OTORGAMIENTO

Debe abordarse, asimismo, si la solicitud de una concesión portuaria debe resolverse conforme a la normativa vigente en el momento de la presentación o la vigente en el momento de la resolución por el Consejo de Administración de la Autoridad Portuaria. Esto tiene su importancia en el caso de que hubiese existido un cambio normativo sobrevenido durante la pendencia del procedimiento administrativo para otorgar una concesión de dominio público portuario.

En materia de concesión de dominio público hidráulico, el Tribunal Supremo recordó que, cuando se ejercitan potestades discrecionales sobre el dominio público, y atendiendo al interés público que subyace en el negocio concesional, la Administración debe resolver el expediente conforme a la normativa vigente en el momento de su resolución[139].

Esta jurisprudencia es plenamente aplicable al demanio portuario, pues la naturaleza demanial del bien, la discrecionalidad del acto de otorgamiento y el interés público también son consustanciales a la concesión de dominio público portuario. Parece que la cuestión objeto de análisis presenta un indudable interés casacional objetivo para la formación de jurisprudencia[140], expresión que no hace alusión únicamente a la creación de doctrina judicial *ex novo*, sino que también incluye la necesidad de reafirmar, matizar, concretar, precisar, reforzar o incluso corregir la misma[141].

---

[139] SSTS de 22 de diciembre de 2022 (ECLI: ES:TS:2022:4854) y de 29 de octubre de 2020 (ECLI: ES:TS:2020:3710).

[140] Artículo 88.1 de la Ley 29/1998, de 13 de julio, reguladora de la Jurisdicción Contencioso-Administrativa.

[141] AATS de 12 de enero de 2023 (ECLI: ES:TS:2023:631A) y de 29 de abril de 2021 (ECLI: ES:TS:2021:5468A).

5.3. NORMATIVA SOBREVENIDA APLICABLE POR RAZONES TEMPORALES

La fecha en la que se haya otorgado la concesión portuaria tampoco es una cuestión que deba pasar inadvertida en un análisis jurídico de un título concesional. Esta será la que determine si resulta de aplicación el régimen jurídico vigente en la actualidad (TRLPEMM) o si debe estarse al régimen jurídico vigente en el momento de su otorgamiento, por haberse concedido aquella antes de la entrada en vigor del TRLPEMM.

Así se desprende, por ejemplo, de la disposición transitoria segunda 1.a) del TRLPEMM, que regula el régimen jurídico de las concesiones otorgadas antes de la entrada en vigor de la LPEMM de 1992, «las autorizaciones que supongan ocupación del dominio público portuario y las concesiones vigentes a la entrada en vigor de la Ley 27/1992, de 24 de noviembre, seguirán sujetas a las mismas condiciones en que se otorgaron hasta que transcurra el plazo por el que fueron otorgadas, con excepción de los cánones aplicables, que se adaptarán a lo prevenido en dicha Ley y disposiciones que la desarrollen».

La referencia que la disposición transcrita realiza a «las mismas condiciones en que se otorgaron» debe entenderse a las que eran aplicables a la concesión a la entrada en vigor de la LPEMM de 1992, no solo a las condiciones recogidas en el título concesional, sino también a las que aparecen reflejadas en la normativa vigente en aquel momento.

Pero la aplicación de la normativa anterior por razones temporales tiene una excepción, y es que la normativa sobrevenida contenga alguna norma de derecho transitorio que establezca una regulación distinta, tal y como ha ocurrido con la disposición transitoria segunda del TRLPEMM, relativa al plazo máximo de duración de las concesiones portuarias.

En este sentido lo entendió el TS en su Sentencia de 13 de diciembre de 2021 (ECLI: ES:TS:2021:4907), que dejó sentando que «el sustrato negocial de las concesiones administrativas determina que éstas se rijan en cuanto a su otorgamiento, desenvolvimiento y efectos por la regulación vigente al tiempo de su adjudicación [...]. Y ello, salvo que una norma posterior disponga otra cosa [...]. Así deriva de la regla contenida en el art. 2.3 del Código Civil, conforme al cual, las leyes no tienen efecto retroactivo salvo que dispongan lo contrario, y ello significa que la nueva regulación contenida en esta norma sólo es de aplicación a las concesiones otorgadas tras su entrada en vigor, salvo que la propia norma prevea su aplicación a las otorgadas con anterioridad y en los términos en que lo prevea».

En el mismo sentido, la STSJ de la Comunidad Valenciana de 6 de junio de 2023 (ECLI: ES:TSJCV:2023:1907) zanjó que «no existe duda de que nos encontramos ante una concesión otorgada antes de la entrada en vigor de la Ley 27/1992 y se rige por las normas que fueron otorgadas».

6. NOTAS CARACTERÍSTICAS

La concesión portuaria se caracteriza por las siguientes notas distintivas:
— Utilización privativa.

    El uso privativo inherente a las concesiones portuarias se caracteriza por la nota de «exclusividad», de ahí que sea necesario obtener un título jurídico constitutivo para la ocupación del demanio. También por las notas de «intensidad» y «peligrosidad» que comportan, por un lado, la exclusión de terceros en la ocupación del demanio y, por otro, el aprovechamiento propio o privativo del demanio. Y, por último, la «rentabilidad» y «eficiencia» a la que está orienta la explotación del demanio, que supone su «valorización».

— Se somete a Derecho Administrativo.

    El otorgamiento de una concesión de dominio público portuario es una declaración de voluntad de la Autoridad Portuaria que precisa de una previa aceptación del solicitante de las condiciones de ese otorgamiento[142]. El acto de otorgamiento se somete íntegramente al Derecho Administrativo[143] y es susceptible de fiscalización ante la jurisdicción contencioso-administrativa[144].

— El acto de otorgamiento es discrecional.

    Como se analiza en otro capítulo de este trabajo, la jurisprudencia dejó sentado que el acto de otorgamiento de una concesión portuaria es discrecional.

— Tiene carácter constitutivo.

    La concesión de dominio público portuario es, por definición, «constitutiva». Su titular no ostenta derecho subjetivo alguno sobre el demanio portuario hasta que no se otorgue la concesión[145]. Por el contrario, la concesión no tiene carácter «declarativo», pues el acto de otorgamiento no es la constatación de un derecho preexistente en el ordenamiento jurídico.

---

[142] Apartados 5º y 6º del artículo 85 y artículo 86.6 del TRLPEMM.

[143] Artículos 24.2 y 73.2 del TRLPEMM.

[144] El otorgamiento de una concesión portuaria es un acto administrativo que dicta el Consejo de Administración y, por consiguiente, pone fin a la vía administrativa. Contra dicho acto, puede interponerse recurso potestativo de reposición en el plazo de un mes ante el propio Consejo (artículos 123 y 124 de la LPAC) o bien directamente recurso contencioso-administrativo ante el Tribunal Superior de Justicia de la Comunidad Autónoma que corresponda, en el plazo de dos meses desde la notificación o publicación de la resolución (artículos 8.3 en relación con 10.1.n, 25.1 y 46 de la LJCA).

[145] Artículos 73.2, 81 y 85.7 del TRLPEMM y los principios característicos de los bienes de dominio público (inalienabilidad, inembargabilidad e imprescriptibilidad).

— Produce efectos favorables para el concesionario.

La concesión otorgar al particular una serie de derechos que antes no tenía y, particularmente, legitima temporalmente la ocupación del dominio público portuario, con obras o instalaciones no desmontables o usos por plazo superior a tres años[146].

— *Intuita personae.*

En la actualidad difícilmente puede negarse el carácter personal de las concesiones portuarias (*intuita personae*). Lo que conlleva que, para transmitir o gravar una concesión, se exija la previa autorización de la Autoridad Portuaria concedente[147]. Ahora bien, no debe obviarse que lo verdaderamente relevante no es el sujeto, sino el proyecto a realizar sobre el demanio portuario otorgado en concesión administrativa. Por eso, aunque la concesión se otorgue a un sujeto determinado, la cualidad de concesionario es perfectamente intercambiable, si el nuevo sujeto puede seguir garantizado el interés portuario ínsito en el proyecto autorizado. En cambio, el carácter personal se refleja con mayor intensidad en las autorizaciones demaniales, pues estas, con carácter general, no son transmisibles, ni pueden ser cedidas a terceros[148].

— Confluyen distintos intereses.

Ya hemos visto en otro apartado de este trabajo que, en todo acto de otorgamiento de una concesión sobre dominio público portuario, confluyen distintos intereses: portuario y privado.

— Es un negocio formal.

El otorgamiento de una concesión requiere la forma escrita, so pena de que el acto de otorgamiento sea nulo, tal y como se ha analizado en el apartado correspondiente a los elementos esenciales de la concesión portuaria.

— La Autoridad Portuaria está obligada a respetar la concesión otorgada.

Existe un principio general en materia de concesiones de prohibición de modificación del título concesional al margen del procedimiento legalmente establecido o, lo que es lo mismo, la Autoridad Portuaria concedente tiene la obligación de respetarla. Este principio se conoce como el «principio de intangibilidad de las concesiones»[149].

En este sentido, el profesor López Menudo sostuvo que «de entrada hay que reconocer en toda concesión demanial un derecho subjetivo de naturaleza real que recae sobre un uso privativo con eficacia *erga*

---

[146] Artículo 81.1 del TRLPEMM.
[147] Artículo 92 del TRLPEMM.
[148] Artículo 75.4 del TRLPEMM.
[149] Villar Palasí, J.L., «La eficacia de la concesión y la cláusula 'sin perjuicio de tercero'», *Revista de Administración Pública*, núm. 5, 1951, pp. 147-234.

omne y que, por tanto, confiere a su titular un *ius excludendi alios* oponible frente a todos, incluida la propia administración concedente»[150].

La protección que posee la concesionaria respecto a la Autoridad Portuaria implica que, cualquier restricción o limitación injustificada de un derecho subjetivo de contenido patrimonial, y al margen de los causes legalmente establecidos, podría suponer una vulneración no tolerada de las garantías fundamentales que ofrece el artículo 33 de la CE.

— Es un negocio temporal.

La evolución de las legislaciones portuarias (estatal y autonómicas) muestra como el Legislador ha acabado con las concesiones otorgadas a perpetuidad, por tiempo indefinido o por plazos muy extensos. En la actualidad, la concesión de dominio público portuario tiene un plazo máximo de duración de cincuenta años, que puede llegar hasta los setenta y cinco años de forma extraordinaria[151].

— Crea un derecho de naturaleza real.

La concesión demanial participa de la naturaleza de un «derecho real administrativo» de los particulares para el disfrute, uso y explotación exclusiva de un bien de dominio público y, consiguientemente, y como dispone el artículo 97 de la LPAP, de las obras, construcciones e instalaciones fijas que hayan construido para el ejercicio de la actividad autorizada.

Los derechos de naturaleza real administrativa participan de las siguientes características: (i) son ejercitables *erga omnes*; (ii) otorgan un poder inmediato sobre la cosa; (iii) se consolidan con su ejercicio; (iv) se pueden transmitir y gravar; y (v) son inscribibles en el Registro de la Propiedad.

— No supone la cesión del dominio público portuario ni la transferencia de facultades dominicales.

Esta previsión, típica en las condiciones particulares de las concesiones portuarias, entronca directamente con la naturaleza y caracteres propios de los bienes demaniales. El demanio público se rige, en cuanto a su gestión y administración, por los principios de inalienabilidad, inembargabilidad e imprescriptibilidad del artículo 132.1 de la CE.

La inalienabilidad presupone la exclusión del demanio del comercio de los hombres (*res extra commercium*). La imprescriptibilidad supone

---

[150] López Menudo, F., «La vieja cláusula 'sin perjuicio de tercero' y la Administración del porvenir», *Revista de Administración Pública*, núm. 190, 2013, pp. 462-480. Esta publicación recoge el discurso leído por el insigne jurista el día 26 de abril de 2013 en el acto solemne de recepción como académico numerario en la Real Academia Sevillana de Legislación y Jurisprudencia, así como su contestación por el ilustre académico D. Alfonso Pérez Moreno.

[151] Artículo 82.2 del TRLPEMM.

que estos bienes no se pueden adquirir por prescripción adquisitiva (usucapión). Y la inembargabilidad que tales bienes no pueden ser objeto de embargo. Tanto la imprescriptibilidad como la inembargabilidad de los bienes de dominio público son consecuencia directa de la inalienabilidad de estos.

Pues bien, la prohibición de cesión es otra forma de expresar el alcance del principio de inalienabilidad del demanio público. Pero dicha prohibición de disponer libremente de los bienes demaniales sí resulta compatible con ciertos negocios jurídicos, como las concesiones demaniales.

Dado que no se transfiere a un tercero una porción del demanio portuario, la Administración sigue manteniendo, en su condición de *dominus*, la titularidad y sus facultades inherentes, y «esas facultades dominicales sólo pueden ser legítimamente utilizadas en atención a los fines públicos que justifican la existencia del dominio público, esto es, para asegurar la protección de la integridad del demanio, no para condicionar abusivamente la utilización»[152].

— Se otorga sin perjuicio de terceros.

Cuando la Administración otorga uno de estos títulos debe hacerlo conforme a los requisitos contemplados en la legislación de aplicación, sin prejuzgar ni valorar otros derechos de terceros –de naturaleza civil– que puedan entrar en colisión. Cualquier conflicto que surja en torno a situaciones jurídico-privadas deberá dilucidarse ante el orden jurisdiccional civil[153].

Este neutralismo de la Administración no es posible cuando el título entra en conflicto con otro título administrativo, pues la Administración tiene a su disposición una serie de potestades administrativas para resolver los conflictos de naturaleza administrativa que puedan surgir. Cuando la Administración otorga el título habilitante e incluye expresamente en su clausulado «sin perjuicio de terceros», realmente lo hace para no ser responsable de los efectos que de ese otorgamiento o del ejercicio de la ocupación autorizada se deriven frente a terceros, bien en el plano civil, bien cuando la ocupación privativa produzca daños, molestias o efectos perniciosos a terceros.

— El otorgamiento de la concesión no exime a su titular de la obtención y mantenimiento en vigor de las licencias, permisos y autorizaciones legalmente exigibles, ni del pago de los impuestos que procedan[154].

---

[152] STC núm. 149/1991, de 4 de julio (BOE núm. 180, 29 de julio de 1991, ECLI:ES:TC:1991:149).

[153] Caruz Arcos, E. y Moreno Prieto, J.D., «Las licencias urbanísticas y la cláusula 'sin perjuicio de terceros'», *Revista de urbanismo y edificación*, núm. 45, 2020, pp. 233-246.

[154] Artículo 73.4 del TRLPEMM.

Esta previsión se estudia en otro apartado de este trabajo, y viene a significar que, con independencia del título concesional, el concesionario vendrá obligado a cumplir las disposiciones vigentes, o que en lo sucesivo se dicten, que afecten al dominio público concedido y a las obras, actividades o servicios portuarios que sobre ese dominio se desarrollen.

— No tiene carácter precario.

Fernández Acevedo señala que «durante mucho tiempo fue tradicional, en efecto, la consideración del precario como una de las notas esenciales en toda concesión demanial. La explicación de esta supuesta característica concesional se hizo recaer en el principio de inalienabilidad de los bienes públicos que impediría todo tráfico privado de los mismos y en la esencia temporal de las concesiones»[155].

Las concesiones administrativas originan un negocio jurídico-público estable y, por ende, carente de precariedad. La precariedad «condiciona y debilita la posición jurídica del particular y, para ser coherente con el título que se inserta, ha de tener una relación directa con el tipo de actividad que se permite ejercer sobre el bien»[156].

En la actualidad, la cláusula relativa a que las concesiones no se otorgan en precario se ha convertido en una cláusula de «estilo», que se incorpora en las condiciones particulares de los títulos concesionales de ocupación privativa del demanio portuario[157]. La precariedad puede verse en la legislación de puertos como una diferencia esencial entre la concesión demanial y la autorización para la ocupación privativa del demanio portuario. La autorización no otorga un derecho real a su titular, como sí ocurre con la concesión demanial, de ahí que la primera se conceda en precario y la segunda pueda inscribirse en el Registro de la Propiedad[158]. La precariedad, además, conlleva que la Autoridad Portuaria pueda revocar, unilateralmente y en cualquier momento, y sin derecho a indemnización, la autorización demanial, cuando su mantenimiento resulte incompatible con el interés portuario[159].

El demanio es el soporte material de actividades económicas y servicios portuarios.

El demanio otorgado en concesión o autorización es el soporte físico necesario para la prestación de los servicios portuarios que

---

[155] Fernández Acevedo, R., *Las concesiones administrativas de dominio... Op. cit.*, pp. 305-306.

[156] Fernández Acevedo, R., *Las concesiones administrativas de dominio... Op. cit.*, p. 307.

[157] Gonzalo Rodríguez, I., «Concesiones y autorizaciones portuarias»... *Op. cit.*, pp. 378 y ss.

[158] Artículos 75.2 y 92.9 del TRLPEMM.

[159] Artículo 97.1 del TRLPEMM.

precisen de ocupación[160], así como de las actividades industriales, comerciales o de servicios en el dominio público portuario[161]. Para los servicios portuarios, la Autoridades Portuarias otorgan una licencia[162], y para los servicios no portuarios (servicios comerciales) y las actividades económicas, el título que conceden es una autorización de actividad[163]. Las actividades, instalaciones y construcciones que los particulares pueden realizar en el dominio público portuario deben resultar acordes con los usos portuarios permitidos[164].

— Se gestiona a riesgo y ventura del concesionario.

La Regla 22ª del PCG comienza enunciando que «el concesionario gestionará la concesión a su riesgo y ventura». Esta previsión también es muy común en las condiciones particulares de la concesión administrativa de dominio público portuario y viene a incluir en el negocio concesional un principio general inherente a todo contrato administrativo, conforme al cual, será el concesionario quien asuma las pérdidas o ganancias que se generen.

La Regla 22ª del PCG detalla, a continuación, los diversos riesgos que asume el concesionario: (i) la Autoridad Portuaria no será responsable de las obligaciones contraídas por el concesionario, ni de los daños o perjuicios causados a terceros; (ii) todo el personal necesario para la explotación de la concesión será por cuenta y a cargo del concesionario; (iii) el concesionario debe asumir los gastos de suministro de electricidad, agua, teléfono, recogida de basura, otros servicios necesarios para el desarrollo de la actividad y todos los gastos que la ocupación ocasione; y (iv) será a cuenta del concesionario la contratación de aquellos suministros, las acometidas y el pago de los tributos correspondientes.

No se trata de una lista cerrada (*númerus clausus*), sino meramente enunciativa, pues existen otros riesgos naturales al citado principio de riesgo y ventura que no se pueden prever, como el riesgo financiero o los riesgos inherentes al mercado. Ahora bien, este principio también tiene excepciones, como por ejemplo la equivalencia económica de las prestaciones. De ahí que el TRLPEMM introduzca en su artículo 89 el mecanismo de la revisión de las concesiones portuarias, que permite, en determinados supuestos, modificar el título concesional. De entre los cinco supuestos que se prevén en el mencionado artículo 89, deben

---

[160] Artículos 115.4 y 139.2 del TRLPEMM.
[161] Artículo 138.2 del TRLPEMM.
[162] Artículo 109 del TRLPEMM.
[163] Artículo 139.2 del TRLPEMM.
[164] Artículo 72 del TRLPEMM.

destacarse los previstos en las letras a) y b). Si se examinan con detenimiento estos supuestos puede llegarse a la conclusión de que el mecanismo de revisión se asemeja a la técnica tradicional del «reequilibrio económico del contrato», pues el primero de estos vendría a positivar en la legislación portuaria la «cláusula *rebus sic stantibus*», que precisamente viene a legitimar la procedencia del restablecimiento del equilibrio económico cuando se hayan alterado las circunstancias determinantes de su otorgamiento[165]. El segundo de los supuestos también apunta a un reequilibrio de las prestaciones, pero se reconduce a la técnica de la «fuerza mayor»[166].

7. CONTENIDO Y RÉGIMEN ECONÓMICO

El otorgamiento de una concesión de dominio público portuario determina la creación de una relación jurídica bilateral y compleja. Se originan un conjunto de derechos y deberes para la Autoridad Portuaria concedente y el concesionario. El TRLPEMM no regula el contenido de la concesión de dominio público portuario. Únicamente hace referencia a algunas cuestiones, como el plazo máximo de duración, las tasas portuarias, las garantías a constituir, las obras o usos a implantar, etc.

El contenido básico de las concesiones de dominio público portuario se prevé en el PCG. También se establece en los pliegos de condiciones particulares que aprueban las Autoridades Portuarias, que toman como referencia dichos pliegos generales.
— Régimen jurídico.
    Esta suele ser la primera estipulación típica, que viene a agrupar y ordenar por rango las distintas normas jurídicas que conforme el régimen jurídico (Regla 1ª PCG).
— Objeto y ámbito espacial de la ocupación.
    El objeto de la concesión portuaria «se definirá con la mayor claridad y amplitud que sea posible, precisando los usos y actividades permitidos por el título concesional» (Regla 2ª PCG). Esta previsión debe conectarse con el artículo 72 del TRLPEMM que regula los usos y actividades permitidos en el demanio portuario. Estos se dividen en usos portuarios –que están conformados por los usos comerciales, usos pesqueros, usos náuticos-deportivos y usos complementarios o auxiliares de los anteriores– y de señalización marítima. Excepcionalmente,

---

[165] García Pérez, M., *La utilización del dominio público… Op. cit.*, p. 303.
[166] Fonseca-Herrero Raimundo, A. J., «La ruptura del equilibrio del contrato y sus correcciones», *Revista de Administración Pública*, núm. 216, 2021, pp. 25-33.

y previo cumplimiento de una serie de requisitos, se permiten otros usos en dominio público portuario, como usos vinculados a la interacción puerto-ciudad, tales como equipamientos culturales, recreativos, certámenes feriales, exposiciones y otras actividades comerciales no estrictamente portuarias; la implantación de instalaciones hoteleras, albergues u hospedajes; espacios destinados a los órganos o entidades de cualquier Administración Pública para el cumplimiento de sus fines; tendidos aéreos de líneas eléctricas de alta tensión y publicidad para actividades deportivas, sociales y culturales que se desarrollen en el dominio público portuario.

La superficie de demanio portuario otorgada en concesión podrá comprender «terrenos, espacios de agua, determinando, cuando corresponda, los que sean para relleno, ocupación de vuelo, subsuelo, así como, en su caso, obras e instalaciones y, si procede, las fases de entrega» (Regla 3ª PCG). Si la resolución de otorgamiento no establece la superficie exacta que integrará el objeto de la concesión portuaria, será la posterior acta de reconocimiento final de la obra la que termine de delimitarla, la cual se integrará en las condiciones particulares de la concesión demanial[167].

— Plazo de la concesión.

Las concesiones portuarias se otorgan por el plazo que se determine en el propio título de ocupación (Regla 4ª). Para la determinación del plazo, habrá que estar a los criterios contemplados en el apartado 1º del artículo 82 del TRLPEMM. El cómputo del plazo se iniciará el día siguiente al de la fecha de notificación al concesionario de la resolución de otorgamiento de la concesión, salvo en los supuestos previstos en el artículo 81.3 del TRLPEMM.

El plazo de duración de la concesión es improrrogable. El apartado 2º del artículo 82 permite que, excepcionalmente, sea prorrogado mediante prórrogas, que pueden estar o no previstas en el título de otorgamiento, y calificarse como ordinarias o extraordinarias. La modificación del plazo de la concesión constituye una modificación sustancial cuando no se encuentre prevista en el título de otorgamiento (artículo 88.2 del TRLPEMM). Lo que viene a significar que, además de cumplirse los requisitos sustantivos establecidos en el artículo 82.2 del TRLPEMM, deberá incoarse el procedimiento previsto en el artículo 88.1 del TRLPEMM, que, a su vez, se remite a lo establecido en los apartados 2 y siguientes del artículo 85 de esta ley, en caso de que tenga carácter sustancial.

---

[167] Sobre esta cuestión puede verse las SSTSJ de Galicia, del 13 de septiembre de 2019 (ECLI: ES:TSJGAL:2019:4879) y de 22 de junio de 2020 (ECLI: ES:TSJGAL:2020:2814).

— El título concesional debe incorporar las condiciones relativas a la actividad económica, servicio comercial o servicio portuario.

El título concesional debe incorporar no solo las condiciones relativas a la ocupación del demanio portuario, sino también las de la actividad económica o la prestación del servicio (artículo 82.4 del TRLPEMM).

— Concurrencia de otros títulos.

Una de las notas características del negocio concesional es que no exime a su titular de la obtención y mantenimiento en vigor de otras licencias, permisos y autorizaciones que legalmente procedan, ni del pago de los tributos correspondientes (artículo 73.4 del TRLPEMM y Regla 5º del PCG).

— Garantías exigibles.

Los artículos 93 a 95 del TRLPEMM regulan las distintas garantías asociadas al negocio concesional (provisional, definitiva o de construcción y de explotación). El PCG termina de perfilar el régimen jurídico de las garantías en las concesiones portuarias, con la regulación contenida en las Reglas 6ª, 11ª, 15ª, 21ª, 34ª, 35ª y 36ª.

— Régimen de las obras e instalaciones.

El artículo 81.1 del TRLPEMM sujeta a concesión portuaria la ocupación del dominio público portuario con obras o instalaciones no desmontables o usos por plazo superior a tres años. Las Reglas 7ª a 17ª del PCG regulan los proyectos conforme a los cuales se ejecutarán las obras, la ejecución de estas, los plazos de ejecución, el replanteo y entrega, el incumplimiento de los plazos de inicio y de terminación, la inspección, la terminación, el régimen de las obras no ajustadas al proyecto, la devolución de la garantía definitiva o de construcción, la conservación de las obras y del dominio público concedido, y la modificación de las obras durante la vigencia de la concesión.

Las obras e instalaciones deberán respetar y ajustarse a las determinaciones recogidas en el Plan Especial de ordenación de la zona de servicio del puerto o, en su defecto, a la Delimitación de los Espacios y Usos Portuarios (artículo 81.2 del TRLPEMM en relación con los artículos 84.1.c y siguientes).

— Canon o tasas portuarias.

Las Autoridades Portuarias tienen atribuida por el artículo 66 del TRLPEMM la gestión del dominio público portuario. Corresponde a las Autoridades Portuarias la provisión de espacios e infraestructuras portuarias básicas para la promoción de actividades económicas y la prestación de servicios por parte de la iniciativa privada, conforme a los criterios de rentabilidad y eficiencia. La ocupación del demanio portuario genera ingresos para las Autoridades Portuarias[168].

Las tasas portuarias constituyen la principal fuente de financiación de las Autoridades Portuarias. No es una cuestión controvertida que las tasas portuarias constituyen prestaciones patrimoniales de carácter público de naturaleza tributaria[169]. La doctrina ya advirtió que desde la entrada en vigor del Reglamento (UE) 2017/352 empieza a ser dudoso el sistema actual de tasas portuarias, pues la citada norma, de aplicación directa y vinculante para España, parte de la existencia de competencia entre los puertos y, por ello, impone en su artículo 13 que la estructura y el nivel de la tasa de infraestructuras portuarias –equivalente a la tasa de utilización– se defina «con arreglo a la estrategia comercial y los planes de inversiones propios del puerto, y respetarán las normas en materia de competencia», lo que no parece muy compatible con su naturaleza tributaria[170].

Dada la naturaleza tributaria de las tasas portuarias, estas se encuentran sujetas al principio de reserva de ley proclamado por el artículo 31.3 de la CE. Su régimen jurídico se estructura en tres niveles. En un primer nivel se sitúa el TRLPEMM y, en lo no previsto en el mismo, habrá que estar a lo dispuesto en la LTPP, la LGT y las normas reglamentarias dictadas en desarrollo de estas[171]. El TRLPEMM regula los elementos esenciales de las tasas portuarias en los artículos 161 a 245. El segundo nivel se conforma por las órdenes ministeriales que se dicten para concretar determinados elementos donde los criterios legales son más amplios o abiertos[172]. Y el tercer nivel es el que compete decidir a

---

[168] Un estudio completo sobre la evolución de las necesidades financieras de los puertos y su régimen económico-financiero es Trias Prats, B., «El régimen económico de las Autoridades Portuarias (un recorrido histórico: desde la estatalización del servicio de puertos a la última legislación)», *Revista General de Derecho Administrativo*, núm. 35, 2014, pp. 1-20.

[169] SSTS de 13 de diciembre de 2021 (ECLI: ES:TS:2021:4907) y de 19 de mayo de 2020 (ECLI: ES:TS:2020:991).

[170] Puede citarse a Jiménez de Cisneros Cid, F.J., «El reglamento europeo de prestación de servicios portuarios y el dominio público portuario» en Eguinoa de San Román, R. (Coord.), *El Reglamento Europeo de Puertos y … Op. cit.*, pp. 55 a 80. También a Eguinoa de San Román, R., *Derecho comunitario y puertos de interés general. Un análisis del modelo portuario estatal a la luz del Reglamento (UE) 2017/352 del Parlamento Europeo y del Consejo de 15 de febrero de 2017 por el que se crea un marco para la prestación de servicios portuarios y se adoptan normas comunes sobre transparencia financiera*, Ed. Atelier, Barcelona, 2018, pp. 194 a 212.

[171] Artículo 162 del TRLPEMM.

[172] Orden FOM/818/2004, de 24 de marzo, de definición de conceptos, condiciones, escalas y criterios para la aplicación de las tasas portuarias y sus bonificaciones, de acuerdo con lo previsto en la Ley 48/2003, de 26 de noviembre, de régimen económico y de prestación de servicios de los puertos de interés general.

las Autoridades Portuarias dentro de los estrictos márgenes establecidos en el ordenamiento jurídico.

Una cuestión que genera dudas, incluso a las propias Autoridades Portuarias, es si las resoluciones o liquidaciones de las tasas portuarias agotan o no la vía administrativa, y, consecuentemente, si son recurribles o no en vía económica-administrativa[173]. Pues bien, dada la naturaleza tributaria de las tasas, su régimen de recursos es el previsto en los artículos 222 a 249 de la LGT. Estos son el recurso potestativo de reposición ante la propia Autoridad Portuaria y la reclamación económico-administrativa ante los Tribunales Económico-Administrativos Regionales y Locales. Ello, conforme a lo dispuesto en citado artículo 25.8 del TRLPEMM, así como en la disposición adicional primera de la LPAC, la cual señala que las actuaciones y procedimientos tributarios se regirán por su normativa específica y, supletoriamente, por lo dispuesto en esa ley.

Otra cuestión controvertida era el plazo de prescripción para reclamar las tasas portuarias (no sus importes adicionales). El Tribunal Supremo aclaró que es de cuatro años por mandato de la LGT, no siendo aplicable el plazo de prescripción general de cinco años, pues existe una regulación específica que desplaza a la general[174].

Los artículos 180 y 192 del TRLPEMM permiten prever en los títulos concesionales importes adicionales a los establecidos para las tasas. Dichas cantidades adicionales –ofertadas por los interesados normalmente en los concursos– carecen de naturaleza tributaria. La jurisprudencia ha confirmado que los importes adicionales son ingresos de Derecho Privado de naturaleza contractual o concesional y, en definitiva, forman parte de las condiciones del título concesional a todos los efectos. Por consiguiente, su régimen jurídico es distinto al de las tasas portuarias, tanto en lo que respecta a su régimen de recursos, como en cuanto al plazo de prescripción de las deudas[175].

El TRLPEMM regula las tasas de ocupación (artículos 173 a 182), de actividad (artículos 183 a 192), de utilización (artículos 193 a 236) y de ayuda a la navegación (artículos 237 a 244). Las tasas que se suelen devengar por el aprovechamiento privativo del demanio portuario son las tasas de ocupación y la de actividad, y para el aprovechamiento

---

[173] Sobre esta cuestión puede verse el Informe de fiscalización de la aplicación por las Autoridades Portuarias de las medidas de reactivación económicas en el sector del transporte durante el ejercicio 2020 y su incidencia sobre la planificación estratégica del Sistema Portuario Estatal, aprobado por el Pleno del TCu en su sesión de 29 de junio de 2022.

[174] STS de 24 de junio de 2020 (ECLI: ES:TS:2020:2212).

[175] STS de 9 de marzo de 2023 (ECLI: ES:TS:2023:706).

especial del dominio público la tasa de utilización. La tasa de ayuda a la navegación es la contrapartida por la utilización del servicio universal de señalización marítima.

Las tasas de ocupación y de actividad son las que se devengan por la ocupación y el desarrollo de actividad o la prestación de servicios sobre demanio portuario. La cuota íntegra de estas tasas debe reflejarse en el título concesional, incluyendo las bonificaciones que resulten de aplicación[176]. Además, en el título concesional habrá que indicar la periodicidad con la que han de liquidarse las tasas portuarias, especificando los casos en los que se exigirán por adelantado, sin que pueda establecerse un plazo de liquidación superior a un año[177].

La tasa de ocupación tiene como hecho imponible «la ocupación del dominio público portuario, y del vuelo y subsuelo del mismo, en virtud de una concesión o autorización, e incluye la prestación de los servicios comunes del puerto relacionados con el dominio público ocupado»[178]. El canon de ocupación debe referirse a la totalidad de los terrenos comprendidos en la concesión, sin distinción alguna en función de si estos tienen o no un destino rentable para el concesionario[179].

El sujeto pasivo es el concesionario[180]. El importe de la tasa de ocupación se fija tomando como referencia el valor de mercado correspondiente al bien de dominio público ocupado[181]. Para el cálculo de la base imponible se toman como referencia distintas reglas según se trate de ocupación de terrenos, de aguas del puerto o de obras e instalaciones[182]. A la base imponible se le aplica un tipo de gravamen anual en función del bien ocupado y de la actividad a realizar. Esto determina la cuota íntegra de la tasa, que debe actualizarse anualmente a través

---

[176] El ATS de 19 de abril de 2023 (ECLI: ES:TS:2023:4720A) admitió a trámite un recurso de casación en el que el TS debía pronunciarse sobre la siguiente cuestión: «Conforme a lo indicado anteriormente, y de acuerdo con lo dispuesto en el artículo 88.1 LJCA, en relación con el artículo 90.4 de la misma norma, esta Sección de admisión aprecia que este recurso presenta interés casacional objetivo para la formación de jurisprudencia, respecto de la siguiente cuestión: Determinar interpretando los artículos 104 de la LGT y 181 Texto Refundido de la Ley de Puertos del Estado y de la Marina Mercante, si a falta de un régimen específico sobre el silencio respecto de la tasa en el citado Texto Refundido, deben entenderse concedidas por silencio administrativo positivo las bonificaciones solicitadas al amparo de dicha norma, y, por tanto, son nulas las liquidaciones giradas que no contemplen el reconocimiento de dicha bonificación».

[177] Entre otros, los artículos 178, 179, 181, 185 y 189 del TRLPEMM y la Regla 18ª del PCG.

[178] Artículo 173 del TRLPEMM.

[179] SAN de 27 de noviembre de 2017 (ECLI: ES:AN:2017:4924).

[180] Artículo 174 del TRLPEMM.

[181] Artículo 164.a) del TRLPEMM. Las Autoridades Portuarias suelen tener publicado un plano o una tabla con el valor del espacio en función de cada zona del puerto.

[182] Artículo 175 del TRLPEMM.

de la Ley de Presupuestos Generales del Estado u otra norma que, en su caso, se apruebe, y será, además, revisada de acuerdo con las nuevas valoraciones que sean aprobadas por el Ministerio de Fomento[183].

El devengo se produce en el momento de la notificación de la resolución de otorgamiento de la concesión, salvo que su eficacia quede demorada, en ese caso se producirá en el momento de la puesta a disposición de los terrenos. La tasa se exige por adelantado en los plazos fijados en el título concesional, y no podrá ser superior a un año. No obstante, la Autoridad Portuaria podrá acordar pagos anticipados a cuenta de la tasa para financiar la ejecución de obras a cargo de la Autoridad Portuaria[184].

El artículo 181 contiene una serie de bonificaciones, en función del nivel de inversión privada (apartados a, b, f y g) o del sujeto titular de la concesión (apartados c, d y e). El artículo 182 prevé otras bonificaciones que tienen por objeto impulsar la competitividad de los puertos españoles y su adaptación a las condiciones existentes en cada momento en los mercados internacionales.

La tasa de actividad grava «el ejercicio de actividades comerciales, industriales y de servicios en el dominio público portuario, sujetas a autorización por parte de la Autoridad Portuaria» y toda actividad que «implique la prestación de un servicio portuario». Si la actividad conlleva la ocupación del demanio portuario «se entenderá incorporada en la correspondiente concesión o autorización de ocupación del dominio público, sin perjuicio de la exigencia de las tasas que procedan por ambos conceptos»[185].

El sujeto pasivo es el «titular de la autorización de actividad, el titular de la concesión o autorización de ocupación de dominio público o el titular de la licencia de prestación de servicio portuario, según proceda»[186]. El importe de la tasa se fija en función de la utilidad derivada del aprovechamiento del demanio portuario[187]. Los criterios para determinar la base imponible dependen del tipo de actividad sujeta al gravamen[188]. Las Autoridades Portuarias podrán fijar, con un margen de discrecionalidad, el tipo de gravamen dentro del marco legalmente establecido y, para ello, tomarán en consideración, entre otros, las características y condicionantes específicos de cada actividad y su situación

---

[183] Artículo 178 del TRLPEMM.
[184] Artículo 179 del TRLPEMM.
[185] Artículo 183 del TRLPEMM.
[186] Artículo 184 del TRLPEMM.
[187] Artículo 164.b) del TRLPEMM.
[188] Artículo 187 del TRLPEMM.

competitiva, el interés portuario de la actividad y de su influencia en la consolidación de tráficos existentes y la captación de nuevos tráficos, el nivel de inversión privada y la rentabilidad prevista de la actividad[189].

La base imponible y tipo de gravamen deben fijarse en el momento del otorgamiento de la autorización de actividad o licencia de servicio portuario «debiendo figurar en la autorización de actividad, en la licencia o, en su caso, en el título habilitante de la concesión o autorización de ocupación privativa de dominio público portuario». La base imponible solo será revisable, en función de la cifra o del volumen de negocio, «a través de la Ley de Presupuestos Generales del Estado u otra que, en su caso, se apruebe a estos efectos». El tipo de gravamen podrá actualizarse «cuando se justifique por variaciones en los costes o en las condiciones de demanda»[190].

La tasa se devenga «en la fecha de inicio de la actividad o, en el caso de actividades que impliquen la ocupación del dominio público portuario, desde el plazo máximo para el inicio de la actividad establecido en el título concesional, salvo causas justificadas a juicio de la Autoridad Portuaria»[191]. Esta tasa se exigirá conforme a lo establecido en el título habilitante, sin que pueda establecerse un plazo de liquidación superior a un año. Si se decide exigir por adelantado su cuantía «se calculará, para el primer ejercicio, sobre las estimaciones efectuadas en relación con el volumen de tráfico o de negocio y, en los ejercicios sucesivos, sobre los datos del año anterior, procediéndose a la regularización de esta al final de cada ejercicio con los datos reales»[192].

La tasa de utilización es aquella que grava el aprovechamiento especial de instalaciones portuarias y, por tanto, no está directamente relacionada con el negocio concesional. Pero que no se encuentre directamente vinculada con la concesión portuaria no significa que no pueda tener algún tipo de relación con esta, pues las instalaciones objeto de aprovechamiento especial pueden estar construidas sobre demanio portuario otorgado en concesión demanial. De ahí que, para facilitar el cobro de la tasa de utilización, el TRLPEMM convierta al concesionario en sujeto pasivo sustituto del contribuyente en las tasas T-1, T-2, T-3, T-4 y T-5[193].

---

[189] Artículo 188 del TRLPEMM.
[190] Artículo 190 del TRLPEMM.
[191] Artículo 185 del TRLPEMM.
[192] Artículo 191 del TRLPEMM.
[193] Artículos 195, 206, 212, 219 y 224 del TRLPEMM.

La tasa de la navegación consiste en la utilización del servicio de señalización marítima[194], que tiene por objeto «la instalación, mantenimiento, control e inspección de dispositivos visuales, acústicos, electrónicos o radioeléctricos, activos o pasivos, destinados a mejorar la seguridad de la navegación y los movimientos de los buques en el mar litoral español, y, en su caso, confirmar la posición de los buques en navegación»[195]. Se trata de otra tasa que, en principio, no tiene una relación directa con el título concesional; no obstante, en algunos casos, se exige al concesionario que abone esta tasa en calidad de sujeto pasivo sustituto del contribuyente[196].

— Gastos y tributos derivados de la concesión.

La Regla 19ª del PCG señala que «los gastos originados por los anuncios de la información pública y de la resolución de otorgamiento de la concesión serán por cuenta del concesionario». Pero el otorgamiento de una concesión también puede conllevar otros gastos, como los que se originan por el replanteo y el reconocimiento de las obras, así como por la inspección y vigilancia de estas. Ante la ausencia de una previsión específica en el TRLPEMM y en el PCG, algunas Autoridades Portuarias han optado por incorporar una previsión en las condiciones particulares.

El otorgamiento de la concesión genera para el concesionario otras obligaciones tributarias distintas de las tasas portuarias. Tras el acto de otorgamiento, el concesionario queda obligado al abono del Impuesto de Transmisiones Patrimoniales y Actos Jurídicos Documentos (ITPAJD)[197]. Pese a que las concesiones y autorizaciones administrativas no están sujetas al Impuesto sobre el Valor Añadido (IVA), sí lo están aquellas que «tengan por objeto la cesión del derecho a utilizar el dominio público portuario» y «las autorizaciones para la prestación de servicios al público y para el desarrollo de actividades comerciales o industriales en el ámbito portuario». También está sujeto a dicho impuesto la prestación de servicios portuarios[198]. Otro impuesto que se exigirá es el Impuesto de Bienes Inmuebles (IBI)[199].

---

[194] Artículo 237 del TRLPEMM.

[195] Artículo 137 del TRLPEMM.

[196] Artículo 238 del TRLPEMM.

[197] Artículos 7, 8 y 13 del Texto refundido de la Ley del Impuesto sobre Transmisiones Patrimoniales y Actos Jurídicos Documentados, aprobado por el Real Decreto Legislativo 1/1993, de 24 de septiembre.

[198] Artículo 7 de la Ley 37/1992, de 28 de diciembre, del Impuesto sobre el Valor Añadido.

[199] Artículo 61 del texto refundido de la Ley Reguladora de las Haciendas Locales, aprobado por el Real Decreto Legislativo 2/2004, de 5 de marzo y Regla 5ª del PCG.

— Condiciones de explotación.

Las condiciones de «otorgamiento» se mencionan en el artículo 87 del TRLPEMM y se desarrollan en el PCG, algunas de ellas bajo la rúbrica de condiciones de «explotación». Estas son las siguientes: determinación del objeto de la concesión (Regla 20ª), la garantía de explotación (Regla 21ª), la gestión de la concesión (Regla 22ª), la inactividad del concesionario (Regla 23ª), las medidas preventivas y de seguridad y medioambientales (Reglas 24ª y 25ª), los seguros que deben suscribirse (Regla 26ª), la actividad mínima o tráficos mínimos (Regla 27ª) y el balizamiento en caso de ocupación de espacios de aguas (Regla 28ª).

El titular gestiona la actividad de la concesión a su «riesgo y ventura». El demanio público otorgado en concesión está para que el concesionario lo utilice, a no ser que exista justa causa; extremo que debe acreditarse[200]. Entre las condiciones de utilización del demanio deben contemplarse medidas preventivas y de seguridad, dirigidas tanto a la seguridad y salud de los trabajadores de las empresas que operan en la concesión y sus contratas, como a la protección de las instalaciones portuarias (artículos 62 a 65 del TRLPEMM y Reglas 24ª y 25ª del PCG). Los concesionarios deben elaborar un informe de seguridad que será tenido en cuenta para el Plan de emergencia interior del puerto, cuyo alcance y contenido dependerá de la naturaleza de las actividades desarrolladas en la concesión (artículo 65 del TRLPEMM y Regla 24ª del PCG), un Plan de contingencias por contaminación accidental (artículo 62.2 del TRLPEMM) y un Plan de recepción de desechos y residuos (artículo 63.4 del TRLPEMM) en aquellos casos en los que procedan. También pueden exigirse otros planes, en cumplimiento de otras disposiciones normativas.

Uno de los condicionantes más relevantes que se debe incluir en las condiciones particulares es la obligación de no perjudicar al medio ambiente, de conformidad con el artículo 87.1.e) del TRLPEMM y la Regla 25ª del PCG. Es una obligación que abarca la fijación de las condiciones de protección del medio y, en su caso, las medidas correctoras que procedan. Esta obligación no solo es una exigencia de la legislación portuaria, sino también de otras leyes sectoriales, en consonancia incluso con la protección medioambiental que se refleja en la legislación de costas. Por eso, en el procedimiento de otorgamiento de una concesión portuaria se exige, además de un informe del Ministerio de Medio Ambiente, y Medio Rural y Marino, la obligación de cumplimentar

---

[200] Sobre esta cuestión, puede verse la STSJ de la Comunidad Valenciana de 15 de marzo de 2017 (ECLI: ES:TSJCV:2017:2011).

el procedimiento de evaluación de impacto ambiental en los casos que proceda (artículo 85 del TRLPEMM).

El concesionario debe tener suscrito, y mantener al día, los seguros que sean obligatorios para el ejercicio de su actividad. Además, deberá contar con un seguro de responsabilidad civil por daños a terceros o a los bienes de la Autoridad Portuaria en ejercicio de las funciones derivadas de la explotación de la concesión (o cubrir este riesgo en otro de sus seguros) (Regla 26ª del PCG)[201]. En ocasiones, los pliegos de condiciones particulares exigen al concesionario la obligatoriedad de contratar otros seguros en función de determinadas circunstancias, como el seguro multirriesgo de instalaciones, el seguro sobre el contenido, el seguro de incendios, el seguro de riesgos extensivos amplios, etc. Además, en algunas ocasiones, los pliegos de condiciones particulares establecen que, si el titular no cumple con la presente obligación, la Autoridad Portuaria podrá contratar aquellos seguros, aplicando para su pago la garantía constituida.

— Actividad mínima o de tráfico mínimo.

Una de las condiciones de explotación más importante de una concesión de dominio público portuario, a fin de garantizar una explotación razonable del demanio otorgado, es la de mantener una actividad mínima o de tráfico mínimo (Regla 27ª del PCG). No toda actividad que se desarrolle sobre una concesión es susceptible de generar tráfico portuario[202]. La actividad o tráfico mínimo comprometido por el concesionario debe establecerse en el pliego de condiciones particulares (artículos 73.5 y 87.1.j del TRLPEMM).

La Regla 27ª del PCG establece dos consecuencias en caso de incumplimiento de este compromiso. La primera, si el concesionario no alcanza el tráfico mínimo comprometido deberá abonar a la Autoridad Portuaria, con carácter de penalización, la cantidad establecida en el título concesional, aplicada sobre la diferencia entre el tráfico mínimo y el tráfico real. La segunda, si la actividad no es susceptible de cuantificación en términos de tráfico portuario, el concesionario quedará obligado a realizar un volumen mínimo de facturación. Si el concesionario incumpliera este compromiso, deberá abonar a la Autoridad Portuaria,

---

[201] Si una Administración Pública resulta adjudicataria de una concesión portuaria no es necesario que suscriba un seguro, pues esta responde siempre conforme al régimen de responsabilidad patrimonial recogido en el capítulo IV de la LRJSP.

[202] El artículo 2.3 del TRLPEMM define el tráfico portuario como «las operaciones de entrada, salida, atraque, desatraque, estancia y reparación de buques en puerto y las de transferencia entre éstos y tierra u otros medios de transporte, de mercancías de cualquier tipo, de pesca, de avituallamientos y de pasajeros o tripulantes, así como el almacenamiento temporal de dichas mercancías en el espacio portuario».

con carácter de penalización, la cantidad dineraria que se prevea en las condiciones particulares. La Regla 27ª del PCG también obliga a las Autoridades Portuarias a que incluyan en los pliegos de condiciones particulares «las condiciones en que el incumplimiento de la cláusula de actividad mínima o tráfico mínimo, según corresponda, determinará la caducidad de la concesión».

— Vicisitudes que pueden acontecer.

Las Reglas 29ª a 36ª del PCG abordan los aspectos más dinámicos del negocio concesional: la transmisión, cesión, gravamen, aspectos registrales, modificación y distintas causas de extinción, que son objeto de estudio en otro capítulo de este trabajo.

— Régimen sancionador.

Otra previsión típica de los títulos concesionales es su régimen sancionador. Las condiciones particulares no contienen un elenco de infracciones y sanciones, sino una simple remisión al régimen sancionador contenido en el Título IV del Libro Tercero del TRLPEMM, que tiene por rúbrica «régimen sancionador»[203]. Se trata, por decirlo de algún modo, de una advertencia que suele incluirse en los títulos concesionales, pues ciertamente dicha estipulación carece de efectos jurídicos.

— Otras previsiones.

Cualquier otra estipulación que venga exigida por el ordenamiento jurídico, o que tenga como objetivo adecuar las condiciones particulares a la relación concesional.

8. DERECHOS, DEBERES Y PRERROGATIVAS

La concesión demanial otorga a su titular una serie de derechos y deberes frente a la Autoridad Portuaria, que mantiene una serie de potestades públicas sobre el dominio público portuario concedido. Sin ánimo de exhaustividad, los principales derechos de quien resulte adjudicatario de una concesión de dominio público portuario son los siguientes:

— Al concesionario se le confieren los mismos derechos y obligaciones que al propietario del bien inmueble durante el plazo de la concesión[204], por lo que, al ser uno de esos derechos la plena disponibilidad del bien, la concesión resulta ser susceptible de cualquier otro negocio jurídico-privado, aunque no se halle previsto de modo expreso en

---

[203] También puede verse la Regla 37ª del PCG.
[204] Artículo 97 de la LPAP.

la ley[205]. Pero dichos derechos no se ejercitan con plena libertad como el propietario, pues por citar un ejemplo, el artículo 92.2 del TRLPEMM sujeta a una previa autorización de la Autoridad Portuaria la transmisión de la concesión administrativa[206].

— Utilizar de forma privativa, limitativa, excluyente y temporal el demanio portuario autorizado, incluido las instalaciones existentes y las que se construyan[207].

— Destinar el demanio otorgado a la actividad económica o a la prestación de un servicio portuario, en los términos autorizados[208].

— Ejecutar las obras e instalaciones en la forma y plazo autorizado[209].

— Obtener las tarifas de los usuarios en el caso de concesiones de instalaciones de atraque[210].

— Que se revisen las condiciones de la concesión cuando concurra alguna de las circunstancias legalmente tasadas[211].

— En el supuesto de rescate, el derecho a una indemnización[212].

No existe un derecho absoluto del concesionario a la división, unificación, transmisión, gravamen y renuncia de la concesión, conforme a la legislación vigente[213], precisamente por ello, estos negocios jurídicos sobre el título concesional están sujetos a una serie de requisitos y, particularmente, a la preceptiva autorización de la Autoridad Portuaria. Como hemos analizado en otro capítulo de este trabajo, la prórroga de la concesión, con independencia de que esta se califique como ordinaria o extraordinaria, o se encuentre o no prevista en el título de otorgamiento, tampoco se configura como un derecho del concesionario[214]. Lo mismo cabe decir respecto al mecanismo de la modificación de las concesiones, sujeto al criterio discrecional de la Autoridad Portuaria[215]. Supuesto distinto es el mecanismo de la renovación –que no prórroga– de determinadas concesiones, que cuenta con una regulación específica en el ar-

---

[205] Fernández Scagliusi, M.A., «El problemático plazo de las…» *Op. cit.*, p. 288.

[206] Muy ilustrativa resulta la reciente STSJ de Islas Baleares de 9 de enero de 2024 (ECLI: ES:TSJBAL:2024:4) en la que se le recuerda al concesionario de dominio público portuario que «le incumben durante el tiempo de la concesión, en lo que aquí puede interesar, las obligaciones del propietario –artículo 97.2 de la Ley 33/2003–» y, entre ellas, «las normas en materia de medio ambiente».

[207] Artículos 73.2, 81 y 82 del TRLPEMM, Reglas 1ª a 4ª del PCG y artículo 97 LPAP.

[208] Artículo 81.4 del TRLPEMM.

[209] Artículos 87.2, 84.1.c) y 87.1.d) del TRLPEMM y Reglas 7ª a 17ª del PCG.

[210] Artículo 81.5 del TRLPEMM.

[211] Artículo 89.1 del TRLPEMM.

[212] Artículo 99 del TRLPEMM y Regla 35ª del PCG.

[213] Artículos 90, 92 y 96 del TRLPEMM.

[214] Artículo 82 del TRLPEMM.

[215] Artículo 88 del TRLPEMM.

tículo 91 del TRLPEMM y muy próxima al carácter reglado de su otorgamiento, que sí se configuraría como un derecho del concesionario.

Por otra parte, corresponde al concesionario entre otras las siguientes obligaciones:

— Utilizar directamente el dominio público y las obras e instalaciones, en los términos autorizados[216].

— Realizar, asumiendo el riesgo de la explotación, la actividad económica o prestación del servicio portuario autorizado[217].

— Mantener en buen estado de conservación el dominio público, obras e instalaciones, debiendo hacer frente a los gastos de reposición, reparación y mantenimiento[218].

— Ejecutar las inversiones comprometidas en tiempo y forma[219].

— Obtener los demás permisos, licencias, autorizaciones y concesiones que sean exigidos por otras disposiciones legales[220].

— Desarrollar una actividad o tráfico mínimo que garantice una explotación razonable del demanio portuario[221].

— Abonar las tasas de ocupación y de actividad[222] y demás gastos y tributos derivados del negocio concesional.

— Constituir la garantía definitiva o de construcción y la garantía de explotación[223].

— Suscribir y actualizar las pólizas por aseguramiento de las responsabilidades establecidas[224].

— Facilitar toda la información técnica o económica que le solicita la Autoridad Portuaria en el ejercicio de sus competencias[225].

— Cumplir las condiciones de protección de medio ambiente que procedan, incluyendo las necesarias medidas correctoras[226].

— Cumplir las medidas preventivas y de seguridad[227].

— Indemnizar a la Administración o a terceros de cuantos daños y perjuicios se ocasionen por la ocupación del demanio portuario[228].

---

[216] El incumplimiento puede acarrear, por ejemplo, la extinción anticipada del título concesional *ex* artículo 98 del TRLPEMM.

[217] Regla 22ª del PCG.

[218] Artículo 87.3 del TRLPEMM y Regla 16ª del PCG.

[219] Artículo 82 del TRLPEMM.

[220] Artículo 73.4 del TRLPEMM y Regla 5ª del PCG.

[221] Artículo 73.5 del TRLPEMM y Regla 27ª del PCG.

[222] Artículos 87.1.g) y 161 y siguientes del TRLPEMM y Regla 19ª del PCG.

[223] Artículos 87.1.h), 93 y 94 del TRLPEMM y Reglas 6ª y 21ª del PCG.

[224] Regla 26ª del PCG.

[225] Artículo 87.3 del TRLPEMM.

[226] Artículo 87.1.e) del TRLPEMM y Regla 25ª del PCG.

[227] Artículo 65 del TRLPEMM y Regla 24ª del PCG.

[228] Se ha dedicado un apartado específico de este trabajo al estudio de esta cuestión.

— Otras condiciones que puedan establecerse[229]. Entre ellas, destaca la prevista en el artículo 64.2 de la LC, que dispone que «garantizará en estos terrenos, el libre acceso y tránsito de las autoridades y funcionarios competentes cuando fuera necesario por razones de defensa nacional, de salvamento, seguridad marítima, represión del contrabando, para el ejercicio de las funciones de policía de dominio público marítimo-terrestre y para el cumplimiento de las demás funciones que tengan atribuidas».

Finalmente, y nuevamente sin ánimo de exhaustividad, la Autoridad Portuaria ostenta, respecto al demanio portuario concesionado, las siguientes prerrogativas:

— Respetar el derecho del concesionario y velar porque este se ejercite en los términos autorizados[230].
— Control y supervisión de los bienes de dominio público y de su utilización[231].
— Control y supervisión de las obras e instalaciones ejecutadas o en curso de ejecución[232]. Es importante advertir que las Autoridades Portuarias carecen de competencias para controlar la legalidad urbanística respecto a las obras que se ejecuten en los puertos, con independencia de que se encuentren o no sujetas a licencias municipal. Ese control es municipal y no de las Autoridades Portuarias. Por eso, corresponde a la Administración Local ejercer las potestades urbanísticas que procedan (protección de la legalidad y sancionadora).
— Interpretar y aclarar el título concesional. Esta facultad aparece recogida expresamente en algunos pliegos de condiciones particulares que otorgan las Autoridades Portuarias[233].

---

[229] Por ejemplo, los apartados f) y k) del artículo 87.1 del TRLPEMM, el párrafo 2º de la Regla 5ª, el párrafo 2º de la Regla 22ª y el párrafo 2º de la Regla 28ª del PCG.

[230] Acero Iglesias, P., *Organización y Régimen Jurídico de los Puertos Estatales*, Ed. Aranzadi, Cizur Menor (Navarra), 2002, pp. 254 a 256. Este autor apunta, en mi opinión con gran acierto, que «no parece que repugne a la legalidad el hecho de que la Administración utilice las potestades que ostenta sobre el dominio público, en favor de la persona o entidad a quien ha reconocido como titular de la concesión, pues es un deber de la Administración proteger el derecho concedido y favorecer su ejercicio por parte del concesionario, tal y como hemos visto; por tanto, si un tercero amenaza la situación posesoria del concesionario, entendemos que la Administración puede ejercer sus potestades para mantenerle o restituirle en su posesión».

[231] Artículo 87.3 del TRLPEMM y Regla 16ª del PCG.

[232] Regla 12ª del PCG.

[233] Al respecto, puede consultarse el pliego de condiciones de la Autoridad Portuaria de Las Palmas para la construcción y explotación en régimen de concesión administrativa de una plataforma del puerto destinada a la construcción, reparación, mantenimiento, transformación y desarrollo de artefactos *offshore* y/o terrestres vinculados a las energías renovables, desarrollo

Al igual que los órganos de contratación tienen la potestad de aclarar, interpretar y resolver las dudas que surjan en los contratos públicos, las Autoridades Portuarias pueden incoar un expediente administrativo para este mismo fin respecto a los títulos concesionales otorgados, en defensa del interés portuario y de la búsqueda de la aplicación más razonable de la normativa portuaria. La jurisprudencia menor existente hasta la fecha se ha mostrado discrepante y poco concluyente[234]. A veces achacan la aplicación de esta potestad a una incorrecta caracterización de la relación jurídica, en el sentido de que no estamos ante una concesión de dominio público portuario, sino, más bien, ante un contrato de concesión de obra o servicio público y, por eso, las Autoridades Portuarias aplican dicha potestad administrativa, típica de los contratos públicos. Otras veces, se apunta a la incorrecta sustantividad de la potestad para interpretar el título concesional, pues se trata de una manifestación del mecanismo de modificación de las concesiones portuarias regulado en el artículo 88 del TRLPEMM.

A mi juicio, la interpretación sistemática de los preceptos que regulan las concesiones de dominio público portuario, cuyo sentido debe ser acorde con el resto del ordenamiento jurídico, exige otorgar existencia y sustantividad propia a la prerrogativa que tendrían las Autoridades Portuarias para interpretar, aclarar y resolver las dudas que puedan surgir en los pliegos de condiciones particulares y en el propio título concesional, sin que ello suponga una vulneración del principio de inalterabilidad o invariabilidad de las cláusulas pactadas. En cambio, no es posible, en el ámbito portuario, utilizar esta potestad para modificar las condiciones de la concesión de dominio público portuario, pues para ello habría que acudir a los procedimientos de modificación o revisión regulados en los artículos 88 y 89 del TRLPEMM.

La potestad de interpretar el título concesional debe utilizarse de manera excepcional para encontrar el verdadero sentido y alcance de

---

sostenible y descarbonización (año 2022). Documento accesible en el siguiente enlace: https://www.palmasport.es/es/download/pliego-de-condiciones-que-regularan-la-construccion-y-explotacion-en-regimen-de-concesion-de-dominio-publico-de-una-plataforma-en-el-puerto-de-las-palmas-destinada-a-la-construccion-reparacion-man/?wpdmdl=38966&refresh=-658187188fef31702987544 (Acceso el 4 de mayo de 2024).

[234] Sobre esta cuestión, puede verse la STSJ de Cataluña de 29 de junio de 2020 (ECLI: ES:TSJCAT:2020:4444). Se reconoce que para interpretar y aclarar un título concesional es necesario tramitar un expediente. Cuenta con un voto particular del Magistrado D. Eduardo Paricio Rallo que discrepa de la naturaleza jurídica del título analizado, en el sentido de que no se trata de una concesión demanial en sentido estricto, sino de una concesión de servicio; esto es, de una relación contractual, de forma que la resolución impugnada es precisamente una expresión de la potestad administrativa de interpretar los contratos públicos.

las estipulaciones pactadas cuando existan dudas razonables, siempre de manera coherente con la legislación portuaria, y fundamentarse en la defensa del interés portuario; potestad, como cualquier otra, que estaría sometida al control de la jurisdicción contencioso-administrativa.
— Las restantes potestades de protección y defensa de los bienes de dominio público portuario, que se examinan más adelante[235].
— Potestades que se pacten en las condiciones particulares o en el título concesional, por ejemplo, la potestad de solicitar al concesionario determinados datos sobre la actividad desarrollada en un momento determinado.
— El control sobre el cumplimiento, modificación y extinción de la concesión portuaria.

9. EFICACIA DEL NEGOCIO CONCESIONAL

El estudio de la eficacia o cumplimiento de la concesión exige recordar, en primer lugar, que cuando la Administración otorga una concesión demanial, lo hace dejando a salvo el derecho de propiedad y sin perjuicio de terceros. No se volverá a examinar ahora el alcance y significado de esta cláusula, que ya ha sido tratado en otro apartado de este capítulo.

El otorgamiento de una concesión portuaria determina el nacimiento del derecho del concesionario a utilizar los bienes de dominio público portuario de forma privativa, con exclusión de los demás. Como derecho que es, puede sufrir alteraciones durante su vida (modificación, división y unificación o extinción anticipada) y, además, es susceptible de tráfico jurídico (actos de transmisión y de gravamen). Por la importancia de todas estas cuestiones, hemos dedicado más adelante un capítulo específico a su estudio.

El demanio portuario otorgado es, además, el soporte material de obras, actividades económicas o servicios portuarios. En otro capítulo de este trabajo también se analizan todas estas cuestiones en detalle. Asimismo, se ha apuntado en varias ocasiones que las Autoridades Portuarias ostentan una serie de potestades para la protección y defensa del demanio. Estas potestades, que se estudian a continuación, también se proyectan sobre los terrenos concesionados, en tanto que no pierden su naturaleza de bienes demaniales por el mero hecho de coexistir una concesión administrativa.

Finalmente, también se realiza un estudio pormenorizado del régimen de responsabilidad de los sujetos intervinientes en la relación concesional, consecuencia directa de la eficacia de la concesión portuaria.

---

[235] Tales como la inembargabilidad, la investigación de los bienes y derechos, el deslinde en vía administrativa, la recuperación posesoria, el desahucio en vía administrativa, etc.

10. RÉGIMEN DE PROTECCIÓN DEL DOMINIO PÚBLICO PORTUARIO

10.1. INALIENABILIDAD, INEMBARGABILIDAD E IMPRESCRIPTIBILIDAD

La primera vía para la protección del dominio público tiene lugar a través de los principios de inalienabilidad, inembargabilidad e imprescriptibilidad, que se proclaman en el artículo 132 de la CE y se desarrollan en la LPAP[236].

Los bienes integrantes del dominio público portuario se regulan en los artículos 67 y 68 del TRLPEMM. Estos bienes no puede ser objeto, de ningún modo, de expropiación forzosa, al resultar inalienables, imprescriptibles e inembargables. El TRLPEMM contempla otras figuras jurídicas adecuadas para su ocupación por otras Administraciones Públicas, como es, por ejemplo, la suscripción de un convenio para la ocupación del dominio público portuario[237]. No obstante, la Autoridad Portuaria, como cualquier otra administración, debe mostrar la máxima colaboración, cooperación y coordinación posible en orden a salvaguardar los intereses generales que tanto el puerto como la Administración interesada tienen respecto de la ocupación del demanio portuario para el ejercicio de sus competencias[238].

Estos principios se predican respecto al dominio público en sí mismo, pero deben matizarse cuando se proyectan sobre los negocios jurídicos que se constituyen sobre este, como es el caso de las concesiones demaniales. De suerte que las concesiones portuarias, como las concesiones administrativas en general, sí son enajenables y embargables, así como susceptibles de cualquier otro negocio jurídico-privado, aunque no se contemple en la legislación (por ejemplo, la constitución de derechos de goce como el usufructo)[239].

El TRLPEMM confirma la transmisibilidad de las concesiones portuarias en el artículo 92, mediante negocios *inter vivos* o *mortis causas*. Asimismo, es

---

[236] La doctrina ha tratado ampliamente el alcance de estos principios. Podemos citar a Clavero Arévalo, M. F., *La inalienabilidad del dominio público,* Ed. Universidad de Sevilla-Secretariado de Publicaciones, Sevilla, 2017; a García de Enterría Martínez-Carande, E., «Sobre el principio de inembargabilidad, sus derogaciones y sus límites constitucionales y sobre la ejecución de sentencias condenatorias de la administración» en Martín-Retortillo Baquer, S. (Dir.), *Estudios de derecho y hacienda: homenaje a César Albiñana García-Quintana,* Ed. Ministerio de Economía, Industria y Competitividad, Madrid, 1987, pp. 121-152; a García de Enterría Martínez-Carande, E., «Sobre la imprescriptibilidad del dominio público», *Revista de Administración Pública,* núm. 13, 1954, pp. 11-52; Menéndez Rexach, Á., *Régimen jurídico de la actuación administrativa, Vol. 2,* Ed. Thomson Reuter-Cívitas (2ª ed.), Pamplona, 2021, pp. 207-234.

[237] Artículo 73.3 del TRLPEMM.

[238] Artículo 3.1.k) de la LRJSP.

[239] Carillo Donaire, J.A., *Las servidumbres administrativas: delimitación conceptual, naturaleza, clases y régimen jurídico,* Ed. Lex Nova, Valladolid, 2003, pp. 165 y ss.

posible la enajenación de acciones, participaciones o cuotas de una sociedad, comunidad de bienes u otros entes sin personalidad jurídica que tengan como actividad la explotación de una concesión portuaria. Este mismo
precepto también confirma la embargabilidad de las concesiones portuarias,
pues regula la adjudicación de la concesión mediante remanente judicial o administrativo, así como la constitución de hipotecas y otros derechos de garantía. También confirma la transmisibilidad de las concesiones administrativa la
LPAP en el Capítulo I «Utilización de los bienes y derechos de dominio público»
de la Sección 4ª «Autorizaciones y concesiones demaniales», concretamente
los artículos 97 (Derechos reales sobre obras en dominio público), 98 (Transmisión de derechos reales) y 99 (Titulización de derechos de cobro), que conforman los negocios jurídicos sobre la concesión o con objeto en la misma.

La imprescriptibilidad de los bienes de dominio público supone que estos
no pueden ser objeto de prescripción adquisitiva, es decir, que no pierden su
condición de bienes demaniales por el transcurso del tiempo. Esta es una diferencia del negocio concesional respecto de otros derechos reales civiles. La
concesión demanial, como derecho real administrativo, no es susceptible de
prescripción adquisitiva. En cambio, los derechos reales civiles, como se desprende de los artículos 1.930 y 1.940 del Código Civil, sí pueden ser objeto de
usucapión[240]. Cuestión distinta es analizar la prescripción adquisitiva desde el
punto de vista de los negocios jurídico-civiles que se constituyan, a su vez, sobre la concesión portuaria; cuestión que excede del objeto de este trabajo y
que, en todo caso, debe analizarse siempre desde un plano estrictamente civil.

10.2. PROTECCIÓN Y DEFENSA DEL PATRIMONIO

La segunda vía de protección de los bienes de dominio público es la que deriva de su administración: la inclusión en los inventarios administrativos y la
inscripción en el Registro de la Propiedad.

El artículo 32.1 de la LPAP obliga a las Administraciones Públicas a inven-
tariar los bienes y derechos que integran su patrimonio, haciendo constar, con
suficiente detalle, las menciones necesarias para su identificación y las que resulten precisas para reflejar su situación jurídica y su destino o uso. Los inventarios que disponen las Administraciones Públicas en cumplimiento de esta
obligación no crean derecho alguno a su favor, ni producen efectos frente a
terceros; se trata, de meros inventarios con una finalidad interna de control del
patrimonio.

---

[240] Fernández Scagliusi, M.A., «La división en volúmenes de la propiedad pública en el ámbito urbanístico», *Revista Andaluza de Administración Pública*, núm. 78, 2010, pp. 160 a 162.

Uno de los grandes avances que podría introducirse en el TRLPEMM es la creación, por parte de Puertos del Estado, de un inventario administrativo que contenga la información esencial de todos los títulos concesionales en vigor en cada puerto o grupo de puertos que gestione una misma Autoridad Portuaria, imponiendo, además, la obligatoriedad de que sea público y de fácil acceso. Se trataría de un inventario con efectos internos, es decir, como sucede con el Inventario General de Bienes y Derechos del Estado, la inclusión de los bienes públicos protege las características propias de los bienes, su integridad, buen estado de conservación, así como adecuada utilización, de acuerdo con el interés general, pero no posee carácter constitutivo ni, en principio, eficacia jurídica frente a terceros, a pesar de que la Administración cuando gestiona o dispone de sus bienes o derechos, afecta constituye o altera la situación jurídica de terceros[241]. La entidad Puertos Canarios cuenta, por ejemplo, con un inventario público y de fácil acceso a través de su sede electrónica sobre todos puertos autonómicos concesionados (los datos publicados son los siguientes: isla, municipio, fecha de la resolución de otorgamiento, duración, notificación de la resolución de otorgamiento, fin de la concesión y titular de la concesión). Incluso, dicho organismo portuario tiene publicado las resoluciones de otorgamiento de todas las concesiones de puertos concesionados.

La LPAP también obliga, en sus artículos 36 y siguientes, a las Administraciones Públicas a inscribir sus bienes y derechos en los correspondientes registros, con independencia de que sean bienes demaniales o patrimoniales. Incluso estableció un plazo de cinco años para llevar a cabo dicha inscripción obligatoria en el Registro de la Propiedad[242]. A diferencia de la LPAP, la normativa hipotecaria abre la puerta a la inscripción del dominio público en el Registro de la Propiedad, pero no la impone[243]. La doctrina más tradicional debatió sobre la necesidad o no de inscribir en el Registro de la Propiedad los bienes demaniales y el conflicto latente entre la publicidad demanial y la registral. Incluso hay resoluciones de la DGSJFP que van más allá, y apuntan a la prevalencia de la publicidad demanial frente a la registral, aunque el primero no se encuentre inscrito en el Registro de la Propiedad[244].

---

[241] Fernández Scagliusi, M.A., *El dominio público funcionalizado: la corriente de valorización*, Ed. Instituto Nacional de Administración Pública, Madrid, 2015, p. 81. También Fernández Scagliusi, M.A., *La rentabilización del dominio público en tiempos de crisis ¿Nuevas tendencias coyunturales o definitivas?*, Ed. Tecnos, Madrid, 2015.

[242] Disposición transitoria quinta de la LPAP.

[243] Artículos 1 de la Ley Hipotecaria y 4 y 5 del Reglamento Hipotecario.

[244] RDGSJFP de 12 de mayo de 2022: «la protección registral que la Ley otorga al dominio público no se limita exclusivamente al que ya consta inscrito, sino que también se hace extensiva al dominio público no inscrito pero de cuya existencia tenga indicios suficientes el registrador y con el que pudiera llegar a colisionar alguna pretensión de inscripción».

Por otra parte, las concesiones de dominio público pueden inscribirse en el Registro de la Propiedad[245]. El artículo 7 de la Ley Hipotecaria exige que primero se abra folio a toda finca (porción de suelo) y, una vez inscrita la finca y la consiguiente propiedad a favor de la Administración General del Estado titular del demanio, puedan inscribirse los derechos limitados que existan sobre ella. Pero con la concesión administrativa, los artículos 31, 60 y siguientes del Reglamento Hipotecario hacen una excepción, al permitir que se abra folio directamente al derecho del concesionario, sin la previa inscripción incluso de la porción de dominio público soporte. Se trata, en definitiva, de una solución práctica, para favorecer el acceso al Registro de la Propiedad de las concesiones demaniales y la seguridad jurídica en su tráfico jurídico. Lo cierto es que muchas concesiones portuarias no acceden al Registro de la Propiedad hasta que el concesionario decide trasmitirlas o constituir algún gravamen, para lo que precisa de la autorización del artículo 92.9 del TRLPEMM.

Otra de las potestades de la Administración es la de defender la titularidad y la posesión de los bienes demaniales frente a la usurpación de terceros, que no tengan la condición de concesionarios. La LPAP contempla distintas técnicas que se aplican a todos los bienes demaniales:

— La potestad de investigación: «Las Administraciones Públicas tienen la facultad de investigar la situación de los bienes y derechos que presumiblemente formen parte de su patrimonio, a fin de determinar la titularidad de los mismos cuando ésta no les conste de modo cierto»[246].

— La potestad de deslinde: «Las Administraciones Públicas podrán deslindar los bienes inmuebles de su patrimonio de otros pertenecientes a terceros cuando los límites entre ellos sean imprecisos o existan indicios de usurpación»[247].

— La potestad de recuperación de oficio o reintegro posesorio: «Las Administraciones Públicas podrán recuperar por sí mismas la posesión indebidamente perdida sobre los bienes y derechos de su patrimonio» y «si los bienes y derechos cuya posesión se trata de recuperar tienen la condición de demaniales, la potestad de recuperación podrá ejercitarse en cualquier tiempo»[248].

— La potestad de desahucio administrativo: «Las Administraciones Públicas podrán recuperar en vía administrativa la posesión de sus bienes demaniales cuando decaigan o desaparezcan el título, las condiciones o las circunstancias que legitimaban su ocupación por terceros»[249].

---

[245] Artículo 93.2 de la LPAP.
[246] Artículo 45 de la LPAP.
[247] Artículo 50.1 de la LPAP.
[248] Apartados 1º y 2º del artículo 55 de la LPAP.
[249] Artículo 58 de la LPAP.

— Un régimen particular de control judicial[250].
— La servidumbre y limitaciones de las propiedades colindantes a los bienes demaniales que puedan imponer las leyes sectoriales[251].
— La policía demanial o administrativa y la potestad sancionadora.

Por su parte, el TRLPEMM recuerda, en su artículo 43, que «los organismos públicos portuarios podrán ejercer en cualquier momento respecto de estos bienes las facultades de administración, defensa, policía, investigación, deslinde y recuperación posesoria que otorga a la Administración del Estado la legislación de costas»[252]. La LC, a la que se remite el TRLPEMM en estas cuestiones, regula la potestad de defensa en su artículo 20, la de policía en sus artículos 37.2 y 64.2, la de investigación en su artículo 10.1, la de deslinde en sus artículos 10 y siguientes, y la de recuperación de oficio o reintegro posesorio en los apartados 2º y 3º del artículo 10.

El TRLPEMM también ha regulado expresamente alguna de estas potestades, como la de policía en el Libro III, y la de recuperación de oficio o reintegro posesorio, mediante la técnica del desahucio administrativo en su artículo 103, por lo que la remisión a la LC en lo que a estas potestades se refiere es meramente residual.

10.3. RÉGIMEN DE POLICÍA DEMANIAL

La acción de policía de las Autoridades Portuarias podemos definirla como aquella que tiene como finalidad garantizar la indemnidad del dominio público portuario y su adecuada utilización por terceros. Se trata de una potestad dirigida a garantizar el mantenimiento y la conservación de la integridad de los bienes demaniales.

El TRLEPMM atribuye competencias a las Autoridades Portuarias para «vigilar el cumplimiento de las cláusulas y condiciones impuestas en el acto de otorgamiento, aplicar el régimen sancionador y adoptar cuantas medidas sean necesarias para la protección y adecuada gestión del dominio público

---

[250] Artículo 43 de la LPAP.
[251] Por ejemplo, artículos 20 y siguientes de la LC.
[252] Pese al tenor literal del artículo 43 del TRLPEMM, también debe tenerse en cuenta los preceptos que regulan el régimen patrimonial de las Autoridades Portuarias. En este sentido, la disposición adicional quinta de la LPAP establece que «se sujetará a las previsiones de esta ley, considerándose integrado en el Patrimonio del Estado el patrimonio de estos organismos, en los términos previstos en el artículo 9 de esta ley». Por su parte, el artículo 24.2 *in fine* del TRLPEMM señala que las Autoridades Portuarias, «en cuanto al régimen patrimonial, se regirá por su legislación específica y, en lo no previsto en ella, por la legislación de patrimonio de las Administraciones Públicas».

portuario»[253]. También para prestar «el servicio de policía en las zonas comunes, sin perjuicio de las competencias que correspondan a otras administraciones»[254]. Resultan determinantes los artículos 24.2 y 26.1 del TRLPEMM, que acreditan que las Autoridades Portuarias ajustan su actividad al Derecho Público cuando ejercitan «funciones de poder público».

Corresponde al Consejo de Administración «ejercer las facultades de policía que le atribuye la presente ley, y que sean necesarias para el cumplimiento de sus fines»[255]. Estas funciones, en la medida que sean necesarias para asegurar la consecución de las finalidades portuarias, las ejercen el personal de la Autoridad Portuaria debidamente cualificado y adscrito al Servicio de Policía, «a cuyo efecto tendrá la consideración de agente de la autoridad de la Administración Portuaria en el ejercicio de las potestades públicas recogidas en la presente ley, sin perjuicio de la obligación de colaborar siempre que sea preciso con las Fuerzas y Cuerpos de Seguridad»[256]. Al tratarse de servicios generales que implican el ejercicio de autoridad deben ser prestados directamente por el personal de las Autoridades Portuarias, sin que sea admisible la gestión indirecta por terceros.

Las funciones de policía administrativa de las Autoridades Portuarias son, principalmente, la de policía general, destinada a la ordenación del funcionamiento de los servicios y de las operaciones portuarias, y las funciones de policía especial, dedicadas a salvaguardar el orden y la seguridad del puerto, sin perjuicio de las competencias que correspondan a otros órganos de las Administraciones Públicas. Estas últimas comprenden, sin ánimo de exhaustividad, las de «controlar, inspeccionar y coordinar los servicios portuarios y las operaciones y actividades que requieran su autorización y concesión; vigilar el cumplimiento de las cláusulas y condiciones impuestos en el acto de otorgamiento de las concesiones y autorizaciones; proteger el dominio público portuario; controlar e inspeccionar las obras, instalaciones y equipos situados en la zona portuaria; garantizar el cumplimiento de los reglamentos de mercancías peligrosas y de seguridad y salud, así como de los sistemas de seguridad y contra incendios; y controlar el acceso de las personas a los inmuebles, obras, instalaciones portuarias y zonas de acceso restringido o acotadas de la zona de servicio portuaria»[257].

---

[253] Artículo 26.1.m) del TRLPEMM.
[254] Artículo 106.d) del TRLPEMM.
[255] Artículo 30.5.i) del TRLPEMM.
[256] Artículo 296.2 del TRLPEMM.
[257] Hernández Rivera, C., «IV. Régimen de Policía», en De Fuentes Bardají J. (Dir.), *Manual de Dominio Público Marítimo-Terrestre y Puertos del Estado,* Ed. Thomson Reuter Aranzadi, Cizur Menor (Navarra), 2011, pp. 631 y 632.

En cualquier caso, en lo que atañe a la relación de sujeción del concesionario, la potestad de policía administrativa de las Autoridades Portuarias se traduce en el deber del concesionario de soportar la vigilancia y control de dicho organismo público sobre el cumplimiento del título concesional (u otro título habilitante que otorgue) y el demanio portuario concesionado, así como de prevenir e instar la reparación del daño que este haya podido ocasionar, pudiendo reprimir las conductas que no se ajusten a Derecho, mediante el ejercicio de sus potestades sancionadora o de restitución.

En este sentido, el artículo 87.3 del TRLPEMM dispone que «durante la vigencia de la concesión, el titular de la misma vendrá obligado a facilitar la información técnica o económica que le solicite la Autoridad Portuaria en el ejercicio de sus competencias, así como a mantener en buen estado el dominio público portuario, obras e instalaciones, debiendo realizar, a su cargo, las reparaciones que sean precisas. La Autoridad Portuaria podrá inspeccionar, en todo momento, el estado de conservación de los bienes objeto de la concesión y señalar las reparaciones que deban llevarse a cabo cuando éstos afecten a la conservación de los bienes propios del título concesional».

De otro lado, huelga señalar que sobre el demanio portuario también pueden coexistir competencias de otras Administraciones Públicas. Esto se desprende incluso del propio TRLPEMM, por ejemplo, en su artículo 73.4, que señala que «las autorizaciones y concesiones otorgadas según esta ley no eximen a sus titulares de obtener los permisos, licencias, autorizaciones y concesiones que sean exigidos por otras disposiciones legales». O, por citar otro ejemplo, en el artículo 62.4, el cual dispone que «todos los vertidos desde tierra al mar requerirán autorización de la Administración competente, sin perjuicio de la autorización o concesión de ocupación de dominio público que, en su caso, otorgará la Autoridad Portuaria».

Cuando una administración distinta de la Autoridad Portuaria lleva a cabo una actuación de policía (o incluso sancionadora) en ejercicio de sus competencias frente al concesionario es fundamental identificar el título de competencial que justifica la actuación y estar sumamente atentos a una posible extralimitación en el ejercicio de competencias. Lo mismo cabe decir cuando la Autoridad Portuaria ejercita sobre el concesionario una competencia que pueda corresponder a otra administración y que encubre bajo el ejercicio de la potestad genérica de policía demanial. Es fundamental deslindar, en cada caso, el ámbito competencial de actuación.

Cuando el ejercicio de las competencias de una administración sobre el demanio portuario pueda alterar la normal ejecución o desarrollo de las actividades portuarias, dicha administración deberá, siempre que sea posible, ponerlo en conocimiento de la Autoridad Portuaria con antelación, con el fin de que dicho organismo adopte las medidas que estime oportunas para coordinar las diferentes actividades, minimizando las perturbaciones en la operativa portuaria, conforme a lo dispuesto en el artículo 26.1.c) del TRLPEMM.

Por último, no puede cerrarse este apartado sin hacer una breve mención al Reglamento de Explotación y Policía de los Puertos del Estado. Hasta la reforma de la LPEMM de 1992 por la Ley 62/1997, de 26 de diciembre, se contemplaba un Reglamento de Servicio y Policía para cada Autoridad Portuaria. Debido a la necesidad de homogenizarlos, la legislación de puertos estableció un único Reglamento General de Explotación y Policía para todos los puertos de interés general y unas Ordenanzas Portuarias para cada puerto o grupo de puertos. Por eso, el artículo 73.1 del TRLPEMM señala que «la utilización del dominio público portuario se regirá por lo establecido en esta ley, en el Reglamento de Explotación y Policía y en las correspondientes Ordenanzas Portuarias, las cuales establecerán las zonas abiertas al uso general y, en su caso, gratuito. En lo no previsto en las anteriores disposiciones será de aplicación la legislación de costas». Pese al mandato legal expreso, dicho reglamento aún no se ha aprobado. El último intento fue en el año 2018, que se sometió a consulta pública un proyecto de Reglamento de Explotación y Policía.

10.4. RÉGIMEN SANCIONADOR

El TRLPEMM regula en el Título IV del Libro Tercero el «régimen sancionador». Las Autoridades Portuarias tienen competencias para «aplicar el régimen sancionador»[258], pues la potestad sancionadora se configura en nuestro ordenamiento jurídico como conexa o accesoria al título competencial sustantivo[259].

En el ámbito de las concesiones portuarias, la Regla 37ª del PCG señala que «el incumplimiento de las condiciones de la concesión dará lugar a la incoación del correspondiente expediente sancionador conforme a lo previsto en el capítulo III del título IV de la Ley 27/1992, de 24 de noviembre, sin perjuicio de la caducidad de la concesión. El titular de la concesión será sancionado por las infracciones que se establecen en la Ley 27/1992, de 24 de noviembre, con independencia de otras responsabilidades que, en su caso, sean exigibles. Las infracciones serán sancionadas previa instrucción del oportuno expediente administrativo en la forma establecida en la legislación reguladora del procedimiento administrativo».

El incumplimiento de las condiciones de un título concesional puede dar lugar a dos procedimientos administrativos distintos: (i) el de caducidad (artículo 98 del TRLPEMM) y (ii) el sancionador, conforme a lo previsto en los

---

[258] Artículo 26.1.m) del TRLPEMM.

[259] STC núm. 108/1993, de 25 de marzo (BOE núm. 100, de 27 de abril de 1993, ECLI:ES:TC: 1993:108).

Capítulos I y II del Título IV del Libro Tercero del TRLPEMM (artículos 305 y siguientes). Pero no debe olvidarse que las Autoridades Portuarias también tienen a su disposición otros mecanismos ante eventuales incumplimientos del título concesional, como exigir su cumplimiento, la imposición de penalizaciones[260], la restitución, y la exigencia de responsabilidades de daños y perjuicios. Así se desprende de los artículos 93.4, 94.3, 113.4 y 316 del TRLPEMM y de las Reglas 27ª y 35ª del PCG.

Las infracciones se encuentran tipificadas en los artículos 306 a 308 del TRLPEMM y se clasifican en «leves», «graves» y «muy graves». Las infracciones se agrupan materialmente en distintas categorías atendiendo al bien jurídico protegido. Así, por ejemplo, el apartado 2º del artículo 306 señala que «en lo que se refiere a las actividades sujetas a previa autorización, concesión o prestadas mediante licencia: a) El incumplimiento de las condiciones de los correspondientes títulos administrativos, de las licencias que habiliten para la prestación de servicios portuarios o de los Pliegos de Prescripciones Particulares que los regulen, sin perjuicio de su caducidad o rescisión. b) La publicidad exterior no autorizada en el espacio portuario. c) El suministro incorrecto o deficiente de información a la Autoridad Portuaria, por propia iniciativa o a requerimiento de esta. d) El incumplimiento parcial o total de otras obligaciones establecidas en la presente ley y en las disposiciones que la desarrollen y apliquen, y la omisión de actos que fueren obligatorios conforme a ellas. e) El incumplimiento de los Reglamentos de Explotación y Policía del puerto, del Reglamento General de Practicaje Portuario y demás normas reglamentarias que regulen actividades portuarias».

La consecuencia jurídica «principal» de toda infracción en demanio portuario es una sanción pecuniaria (multa). También es posible imponer sanciones «accesorias» conforme a lo dispuesto en el artículo 312 del TRLPEMM, entre las que se mencionan la inhabilitación temporal para ser titular de concesiones en el ámbito del correspondiente puerto o para el desempeño de actividades portuarias, y la suspensión temporal o inhabilitación de la actividad o del servicio.

El artículo 313 del TRLPEMM recoge otras medidas de carácter «no sancionador», como «a) La restitución de las cosas o su reposición a su estado anterior. b) La indemnización de los daños irreparables por cuantía igual al valor de

---

[260] Las penalidades son un mecanismo coercitivo para asegurar el cumplimiento de un contrato público que, por su propia naturaleza, resultan incompatibles con la resolución anticipada del mismo. Las penalidades, como recuerda la STS de 18 de mayo de 2005 (ECLI:ES:TS:2005:3177), «no son sanciones en sentido estricto, sino que constituyen un medio de presión para asegurar el cumplimiento regular de la obligación a modo de cláusula penal del artículo 1152 del Código Civil». Asimismo, la SAN de 22 de octubre de 2008 (ECLI:ES:AN:2008:3891) las considera como «estipulaciones de carácter accesorio, plasmadas en el contrato con la finalidad de asegurar el cumplimiento de la obligación principal, y destacan su función coercitiva».

los bienes destruidos o del deterioro causado, así como de los perjuicios ocasionados, en el plazo que se fije. Cuando el beneficio que se deduzca para el infractor de las acciones u omisiones constitutivas de infracción sea superior a la indemnización, se tomará para la fijación de esta, como mínimo, la cuantía de aquel. c) La caducidad del título administrativo, cuando sea procedente, por incumplimiento de sus condiciones. d) La denegación de escala, salida, carga o descarga del buque en los casos en que legal o reglamentariamente se establezca. e) La revocación de la licencia, cuando sea procedente». En el supuesto del artículo 313.2 del TRLPEMM, la Autoridad Portuaria también puede imponer «multas coercitivas».

Las infracciones serán sancionadas previa instrucción del oportuno expediente administrativo, en la forma y plazos establecidos en la normativa de procedimiento administrativo, pero teniendo en consideración las especialidades previstas en el TRLPEMM. Existe doctrina jurisprudencial[261] que confirma que las medidas no sancionadoras pueden imponerse en el mismo procedimiento sancionador o en un procedimiento distinto, siempre que se respeten las garantías del administrado[262]. La reclamación de daños y perjuicios, la Autoridad Portuaria puede optar bien por cuantificar y reclamar la indemnización en el seno del procedimiento sancionador, bien por instruir un procedimiento específico para fijar y exigir la correspondiente indemnización[263]. Pero en este segundo caso, es conveniente hacer referencia expresa a esta decisión en el acuerdo de incoación del procedimiento sancionador, para mayor seguridad jurídica del administrado.

Las medidas no sancionadoras también pueden imponerse cuando la conducta del sujeto no es constitutiva de infracción administrativa o cuando esta haya prescrito. De ahí que las medidas no sancionadoras tengan una naturaleza jurídica distinta y, consiguientemente, un plazo de prescripción diferente, como ha confirmado la jurisprudencia[264] y algunas legislaciones sectoriales, como la urbanística[265].

---

[261] Pueden citarse las SSTSJ de Madrid de 17 de mayo de 2022 (ECLI: ES:TSJM:2022:6014) y de Andalucía de 16 de septiembre de 2020 (ECLI: ES:TSJAND:2020:13465).

[262] Pongamos un ejemplo, si un buque se hunde en las aguas de un puerto y causa daños en las instalaciones, se pueden incoar hasta tres procedimientos administrativos: el sancionador (artículos 306 a 308 del TRLPEMM), el de reclamación de los daños y perjuicios causados a las instalaciones portuarias (artículo 316 del TRLPEMM) y el procedimiento para la remoción de la flota hundida (artículo 304 del TRLPEMM).

[263] Por ejemplo, la STSJ de Andalucía de 27 de mayo de 2021 (ECLI: ES:TSJAND:2021:7156).

[264] Entre otras, la STS de 29 de abril de 2021 (ECLI: ES:TS:2021:1676) y las SSTSJ de Madrid de 15 de marzo de 2021 (ECLI: ES:TSJM:2021:2980) y de Región de Murcia de 4 de julio de 2019 (ECLI: ES:TSJMU:2019:1640).

[265] Por ejemplo, los artículos 153 y 169 de la Ley 7/2021, de 1 de diciembre, de impulso para la sostenibilidad del territorio de Andalucía.

Una cuestión de especial relevancia que no se encuentra prevista en la legislación portuaria y a la que se le ha prestado poca atención en la doctrina es la relativa al plazo máximo de duración del procedimiento sancionador previsto en el TRLPEMM. Considero que es posible mantener tanto que el plazo máximo de duración es de tres meses, como de doce meses. Aunque resulta mucho más razonable en función de las potestades que se ejercitan y los derechos e intereses en juego, que el plazo de duración sea de doce meses. De un lado, y en ausencia de una regulación propia en el TRLPEMM, habrá que estar a lo dispuesto en el artículo 21.3 de la LPAC, que señala que «cuando las normas reguladoras de los procedimientos no fijen el plazo máximo, este será de tres meses»[266].

De otro lado, también cabe otra interpretación respecto al plazo máximo de duración del procedimiento sancionador, que se desprende del artículo 317.3 del TRLPEMM, el cual remite, «para las infracciones relativas al uso del puerto y al ejercicio de las actividades que se prestan en él, la incoación del procedimiento sancionador y la adopción de medidas de restauración del orden jurídico vulnerado se adecuarán a lo establecido en la legislación de costas, sin otra peculiaridad que el órgano competente para acordarlas será la Autoridad Portuaria». Y, precisamente, el artículo 102.2 de la LC establece un plazo de «doce meses, transcurrido el cual sin que se produzca aquélla se dictará resolución declarando la caducidad del procedimiento y ordenando el archivo de las actuaciones, con los efectos previstos en la legislación vigente»[267]. Esta interpretación se refuerza, además, con el segundo párrafo del artículo 317.3 del TRLPEMM, que aclara que el procedimiento sancionador se tramitará en la «forma» establecida en la normativa de procedimiento administrativo común, pero no indica nada de su «plazo» máximo de duración. Llama la atención que la norma se refiera únicamente a la «forma», es decir, a los trámites típicos del procedimiento sancionador, y no al «plazo» máximo de duración (el matiz puede ser importante a estos efectos).

Las restantes especialidades que recoge el TRLPEMM en cuanto al régimen sancionador son principalmente el plazo de prescripción de las infracciones y sanciones[268]; los sujetos responsables de las infracciones administrativas que, en el caso de concesiones, normalmente será su titular[269]; los criterios de

---

[266] Esta interpretación ha sido avalada por el TSJ de las Islas Baleares en su Sentencia de 21 de enero de 2021 (ECLI: ES:TSJBAL:2021:76).

[267] También hay sentencias que avalan esta interpretación. Como las SSTSJ de las Islas Baleares de 3 de noviembre de 2010 (ECLI: ES:TSJBAL:2010:1363) y 22 de julio de 2010 (ECLI: ES:TSJBAL:2010:1013) y la de la Región de Murcia de 23 de noviembre de 2015 (ECLI: ES:TSJMU:2015:2861).

[268] Artículos 309.1 y 312.12 del TRLPEMM.

[269] Artículo 310.1 del TRLPEMM.

graduación de la cuantía de las multas y la aplicación de las sanciones accesorias[270]; y la competencia para la imposición de sanciones, que, en el caso de concesiones demaniales, corresponde al Consejo de Administración de la Autoridad Portuaria en los supuestos de infracciones leves y graves, y al secretario de Estado de Transportes, Movilidad y Agenda Urbana o, según el importe, al ministro de Transportes, Movilidad y Agenda Urbana, en el caso de infracciones muy graves[271].

10.5. PROTECCIÓN PENAL DE LOS BIENES PÚBLICOS

Debe mencionarse que el vigente Código Penal dedica dos tipos delictivos específicos a la protección del dominio público, también aplicable al demanio portuario.

El delito de daños, que se regula en Capítulo IX del Título XIII del Libro II, concretamente en el artículo 263.2, que señala que «será castigado con la pena de prisión de uno a tres años y multa de doce a veinticuatro meses el que causare daños expresados en el apartado anterior, si concurriere alguno de los supuestos siguientes: […] 4.º Que afecten a bienes de dominio o uso público o comunal».

De otro lado, el artículo 319.1, que se ubica en el Capítulo I, del Título XVI del Libro II, «De los delitos relativos a la ordenación del territorio y el urbanismo». Este precepto establece que «se impondrán las penas de prisión de un año y seis meses a cuatro años, multa de doce a veinticuatro meses, salvo que el beneficio obtenido por el delito fuese superior a la cantidad resultante, en cuyo caso la multa será del tanto al triplo del montante de dicho beneficio, e inhabilitación especial para profesión u oficio por tiempo de uno a cuatro años, a los promotores, constructores o técnicos directores que lleven a cabo obras de urbanización, construcción o edificación no autorizables en suelos destinados a viales, zonas verdes, bienes de dominio público o lugares que tengan legal o administrativamente reconocido su valor paisajístico, ecológico, artístico, histórico o cultural, o por los mismos motivos hayan sido considerados de especial protección».

---

[270] Artículo 314 del TRLPEMM.
[271] Artículo 315.1 del TRLPEMM.

11. RÉGIMEN RESARCITORIO

11.1. RESPONSABILIDAD CONTRACTUAL

Cuando un sujeto causa un daño o incumple una obligación es responsable de dicho acto. Si surge una controversia entre concesionario y Autoridad Portuaria debe diferenciarse si estamos ante un daño que deriva del título concesional o si, por el contrario, el título de imputación no tiene ninguna vinculación contractual previa. En el primer supuesto, la eventual reclamación se enmarcará en la relación concesional y, en el segundo, en el régimen de la responsabilidad extracontractual.

En el ámbito de las concesiones portuarias podemos destacar las SSTS de 20 de julio de 2021 (ECLI: ES:TS:2021:3242) y de 7 de diciembre de 2015 (ECLI: ES:TS:2015:5208), que se pronuncia sobre los regímenes de responsabilidad antes mencionados[272]. No obstante, también existen sentencias que han reconocido que ambos regímenes pueden coexistir[273].

Si la reclamación se ubica en el seno del negocio concesional, serán las vías específicas contempladas en el título concesional o, en su defecto, en la legislación aplicable –en nuestro caso, la portuaria– (incluido aquellas de aplicación supletoria, siguiendo su orden de prelación) las que determinen el plazo de prescripción de la acción a ejercitar. Ante la ausencia de una regulación específica y, en último término, debe estarse al plazo de cinco años establecido en el artículo 1.964.2 del Código Civil[274].

Al respecto, puede traerse a colación la interesante STS del 7 de diciembre de 1999 (ECLI:ES:TS:1999:7806) que recuerda que «el régimen de la responsabilidad contractual se aproxima al que resulta aplicable a ciertas obligaciones o aceptadas por la Administración en virtud de un acto administrativo unilateral (por ejemplo en el caso de las concesiones) y hemos de añadir aquí ahora

---

[272] En estos términos se han pronunciado la STS del 24 de febrero de 1994 (ECLI:ES: TS:1994:19985) y la STSJ de Extremadura de 14 de enero de 2016 (ECLI: ES:TSJEXT:2016:15). Más recientemente puede citarse la STS del 10 de febrero de 2021 (ECLI: ES:TS:2021:541).

[273] Es el caso de la STSJ de las Islas Baleares del 12 de julio de 2022 (ECLI: ES:TSJBAL:2022:816).

[274] En este sentido, puede citarse la STS del 29 de enero de 2020 (ECLI: ES:TS:2020:274), dictada en un contexto distinto al que constituye el objeto de este trabajo (incumplimiento de compromisos asumidos en el seno de un convenio urbanístico, es decir, un contrato administrativo), pero cuyo razonamiento sí sería extrapolable al caso. El TS aclara que para determinar el plazo de prescripción de la acción por incumplimiento de una obligación contractual debe estarse al orden de prelación de fuentes aplicable al negocio jurídico correspondiente. El Alto Tribunal, que cambia su criterio jurisprudencial, señala que, en ausencia de plazo de prescripción, debe acudirse, en último lugar, al Derecho Privado, pues ni la LCSP, ni la LGP establecen un plazo de prescripción aplicable al caso, por lo que debe estarse al plazo de prescripción genérico de cinco años contemplado en el artículo 1.964.2 del Código Civil.

que en el mundo del Derecho Administrativo tienen también cabida las obligaciones nacidas de la ley con carácter ajeno a la producción de hechos ilícitos, a la responsabilidad objetiva, o al enriquecimiento injusto o, que no son otras que las obligaciones llamadas autónomas por la doctrina civilista, es decir, aquellas que surgen directamente, al margen de los supuestos citados, por hechos o situaciones regulados por la ley»[275].

En estos mismos términos se pronuncia la STSJ de Andalucía, del 11 de abril de 2018 (ECLI: ES:TSJAND:2018:5323) que, tras recordar la responsabilidad derivada de una concesión administrativa se aproxima al régimen de la responsabilidad contractual y se rige «por los preceptos de aquella que las hubiera establecido y, en lo no previsto en la misma, por las disposiciones generales del Código Civil sobre obligaciones y contratos (artículo 1090 del Código Civil). Este mandato lleva a excluirlas del régimen específico de la responsabilidad aquiliana y, por ende, del régimen propio de la responsabilidad patrimonial de las Administraciones Públicas por funcionamiento de los servicios públicos»[276].

11.2. RESPONSABILIDAD EXTRACONTRACTUAL

Sensu contrario, si el daño no tiene ninguna relación con el negocio concesional, debe estarse a lo dispuesto en el régimen de la responsabilidad extracontractual. En los supuestos en los que el daño se imputa a la administración concedente al margen del título concesional, el régimen jurídico aplicable es el de la responsabilidad patrimonial de la Administración. En este caso, habría que estar al plazo de prescripción de un año que prevé el artículo 67 de la LPAC.

El concesionario debe acreditar el cumplimiento de los requisitos contemplados en los artículos 32 y siguientes de la LRJSP: la efectiva realidad y acreditación del daño o perjuicio, que sea evaluable económicamente e individualizado; la relación de causalidad o nexo causal entre el funcionamiento de la Administración y el evento dañoso; la ausencia de fuerza mayor o de otra causa de exención de la responsabilidad; el ejercicio de la acción en plazo; y la antijuridicidad del daño o inexistencia de un deber jurídico de la recurrente de soportarlo[277].

---

[275] Este mismo razonamiento se repite en las SSTS del 21 de diciembre de 2021 (ECLI: ES:TS:2021:4932), del 29 de noviembre de 2021 (ECLI: ES:TS:2021:4481) y del 10 de febrero de 2021 (ECLI: ES:TS:2021:541).

[276] En estos mismos términos puede citarse también la STSJ de Canarias del 16 de mayo de 2014 (ECLI: ES:TSJICAN:2014:2856).

[277] STS del 20 de junio de 2021 (ECLI: ES:TS:2021:3242).

En cambio, si es la Autoridad Portuaria la que reclama una indemnización de daños y perjuicios al concesionario al margen del título concesional, debe instrumentalizarse a través de lo dispuesto en el artículo 316 del TRLPEMM. La indemnización de daños y perjuicios procederá siempre que los mismos hayan tenido lugar y, particularmente, cuando no proceda la reposición de las cosas a su estado anterior. Esta obligación es distinta e independiente de las sanciones que puedan imponerse en un expediente sancionador. En ausencia de una regulación específica sobre el procedimiento que debe seguirse, este tendrá una duración máxima de tres meses conforme al artículo 21.3 de LPAC.

11.3. RÉGIMEN DE RESPONSABILIDAD ANTE TERCEROS

Si un tercero plantea una reclamación de daños frente al concesionario, al tratarse de una actividad privada la que se desarrolla sobre el demanio portuario concesionado, la controversia se regirá por las normas procesales y materiales civiles[278].

En efecto, el plazo de prescripción dependerá de si este sujeto acciona su reclamación por la vía de la responsabilidad contractual, en función de la relación jurídico-privada existente, o por la vía extracontractual. En el primer caso, el plazo de prescripción general es de cinco años para aquellas obligaciones personales que no tengan un plazo especial de prescripción (artículo 1.964.2 del Código Civil) y, en el segundo caso, de un año (artículo 1968.2 del Código Civil). En ambos casos, la jurisdicción competente será la civil, de conformidad con los artículos 21 y siguientes de la LOPJ y 36 y siguientes de la LEC.

García Pérez apunta que en el dominio público portuario la mayoría de los títulos son para el ejercicio de actividades privadas del concesionario, que apenas tienen relación con la esfera de actuación de la Autoridad Portuaria[279]. El concesionario es quien tiene capacidad de dirección y gestión la actividad privada que desarrolla sobre demanio portuario, y no la Autoridad Portuaria, que ostenta potestades de control e inspección, las cuales derivan del régimen jurídico propio de los bienes demaniales.

Por su parte, Fernández Acevedo señala que «en lo que respecta al régimen jurídico aplicable y a la jurisdicción competente, no parece que pueda establecerse idéntico paralelismo, toda vez que la actividad desplegada por el concesionario demanial es, por regla, una actividad privada desarrollada por un sujeto particular, sus actos y sus contratos no son administrativos; no actúa en ningún caso potestades delegadas por la Administración ni maneja fondos

---

[278] Un supuesto de responsabilidad es el del consignatario de buques *ex* artículo 259 del TRLPEMM.

[279] García Pérez, M., *La utilización del dominio público… Op. cit.*, pp. 312 y 313.

públicos; cualquier relación jurídica que el concesionario trabe con terceros es de naturaleza privada y, por ende, la responsabilidad en que pueda eventualmente incurrir habrá de sujetarse a la regulación del Código Civil (artículo 1902) y a la jurisdicción civil»[280].

En estos mismos términos se ha pronunciado la STSJ de Cataluña del 30 de diciembre de 2008 (ECLI:ES:TSJCAT:2008:13962). Con todo, debe advertirse que la legislación portuaria no ha regulado si la responsabilidad del concesionario frente a terceros se rige, en cuanto al fondo, por la legislación civil o por la legislación administrativa; cuestión que podría valorarse en una eventual reforma del TRLPEMM, para otorgar mayor seguridad jurídica en este tipo de relaciones jurídicas.

11.4. RÉGIMEN DE RESPONSABILIDAD EN EL CASO DE UN SERVICIO PORTUARIO O SERVICIO PÚBLICO

Si la actividad que se desarrolla sobre la concesión portuaria no es una actividad estrictamente privada del concesionario (por ejemplo, una industria), sino un servicio portuario o un servicio público, debe hacerse algunas matizaciones.

Cuando la concesión es el soporte de un servicio portuario que presta una empresa, debe estarse a lo dispuesto en el artículo 113.8.b) del TRLPEMM, que señala que «será obligación del prestador indemnizar todos los daños y perjuicios que se causen a terceros como consecuencia de la prestación del servicio objeto de la licencia. Cuando tales daños y perjuicios hayan sido ocasionados como consecuencia inmediata y directa de una orden de la Administración, será esta responsable dentro de los límites señalados en las leyes».

En cambio, si lo que se ejercita sobre el demanio portuario otorgado en concesión es un auténtico servicio público, el régimen de responsabilidad será el del servicio en cuestión, *por mor* del principio de atracción de las concesiones demaniales por las de servicio público o, lo que es lo mismo, por la *vis atractiva* del servicio. En estos casos, no estamos propiamente ante una concesión demanial, sino ante un auténtico contrato de concesión de servicio, cuyo régimen jurídico es distinto al de las concesiones portuarias, rigiéndose por la legislación de contratos del sector público y demás normas aplicables al servicio[281].

---

[280] Fernández Acevedo, R., *Las concesiones administrativas de dominio… Op. cit.*, p. 276.
[281] Sobre esta cuestión, puede verse la STSJ de Murcia, del 23 de octubre de 2015 (ECLI: ES:TSJMU:2015:2497).

11.5. RECLAMACIÓN DEL TERCERO ANTE LA AUTORIDAD PORTUARIA

Si un tercero –proveedor o usuario del concesionario– pretende formular una reclamación directamente frente la Autoridad Portuaria por cuestiones relacionadas con el negocio concesional, debe tener en consideración que su responsabilidad es muy limitada. Así, la Regla 22ª del PCG declara que «[...] en ningún caso, la Autoridad Portuaria será responsable de las obligaciones contraídas por el concesionario ni de los daños o perjuicios causados por éste a terceros».

En este sentido, la STS del 25 de enero de 2005 (ECLI:ES:TS:2005:274) señala que «pretender que la Autoridad Portuaria sea responsable en todo caso de todos los daños, incluso los derivados de los actos delictivos, acaecidos en el ámbito del puerto es tanto como afirmar que la Administración estatal o autonómica es responsable en todo caso de las consecuencias de tal naturaleza que se produzcan en cualquier punto del territorio nacional en que ostenten la competencia en materia de seguridad ciudadana, conclusión, sin duda, inaceptable».

Cualquier reclamación que se planteé, deberá instrumentalizarse mediante el régimen de la responsabilidad extracontractual, pues el tercero no tiene ningún vínculo negocial previo con la Autoridad Portuaria. También, debe tenerse en cuenta el artículo 35 del LRJSP, que somete al mismo régimen de responsabilidad patrimonial de la Administración Pública incluso cuando intervienen en la causación del daño sujetos de Derecho Privado.

Respecto al orden jurisdiccional competente, debe partirse del artículo 2.e) de la LJCA, que señala que el orden contencioso-administrativo conocerá de las cuestiones que se susciten en relación con «la responsabilidad patrimonial de las Administraciones Públicas, cualquiera que sea la naturaleza de la actividad o el tipo de relación de que derive, no pudiendo ser demandadas aquellas por este motivo ante los órdenes jurisdiccionales civil o social, aun cuando en la producción del daño concurran con particulares o cuenten con un seguro de responsabilidad».

Por su parte, el artículo 9 de la LOPJ, tras declarar en su apartado 1º que los juzgados y tribunales ejercerán su jurisdicción exclusivamente en aquellos casos en que le venga atribuida por la ley, el apartado 4º recoge la extensión a otros órdenes jurisdiccionales. Los párrafos 2º y 3º de dicho apartado disponen que el orden jurisdiccional contencioso-administrativo conocerá, «asimismo, de las pretensiones que se deduzcan en relación con la responsabilidad patrimonial de las Administraciones Públicas y del personal a su servicio, cualquiera que sea la naturaleza de la actividad o el tipo de relación de que se derive. Si a la producción del daño hubieran concurrido sujetos privados, el demandante deducirá también frente a ellos su pretensión ante este orden jurisdiccional. Igualmente conocerán de las reclamaciones de responsabilidad cuando el interesado accione directamente contra la aseguradora de la Administración, junto a la administración respectiva. También será competente este orden jurisdiccional si las demandas de responsabilidad patrimonial se dirigen, además, contra las personas o entidades públicas o privadas indirectamente responsables de aquellas».

Ha sido, pues, la Ley Orgánica 19/2003, de 23 de diciembre, de modificación de la LOPJ, la que proporcionó la actual redacción de los artículos 2.e) de la LJCA y 9.2 de la LOPJ, tratando de establecer definitivamente la unidad jurisdiccional en materia de responsabilidad patrimonial de la Administración, al atribuir al orden contencioso-administrativo el conocimiento de los supuestos de concurrencia de responsabilidades entre Administración y sujetos privados, abriendo la acción de resarcimiento frente a estos últimos ante esta jurisdicción y asegurando así la continuación de la causa en el mismo pleito contencioso, con exclusión, por tanto, de la competencia de los órdenes jurisdiccionales civil y social.

La STSJ de Murcia del 23 de octubre de 2015 (ECLI: ES:TSJMU:2015:2497) zanjó que «debe quedar claro que la jurisdicción competente a la hora de determinar la responsabilidad patrimonial de los concesionarios y contratistas de la administración es la contencioso-administrativa, ya que es mediante un acto administrativo por el que se determina la existencia de responsabilidad y quién debe asumirla (art. 123 LEF y art. 134.3 del RCE)». De igual forma, la Ley 30/92 conoce la unidad de régimen jurídico en aquellos casos en los que la administración actúe en relación de Derecho Privado. El artículo 144, a diferencia del derogado art. 41 de la Ley del Procedimiento Administrativo (LPA), establece que «cuando las Administraciones Públicas actúen en relaciones de Derecho Privado, responderán directamente el punto esencial es determinar quién es el sujeto imputable en la producción de daños ocasionados por la gestión de los servicios públicos: el órgano contratante o el contratista en la ejecución del contrato».

11.6. DEBER DE INFORMACIÓN DE LA AUTORIDAD PORTUARIA

Cuando no queda claro si el causante del daño al tercero es el concesionario o la Autoridad Portuaria, el tercero tiene la facultad –no la obligación– de accionar contra la Autoridad Portuaria para que determine quién es el sujeto responsable, a los efectos de ejercitar con posterioridad las acciones que legalmente procedan en defensa de sus derechos e intereses legítimos.

En este sentido, puede traerse a colación, de nuevo, la STSJ de Murcia del 23 de octubre de 2015 (ECLI: ES:TSJMU:2015:2497), que abordó directamente esta interesante cuestión. El Tribunal comenzó recordando a la Autoridad Portuaria que cuando se presenta una reclamación de responsabilidad patrimonial y no está claro si debe responder ella o el concesionario, no debe inadmitirla *a limine*, sino que previamente debe determinar a quién le corresponde, en su caso, asumir la responsabilidad por los daños causados[282].

En términos parecidos, aunque no en el ámbito de las concesiones demaniales, se pronunciaron las Sentencias de AP de Jaén del 17 de diciembre de 2004 (ECLI:ES:APJ:2004:1351) y del Juzgado de lo Contencioso-administrativo núm. 5 de Málaga núm. 169/2021, del 17 de mayo. De dichos pronunciamientos judiciales se desprende lo que podemos denominar «deber de información», donde lo que se espera obtener de la Autoridad Portuaria en este momento no es un pronunciamiento resarcitorio de fondo, sino más bien que aclaré ante quién debe formular el tercero su reclamación por los daños y perjuicios padecidos, a los meros efectos de otorgar seguridad jurídica en el ejercicio de acciones.

En definitiva, esta doctrina pretende reforzar el sistema de responsabilidad frente a terceros por los daños ocasionados en el dominio público en aquellos casos en los que el perjudicado no tenga forma de averiguar quién le ha causado el daño y, consiguientemente, no puede articular adecuadamente las acciones administrativas o judiciales que en cada caso procedan en defensa de sus derechos e intereses legítimos. Por eso, considero necesario destacar, difundir y extraer todas las consecuencias de estos pronunciamientos judiciales que apuntan a la existencia de un «deber de información» de la Autoridad Portuaria o, dicho con otras palabras, al «derecho de información» del perjudicado, por los daños causados en el dominio público portuario.

11.7. RECLAMACIÓN DEL TERCERO FRENTE A OTRO TERCERO

Finalmente, cuando se produce un daño a terceros en el puerto por causas imputables a la esfera de actuación de otro tercero ajeno al concesionario y a la Autoridad Portuaria, la acción de resarcimiento de daños y perjuicios por responsabilidad extracontractual debe dirigirse directamente, y en vía civil, frente

---

[282] «Lo correcto con arreglo a las normas expuestas, sería que la Autoridad Portuaria hubiera admitido a trámite la reclamación y hubiera determinado a quien correspondía la responsabilidad. En el caso es claro que los daños no son debidos ni a vicio del proyecto ni son consecuencia inmediata y directa de una orden de la Administración, por lo que en principio se evidenciaría, una posible imputación a la Concesionaria, que es la Cofradía de Pescadores de Cartagena. Formalmente sería correcto que se estimara el presente recurso para que la Autoridad Portuaria admitiera a trámite la reclamación y determinara a quien correspondería, en su caso la posible responsabilidad patrimonial. No obstante ello la propia parte actora solicita que la Sala entre a resolver el fondo, lo que permite la jurisprudencia, en evitación de dilaciones indebidas y en definitiva vulnerando la tutela judicial efectiva».

al tercero causante del daño. No cabe, pues, vincular al concesionario ni a la Autoridad Portuaria por dichos daños.

Así lo ha confirmado la STS del 6 de mayo de 2015 (ECLI: ES:TS:2015:2079) que señaló que «el motivo se desestima, porque ninguna de las normas citadas establece la responsabilidad del concesionario de un puerto deportivo por los daños causados por el incendio de una embarcación amarrada en dicho puerto que no ha tenido su origen en las instalaciones propias del puerto y cuando no ha concurrido ninguna conducta culposa por parte de dicho concesionario o de sus empleados. Ni la exclusión de responsabilidad de la Administración concesionaria y su atribución al concesionario en el caso de daños y perjuicios causados al dominio privado por las obras y actividades que realice, ni el principio de riesgo y ventura que informa la concesión de la construcción y explotación de una obra pública portuaria, sirven para imputar al concesionario la responsabilidad por los daños causados por terceros que estén utilizando las instalaciones del puerto cuando el daño no tiene su origen en las instalaciones del concesionario y no concurre una actuación culposa de este».

En términos parecidos se pronuncia la SAP de las Islas Baleares del 2 de noviembre de 2012 (ECLI: ES:APIB:2012:2596) que, en ese caso concreto, atribuyó en exclusiva al tercero la responsabilidad del incendio en el interior de un puerto deportivo: «como decimos, solo cabría atribuir responsabilidad a la concesionaria, una vez manifestado el incendio, bien por no haber cumplido con el deber de vigilancia, cosa que no sucedió pues no hay reproche culpabilístico a su actuación ni retraso apreciable, cumpliendo con los protocolo de actuación; bien por no disponer de medios propios reglamentariamente exigidos para evitar la propagación del incendio, en cuya causación en el interior de la dirección con el cable de corriente de tierra conectado, reiteramos no tuvo ninguna responsabilidad. Recordar por otra parte, que no toda infracción o incumplimiento de normas, en este caso de carácter administrativo, implica incumplimiento del deber de diligencia, si no se prueba que con los mismos se habría evitado o aminorado el daño y esa prueba incumbe a la parte que postula la existencia de culpa (art. 217 LEC)».

Capítulo Cuarto

PROCEDIMIENTO PARA EL OTORGAMIENTO DE CONCESIONES PORTUARIAS

1. REGULACIÓN DEL PROCEDIMIENTO PARA EL OTORGAMIENTO DE CONCESIONES PORTUARIAS

La derogada LPEMM de 1992 no estableció un procedimiento específico para el otorgamiento de concesiones y se remitió a un posterior desarrollo reglamentario y, mientras este se producía, resultaría de aplicación el procedimiento de otorgamiento de concesiones marítimo-terrestre previsto en la legislación de costas[283]. Durante años el procedimiento que se seguía para el otorgamiento de concesiones portuarias era el previsto en los artículos 145 a 154 del RGC de 1989, teniendo en cuenta las especialidades establecidas en el citado artículo 63.3 de la LPEMM de 1992.

La Ley de Puertos de 2003 vino a derogar los artículos 54 y 63 y la disposición transitoria sexta de la LPEMM de 1992 y reguló, en los artículos 108 a 112, un nuevo procedimiento administrativo para el otorgamiento de concesiones de dominio público portuario, introduciendo algunas novedades significativas sobre el trámite de competencia de proyectos y los supuestos en los que la Autoridad Portuaria debía convocar un concurso público.

En la actualidad, el procedimiento para el otorgamiento de concesiones de dominio público portuario se regula en los artículos 83 a 87 del TRLPEMM y en el PCG. Se trata de un procedimiento complejo, compuesto por dos fases, como explicó con brillantez la profesora Zambonino Pulito[284]. En la primera

---

[283] Artículos 54.4 y 63.3 de la LPEMM en relación con la disposición transitoria sexta de dicha norma.

[284] Zambonino Pulito, M., «Comentarios al artículo 85 del TRLPEMM», en Petit Lavall, Mª. V., Blasco Díaz, J.L., Puetz, A. y Oller Rubert, M. (Dir.), *Comentarios al texto refundido de… Op. cit.*, pp. 629-630.

fase, y en función de las particularidades del caso, la Autoridad Portuaria tiene que optar entre los trámites de competencia de proyectos, concurso y adjudicación directa. La regla general, como veremos, es el trámite de competencia de proyectos, si bien, el que ofrece mayores garantías en términos de publicidad, concurrencia, transparencia y salvaguarda de la libre competencia es el concurso. Y, precisamente por ello, debería convertirse en la regla general para otorgar concesiones en el demanio portuario. Una vez concluido el trámite que proceda, se pasa a una segunda fase, que es común, y que se denomina procedimiento de otorgamiento de la concesión.

Con carácter previo al estudio del procedimiento previsto en el TRLPEMM, es necesario analizar separadamente el conjunto de documentos que se mencionan en los artículos 83 a 87 del TRLPEMM. Así, se alude al «pliego de condiciones generales de concesiones demaniales que apruebe el ministro de Fomento», a las «condiciones particulares que establezca la Autoridad Portuaria», al «pliego de bases del concurso» y al «pliego de condiciones que regule el desarrollo de la concesión».

2. DOCUMENTOS PARA EL OTORGAMIENTO DE CONCESIONES PORTUARIAS

2.1. PLIEGO DE CONDICIONES GENERALES

El TRLPEMM hace referencia, en términos muy genéricos, al Pliego de Condiciones Generales de las concesiones de dominio público portuario (PCG) en los artículos 30.5.n), 73.2, 81.2 y 86.3.b)[285]. El PCG lo aprobó el Ministerio de Fomento en el año 2008 y se publicó, para que desplegara plenos efectos jurídicos, en el BOE. Este documento, además, lo elaboró Puertos del Estado, con informe del Ministerio de Economía y Hacienda.

Una cuestión de obligada reflexión es si resulta necesario que se apruebe el PCG para que puedan otorgarse concesiones sobre el dominio público portuario. Del tenor literal del artículo 81.2 del TRLPEMM parece desprenderse que son obligatorios tanto el PCG como las condiciones particulares, como denota la expresión «se someterán». No obstante, desde un punto de vista práctico parece que no lo son, pues una concesión podrá concederse sin dificultad técnica teniendo en cuenta únicamente el marco normativo (TRLPEMM) y las condiciones particulares que apruebe la Autoridad Portuaria para dicha concesión. En este sentido se pronunció el profesor Parejo Alfonso, que sostuvo,

---

[285] Otras legislaciones sectoriales también hacen referencia al pliego de condiciones generales, es el caso, por ejemplo, de los artículos 73 de la LC, 151 del RGC de 2014 y 91 de la LPAP.

al hilo de los pliegos de condiciones generales del artículo 91.1 de la LPAP, que «no son necesarias, pudiendo existir o no. El legislador contempla, en efecto, la aplicación de las particulares en defecto de estas generales»[286].

Respecto al contenido del PCG, ni el TRLPEMM ni las legislaciones portuarias anteriores han regulado esta cuestión. Quizá esto se deba a que el Legislador no ha querido entrar en cuestiones técnicas y de detalle que no le son del todo propias. En todo caso, si se examina el pliego de condiciones generales que precedió al vigente PCG[287], fácilmente se llega a la conclusión de que son muy similares, lo que viene a confirmar la existencia de un contenido propio de este tipo de documento. Así, ambos contienen (i) una serie de disposiciones generales, (ii) el régimen de las obras, (iii) el régimen económico de la concesión, (iv) las condiciones de uso y explotación, (v) las modificaciones o vicisitudes que pueden acontecer durante su vigencia, (vi) la extinción de la concesión y (vii) un régimen sancionador.

Por último, es de sumo interés analizar la naturaleza jurídica de los PCG; extremo tampoco aclarado por el TRLPEMM, ni por la jurisprudencia. En relación con el pliego de condiciones generales aprobado al amparo de la legislación de costas, la Audiencia Nacional tuvo algunas oportunidades para pronunciarse sobre su naturaleza jurídica, pero eludió entrar en esta cuestión. Al respecto, pueden citarse las SSAN de 13 de marzo de 2020 (ECLI: ES:AN:2020:985) y de 21 de febrero de 2014 (ECLI: ES:AN:2014:1052).

En cambio, la doctrina sí se ha pronunciado sobre la naturaleza jurídica de los pliegos de condiciones general de las concesiones demaniales –no de las portuarias–, en el sentido de que se tratan de actos administrativos generales. El profesor Parejo Alfonso sostuvo que «dado su objeto, la racionalización de la gestión de los bienes demaniales por lo que hace a su utilización, y la heterogeneidad del mismo (desde enteras categorías de autorizaciones y concesiones hasta casos determinados), no cabe reconocer a las condiciones, sean generales o particulares, carácter normativo. Se trata, en todos los casos, de actos generales o particulares, referidos a supuestos perfectamente acotados, aunque lo sean por relación a grupos abstractos de autorizaciones o concesiones y que, por ello, se agotan en tales supuestos. Su finalidad es, como ya se ha dicho, predeterminar y, consecuentemente, integrar el contenido de las específicas autorizaciones y concesiones»[288].

---

[286] Parejo Alfonso, L., «El régimen de utilización de los bienes y derechos de dominio público», en Chinchilla Marín, C. (Coord.), *Comentarios a la Ley 33/2003, del Patrimonio de las Administraciones Públicas*, Ed. Civitas, Madrid, 2004, p. 468.

[287] Orden de 2 de agosto de 1995 por la que se aprueba el pliego de condiciones generales para el otorgamiento de concesiones demaniales en la zona de servicio de los puertos de interés general.

[288] Parejo Alfonso, L., «El régimen de utilización de los bienes y derechos de dominio público», en Chinchilla Marín, C. (Coord.), *Comentarios a la Ley 33/2003… Op. cit.*, p. 468.

A la misma conclusión llega Fernández Acevedo, quien señaló que «dichos pliegos han de crearse sobre la base de lo dispuesto por el ordenamiento (normativa sectorial y supletoriamente, Ley de Patrimonio), tal y como por otra parte exigen los principios de legalidad de la actuación administrativa (artículo 103.1 de la Constitución) y de tipicidad aplicable a todos los actos administrativos (artículo 53.2 de la Ley de Régimen Jurídico)»[289].

No obstante lo anterior, considero que existen indicios más que suficientes para considerar al PCG como una auténtica disposición de carácter general. En primer lugar, si se analiza con detalle la Regla 1ª del PCG, todo hace indicar que el pliego tiene fuerza normativa, pues así se infiere de la propia redacción de dicho precepto (muy aclaradora es la expresión «el presente Pliego de Condiciones Generales y demás disposiciones de aplicación»). Si se tratase de un acto administrativo, cabe pensar que no se habría equiparado el presente PCG a las «demás disposiciones de aplicación», expresión que apunta al carácter normativo.

En segundo lugar, el PCG es aprobado por un órgano que cuenta con potestad reglamentaria derivada, como es el Ministerio de Fomento, conforme a lo dispuesto en los artículos 97 de la CE, 4.1.b) de la Ley 50/1997, de 27 de noviembre, del Gobierno y 128 de la LPAC y disposición final segunda del TRLPEMM y la jurisprudencia del TS[290].

En tercer lugar, porque concurren los presupuestos típicos utilizados por la mejor doctrina para diferenciar a una disposición de carácter general de un acto administrativo: (i) se trata de un texto articulado que desarrolla, complementa o innova la legislación de puertos; (ii) tiene una clara vocación de permanencia, generalidad y abstracción; (iii) no se agota con su cumplimiento y (iv) se publica en el BOE; requisito típico de una disposición de carácter general dictada en el ejercicio de la potestad reglamentaria[291].

En cuarto lugar, porque supone una limitación para las condiciones particulares y demás documentos que constituyan la «ley del contrato». En la práctica, las reglas contenidas en el PCG se reproducen en los pliegos de condiciones particulares que aprueban las Autoridades Portuarias para el otorgamiento de

---

[289] Fernández Acevedo, R., «Régimen jurídico de la utilización de los bienes y derechos demaniales: los títulos habilitantes (arts. 84 a 104)», en Mestre Delgado, J. F. (Dir.), *El régimen jurídico general del Patrimonio de las Administraciones Públicas*, Ed. El Consultor de los Ayuntamientos y de los Juzgados: Wolters Kluwer, Madrid, 2010, pp. 813-945.

[290] Sobre la potestad reglamentaria de los ministros puede consultarse la STS de 30 de diciembre de 2004 (ECLI:ES:TS:2004:8525).

[291] Sobre los presupuestos para diferenciar a una disposición de carácter general de un acto administrativo puede consultarse a López Menudo, F., «Las fuentes del Derecho Administrativo», en Barrero Rodríguez, C. (Coord.), *Lecciones de Derecho Administrativo. Parte General,* Ed. Technos (6ª Ed), Madrid, 2022, pp. 93 y ss.

concesiones. Se trata, por decirlo de algún modo, del contenido mínimo e indispensable de las condiciones particulares.

Finalmente, porque el Tribunal Supremo admitió a trámite un recurso de casación en el que debía pronunciarse sobre la interpretación de «una norma» (expresión utilizada por el Alto Tribunal), como era la Regla 11ª del PCG[292]; algo que no habría ocurrido si su naturaleza jurídica fuese la propia de un acto administrativo. El Alto Tribunal vino a dar respuesta a la cuestión que presentaba interés casacional objetivo en su Sentencia de 26 de julio de 2021 (ECLI: ES:TS:2021:3270), proporcionando una interpretación a la Regla 11ª del PCG.

2.2. CONDICIONES PARTICULARES

Las condiciones particulares de las concesiones de dominio público portuario es otro de los documentos a los que alude el TRLPEMM en los artículos 81.2 y 86.3.b)[293]. Las condiciones particulares es un documento que aprueba la Autoridad Portuaria para cada concesión que se vaya a otorgar dentro de la zona de servicio del puerto. Se trata de un documento que determina los derechos y obligaciones de las partes de la relación concesional. El TRLPEMM no establece a qué órgano de la Autoridad Portuaria compete su aprobación, entendemos que corresponde al Consejo de Administración en virtud de lo dispuesto en el artículo 30.5.n) del TRLPEMM.

En la práctica, las Autoridades Portuarias tienen un documento interno de trabajo que se ajusta a lo establecido en el TRLPEMM y al PCG, y que adecuan a las particularidades de cada concesión que se va a otorgar. La legislación portuaria no establece el contenido propio de este documento. La normativa tampoco prevé que el solicitante pueda modificar las condiciones particulares de la concesión, tan solo permite que este intervenga mediante el trámite inicial de su solicitud y en fase de aceptación de las condiciones, antes de que se dicte la resolución definitiva de otorgamiento, tal y como se desprende de los artículos 84 y 85 del TRLPEMM.

A diferencia del PCG, todo hace indicar que las condiciones particulares sí son necesarias. La ausencia de las condiciones particulares determinaría, en mi opinión, la nulidad radical del negocio concesional, pues se trata de un acto preparatorio necesario que permite conocer al solicitante el alcance de sus derechos y obligaciones, tales como el objeto, contenido, plazos y demás condiciones a las que se sujetará el negocio concesional.

---

[292] ATS de 11 de junio de 2020 (ECLI: ES:TS:2020:4116A).

[293] También se hace referencia a las condiciones particulares en otras legislaciones, como en los artículos 91.2 o 96.5 de la LPAP.

Otra reflexión es si el contenido de las condiciones particulares debe prevalecer sobre otros documentos que conforman el expediente administrativo. En ausencia de una previsión legal en la legislación portuaria y de un pronunciamiento jurisprudencial en este sentido (sí existe abundante jurisprudencia en el ámbito de la contratación pública)[294], me inclino a pensar que este documento debe prevalecer sobre todos los demás, incluido las propias estipulaciones del título de otorgamiento, pues es el documento básico que recoge las condiciones bajo las cuales se otorga a un determinado sujeto una concesión de una porción del demanio portuario para el desarrollo de una determinada actividad o servicio.

La naturaleza jurídica de las condiciones particulares de una concesión de dominio público portuario también plantea dudas. Tampoco consta un pronunciamiento que aborde directamente esta cuestión en el ámbito portuario. En cambio, sí existe jurisprudencia sobre la naturaleza jurídica de los pliegos de prescripciones particulares de prestación de servicios portuarios. En este sentido, la STS de 11 de enero de 2022 (ECLI:ES:TS:2022:80) resolvió que, tanto por su contenido como por su vocación de permanencia, estos tienen la naturaleza de disposición de carácter general. Misma conclusión alcanza la STSJ de Canarias de 29 de julio de 2019 (ECLI: ES:TSJICAN:2019:2198) respecto de la naturaleza jurídica de las condiciones particulares para la prestación del servicio comercial de reparación de buques en los puertos gestionados por la Autoridad Portuaria de Las Palmas.

Pese a que estos pronunciamientos abordan la naturaleza jurídica de las condiciones particulares de un servicio portuario y de un servicio comercial, considero que no son extrapolables al caso examinado, pues se trata documentos distintos que tiene una regulación y función propia en el TRLPEMM, con independencia de que su denominación sea similar (condiciones particulares).

Las Autoridades Portuarias carecen de potestad reglamentaria en materia concesional. Aunque las Autoridades Portuarias son organismos públicos cuya actividad se somete, en parte, al Derecho Público[295], la legislación de puertos no le atribuye expresamente dicha potestad. Conforme a la clásica doctrina que distingue entre la potestad reglamentaria «originaria» y «derivada», cabe señalar que la eventual potestad reglamentaria de una Autoridad Portuaria sería, en su caso, «derivada», pues solo la ostentaría cuando así lo disponga expresamente una norma jurídica[296]. En sede de concesiones demaniales, el TRLPEMM no le confiere a las Autoridades Portuarias potestad

---

[294] Por ejemplo, en la STS del 9 de julio de 1988 (ECLI:ES:TS:1988:11913).
[295] Artículo 24 del TRLPEMM.
[296] Parejo Alfonso, L., *Lecciones de Derecho Administrativo,* Ed. Tirant lo Blanch (12ª ed.), Valencia, 2022, p. 244.

reglamentaria alguna para dictar disposiciones generales, como sí parece que lo hace, por ejemplo, respecto a las condiciones particulares del servicio comercial en el artículo 139.2 *in fine* del TRLPEMM.

Así pues, me inclino por la naturaleza contractual de las condiciones particulares de las concesiones portuarias. Para otorgar una la concesión portuaria es necesario que la Autoridad Portuaria dicte un acto de otorgamiento y elabore dichos pliegos en respuesta a una petición de un particular, el cual debe aceptarlas (trámite de oferta de condiciones). No es suficiente con la voluntad de la Autoridad Portuaria para otorgar una concesión, sino que precisa de la colaboración del peticionario, mediante la aceptación de las condiciones propuestas. Del tenor literal de los artículos 84.1 y 85 del TRLPEMM parece desprenderse que no existe una «negociación» sobre las condiciones en el procedimiento de otorgamiento de concesiones portuarias, sino la emisión de un acto unilateral que necesita de colaboración del peticionario para que se constituya la relación concesional. Pero no debe obviarse que en la práctica se admite la posibilidad de que el peticionario aporte «sugerencias» o «matizaciones» a la propuesta del director de la Autoridad Portuaria y que, finalmente, este órgano las acepte o no. Es decir, en la práctica es cierto que existe una suerte de negociación, que no se puede negar, y que es lo que confiere carácter contractual a este documento, pues recoge el consentimiento de las partes sobre determinadas condiciones.

La naturaleza jurídica de las condiciones particulares se asimila a los pliegos de cláusulas administrativas particulares y prescripciones técnicas en materia de contratación pública. Constituye, en mi opinión, la *lex contractus* con fuerza vinculante entre las partes del negocio concesional y solo limitado por la observancia de las normas jurídicas imperativas.

2.3. PLIEGO DE BASES DEL CONCURSO

Otro de los documentos a los que hace referencia los artículos 83.b), 86.2, 86.3.a), 180 y 192 del TRLPEMM es el pliego de bases del concurso para el otorgamiento de una concesión de dominio público portuario[297]. El pliego de bases del concurso es el documento que recoge las reglas o pautas por las que se va a regir el trámite de concurso que convoque la Autoridad Portuaria para otorgar una concesión de dominio público portuario.

---

[297] El pliego de bases del concurso también se encuentra previsto en otras legislaciones, tal es el caso de los artículos 75 de la LC y 158 a 160 del RGC de 2014.

El órgano competente para aprobarlo es el «órgano competente para resolver el concurso» y, este órgano, es el Consejo de Administración de la Autoridad Portuaria, conforme a lo dispuesto en el artículo 86.5 del TRLPEMM.

El pliego de bases del concurso tiene naturaleza jurídica de un acto administrativo, pues es aprobado para un concurso determinado, se agota con su cumplimiento, no necesita publicarse en el BOE (se publica la convocatoria del concurso, pero no el pliego de bases del concurso), y no innova en el ordenamiento jurídico con vocación de permanencia, en tanto que se limitan a aplicar el derecho preexistente en un momento determinado.

Aunque el pliego no necesite publicarse en el BOE ni en el DOUE, sí le resultan de aplicación al concurso los principios cardinales de la contratación pública como ha sostenido el Tribunal Supremo[298]. La Autoridad Portuaria debe expresar el periódico oficial, perfil del contratante o la dirección electrónica correspondiente donde este documento pueda ser consultado por quienes pretendan concurrir al concurso, sin que sea suficiente con la puesta a disposición en la sede física de la Autoridad Portuaria[299].

Pese a que este documento lo aprueba el Consejo de Administración de la Autoridad, no cabe duda de que, por su eminente carácter técnico, lo elabora los servicios técnicos y jurídicos de la Autoridad Portuaria, ya sea personal interno o externo. Tampoco plantea muchos problemas su contenido, pues el artículo 86.3 del TRLPEMM regula, al menos, el mínimo obligatorio, pudiendo completarse con todas aquellas previsiones que resulten necesarias para el buen fin del negocio jurídico en cuestión, siempre que tales previsiones no vulneren las normas imperativas y tengan relación con el objeto de la concesión.

Lo que si plantea dudas y, la doctrina así lo ha destacado, es cómo o en base a qué razones han sido escogidos los criterios de valoración para la adjudicación del concurso a los que se hace referencia en el artículo 86.3 del TRLPEMM (las medidas de carácter medioambiental y de responsabilidad social corporativa propuestas, la estructura tarifaria y las tarifas máximas aplicables a los usuarios y el compromiso de realización en las instalaciones náutico-deportivas de actividades de carácter formativo o educativo sin fines lucrativos). Es cierto que podrá haber otros, pero los criterios mencionados expresamente en tal precepto son de obligada incorporación, no haciendo referencia el precepto a otros aspectos que realmente podrían resultar de sumo interés portuario, como son la inversión que se va a llevar a cabo, el compromiso de tráficos mínimos, etc.[300]

---

[298] SSTS del 20 de julio de 2021 (ECLI: ES:TS:2021:3126) y del 26 de julio de 2021 (ECLI: ES:TS:2021:3270).

[299] Sobre esta cuestión, puede verse la STS del 23 de abril de 2008 (ECLI:ES:TS:2008:1793).

[300] Eguinoa de San Román, R., *La gestión de los puertos… Op. cit.,* p. 288.

Dentro de los criterios citados, cabe destacar la alusión que se hace a los criterios de adjudicación referidos a la implantación de «medidas de carácter medioambiental y de responsabilidad social corporativa propuestas», que recuerda a la incorporación de cláusulas medioambientales y sociales en la contratación pública como criterio de adjudicación dentro de la valoración de la oferta económica más ventajosa.

Por último, y también respecto al contenido de los pliegos, hay que tener en consideración los artículos 180 y 192 del TRLPEMM, que prevén la posibilidad de que se incorpore en los pliegos bases del concurso una previsión que habilite a los participantes del concurso para que oferten importes adicionales a estas tasas portuarias. Ese exceso no será considerado tributo, sino un ingreso de Derecho Privado, tal y como se ha analizado en otro capítulo de esta obra.

2.4. PLIEGO QUE REGULA EL DESARROLLO DE LA CONCESIÓN

En sede del trámite de concurso para el otorgamiento de una concesión también se hace referencia al «pliego de condiciones que regulará el desarrollo de la concesión» (artículo 86.3.b del TRLPEMM). El pliego de condiciones para el desarrollo de la concesión es otro de los documentos que aprueba la Autoridad Portuaria (ya hemos visto que su Consejo de Administración), cuando el procedimiento para otorgar la concesión se tramita conforme al concurso. A diferencia del pliego de bases del concurso que establece las reglas o pautas que han de regir durante el concurso, el pliego de condiciones para el desarrollo de la concesión prevé los derechos y deberes de las partes durante la vigencia de la concesión que se va a otorgar; es decir, mientras que el primero se proyecta con anterioridad al otorgamiento de la concesión (*ex antes*), el segundo despliega efectos una vez que esta se ha otorgado (*ex post*).

Ciertamente, el pliego de condiciones para el desarrollo de la concesión (en ocasiones también denominado por las Autoridades Portuarias «pliego de explotación» referido a la actividad, para diferenciarlo de los condicionantes aplicables al soporte físico) no es más que otra forma de referirse al pliego de condiciones particulares para el otorgamiento de una concesión, pero en sede de concurso, por lo que nos remitimos al análisis ya expuesto con anterioridad.

3. DESARROLLO DEL PROCEDIMIENTO

3.1. INICIO DEL PROCEDIMIENTO

a) Solicitud del interesado

El procedimiento de otorgamiento de concesiones sobre dominio público portuario se encuentra regulado en los artículos 83 a 87 del TRL-PEMM y en el PCG.

En la mayoría de los casos, el procedimiento se inicia a instancia de parte interesada (persona física o jurídica), mediante la presentación de una solicitud dirigida a la Autoridad Portuaria. Pero también puede iniciarse de oficio, aunque previamente se haya presentado una solicitud. En este supuesto, el solicitante inicial tendrá la condición de interesado (artículo 4.1.a de la LPAC). Ahora bien, como aclaró la Sala de lo Contencioso-administrativo, Sección 5ª, del Tribunal Superior de Justicia de Cataluña, en su Sentencia de 30 de julio de 2002 (ECLI:ES:TSJCAT:2002:9534), «el hecho de haber presentado alguna vez alguna petición de autorización o incluso concesión sobre unas instalaciones no confiere al peticionario la condición de interesado en un procedimiento que se inició años después para tramitar una solicitud de concesión de un tercero sobre esas instalaciones».

La legislación portuaria no regula el contenido mínimo de la solicitud (tampoco la legislación de costas ni la LPAP, aplicables supletoriamente), por lo que habrá que estar a lo dispuesto en el artículo 66.1 de la LPAC. Lo habitual es que la Autoridad Portuaria tenga establecido un modelo de solicitud que, será de uso obligatorio como proscribe el artículo 66.6 de la LPAC, salvo que se indique lo contrario. Algunas Autoridades Portuarias han publicado instrucciones detallando el contenido de la solicitud y la documentación que debe aportarse[301]. La mayoría de las Autoridades Portuarias tienen establecido en su sede electrónica una vía para presentar las solicitudes de forma telemática, de manera que el formulario de solicitud ya suele aparecer preestablecido.

b) Documentación que debe acompañarse a la solicitud

A la solicitud se deberá acompañar, como mínimo, la documentación exigida en el artículo 84 del TRLPEMM[302], la cual puede variar cuando la persona física o jurídica es extranjera:

---

[301] Puede citarse la Instrucción núm. 1/2017, del director de la Autoridad Portuaria de Las Palmas, sobre la documentación necesaria para iniciar la tramitación de solicitudes de concesiones demaniales y autorizaciones temporales de ocupación del dominio público portuario.

[302] Antes de presentar una solicitud, es recomendable consultar los instrumentos de planificación del puerto (principalmente, Marco Estratégico del Sistema Portuario y Plan de Empresa

b).1. Acreditación de la personalidad del solicitante o, en su caso, de los partícipes en la comunidad o entidad sin personalidad jurídica

Si se trata de una persona física, basta con ser mayor de edad (artículo 322 del Código Civil). Habrá que aportar copia simple del Documentación Nacional de Identidad (DNI). También debe probarse que se ejercer una actividad relacionada con la concesión interesada, esto se puede acreditar mediante la inscripción o matrícula del autónomo o profesional en el Impuesto de Actividades Económicas y con la habilitación para el desarrollo de la actividad correspondiente.

Si es una sociedad anónima o limitada, deberá aportarse copia de la escritura pública de constitución o documentos de la constitución y del Número de Identificación Fiscal (NIF). También debe aportarse copia de los estatutos sociales o acta fundacional. Y todo ello acompañado de la inscripción en el registro público que corresponda (normalmente Registro Mercantil). Asimismo, suele solicitarse copia de la escritura de poder del representante y del DNI de este. Para el caso de que el solicitante sea una sociedad cooperativa, cofradía de pescadores, club náutico o deportivo, asociaciones, fundaciones, entidad sin personalidad jurídica, etc. deberá aportarse los documentos correspondientes que acrediten suficientemente estos requisitos conforme a su normativa reguladora.

La Autoridad Portuaria se reserva el derecho a exigir la presentación de una copia legitimada, auténtica, autentificada o compulsada de todos o algunos de documentos mencionados o, en su caso, a requerir la exhibición posterior del documento original.

b).2. Acreditación de solvencia económica, técnica y profesional para hacer frente a las obligaciones resultantes de la concesión

La solvencia económica, técnica y profesional es otro de los presupuestos legales exigibles para el otorgamiento de una concesión sobre dominio público portuario. Se trata de un requisito de «aptitud» para hacer frente a las obligaciones dimanantes de la concesión portuaria.

Hay que distinguir dos tipos de solvencia: la económica y financiera; y la técnica o profesional. La primera «está encaminada a garantizar que se cuenta con los medios económicos precisos para desarrollar el objeto de la concesión y cumplir las obligaciones que de la concesión se deriven»[303]. En cambio, la segunda obedece a un conjunto de requisitos de idoneidad para atender el objeto de la

---

de la Autoridad Portuaria) y las ordenanzas publicadas, a los efectos de presentar una solicitud completa y acorde a las líneas estratégicas.

[303] STSJ de Canarias del 2 de septiembre de 2013 (ECLI: ES:TSJICAN:2013:2912).

concesión de una forma adecuada y hace referencia, también, a los medios técnicos y humanos con que se cuenta, la experiencia previa, eficacia y fiabilidad[304].

Cuestión distinta es quién fija el límite mínimo de solvencia y cómo se acredita esta. El TRLPEMM no indica nada a este respecto. La determinación de los requisitos mínimos de solvencia, así como los medios admitidos para su acreditación, será competencia de los organismos portuarios. El nivel mínimo de solvencia se establecerá de forma proporcional por la Autoridad Portuaria, teniendo en cuenta las particularidades de la concesión que se solicita. El momento idóneo para fijar la solvencia necesaria será con posterioridad a la presentación la solicitud y de toda la documentación exigida, pues ciertamente es cuando el organismo portuario tiene en su poder los documentos que le permiten conocer las características concretas de la concesión que se pretende obtener.

En este momento inicial del procedimiento, el solicitante deberá acreditar el nivel de solvencia que estime suficiente para asumir el cumplimiento de las obligaciones dimanantes de la concesión o su compromiso de aportar la solvencia una vez que sea requerido para ello. Todo ello, sin perjuicio de que, una vez estudiada su solicitud por la Autoridad Portuaria, esta se considere insuficiente y se le requiera un nivel superior de solvencia.

Para acreditar la solvencia, y en ausencia de una regulación, entiendo que las Autoridades Portuarias podrán exigir alguno o algunos de los documentos previstos en los artículos 87 a 91 de la LCSP. En la práctica, lo habitual es que esta cuestión se prevea en el modelo de solicitud, en las instrucciones aprobadas por cada Autoridad Portuaria, en los pliegos aprobados, o incluso se consensue previamente con el organismo portuario[305].

---

[304] Canales Gil, Á. y Huerta Barajas, J. A., *Comentarios a la Ley 9/2017, de Contratos del Sector Público*, Ed. Ministerio de la Presidencia y para las Administraciones Territoriales (Boletín Oficial del Estado), Madrid, 2018, pp. 97 a 106.

[305] Una situación singular es la acreditación de la solvencia de las empresas de nueva creación, constituidas como vehículos para explotación de concesiones portuarias. La LCSP contempla algunas especialidades –especialmente en lo que a la solvencia técnica y profesional se refiere–, pero sin duda esta es una cuestión que no está resuelta en el TRLPEMM, y que plantea en ocasiones dificultades prácticas para acreditar los requisitos de solvencia. En estos casos, entiendo que debería flexibilizarse los niveles de exigencia, y permitir que puedan acreditarse mediante otros documentos que estén al alcance de las sociedades de nueva creación, e incluso que sean las sociedades que forman parte de su accionariado las que prueben estos requisitos.

b).3. Proyecto básico

El proyecto básico es un documento técnico, que tiene que ser elaborado y suscrito por un profesional competente[306], y visado por el correspondiente colegio profesional en aquellos casos en los que proceda[307]. El proyecto básico solo habrá que aportarlo si se van a realizar obras sobre el dominio público portuario y debe estar referido a la utilización de las nuevas instalaciones, «pero no la actividad en sí misma, que será el solicitante el que deberá constituir, instalar y gestionar. La concesión lo es exclusivamente del dominio»[308].

El proyecto básico, que debe contener las características generales del edificio, debe ser suficiente para obtener la concesión administrativa y las demás licencias, autorizaciones o permisos que legalmente procedan. Como mínimo, se deberá incluir «la descripción de las actividades a desarrollar, características de las obras e instalaciones a realizar, posibles efectos medioambientales y, en su caso, estudio de impacto ambiental[309], extensión de la zona de dominio público portuario a ocupar, presupuesto estimado de las obras e instalaciones y otras especificaciones que determine la Autoridad Portuaria» (artículo 84.c del TRLPEMM).

El proyecto básico normalmente se estructura en una memoria justificativa y descriptiva de la obra, anexos, planos a escala y acotado, información topográfica de la zona y presupuesto con estimación global[310]. No es necesario que se definan las obras a ejecutar con el detalle suficiente para su construcción, pues esto corresponde al proyecto de ejecución o de construcción[311]. En el supuesto de que sea necesario ejecutar obras, el proyecto básico y el de ejecución pueden presentarse en documentos separados o en un mismo documento refundido.

---

[306] Sobre la cualificación del profesional que debe elaborar y suscribir el proyecto básico puede consultarse la STS de 20 de febrero de 2012 (ECLI: ES:TS:2012:892) y a García Pérez, M., *La utilización del dominio público… Op. cit.*, p. 174.

[307] Real Decreto 1000/2010, del 5 de agosto, sobre visado colegial obligatorio.

[308] STS del 20 de julio de 2021 (ECLI: ES:TS:2021:3126).

[309] Si resultara necesario someter el proyecto a algunos de instrumentos de prevención y control ambiental, se deberá aportar el documento de inicio o documento ambiental con el contenido que determine la legislación ambiental para que se pueda iniciar el procedimiento que corresponda. En el caso de no estar sometido, se recomienda incluir un punto específico en el proyecto justificando acerca del no sometimiento de las obras, instalaciones o actividades objeto de la concesión demanial al procedimiento ambiental.

[310] Algunas Autoridades Portuarias tienen publicado en su sede electrónica un documento con el contenido mínimo del proyecto básico y/o constructivo.

[311] El Título II del PCG regula el régimen de las obras a ejecutar (Reglas 7ª a 17ª).

El artículo 84.1.c) del TRLPEMM establece también que el proyecto básico «deberá adaptarse al plan especial de ordenación de la zona de servicio del puerto o, en su defecto, a la Delimitación de los Espacios y Usos Portuarios». Para acreditar el cumplimiento de esta previsión, se recomienda incorporar en la memoria del proyecto un apartado específico (o un anexo).

La STS del 26 de julio de 2021 (ECLI: ES:TS:2021:3270) abordó la interesante cuestión de qué ocurre cuando el proyecto presentado y sobre el que se ha otorgado la concesión portuaria mediante un concurso convocado por la Autoridad Portuaria no se ajusta al Plan Especial y, por tanto, la Administración Urbanística no puede otorgar la preceptiva licencia urbanística para ejecutar la obra[312].

Para elaborar el proyecto básico (también el proyecto de ejecución) no solo hay que tener en cuenta las normas o códigos técnicos que legalmente procedan, sino también el PCG y demás documentos portuarios aprobados (por ejemplo, el pliego de bases del concurso). Si no se encuentra publicada ninguna instrucción, se recomienda consultar a la Autoridad Portuaria sobre el contenido, formato y número de ejemplares del proyecto básico.

b).4. Memoria económico-financiera de la actividad a desarrollar

La memoria económico-financiera es un estudio que sirve para establecer las repercusiones económicas de la actividad que se va a implantar y desarrollar en la concesión de dominio público portuario.

Este documento puede contener (i) los recursos que se destinarán a la explotación de la concesión (por ejemplo, recursos humanos, recursos materiales, recursos económicos, etc.), (ii) un programa de inversiones para los años de duración de la concesión, (iii) un plan de

---

[312] «La situación producida por la imposibilidad de iniciar las obras por parte del adjudicatario de una concesión de dominio público portuario por no haberse obtenido licencia no siempre y en todo caso debe reconducirse a la caducidad de la concesión, pues entran también en juego principios tales como el de proporcionalidad o *favor acti* que pueden conducir a la subsistencia de la concesión siempre que ello responda al interés del puerto y no se afecte el principio de concurrencia. […] Solución adoptada en este caso, no declarar la caducidad de la concesión sino modificarla para ajustarla a la interpretación del Plan Especial efectuada por el Consell Insular con la consiguiente modificación, por esta razón, del proyecto constructivo originariamente seleccionado, debe calificarse de proporcionada y respetuosa con el principio de concurrencia competitiva. No puede olvidarse que el proyecto presentado por la recurrente, que era la otra empresa competidora en el concurso y que participó en éste en igualdad de condiciones, incurría en la misma deficiencia que el de la adjudicataria y sin olvidar, asimismo, que durante el trámite de la modificación –que siguió el previsto para las modificaciones sustanciales (art. 88.1 en relación con los apartados 2 y ss. del art. 85 TRLPE) que incluye el de información pública– no se efectuaron alegaciones por terceros que hubieran invocado sus derechos de concurrencia e igualdad de oportunidades, sino únicamente por la mercantil recurrente».

negocio, (iv) un estudio de ingresos y gastos previstos y (v) cualquier otra información o documentación de carácter económico-financiero.

Ya sea en un apartado específico de este documento o en un documento independiente, el solicitante deberá comprometerse al desarrollo de una actividad mínima o tráfico mínimo que garantice una explotación razonable del dominio público, conforme a lo dispuesto en el artículo 73.5 del TRLPEMM. También se puede hacer referencia en este documento a las mejoras que se proponen sobre las tasas de ocupación y de actividad (importes adicionales).

Si no se encuentra publicada ninguna instrucción, también se recomienda consultar previamente a la Autoridad Portuaria sobre el contenido, formato y número de ejemplares de la memoria económico-financiera.

b).5. Cumplimiento de las condiciones específicas para el ejercicio de la actividad

El TRLPEMM señala, en su artículo 84.1.e), que otro de los requisitos es el «cumplimiento de las condiciones específicas para el ejercicio de la actividad objeto de la concesión».

Para acreditar este requisito es suficiente con aportar una declaración responsable en la que el solicitante de la concesión se comprometa a cumplir todos los requisitos legales que se exijan para el desarrollo de la actividad objeto de la concesión administrativa de ocupación del dominio público portuario.

b).6. Garantía provisional

El TRLPEMM regula tres tipos de garantía: la garantía provisional, la definitiva o de construcción y la de explotación[313].

---

[313] El TRLPEMM diferencia entre garantía provisional, garantía definitiva y garantía de explotación en los artículos 93 a 95. El PCG, además de hacer referencia a estas garantías, alude a la garantía de construcción y a los seguros, avales o garantías financieras que cubran los daños derivados de la actividad. Cada garantía responde de unos incumplimientos específicos. La garantía provisional se constituye para garantizar el mantenimiento de la oferta presentada durante la pendencia del procedimiento administrativo; la garantía definitiva responde de la ejecución de las obras y del resto de obligaciones derivadas de la concesión; la garantía de explotación para garantizar el cumplimiento de todas las obligaciones derivadas de la concesión, de las sanciones que por incumplimiento de las condiciones se puedan imponer y de los daños y perjuicios que tales incumplimientos puedan ocasionar; la garantía de construcción es otra forma de denominar a la garantía definitiva; y la garantía financiera que cubre los daños derivados de la actividad es una alternativa al seguro de daños de la actividad que se desarrolla en la concesión.

Quizá sería conveniente adaptar el artículo 84.1.f) del TRLPEMM al artículo 106.1 de la LCSP, para que la garantía provisional no fuera exigible de forma obligatoria cada vez que se solicita una concesión de dominio público portuario, sino tan solo cuando la Autoridad Portuaria lo considere necesario por razones de interés público y así lo justifique en el expediente administrativo. Conforme a la redacción del artículo 84.1 del TRLPEMM, la garantía provisional no es potestativa, sino obligatoria.

La garantía provisional se encuentra regulada en los artículos 93 y 95 del TRLPEMM y también se contempla en la Regla 6ª del PCG[314]. La STS del 27 de junio de 2012 (ECLI: ES:TS:2012:5110) aclaró que es posible aplicar al procedimiento de otorgamiento de una concesión portuaria la normativa de contratación pública en lo que respecta a la garantía provisional[315].

García Pérez aclaró que «la exigencia de fianza provisional es típica de los procedimientos iniciados a instancia de parte, precisamente para garantizar el interés verdadero del solicitante en la consecución o llegada a buen fin de aquellos. Es decir, la fianza se concibe como una garantía de prosperabilidad del procedimiento»[316].

El artículo 93.1 del TRLPEMM establece la base de cálculo y el importe mínimo de la garantía provisional. Por su parte, el artículo 95.1 del TRLPEMM señala que la garantía provisional se constituirá a disposición del presidente de la Autoridad Portuaria y apunta al carácter solidario de la garantía provisional.

El TRLPEMM no establece la forma en la que puede constituirse la garantía provisional. Considero que podrá ser en efectivo o en valores, que en todo caso será de Deuda Pública; mediante aval por alguno de los bancos, cajas de ahorros, cooperativas de crédito, establecimientos financieros de crédito y sociedades de garantía recíproca autorizados para operar en España; y mediante contrato de seguro de caución con una entidad aseguradora autorizada para operar[317]. Como señalan algunas instrucciones publicadas por las

---

[314] La LCSP alude, en el artículo 106, a la garantía provisional. Los artículos 55 a 65 del Reglamento general de la Ley de Contratos de las Administraciones Públicas, aprobado por el Real Decreto 1098/2001, de 12 de octubre contienen una regulación sobre las garantías que pueden constituirse en el seno de un procedimiento de contratación pública. Incluso la Regla 14ª de la Orden FOM/4003/2008, de 22 de julio, por la que se aprueban las normas y reglas generales de los procedimientos de contratación de Puertos del Estado y Autoridades Portuarias se refiere a la garantía provisional en los procedimientos de contratación que celebren las Autoridades Portuarias.

[315] «En primer lugar debe considerarse que la garantía que ha de aportar el licitador o el concesionario no es una institución exclusiva de la legislación portuaria, sino general de la contratación pública. […] Pues, al igual que la legislación sobre contratación, prevén que la devolución de las fianzas de dichas clases se realice con deducción de las cantidades que deban hacerse efectivas por penalizaciones o responsabilidades en que haya incurrido el concesionario. Por tanto, no todo incumplimiento del concesionario determina la pérdida de la totalidad de las fianzas definitiva y de explotación. Las normas generales en materia de contratación pública presentan matices decisivos para este caso».

[316] García Pérez, M., *La utilización del dominio público… Op. cit.*, p. 176.

[317] Las Autoridades Portuarias suelen tener a disposición de los solicitantes un modelo de garantía provisional.

Autoridades Portuarias, el aval o el seguro de caución deberá presentarse preferentemente en documento bastanteado por los Servicios Jurídicos del Estado o intervenido por fedatario público.

Junto a la solicitud de inicio del procedimiento habrá que aportar, por tanto, el documento acreditativo de la constitución de la fianza provisional por importe mínimo de 3000 euros. Otorgada la concesión, deberá solicitarse la devolución de la garantía provisional y la constitución de las demás garantías que procedan. Si la concesión no comprende la ejecución de obras e instalaciones, no será necesario constituir una garantía definitiva o de construcción, siendo suficiente con la garantía de explotación (Regla 6ª del PCG).

Una fuente recurrente de controversias es la incautación de garantías (bien la provisional, bien cualquier otra). La incautación de la garantía provisional se producirá cuando se frustre el procedimiento administrativo iniciado para el otorgamiento de la concesión (apartados 2º *in fine* y 3º del artículo 93 del TRLPEMM). Estos preceptos del TRLPEMM han sido interpretados en la STS del 27 de junio de 2012 (ECLI: ES:TS:2012:5110). El Alto Tribunal resolvió que la incautación de la garantía debe partir siempre de un previo incumplimiento culpable del concesionario. De manera que, la concurrencia de culpa o la existencia de fuerza mayor podría conllevar la «moderación» o la «íntegra devolución» de la garantía provisional según el caso concreto.

Otra cuestión de interés práctico es si la incautación de la garantía es automática o, por el contrario, requiere la apertura de un expediente contradictorio. La respuesta la ofrece el artículo 95.1 del TRLPEMM, que señala que «las garantías a que se refiere esta ley» serán «de ejecución automática por resolución del presidente». Sin embargo, este precepto contradice la jurisprudencia del Tribunal Supremo anteriormente aludida, pues si la garantía se ejecuta de manera automática, se corre el riesgo de no valorar adecuadamente las circunstancias concurrentes, ni garantizar adecuadamente los derechos e intereses legítimos del solicitante. Ello es fundamental para dilucidar si procede o no la incautación total, parcial o la devolución íntegra. Lo razonable sería la apertura de un expediente contradictorio, para valorar todas estas circunstancias.

También resulta relevante destacar la doctrina jurisprudencial de la STSJA del 9 de marzo de 2015 (ECLI: ES:TSJAND:2015:7470), que incide en la necesidad de motivar suficientemente la decisión sobre la incautación de la garantía provisional.

La incautación también puede producirse cuando la documentación presentada sea insuficiente para otorgar la concesión. Se trata de una falta de formalización de la concesión de dominio público portuario por causa imputable al solicitante. En estos casos, la clave puede estar en el elemento subjetivo; es decir, si la documentación no se ha presentado a sabiendas o si se trata, por ejemplo, de un mero error involuntario.

Por último, cabe plantearse si la incautación de la garantía provisional es compatible con la indemnización de daños y perjuicios. A mi juicio sí son compatibles, por cuanto es posible que los daños que se generen no puedan satisfacerse íntegramente con cargo a la garantía provisional, debiendo indemnizar a la Autoridad Portuaria en lo que exceda del importe de la garantía provisional incautada. En estos casos, la carga de la prueba ha de correr a cargo de la Autoridad Portuaria[318].

b).7. Otros documentos y justificaciones que sean pertinentes y cuya exigencia esté justificada por razón imperiosa de interés general

A este respecto, debe tener en cuenta las restantes disposiciones legales, el PCG, las condiciones particulares, las instrucciones publicadas por la Autoridad Portuaria e, incluso, la documentación que se indique en el modelo normalizado correspondiente.

Ahora bien, como aclara el propio artículo 84.1.g) del TRLPEMM, estos otros documentos o justificaciones pueden exigirse, únicamente, cuando «sean pertinentes» y su «exigencia esté justificada por razones imperiosas de interés general»[319]. En caso de incumplir esta previsión, e imponer trabas excesivas o injustificadas, podría vulnerarse el principio de intervención mínima reconocido en el artículo 4 de la LRJSP, entre otros.

Finalmente, cabe indicar que el hecho de que previamente ya se haya otorgado una concesión sobre dominio público portuario en términos similares o muy parecidos no exime al solicitante de acreditar el cumplimiento de los presupuestos establecidos en el artículo 84 del TRLPEMM[320].

---

[318] En este mismo sentido se pronuncia González Carrillo, J., «La garantía provisional», en Alonso Mas, J.M. (Coord.), *Aspectos prácticos y novedades de la contratación pública: en especial en la Administración Local,* Ed. El Consultor de los Ayuntamientos (2ª ed.), Madrid, 2012.

[319] Esta previsión recuerda al apartado 8) del artículo 4 de la Directiva de Servicios, que define «razón imperiosa de interés general» como aquella «razón reconocida como tal en la jurisprudencia del Tribunal de Justicia, incluidas las siguientes: el orden público, la seguridad pública, la protección civil, la salud pública, la preservación del equilibrio financiero del régimen de seguridad social, la protección de los consumidores, de los destinatarios de servicios y de los trabajadores, las exigencias de la buena fe en las transacciones comerciales, la lucha contra el fraude, la protección del medio ambiente y del entorno urbano, la sanidad animal, la propiedad intelectual e industrial, la conservación del patrimonio histórico y artístico nacional y los objetivos de la política social y cultural».

[320] Sobre esta cuestión, puede verse la STSJ de la Región de Murcia, del 14 de febrero de 2020 (ECLI: ES:TSJMU:2020:598).

c) Forma de presentar la solicitud: ¿empleo de medios telemáticos?

El TRLPEMM no contiene previsiones sobre la digitalización del procedimiento administrativo, ni la obligatoriedad de presentar las solicitudes por medios telemáticos. Como es sabido, las formas de presentar documentos ante las Administraciones Públicas son en papel o electrónicamente. El artículo 14 de la LPAC establece un elenco de sujetos obligados a relacionarse electrónicamente con las Administraciones Públicas. Pero la cuestión previa que ha de plantearse es si las Autoridades Portuarias son, a estos efectos, Administraciones Públicas. O, dicho de otro modo, si el artículo 14 de la LPAC resulta de aplicación a los organismos públicos como las Autoridades Portuarias.

El artículo 2.3 de la LPAC se encarga de resolver esta cuestión. Dicho precepto establece que «tienen la consideración de Administraciones Públicas [a los efectos de esta ley] la Administración General del Estado, las Administraciones de las Comunidades Autónomas, las Entidades que integran la Administración Local, así como los organismos públicos y entidades de Derecho Público previstos en la letra a) del apartado 2».

Las Autoridades Portuarias se encuadran en la letra a) del apartado 2º del artículo 2 de la LPAC, por lo que a estos organismos también les resultan de aplicación las reglas sobre la Administración electrónica y, en particular, el mencionado artículo 14 de la LPAC y sus disposiciones reglamentarias de desarrollo.

Si con carácter general el sujeto está obligado a relacionarse de manera telemática con las administraciones públicas, habrá de presentar también su solicitud por este medio. En caso contrario, no estará obligado a ello. Como señala el apartado 3º del citado artículo 14 de la LPAC, mediante un desarrollo reglamentario, «las administraciones podrán establecer la obligación de relacionarse con ellas a través de medios electrónicos para determinados procedimientos y para ciertos colectivos de personas físicas que por razón de su capacidad económica, técnica, dedicación profesional u otros motivos quede acreditado que tienen acceso y disponibilidad de los medios electrónicos necesarios». En este mismo sentido se pronuncia el artículo 16.5 *in fine* de la LPAC[321].

---

[321] Por el momento no nos consta que se haya aprobado una instrucción respecto a la obligatoriedad de presentar todas las solicitudes de concesiones demaniales portuarias por medios electrónicos, incluido a aquellos sujetos no obligados a relacionarse por medios electrónicos con las administraciones públicas. En todo caso, es recomendable antes de optar por un medio u otro hacer unas gestiones con la Autoridad Portuaria.

3.2. ESTUDIO DE LA SOLICITUD

a) Comprobación de la solicitud

Una vez presentada la solicitud, el director de la Autoridad Portuaria tiene que comprobarla, quien actuará como instructor del procedimiento administrativo que se incoe a tal efecto[322]. Este puede inadmitir la solicitud, requerir que se subsane algún extremo, o, directamente, admitirla a trámite.

La primera incógnita que se plantea es si se deben aportar todos los documentos aludidos en el artículo 84.1 del TRLPEMM y cuál es la consecuencia jurídica de la no presentación de alguno de ellos. Al respecto, el segundo párrafo del artículo 84.4 del TRLPEMM aclara que «si la solicitud no reuniera los requisitos exigidos y estos fueran susceptibles de subsanación, se procederá para ello en la forma prevista en la Ley 30/1992, de 26 de noviembre, de Régimen Jurídico de las Administraciones Públicas y del Procedimiento Administrativo Común»[323].

La respuesta a esta primera pregunta es que los documentos a los que se refiere el artículo 84.1 del TRLPEMM son obligatorios y la ausencia de alguno de ellos determinará que la Autoridad Portuaria dicte requerimiento de subsanación si no estamos ante un procedimiento de concurrencia competitiva, teniendo al solicitante por desistido de su solicitud si no cumplimenta el trámite en tiempo y forma.

En segundo lugar, debe analizarse qué ocurre cuando la Autoridad Portuaria requiere la subsanación, no por falta de alguno de los documentos exigidos por la legislación portuaria, sino porque no comparte el alcance de la concesión en los términos interesados.

Para dar respuesta a esta cuestión, puede traerse a colación la STS del 16 de octubre de 2018 (ECLI: ES:TS:2018:3437). En ese supuesto, la Autoridad Portuaria de Las Palmas tuvo por desistido al solicitante porque no subsanó, tras un requerimiento, las deficiencias que los servicios técnicos de la Autoridad Portuaria habían detectado en el proyecto básico y en las memorias presentadas. Lo relevante de este pronunciamiento es que el requerimiento de subsanación no se refería a la ausencia de alguno de los documentos preceptivos a los que alude el vigente artículo 84.1 del TRLPEMM, pues todos estos se habían presentado por el solicitante, sino que realmente ponía de manifiesto una auténtica discrepancia de fondo. El

---

[322] Artículo 33.2.b) del TRLPEMM.
[323] Actualmente, esta remisión debe entenderse al artículo 68 de la LPAC.

Alto Tribunal confirmó que la Autoridad Portuaria se había extralimitado en sus facultades iniciales de comprobación[324].

En tercer lugar, se plantea la duda de si, en este momento inicial del procedimiento administrativo, en el que debe decidirse sobre la admisión a trámite de la solicitud (y la suficiencia de la documentación aportada), la Autoridad Portuaria puede llevar a cabo una comprobación de fondo sobre la base a lo dispuesto en el artículo 84.2 primer párrafo del TRLPEMM. Es cierto que por mandato legal la Autoridad Portuaria debe comprobar si la solicitud cumple con (i) la Delimitación de los Espacios y Usos Portuarios, (ii) la normativa vigente y (iii) que no se originen situaciones de dominio del mercado susceptible de afectar a la libre competencia en la prestación de los servicios portuarios o en las actividades y servicios comerciales directamente relacionados con la actividad portuaria, pero no es menos cierto que, en esta fase inicial del procedimiento administrativo, no puede llevarse a cabo un auténtico análisis de fondo, pues solo cuando se tramite todo el procedimiento se habrá adquirido un conocimiento suficiente.

Si *prima facie*, es decir, sin un análisis profundo de la solicitud y documentación presentada, todos los extremos antes mencionados se cumplen, la Autoridad Portuaria debe admitirla a trámite, sin perjuicio de que una vez que tramite todo el procedimiento decida desestimarla por razones de fondo. No se puede, por tanto, al inicio del procedimiento resolver directamente cuestiones atenientes al fondo de la solicitud presentada, que precisan de la tramitación íntegra del procedimiento administrativo y de un conocimiento más profundo de la concesión interesada. En cambio, si es patente, notorio, claro e indubitado que la solicitud incumple alguno de los extremos anteriormente mencionados, no cabe realizar un requerimiento de subsanación, debiendo inadmitir directamente la solicitud presentada, pues así se infiere del primer párrafo del apartado 2 del artículo 84

---

[324] «La formulación del requerimiento de subsanación en términos que exceden de lo previsto en la normativa legal –al incorporar una impropia subsanación de un aspecto del proyecto básico– y su inobservancia –razonada por la parte–, no constituye un presupuesto válido para fundamentar la consecuencia de desistimiento y archivo contemplada en el aludido artículo 71 LRJPAC, previsto para los casos de desatención por el interesado de los elementos necesario para dar trámite a la solicitud. En línea del razonamiento de la sala de instancia, cabe considerar que la valoración de la propuesta y de las condiciones técnicas del proyecto cuestionado no debía llevarse a cabo en la fase inicial de admisión de la solicitud, con las consecuencias del artículo 71 LRJPAC, sino con el análisis de fondo de los proyectos, que permite comprobar su ajuste a las condiciones legales y a las previsiones establecidas ex artículos 85 de la Ley de Puertos en el trámite de competencia. En fin, el requerimiento de subsanación fue más allá de la finalidad que le es propia, pues el supuesto defecto advertido exigía la valoración del espacio interesado por Hidramar, SL y la viabilidad de la adición proyectada, pero no debió determinar la inadmisión de la solicitud. Ello conduce a la conclusión de que la extralimitación del contenido propio del requerimiento no podía conllevar la consecuencia de la inadmisión de la solicitud».

del TRLPEMM: «no se admitirán aquellas solicitudes […], archivándose en el plazo máximo de dos meses, sin más trámite que la audiencia previa al peticionario». Lo único que debe concederse al peticionario es un trámite de audiencia previa, para que este pueda exponer las razones que estime procedente sobre la conformidad de su solicitud y de la documentación presentada[325].

Lo anterior nos ha de conducir necesariamente a la siguiente reflexión: si la admisión a trámite de una solicitud es un acto reglado o discrecional. En este sentido, considero que la potestad para admitir a trámite una solicitud es reglada, no discrecional, pues el cumplimento de los presupuestos exigidos en el artículo 84 del TRLPEMM debería determinar su admisión a trámite, sin perjuicio de que una vez que tramite todo el procedimiento, la Autoridad Portuaria la desestime por razones discrecionales. En el inicio, la Autoridad Portuaria debe limitarse, por tanto, a constatar que la solicitud reúne los requisitos o condiciones predeterminados por la normativa. No cabe confundir la potestad para admitir a trámite una solicitud con la del otorgamiento de una concesión demanial que, como veremos más adelante, es discrecional y se ejercita teniendo en cuenta el interés portuario.

En cuarto lugar, se plantea la cuestión de si tras la presentación de una solicitud, la Autoridad Portuaria está obligada a incoar el procedimiento administrativo para otorgar la concesión. Al respecto, la STSJ de la Comunidad Valenciana del 10 de julio de 2019 (ECLI: ES:TSJCV:2019:4204) reconoció que, corresponde a la Autoridad Portuaria decidir tanto «cuál va ser la figura jurídica de entre las posibles (concesión demanial, contrato de gestión de servicio público, concesión de obra pública, o cualquier otra legalmente posible) a utilizar para la explotación de las instalaciones náutica-deportivas», como «el momento idóneo para iniciar la tramitación del correspondiente procedimiento». En esta misma Sentencia se descartó que por el mero hecho de no incoar el procedimiento administrativo «nos encontremos ante la inactividad regulada en el artículo 29.1 de la LJCA, porque la normativa de aplicación no impone ninguna obligación a la Administración».

En quinto lugar, huelga señalar que la resolución que inadmite una solicitud debe ser motivada. En este sentido, el artículo 35.1.b) de la LPAC señala que serán motivados, con sucinta referencia de hechos y fundamentos de derecho, los actos que declaren la inadmisión de una solicitud. Dicha decisión es susceptible de impugnación en vía administrativa y/o contencioso-administrativa.

---

[325] En aquellos casos en los que resulte necesario modificar la DEUP para otorgar la correspondiente concesión administrativa, el Consejo de Administración puede hacer coincidir en el tiempo el otorgamiento de dicha concesión con la aprobación o modificación del nuevo DEUP.

La inadmisión de una solicitud de otorgamiento de una concesión plantea la incógnita de qué puede ocurrir si el Tribunal declara la no conformidad a Derecho de la causa de inadmisión invocada. Es decir, si el Tribunal puede entrar directamente y otorgar la concesión o si, por el contrario, debe ordenar a la Autoridad Portuaria la admisión a trámite de la solicitud y la tramitación del correspondiente procedimiento, sin que pueda suplir la voluntad definitiva de otorgar o denegar la concesión demanial interesada.

Aunque en el expediente administrativo obren suficientes elementos que permitan al Tribunal admitir a trámite la solicitud y, al mismo tiempo, otorgarla, entiendo que esto segundo escapa de la competencia de los juzgados y tribunales del orden contencioso-administrativo, quienes no pueden sustituir a la Autoridad Portuaria en una decisión administrativa discrecional, máxime cuando no se han cumplimentado otros trámites preceptivos exigidos por la legislación portuaria. Así las cosas, solo sería posible la anulación judicial del acto de inadmisión y la consiguiente retroacción de las actuaciones, ordenando a la Autoridad Portuaria su admisión, sin perjuicio de que esta, una vez que tramite todo el procedimiento administrativo, decida no otorgarla en uso de su potestad discrecional[326].

Finalmente, otra de las cuestiones de sumo interés es si cabe la modificación o mejora voluntaria de la solicitud presentada. Es decir, ahora no hablamos de una subsanación *stricto sensu*, sino de una modificación o mejora voluntaria de la solicitud presentada bien a instancia de la Autoridad Portuaria, bien por iniciativa propia del solicitante de la concesión; cuestión también tratada en el ya mencionado artículo 68.3 de la LPAC.

A mi juicio, siempre que no se trate de un procedimiento competitivo, y en aras del interés portuario, la Autoridad Portuaria podría sugerir una modificación o mejora voluntaria de la solicitud, sin que su incumplimiento pueda determinar el desistimiento de la petición, con archivo de las actuaciones, en línea con la jurisprudencia anteriormente aludida. Si no se trata de un procedimiento competitivo, el solicitante también podrá presentar una modificación o mejora voluntaria en cualquier momento anterior a la resolución, pudiendo en caso de que no sea atendida, desistirse de su solicitud inicial y plantear otra en los términos previstos en su propuesta de modificación o mejora. La presentación podría dar lugar a la retroacción del expediente administrativo, en aras de que se cumplimenten todos los trámites.

---

[326] Sobre esta cuestión puede consultarse el estudio realizado por Laguna de Paz, J. C., «El control judicial de la discrecionalidad administrativa», *Revista española de Derecho Administrativo*, núm. 186, julio-septiembre de 2017, pp. 83-108. También se pronuncia sobre esta cuestión la interesante STSJ de las Islas Baleares de 15 de mayo de 2020 (ECLI: ES:TSJBAL:2020:302).

b) Calificación de la solicitud

Una vez admitida a trámite la solicitud, compete al director de la Autoridad Portuaria calificarla (artículo 33.2.b del TRLPEMM); esto es, tendrá que decidir si incluye un trámite de competencia de proyectos, si convoca un concurso o si inicia los trámites para otorgarla de forma directa.

La regla general es la tramitación mediante el trámite de competencia de proyectos, aunque el Tribunal Supremo cada vez se inclina más por el concurso, pues es el procedimiento que ofrece mayores garantías en términos de publicidad, concurrencia, libre competencia y transparencia[327]. El TRLPEMM establece, en el artículo 86.1, una serie de supuestos en los que es obligatorio convocar un concurso (en el resto es potestativo) y solo permite que se otorgue de manera directa una concesión portuaria cuando concurra alguno de los supuestos previstos en el artículo 83 del TRLPEMM (nunca fuera de estos supuestos). Es decir, como apunta Zambonino Pulito, «la potestad de la Autoridad Portuaria tiene carácter reglado» en los supuestos de concurso contemplados en los apartados a), c) y d) del artículo 86.1 del TRLPEMM, «fuera de aquellos supuestos, el TRLPEMM atribuye a la Autoridad Portuaria una potestad discrecional que le habilita para optar entre la convocatoria del concurso o iniciar el procedimiento de competencia de proyectos»[328].

Una vez tramitada estas fases (competencia de proyectos, concurso o adjudicación directa) habrá una segunda fase, común para cualquier solicitud, que hemos denominado en este trabajo «fase común» del procedimiento de otorgamiento de concesiones portuarias.

3.3. COMPETENCIA DE PROYECTOS

a) Régimen jurídico

El trámite de competencia de proyectos se regula en el artículo 85 del TRLPEMM. La jurisprudencia confirmó la escasa regulación contenida en la normativa de puertos, así como el limitado tratamiento jurisprudencial existente hasta la fecha[329].

La STS del 20 de julio de 2021 (ECLI: ES:TS:2021:3126) descartó la aplicación supletoria de la normativa de contratos del sector público en el trámite de competencias de proyectos: «el artículo 85 del TR sobre el procedimiento de competencia de proyectos para las concesiones demaniales

---

[327] STS del 20 de julio de 2021 (ECLI: ES:TS:2021:3126).

[328] Zambonino Pulito, M., «Comentarios al artículo 85 del TRLPEMM», en Petit Lavall, Mª. V., Blasco Díaz, J.L., Puetz, A. y Oller Rubert, M. (Dir.), *Comentarios al texto refundido de... Op. cit.*, p. 629.

[329] ATS del 28 de octubre de 2020 (ECLI: ES:TS:2020:9554A).

de bienes de dominio público portuario, que no rigen las normas de contratación del sector público, debiendo estarse a lo establecido en el mencionado precepto y concordantes del mencionado Texto Refundido de la Ley de Puertos del Estado y de la Marina Mercante, aplicándose supletoriamente la legislación sobre costas».

b) Anuncio de convocatoria

De conformidad con el apartado 1º del artículo 85 del TRLPEMM, este trámite se inicia mediante «anuncio, que se publicará en el Boletín Oficial del Estado en el que se indicará la apertura de un plazo de un mes para la presentación de otras solicitudes que tengan, según se determine por la Autoridad Portuaria, el mismo o distinto objeto que aquélla, y que deberán reunir los requisitos previstos en el artículo anterior».

Ni el artículo 84 del TRLPEMM al que se remite el apartado 1º del artículo 85 ni el propio apartado 1º exigen que el anuncio tenga que contener los criterios de adjudicación del trámite de competencia de proyectos. Este último apartado simplemente señala que «cuando en el trámite de competencia de proyectos se formulen varias solicitudes, el Consejo de Administración, seleccionará aquella que, a su juicio, tenga mayor interés portuario, motivado en la captación de nuevos tráficos, compatibilidad con otros usos, inversión, rentabilidad, entre otros, y continuará la tramitación conforme a lo indicado en los apartados siguientes, salvo en el supuesto previsto en el artículo 86.1.b) en el que deberá convocarse un concurso. Si en dicho trámite no se presentan otras solicitudes, continuará el procedimiento, de acuerdo con lo previsto en los siguientes apartados».

Pese a que no es una exigencia normativa, en la práctica, es común encontrar anuncios de inicio del trámite de competencia de proyectos que sí contienen los criterios de adjudicación y otros que no. Lo determinante no es que se tengan que publicar en el anuncio los criterios de adjudicación para que los interesados puedan ajustar al máximo sus propuestas, sino que si se opta por preestablecer estos criterios luego se adjudique en consecuencia la concesión portuaria.

c) Presentación de proyectos alternativos

El artículo 85.1 del TRLPEMM señala que, en el anuncio de inicio del trámite de competencia de proyectos, «se indicará la apertura de un plazo de un mes para la presentación de otras solicitudes que tengan, según se determine por la Autoridad Portuaria, el mismo o distinto objeto que aquella, y que deberán reunir los requisitos previstos en el artículo anterior».

Este sistema presenta una primera crítica, y es que un plazo de un mes es ciertamente un periodo temporal insuficiente para plantear propuestas alternativas. Mientras que el solicitante inicial puede llevar diseñando su proyecto meses o años, los sujetos que concurran solo tienen un corto espacio de un mes para presentar una propuesta alternativa.

Una vez publicado el anuncio en el BOE y durante el plazo de un mes, pueden presentarse solicitudes con «el mismo o distinto objeto que aquella». En este sentido, Eguinoa de San Román recuerda que, en el caso de que alguna de las solicitudes recibidas fuera para una actividad de las previstas para el concurso, debería convocarse automáticamente concurso; en tal caso, se debería archivar el trámite de competencia de proyectos y convocar el concurso[330].

También es menester recordar la interesante STS del 20 de julio de 2021 (ECLI: ES:TS:2021:3126), que ciertamente lleva a cabo una reinterpretación de los artículos 85.1 y 86.1 del TRLPEMM, al introducir un trámite *ex novo*, «en aquellos supuestos en los que iniciado el procedimiento de competencia de proyectos se presenten varias solicitudes, lo primero que deberá decidir la Autoridad Portuaria es si en esas propuestas se trata proyectos de igual o similar interés portuario, porque en esos casos, es obligado transformar el procedimiento de competencia de proyectos en concurso».

El Tribunal Supremo limita la discrecionalidad en el trámite de competencia de proyectos y la reconduce a la selección de proyecto o proyectos (de igual o similar interés portuario) que deben primar, de tal forma que la posterior selección de uno de ellos (cuando sean varios) comportará un cambio del procedimiento de selección de proyectos al concurso. En cambio, si tras la apertura del trámite de competencia de proyectos, las posteriores solicitudes que presentan otros interesados son para actividades con distinto interés portuario, el Alto Tribunal avala que pueda continuarse por este trámite, sin necesidad de convocar un concurso.

Finalmente, el artículo 85.1 del TRLPEMM señala que «en este trámite de competencia de proyectos se respetará la confidencialidad de los proyectos y de la documentación aportada». Esto viene a significar que durante el procedimiento administrativo la Autoridad Portuaria no podrá divulgar la información facilitada por los empresarios participantes y, en especial, aquella que se haya designado expresamente como confidencial.

d) Valoración y selección de un proyecto

Una vez aportados los proyectos, estos serán valorados por la Autoridad Portuaria y este organismo deberá seleccionar aquel que tenga mayor «interés portuario». El TRLPEMM apunta, en su artículo 85.1 *in fine*, que «cuando en el trámite de competencia de proyectos se formulen varias solicitudes, el Consejo de Administración, seleccionará aquella que, a su juicio, tenga mayor interés portuario». Y, a continuación, se recogen distintas circunstancias que, presuponen, un mayor interés portuario «la captación de nuevos tráficos, compatibilidad con otros usos, inversión, rentabilidad, entre otros».

---

[330] Eguinoa de San Román, R., *La gestión de los puertos… Op. cit.*, p. 288.

No una cuestión controvertida que el «interés portuario» es un concepto jurídico indeterminado. Para concretar este concepto, la norma incluye un catálogo de circunstancias a modo de lista abierta o meramente ejemplificativa (*numerus apertus*) como prueba la expresión final «entre otras». Es decir, caben otras circunstancias no previstas en el precepto que se consideren reveladoras del interés portuario[331]. En el momento de valorar los proyectos, no debe tenerse en cuenta una única circunstancia, sino todas las que concurran[332]. En mi opinión, el interés portuario que exige la normativa portuaria debe conectarse necesariamente con el derecho a una buena Administración, para que el proyecto que se seleccione coadyuve verdaderamente al logro de objetivos de interés general (de ahí que debería acuñarse el concepto de «buena administración portuaria»). Habría que tener en cuenta no solo la dimensión económica, sino también la ambiental y social, como se apunta en el Marco Estratégico del Sistema Portuario aprobado en el año 2022.

Para la selección de un proyecto se le reconoce por el ordenamiento jurídico al Consejo de Administración de la Autoridad Portuaria un margen de discrecionalidad técnica, de manera que, ante una pluralidad de soluciones igualmente válidas, cabe seleccionar aquella que mejor represente el interés portuario[333]. En la práctica es el director de la Autoridad Portuaria quien, en su calidad de instructor, formula la propuesta de selección de uno de los proyectos recibidos. El presidente eleva esta propuesta al Consejo de Administración y este finalmente decide, por mayoría de votos de los miembros presentes o representados qué proyecto resulta seleccionado.

Si la Autoridad Portuaria incurriese en arbitrariedad, nada debe impedir al orden contencioso-administrativo revisar esta decisión. Igualmente, aunque el procedimiento administrativo todavía no ha concluido, los sujetos excluidos podrán formular recurso administrativo y/o contencioso-administrativo frente al acto de exclusión, como acto de trámite cualificado que le impide continuar en el procedimiento administrativo, *ex* artículo 112.1 de la LPAC. En tal caso, cualquier sujeto excluido podría solicitar una medida cautelar (*numerus apertus*) y, entre ellas, la destinada a suspender el procedimiento de otorgamiento de la concesión en tanto se resuelve el recurso interpuesto.

---

[331] Sobre esta cuestión pueden citarse las SSTSJ de Cataluña, del 30 de julio de 2002 (ECLI:ES:TSJICAN:2002:2139) y de las Islas Baleares, del 15 de mayo de 2020 (ECLI: ES:TSJ-BAL:2020:302), así como la STS del 20 de julio de 2021 (ECLI: ES:TS:2021:3126).

[332] STSJ de Canarias del 26 de diciembre de 2019 (ECLI: ES:TSJICAN:2019:4105).

[333] Sobre esta cuestión puede verse la STSJ de las Islas Baleares, del 15 de marzo de 2018 (ECLI: ES:TSJBAL:2018:212).

3.4. CONCURSO

a) Supuestos en los que la Autoridad Portuaria puede convocar concurso y en los que está obligada a convocarlo

Como alternativa a los trámites o procedimientos de competencia de proyectos y otorgamiento directo, el artículo 86 del TRLPEMM regula el concurso. El apartado 1° del artículo 86 dispone que «la Autoridad Portuaria podrá convocar concursos para el otorgamiento de concesiones en el dominio público portuario». Es decir, la Autoridad Portuaria tiene la facultad de convocar, ante cualquier supuesto, un concurso para el otorgamiento de concesiones portuaria[334].

En cambio, el artículo 86.1 del TRLPEMM obliga a las Autoridades Portuarias a convocar concurso en los siguientes supuestos tasados:

> «a) Concesiones para la prestación de servicios portuarios abiertos al uso general.
> b) Concesiones para terminales de pasajeros o de manipulación y transporte de mercancías dedicadas a usos particulares, cuando haya varias solicitudes de interés portuario o cuando en el trámite de competencia de proyectos a que se refiere el artículo anterior se presenten varios proyectos alternativos de igual o similar interés portuario.
> c) Concesiones de dársenas e instalaciones náutico-deportivas, construidas o no por particulares, salvo cuando el solicitante sea un club náutico u otro deportivo sin fines lucrativos, siempre que las condiciones de la concesión establezcan como máximo un límite del 20 por ciento para el número de atraques destinados a embarcaciones con eslora superior a 12 m.
> d) Concesiones de lonjas pesqueras, construidas o no por particulares».

Contrario sensu, todo lo que no encaje en estos cuatro supuestos no exigirá, en principio, la obligatoriedad de convocar concurso[335]. Ahora bien, a estos cuatro supuestos, debe añadirse uno más por expresa previsión jurisprudencial. Se trata de aquellos casos en lo que, tras iniciarse un procedimiento de competencia de proyectos, se presentan solicitudes alternativas con el mismo o similar interés portuario[336].

---

[334] Puede consultarse la STS del 18 de octubre de 2012 (ECLI: ES:TS:2012:6734).

[335] STSJ de Andalucía del 9 de octubre de 2019 (ECLI: ES:TSJAND:2019:14782).

[336] STS del 20 de julio de 2021 (ECLI: ES:TS:2021:3126). Esta Sentencia invocada por la jurisprudencia menor. A título de ejemplo se cita la STSJ de las Islas Baleares, del 21 de julio de 2023 (ECLI: ES:TSJBAL:2023:1111).

Respecto a la circunstancia prevista en el apartado a), la concesión demanial se configura como el soporte del servicio portuario abierto al uso general que se va a desarrollar. La empresa, además de la obtención de la concesión demanial, necesita una licencia que le habilite para prestar el servicio correspondiente, la cual, y a diferencia de la concesión, es un acto estrictamente reglado. Solo cuando se limite el número de prestadores, la licencia se otorgará por concurso[337]. Si el servicio está ligado «directa e indispensablemente» al uso privativo de una determinada superficie del puerto se precisa de una concesión o de un previo contrato privado con un concesionario. En este caso, la licencia y el título concesional serán objeto de un único expediente, que se regirá por las reglas de plazo y silencio administrativo del procedimiento para otorgar una concesión[338].

En relación con la circunstancia del apartado b), la obligatoriedad de convocar un concurso en concesiones para terminales de pasajeros o de manipulación y transporte de mercancías dedicadas a usos particulares no se da en todos los casos. Solo será obligatorio cuando «haya varias solicitudes de interés portuario o cuando en el trámite de competencia de proyectos a que se refiere el artículo anterior se presenten varios proyectos alternativos de igual o similar interés portuario». *Contrario sensu*, será potestativo cuando solo se haya presentado una única solicitud.

Este es el único supuesto de los cuatro previstos en el artículo 86.1 del TRLPEMM en el que la obligatoriedad de convocar el concurso surge *ab initio*, sino a *posteriori*. Lo mismo ocurre con el supuesto jurisprudencial al que alude la STS del 20 de julio de 2021 (ECLI: ES:TS:2021:3126).

En cuanto a la circunstancia del apartado c), este precepto establece un supuesto en el que sí es obligatorio convocar un concurso (cualquier concesión que se solicite para dársenas e instalaciones náutico-deportivas, estén o no construidas) y otro que no lo es (cuando el solicitante de dicha concesión fuese un club náutico u otro deportivo sin fines lucrativos y, además, en las condiciones de la concesión se establezca como máximo un límite del 20 % para el número de atraques destinados a embarcaciones con eslora superior a 12 metros). La clave es, por tanto, confirmar si se cumplen o no en cada caso las condiciones detalladas en el apartado c).

Finalmente, la circunstancia del apartado d) se refiere a las concesiones de lonjas pesqueras, construidas o no por particulares, supuesto que no presenta especial complejidad.

b) Convocatoria del concurso

El artículo 86.2 del TRLPEMM señala que «la convocatoria del concurso supondrá el archivo de los expedientes de concesión en tramitación que

---

[337] Artículo 109.2 del TRLPEMM.
[338] Apartados 1º y 4º del artículo 115 del TRLPEMM.

resulten afectados, teniendo derecho el solicitante al cobro de los gastos de proyecto si no resultase adjudicatario del concurso». A continuación, indica que «los gastos del proyecto serán tasados en las bases del concurso y serán satisfechos por el adjudicatario».

La cuestión de los gastos del proyecto inicial ha sido abordada por la Sala de lo Contencioso-administrativo, Sección 3ª, del Tribunal Superior de Justicia de Andalucía, en su Sentencia del 9 de octubre de 2019 (ECLI: ES:TSJAND:2019:14782). La Sala apunta que, para que el solicitante de la concesión pueda recuperar los gastos, «es necesario que haya participado en el concurso y no resulte adjudicatario». La Autoridad Portuaria no está obligada al pago de tales gastos (ni siquiera con carácter subsidiario), sino que el obligado es el adjudicatario del concurso: «pero además el párrafo segundo del propio precepto señala que el adjudicatario es el obligado al pago de los gastos del proyecto, no incluyendo a la Administración Pública». Y, finalmente, la Sala concluye que si no hay adjudicatario del concurso no existe sujeto obligado al pago de los gastos. En esta sentencia se descarta también que el solicitante de los gastos puede resarcirse vía reclamación patrimonial frente a la Autoridad Portuaria. La Sala sostiene que no concurre uno de los presupuestos inherentes a esta institución (que el reclamante no tenga el deber jurídico de soportar el daño sobrevenido).

Una vez aprobado los pliegos del concurso (pliego de bases y pliego de desarrollo de la concesión) por el Consejo de Administración de la Autoridad Portuaria, según dispone el artículo 86.4 del TRLPEMM, habrá que convocar el concurso, publicándose el anuncio en el «Boletín Oficial del Estado, así como en el DOUE en aquellos casos en que el valor de las obras a ejecutar por el concesionario sea igual o superior al límite establecido en el artículo 16 de la Ley 31/2007, de 30 de octubre».

Como ya se expuso, se deberá publicar en el BOE y en el DOUE –en caso de que se superen los umbrales– la convocatoria del concurso, pero no es necesario publicar el pliego de bases del concurso. Ahora bien, la Autoridad Portuaria tiene la obligación de señalar el periódico oficial, perfil del contratante o dirección electrónica donde puede consultarse por quienes pretendan concurrir al procedimiento.

Por último, señala el citado artículo 86.4 del TRLPEMM que, el plazo para presentar ofertas, «no podrá ser inferior a 30 días. Dichas ofertas serán abiertas en acto público».

c) Resolución del concurso

De conformidad con el artículo 85.5 del TRLPEMM, corresponde «al Consejo de Administración la resolución del concurso». Ya hemos visto como, para estos trámites, el artículo 30.6 *in fine* del TRLPEMM exige simplemente mayoría de votos de los miembros presentes o representados.

Zambonino Pulito aclara que «nos movemos en el ámbito de la denominada discrecionalidad técnica, en virtud de la cual los criterios técnicos resultantes de determinados conocimientos especializados son determinantes para la toma de decisiones de los órganos de la Administración. En todo caso, tales criterios deben existir e incluirse en la motivación de la resolución, es decir, debe darse un soporte técnico que respalde la decisión, lo que constituiría una motivación suficientemente válida que solo se desvirtúa si se acredita la existencia de arbitrariedad o falta de racionalidad dada la presunción de legalidad y acierto de la actuación administrativa»[339].

Por lo demás, como dispone el artículo 85.6 del TRLPEMM, una vez seleccionado una oferta mediante el concurso, el procedimiento para otorgar la concesión seguirá por los cauces previstos en el artículo 85.2 del TRLPEMM; es decir, que la oferta seleccionada habrá que confrontarla sobre el terreno, someterla a información pública y a la fase de informes preceptivos, deberá dictarse una propuesta de resolución y, finalmente, el Consejo de Administración decidirá sobre el otorgamiento de la concesión de dominio público portuario, publicándose la resolución definitiva en el BOE.

3.5. OTORGAMIENTO DIRECTO

a) Supuestos en los que la Autoridad Portuaria puede otorgar de forma directa la concesión de dominio público portuario

El artículo 83 del TRLPEMM faculta a la Autoridad Portuaria a otorgar de manera directa concesiones demaniales, «cuando sean compatibles con sus objetivos» y siempre que concurra alguno de los supuestos expresamente tasados en la norma[340]:

«a) Cuando el solicitante sea otra Administración Pública o, en general, cualquier persona jurídica de Derecho Público o Privado perteneciente al sector público, y para el cumplimiento de sus propias competencias o funciones, siempre que las mismas no se realicen o no puedan realizarse en régimen de concurrencia con la iniciativa privada. En ningún caso se podrá acordar el otorgamiento directo cuando el objeto concesional esté relacionado con la prestación de servicios portuarios, salvo que se den los casos de ausencia o insuficiencia de iniciativa privada previstos en esta ley. A estos efectos, se entenderá por persona jurídica

---

[339] Zambonino Pulito, M., «Comentarios al artículo 86 del TRLPEMM», en Petit Lavall, Mª. V., Blasco Díaz, J.L., Puetz, A. y Oller Rubert, M. (Dir.), *Comentarios al texto refundido de… Op. cit.*, pp. 641 y 642.

[340] Compete al Consejo de Administración, en virtud del artículo 30.5.n) del TRLPEMM.

de Derecho Privado perteneciente al sector público a la sociedad mercantil en cuyo capital sea mayoritaria la participación directa o indirecta de una o varias administraciones públicas o personas jurídicas de Derecho Público.

b) Cuando fuera declarado desierto el concurso convocado para el otorgamiento de una concesión, o este hubiera resultado fallido como consecuencia del incumplimiento de las obligaciones previas a la formalización del otorgamiento por parte del adjudicatario, siempre que no hubiera transcurrido más de un año desde la fecha de su celebración, el objeto concesional sea el mismo y las condiciones de otorgamiento no sean inferiores a las anunciadas para el concurso o de aquéllas en que se hubiese producido la adjudicación. En el caso de que el concurso resultara fallido, cuando haya habido más de un licitador en el concurso que cumpla las condiciones de otorgamiento, la concesión se otorgará a la oferta que resulte más favorable de entre las restantes, de acuerdo con lo dispuesto en el Pliego de Bases del concurso. En el caso de que el concurso hubiera sido declarado desierto, no se podrá otorgar la concesión en condiciones más favorables de las previstas en el Pliego de Bases del concurso.

c) Cuando la superficie a ocupar por la concesión sea inferior a 2500 metros cuadrados o para instalaciones lineales, tales como tuberías de abastecimiento, saneamiento, emisarios submarinos, líneas telefónicas o eléctricas, conducciones de gas, entre otras, que sean de uso público o aprovechamiento general».

El supuesto de la letra a) está referido a entidades del sector público, previo cumplimiento de una serie de requisitos: (i) que la solicitud sea para el cumplimiento de sus propias competencias o funciones, (ii) que las competencias o funciones no se realicen o puedan realizarse en régimen de concurrencia con la iniciativa privada y (iii) que el objeto concesional no esté relacionado con la prestación de servicios portuarios, salvo en los casos de ausencia o insuficiencia de iniciativa privada.

El supuesto previsto en la letra a) es una alternativa a la suscripción de un convenio interadministrativo (artículo 73.3 del TRLPEMM).

En cuanto al supuesto previsto en la letra b), este se presenta como subsidiario de un concurso desierto o fallido, «siempre que no hubiera transcurrido más de un año desde la fecha de su celebración, el objeto concesional sea el mismo y las condiciones de otorgamiento no sean inferiores a las anunciadas para el concurso o de aquéllas en que se hubiese producido la adjudicación».

La norma no aclara las reglas del cómputo del plazo de un año, estableciendo como *dies a quo* (fecha de inicio) la «fecha de celebración». ¿Cuál es la fecha de celebración?: ¿la de la convocatoria?, ¿la de la publicación de la convocatoria en el BOE o en el DOUE?, ¿la de presentación de ofertas?, ¿la de resolución del concurso? No siendo fácil la respuesta, entiendo que este momento debe establecerse en la fecha de inicio del plazo para presentar las ofertas, pues este es el momento temporal en el que comienza el concurso para el licitador.

El precepto tampoco hace referencia al *dies ad quem* (fecha fin) del plazo de un año, aunque todo apunta a que este debe identificarse con la fecha en la que la Autoridad Portuaria acuerda iniciar el procedimiento para otorgar la concesión demanial por el procedimiento de otorgamiento directo.

Finalmente, el supuesto previsto en el apartado c) contiene dos supuestos de hechos distintos para otorgar una concesión, los cuales podrían haberse dividido en dos apartados. El primer supuesto no plantea especial complejidad, pues se trata de dilucidar, mediante una simple operación matemática, si la extensión de la concesión de dominio público portuario supera o no los 2500 m²[341].

En cambio, el segundo de los supuestos se refiere a instalaciones lineales que sean de uso público o aprovechamiento general. La norma no contiene una lista cerrada o tasada (*numerus clausus*) de instalaciones lineales que pueden implantarse siguiendo el procedimiento de otorgamiento directo, sino abierta o meramente ejemplificativa (*numerus apertus*), como indica la expresión «tales como». Lo llamativo de este supuesto es que estas instalaciones tienen vocación de permanencia, y las concesiones portuarias son, por definición, temporales. Es decir, el TRLPEMM no permite el establecimiento de un aprovechamiento privado permanente sobre el demanio portuario otorgado en concesión demanial.

Recapitulando, del tenor literal del artículo 83 del TRLPEMM se desprende que, para que pueda otorgarse una concesión de forma directa, debe cumplirse un primer requisito general (que la concesión solicitada sea compatible con los objetivos de la Autoridad Portuaria) y estar ante alguno de los supuestos excepcionales antes mencionados.

Una cuestión interesante es si, además de los supuestos expresamente contemplados en el artículo 83 del TRLPEMM, cabe el otorgamiento directo por la vía artículo 93.1 de la LPAP, precepto que a su vez se remite a los supuestos tasados en el artículo 137.4 de la LPAP.

Zambonino Pulito parece defender que sí es posible acudir a otros supuestos para otorgar directamente una concesión portuaria, pues llegar a afirmar que «la decisión de la Autoridad Portuaria de acudir al otorgamiento directo en los casos no expresamente mencionados en el precepto,

---

[341] Sobre esta cuestión, puede verse la STSJ de la Región de Murcia, del 20 de abril de 2017 (ECLI: ES:TSJMU:2017:713).

dado su carácter discrecional, tendrá que venir suficientemente motivada (art. 35 LPAC)»[342].

A mi juicio, la excepcionalidad de esta forma de otorgamiento, su necesaria interpretación restrictiva y la inexistencia de una laguna en la legislación sectorial de puertos, son argumentos más que suficientes para rechazar la aplicación en el ámbito portuario de los supuestos de otorgamiento directo contemplados en la LPAP o cualquier otro supuesto que considere oportuno acudir la Autoridad Portuaria para otorgar una concesión demanial. Cuestión distinta es la conveniencia u oportunidad de introducir alguno de estos supuestos en la legislación portuaria mediante una modificación legislativa.

b) La incoación del procedimiento para el otorgamiento directo de la concesión portuaria no es una potestad discrecional de la Autoridad Portuaria

Si el solicitante de la concesión acredita alguna de las circunstancias excepcionales previstas en el artículo 83 del TRLPEMM, que justifican el otorgamiento directo de la concesión, la Autoridad Portuaria debe incoar necesariamente el procedimiento administrativo para su otorgamiento directo.

Es evidente que el artículo 83 del TRLPEMM al prever una serie de circunstancias que justifican el otorgamiento directo no confiere a la Autoridad Portuaria una potestad discrecional, sino la capacidad o potestad de comprobar que, efectivamente, concurren o no dichas causas, debiendo incoar el procedimiento para proceder a su otorgamiento en caso de que efectivamente así acontezca.

Ahora bien, la Autoridad Portuaria puede decidir, una vez tramitado todo el procedimiento, y en uso de potestad discrecional, no otorgar la concesión portuaria. En efecto, con independencia del procedimiento que se siga, y como veremos a continuación, el otorgamiento de una concesión portuaria es siempre una potestad discrecional.

c) Procedimiento de otorgamiento

Finalmente, el artículo 83 del TRLPEMM establece que «en estos casos, el procedimiento de otorgamiento de la concesión será el previsto en los apartados 2 y siguientes del artículo 85, sin necesidad de convocatoria de concurso ni del trámite de competencia de proyectos».

Al igual que ocurre con el concurso, el otorgamiento de la concesión mediante el procedimiento de adjudicación directa también continuará por los restantes cauces previstos en el artículo 85.2 del TRLPEMM.

---

[342] Zambonino Pulito, M., «Consideraciones al régimen de las…» *Op. cit.,* p. 23.

3.6. FASE COMÚN DEL PROCEDIMIENTO DE OTORGAMIENTO DE CONCESIONES

a) Confrontación del proyecto sobre el terreno

Una vez concluido el trámite (o procedimiento) que corresponda (competencia de proyectos, concurso o adjudicación directa), habrá que seguir la segunda fase o procedimiento para el otorgamiento de concesiones portuarias, que es común y se regula en los apartados 2º y siguientes del artículo 85 del TRLPEMM.

El artículo 85.2 del TRLPEMM establece que «la Autoridad Portuaria procederá, en su caso, a la confrontación del proyecto sobre el terreno y espacio de agua con el fin de determinar su adecuación y viabilidad».

Si fuese necesario hacer uso de este trámite, se comprobará sobre el terreno la adecuación del proyecto seleccionado y su viabilidad. El TRLPEMM no prevé las consecuencias en el caso de que el resultado de este trámite fuese desfavorable para el interesado. Entiendo que debería seguirse con la tramitación del procedimiento, al menos, hasta el trámite de audiencia, para que el interesado pueda alegar las razones que estime oportunas en defensa de la adecuación y viabilidad de su proyecto.

b) Información pública

Conforme a lo dispuesto en los apartados 3º y 4º del artículo 85 del TRLPEMM, el siguiente trámite previsto es el sometimiento del proyecto seleccionado al trámite de información pública durante un plazo no inferior a 20 días, «a fin de que se presenten alegaciones sobre la solicitud de concesión que se tramita». Zambonino Pulito entiende que, aunque el mencionado precepto no indique nada, «debe ser el BOE dado que la Administración actuante es la del Estado, para que cualquier persona pueda examinar el expediente o la parte del mismo que en este sentido se acuerde y pueda presentar alegaciones»[343].

En el caso de la legislación portuaria, y como aclara Eguinoa de San Román, «el objeto de este trámite no es ya la presentación de proyectos alternativos, sino ofrecer la posibilidad de presentar alegaciones»[344].

La esencialidad de este trámite se observa desde el momento que se utiliza por el Legislador el término imperativo «someterá». De este modo, la consecuencia jurídica derivada de su omisión es la existencia de un vicio procedimental trascendental, determinante de la nulidad del procedimiento de otorgamiento de la concesión de dominio público portuario, tal y como ha tenido ocasión de confirmar la STS del 18 de diciembre de 2012 (ECLI: ES:TS:2012:8901).

---

[343] Zambonino Pulito, M., «Comentarios al artículo 85 del TRLPEMM», en Petit Lavall, Mª. V., Blasco Díaz, J.L., Puetz, A. y Oller Rubert, M. (Dir.), *Comentarios al texto refundido de… Op. cit.*, p. 633.

[344] Eguinoa de San Román, R., *La gestión de los puertos… Op. cit.*, p. 285.

La única excepción a la obligatoriedad de este trámite se encuentra prevista en el artículo 85.4 del TRLPEMM, que solo aplica al procedimiento para el otorgamiento de «concesiones que tengan como objeto la utilización total o parcial de edificaciones existentes, siempre que no se modifique su arquitectura exterior y sea para usos autorizados en el plan especial de ordenación de la zona de servicio del puerto o, en su defecto, en la Delimitación de los Espacios y Usos Portuarios»[345].

Este trámite se llevará a cabo en la forma prevista en el artículo 83 de la LPAC. Es importante destacar que el hecho de presentar alegaciones no otorga al alegante la condición de interesado, y la no comparecencia de los que ostenten la condición de interesado tampoco impedirá, en su caso, que estos puedan interponer los recursos administrativos o contencioso-administrativos que legalmente procedan contra el acto administrativo finalizador del procedimiento. No obstante, quien presente alegaciones, sí tiene derecho a obtener una respuesta expresa de la Autoridad Portuaria. Si bien, en aras a la simplificación y la economía procedimental, cabe la posibilidad de que las respuestas sean comunes para todas aquellas cuestiones sustancialmente iguales.

En la STS del 20 de julio de 2001 (ECLI:ES:TS:2001:6446) se examina un supuesto en el que, en vez de publicarse en el BOE la información pública de un procedimiento para el otorgamiento de una concesión de dominio público portuario sujeta a la legislación estatal, se publicó en el Diario Oficial de una Comunidad Autónoma. El Alto Tribunal destacó que «tampoco puede constituir un motivo de nulidad el hecho de que aquel anuncio se publicara en el Boletín Oficial del Principado de Asturias, y no en el Boletín Oficial del Estado (lo que sí ocurrió con el acuerdo de otorgamiento de la concesión), sin que la parte que invoca este supuesto defecto haya citado precepto legal alguno que haga obligatoria la publicidad oficial de la solicitud en dicho último Boletín».

Como dispone el artículo 83.3 *in fine* del TRLPEMM, este trámite se utilizará también «para cumplimentar el concerniente al procedimiento de evaluación de impacto ambiental, en los casos en los que sea preceptivo el mismo». Si no se hubiese iniciado el trámite ambiental dentro del procedimiento de autorización del proyecto, pero a la vista del estudio de las alegaciones presentadas se llega a la conclusión de que este se encuentra sometido a alguno de los mecanismos de prevención ambiental, la Autoridad Portuaria debe paralizar la tramitación sustantiva y requerir al interesado que inicie el procedimiento de evaluación de impacto ambiental que corresponda.

---

[345] Puede verse la STSJ de Canarias del 16 de julio de 2002 (ECLI:ES:TSJICAN:2002:2139).

c) Fase de informes

De forma simultánea a la información pública debe recabarse los informes a otras administraciones públicas afectadas. Se trata de un trámite en el que se busca una declaración de juicio, de conformidad o disconformidad, por sujetos distintos al que le corresponde la responsabilidad del expediente administrativo.

El TRLPEMM hace referencia en su artículo 85.3 al informe de «las Administraciones Urbanísticas, cuando no se encuentre aprobado el plan especial de ordenación de la zona de servicio del puerto» y al «informe favorable por Puertos del Estado» cuando «la solicitud tenga como objeto la ocupación de espacios de dominio público afectos al servicio de los faros»[346].

Asimismo, debe tenerse en cuenta el informe del Director de la Autoridad Portuaria, cuya exigencia viene impuesta por el artículo 33.2 del TRLPEMM, que dispone que «corresponde al director las siguientes funciones: […] b) la incoación y tramitación de los expedientes administrativos, cuando no esté atribuido expresamente a otro órgano, así como la emisión preceptiva de informe acerca de las autorizaciones y concesiones, elaborando los estudios e informes técnicos sobre los proyectos y propuestas de actividades que sirvan de base a las mismas».

Ahora bien, que el TRLPEMM haga referencia a estos informes no significa que no resulten necesarios, en función de las particularidades del caso, otros informes de otras administraciones públicas. En tal caso, este será el momento procedimental oportuno para ello, a menos que la legislación sectorial correspondiente contemple otro.

El artículo 80.1 de la LPAC dispone que «salvo disposición expresa en contrario, los informes serán facultativos y no vinculantes». El hecho de que el TRLPEMM mencione únicamente estos informes entiendo que es porque tienen carácter preceptivo para el caso de que concurra el presupuesto de hecho previsto en la norma. Esto implica que podrá suspenderse el plazo máximo para resolver el procedimiento administrativo, en aplicación del artículo 22.1.d) de la LPAC.

Este precepto debe conectarse con el artículo 80.4 de la LPAC, que contempla que, si se solicita el informe, pero no se emite en el plazo, el procedimiento puede seguir su curso, sin que sea necesario tener en cuenta el resultado de tal informe, si finalmente se emitiese fuera de plazo.

Cuestión distinta es cuando se ha omitido la petición de algún informe preceptivo, en tal caso debe valorarse la omisión en orden a la eventual declaración de nulidad o anulabilidad de la resolución que finalmente se

---

[346] Puertos del Estado tiene publicado en su sede electrónica un documento denominado «Condiciones especiales aplicables a todas las autorizaciones y concesiones de dominio público en los faros y resto de señales marítimas».

adopte. Para que proceda la nulidad radical por defectos formales es necesario que se prescinda total y absolutamente del procedimiento legalmente establecido; causa que la jurisprudencia equipara a la omisión de un «trámite esencial» del procedimiento, normalmente este trámite se ha identificado con el trámite de audiencia, pero en ocasionales también con la falta de algún informe preceptivo. Lo más habitual es que los defectos de forma se reconduzcan a un vicio de anulabilidad, en cuanto que son indispensables para alcanzar el fin pretendido por el acto administrativo, de manera que, en tal caso, procedería la retroacción de las actuaciones. Incluso, en ocasiones, la retroacción se ha visto modulada por razones de economía procesal, pues si tal anomalía cometida no hubiese deformado el conocimiento de los hechos o el resultado del procedimiento, carece de sentido acordar tal retroacción[347].

Además de resultar preceptivo el informe a Puertos del Estado, este también parece vinculante, pues el precepto exige que sea «favorable». La duda surge respecto al informe urbanístico, pues no se indica que este tenga que ser favorable. Así las cosas, conforme a la presunción del artículo 80.1 de la LPAC, habría que entender que no se trata de un informe vinculante. Pero difícilmente se va a autorizar un proyecto en contra del planeamiento urbanístico, no solo por la inseguridad jurídica que eso generaría, sino porque la Administración Urbanística no otorgará la preceptiva licencia urbanística y, en consecuencia, la concesión portuaria no podrá destinarse al fin autorizado.

d) Informe y propuesta de resolución. Audiencia del interesado

Una vez superados los trámites anteriores, según dispone el apartado 5º del artículo 85 del TRLPEMM, «el director emitirá informe en el que se analizará la procedencia de la solicitud de concesión». El momento procedimental oportuno para emitir este informe debe ser con posterioridad al trámite ambiental que legalmente proceda («en aquellos proyectos que, de acuerdo con la legislación vigente, deban someterse a algún tipo de evaluación de impacto ambiental, el informe será posterior a la resolución del Ministerio de Medio Ambiente, y Medio Rural y Marino»). De hecho, en aquellos proyectos que estén sometidos a algún tipo de evaluación de impacto ambiental, la propuesta de resolución de otorgamiento de concesión del director de la Autoridad Portuaria al presidente para elevarla al Consejo de Administración, habrá de ser posterior a la resolución del órgano medio ambiental correspondiente.

El director puede emitir un informe desfavorable o favorable al otorgamiento de la concesión. Si fuese desfavorable, continúa estableciendo el

---

[347] STSJ de Castilla y León, del 6 de noviembre de 2009 (ECLI: ES:TSJCL:2009:7634).

apartado 5º del artículo 85 del TRLPEMM que «se elevará por el presidente al Consejo de Administración a fin de que, previa audiencia del interesado, se resuelva lo que estime procedente». Es decir que, aunque el informe del director sea desfavorable, aún es posible que se otorgue la concesión. Pero, en cualquier caso, antes de elevar la propuesta de resolución desfavorable al Consejo de Administración, debe otorgarse un trámite de audiencia. No estableciéndose plazo alguno en la legislación portuaria, se aplicará las reglas establecidas en el artículo 82 de la LPAC, que señala que no podrá ser «inferior a diez días ni superior a quince»[348].

Continúa señalado el citado apartado que «si el informe fuera favorable a la solicitud de concesión, el director fijará las condiciones en que podría ser otorgada la misma y se las notificará al peticionario que deberá aceptarlas expresamente. Si este no hiciera manifestación alguna al respecto en el plazo concedido, se procederá al archivo de todas las actuaciones, con pérdida de la garantía constituida. En los demás supuestos, el presidente elevará al Consejo de Administración la propuesta de resolución del director para que adopte el acuerdo que proceda».

Del precepto extractado se desprende que, si el resultado del informe es favorable, el director deberá adoptar una propuesta de resolución en la que deberá fijar las condiciones de otorgamiento (trámite de oferta de condiciones)[349]. Tras esta propuesta de condiciones parece admitirse implícitamente la posibilidad de que el solicitante formule una «contraoferta» de condiciones, ya que «junto a las previsiones de que el solicitante acepte expresamente las condiciones establecidas por el director o de que no manifieste nada al respecto, también se prevén genéricamente "los demás supuestos"»[350].

En este sentido, Eguinoa de San Román apunta que «a la vista del inciso final del apartado 5 del artículo 85, en el supuesto de que el peticionario haya aceptado las condiciones, pero formulado alguna sugerencia o alternativa, el director puede pronunciarse a favor del otorgamiento de la concesión incluyendo esas sugerencias o matizaciones»[351].

---

[348] La STS del 9 de junio de 2021 (ECLI:ES:TS:2021:2430) resolvió que la omisión del trámite de audiencia en los procedimientos no sancionadores no determina la nulidad de lo actuado, cuando tal omisión no produce indefensión real o material.

[349] Entre las condiciones del otorgamiento deben figurar, al menos, las previstas en el artículo 87 del TRLPEMM.

[350] Bueno de Sitjar de Togores, B., «3. Autorizaciones y concesiones», en De Fuentes Bardají, J. (Dir.), *Manual de Dominio Público Marítimo-Terrestre... Op. cit.*, p. 503.

[351] Eguinoa de San Román, R., *La gestión de los puertos... Op. cit.*, p. 287.

3.7. EL OTORGAMIENTO DE CONCESIONES PORTUARIAS ES UNA POTESTAD DISCRECIONAL

Elevada la propuesta de resolución al Consejo de Administración de la Autoridad Portuaria, este decidirá discrecionalmente lo que corresponda por mayoría de sus miembros presentes o representados, correspondiendo al presidente con su voto dirimir los eventuales empates[352].

Se da la paradoja que el TRLPEMM señala expresamente, en su artículo 78.3, que el otorgamiento o denegación de una autorización para la ocupación privativa del demanio portuario tiene «carácter discrecional»[353], pero no establece nada respecto a la concesión de dominio público portuario. Pese al silencio del Legislador, el otorgamiento de una concesión portuaria tiene carácter discrecional, y no solo por las similitudes que comparte con la institución de la autorización para la ocupación privativa. Aunque no se indique expresamente en la legislación portuaria, el carácter discrecional del acto de otorgamiento de una concesión portuaria se desprende de numerosas expresiones contenidas en diversos preceptos del TRLPEMM. Entre otras, puede mencionarse el artículo 83.1, que señala, respecto al otorgamiento directo, que la Autoridad Portuaria «podrá» acordar el otorgamiento de concesiones demaniales, cuando «sean compatibles con sus objetivos». Por su parte, el artículo 85.1, en sede de competencia de proyectos, establece que cuando se formulen varias solicitudes, el Consejo de Administración seleccionará aquella que, a su juicio, tenga «mayor interés portuario». El apartado 5º del mismo artículo 85 apostilla que, una vez establecidas las condiciones, el presidente elevará al Consejo de Administración la propuesta de resolución del Director para que este órgano adopte el acuerdo «que proceda».

El carácter discrecional del otorgamiento también resulta coherente con la propia configuración del dominio público y su modelo su gestión. En efecto, el otorgamiento de concesiones portuarias es fruto del ejercicio de una potestad discrecional, por cuanto se refiere al resultado de las valoraciones de distintos intereses que confluyen en el demanio portuario, desde el prisma de la gestión del dominio público portuario y la salvaguarda de los intereses portuarios. Conforme a la regulación actual, el otorgamiento o denegación de una concesión portuaria debe basarse, por tanto, en la satisfacción de un «interés portuario».

Desde la propia Exposición de Motivos del TRLPEMM se pone el acento en el modelo de gestión y utilización del demanio portuario, que, recordemos, debe estar orientado en factores o criterios de rentabilidad y eficiencia en la explotación del dominio público portuario. La concesión portuaria coadyuva

---

[352] Artículos 30.5.n) y 30.6 *in fine* del TRLPEMM.
[353] Artículo 78.3 del TRLPEMM.

al logro de este y otros objetivos, mediante la persecución, de lo que la legislación de puertos denomina «interés portuario» que, como concreta el artículo 85 del TRLPEMM, está orientado a la captación de nuevos tráficos, a la implantación de usos compatibles, a la ejecución de nuevas inversiones, al desarrollo de nuevas actividades que generen nuevas rentas, etc. Es decir, como puede observarse, se trata de parámetros vinculados a factores o criterios de rentabilidad y eficiencia del propio demanio portuario.

No obstante lo anterior, es importante advertir que, desde la aprobación del nuevo Marco Estratégico del Sistema Portuario en el año 2022, la discrecionalidad en el otorgamiento de concesiones también debería estar alineado con las exigencias que emanan de la dimensión ambiental y social, superándose con ello los aspectos puramente económicos del modelo de gestión.

La doctrina jurisprudencial del orden contencioso-administrativo siempre se ha mostrado a favor del carácter discrecional del otorgamiento o denegación de las concesiones de dominio público portuario:

— «El carácter discrecional en el otorgamiento de las concesiones ha sido admitido tanto por la jurisprudencia del Tribunal Supremo como por la del Tribunal Constitucional [...]. Estas son razones suficientes que justifican la decisión discrecional denegatoria que adopta la administración»[354].

— «Es claro que no existe norma legal en la que apoyarse para obligar a la Autoridad Portuaria a otorgar una concesión administrativa y que ello entra dentro de los criterios de discrecionalidad, que no arbitrariedad, de la misma»[355].

— «Por lo demás, escapa de la competencia de esta Sala, pues supondría tanto como desconocer los criterios de oportunidad y margen de discrecionalidad con que actúa la Administración en este campo»[356].

— «La potestad de la Administración para el otorgamiento de concesiones en la zona de servicio de los puertos es discrecional y no se puede sustituir por los Tribunales»[357].

La doctrina más autorizada también se muestra a favor del carácter discrecional del acto de otorgamiento de una concesión portuaria. Al respecto, Zambonino Pulito señala que «nada se dice en el precepto que comentamos, pero es un rasgo definitivo de las concesiones demaniales su carácter discrecional, lo que obliga, al propio tiempo a motivar la decisión final, toda vez que así lo impone el artículo 35.1.i) LPACAP y que, en último extremo es el instrumento que

---

[354] STSJ de la Comunidad Valenciana, del 13 de julio de 2018 (ECLI: ES:TSJCV:2018:4151).
[355] STSJ de Canarias, del 12 de julio de 2017 (ECLI: ES:TSJICAN:2017:2603).
[356] STSJ de Galicia, del 23 de septiembre de 2009 (ECLI: ES:TSJGAL:2009:7647).
[357] STSJ de Galicia, del 14 de julio de 2004 (ECLI:ES:TSJGAL:2004:4094).

hace posible el control jurisdiccional del cumplimiento de los elementos reglados de este tipo de potestades que sirven como límites a su ejercicio y, en definitiva, para que no se torne en mera arbitrariedad»[358].

No obstante, es cierto que la potestad discrecional que ejercita la Autoridad Portuaria para el otorgamiento de una concesión de dominio público portuario también contiene elementos reglados, como son los hechos determinantes, la competencia del órgano que ejerce esa potestad, el procedimiento que ha de seguirse y el fin específico de dicha potestad. Y alguno de estos elementos reglados, pueden contener a su vez conceptos jurídicos indeterminados. Es bien sabido que «potestad discrecional» y «concepto jurídico indeterminado» no son lo mismo[359].

Los actos administrativos que se dictan en el ejercicio de potestades discrecionales, y no siendo ahora necesario reproducir la extensa jurisprudencia existente sobre la materia, no se encuentra exento de la exigencia de motivación, que, recordemos, viene impuesta por el artículo 35.1.e) de la LPAC; motivación que, insistimos, no demanda un razonamiento exhaustivo y pormenorizado de todos los aspectos y perspectivas tenidos en consideración, siendo suficiente con exponer las decisiones que dan a conocer los criterios jurídicos esenciales sobre los que se cimienta la decisión adoptada. Como toda potestad discrecional, esta no puede ejercerse de forma arbitraria, ya que ha de estar sometida a los principios generales del derecho, estando prohibida la desviación de poder[360].

La motivación resulta esencial para controlar judicialmente si la denegación de una concesión obedece a aspectos propiamente discrecionales del ejercicio de la potestad (esto es, los atinentes al juicio sobre la mejor satisfacción del interés portuario) o si, por el contrario, se refiere a aspectos propiamente reglados (órgano competente, procedimiento y fin), bien mediante el control de conceptos jurídicos determinados o indeterminados en la legislación portuaria. Es decir, la motivación persigue dilucidar si el juicio sobre la denegación de la concesión portuaria se formó en base a razonamientos referidos a elementos reglados o discrecionales de la potestad administrativa discrecional ejercitada por la Autoridad Portuaria.

Además, la discrecionalidad en el otorgamiento de las concesiones de dominio público portuario también debería verse recortada por el principio de buena administración (podríamos decir, «buena administración portuaria»),

---

[358] Zambonino Pulito, M., «Comentarios al artículo 85 del TRLPEMM», en Petit Lavall, Mª. V., Blasco Díaz, J.L., Puetz, A. y Oller Rubert, M. (Dir.), *Comentarios al texto refundido de... Op. cit.*, p. 635.

[359] Sobre la distinción entre discrecionalidad y concepto jurídico indeterminado puede verse la STS del 6 de marzo de 2012 (ECLI: ES:TS:2012:1655).

[360] STS del 29 de marzo de 2012 (ECLI: ES:TS:2012:1984).

pues el otorgamiento de una concesión no es una decisión que resulte indiferente, sino que constituye una oportunidad para adoptar la mejor solución posible para el sistema portuario a la vista de las circunstancias concurrentes, ejerciendo adecuadamente las potestades administrativas que le otorga la legislación a las Autoridades Portuarias para el logro de objetivos de marcado interés portuario. La decisión que se adopte debe estar bien ponderada en los antecedentes del caso, en la normativa vigente y en los objetivos que se propone alcanzar, debiendo actuar estos organismos portuarios de forma racional, objetiva, coordinada, eficaz, eficiente y económica en su servicio a los intereses generales.

Por último, y como muy acertadamente apunta Eguinoa de San Román, «la discrecionalidad en el otorgamiento de la concesión abarca también la discrecionalidad en las condiciones de ese otorgamiento, que va a determinar el alcance de los derechos y obligaciones» del concesionario[361]. En efecto, en este momento procedimental en el que se otorga una concesión portuaria, el Consejo de Administración de la Autoridad Portuaria también puede modificar las condiciones ya consensuadas entre el director y el solicitante de la concesión. Pero, conforme a lo dispuesto en el artículo 85.6 del TRLPEMM, «en el caso de que el Consejo de Administración acuerde la modificación de alguna de las condiciones aceptadas por el peticionario, se someterán a su nueva aceptación en los términos previstos en el apartado anterior».

Lo que parece que no cabe ya en este momento procedimental es que el peticionario entable ahora una nueva negociación con el Consejo de Administración mediante la formulación de una nueva «contraoferta», sino que este debe aceptar o rechazar las condiciones propuestas. Ahora bien, como advierte este autor, ni tendría sentido, ni sería conforme a Derecho, imponer en este momento procedimental condiciones absurdas, caprichosa o que hagan inviable la concesión demanial[362].

3.8. PUBLICACIÓN DE LA RESOLUCIÓN EN EL BOE

Por último, el apartado 7º del artículo 85 del TRLPEMM señala que «la resolución de otorgamiento de la concesión se publicará en el Boletín Oficial del Estado, haciéndose constar, al menos, la información relativa al objeto, plazo, tasas, superficie concedida y titular de la concesión». Además, la Autoridad Portuaria también tiene que notificar personalmente al solicitante el otorgamiento o denegación de la concesión, así como las condiciones de ese otorgamiento.

---

[361] Eguinoa de San Román, R., *La gestión de los puertos… Op. cit.*, p. 291.
[362] Eguinoa de San Román, R., *La gestión de los puertos… Op. cit.*, pp. 291 y 292.

Contra esta decisión, podrá interponerse, en el plazo legalmente estable-cido, los recursos administrativos o contencioso-administrativos que legal-mente correspondan. En el caso de que se haya publicado el acto y, también, notificado la resolución personalmente al solicitante, por prudencia se acon-seja que el plazo para recurrir se compute desde la primera resolución que tenga conocimiento[363]. Si lo primero es la publicación de un extracto del BOE, y este omite cierta información, cabe pensar que el cómputo del plazo empieza respecto de la información omitida, cuando se recibe la posterior notificación individualizada detallada.

Para el supuesto de que se haya denegado definitivamente la concesión o se hayan impuesto por parte de la Autoridad Portuaria condiciones gravo-sas o perjudiciales, podrá impugnarse esa decisión en vía administrativa y/o contencioso-administrativa. En tal caso, se podrá solicitar que se revise la deci-sión administrativa, pero escapa de la competencia de los Juzgados y Tribuna-les del orden contencioso-administrativo otorgar la concesión administrativa o imponer nuevas condiciones más favorables. Si el juez llega a la conclusión de que la actuación es ilegal, debería anularla, retrotrayendo el procedimiento administrativo, pero su control no debería ser tan intenso que lleve a suplir a la Administración en el ejercicio de las potestades discrecionales que le son pro-pias. Solo podría sustituir a la Administración en circunstancias muy concretas cuando se elimine el margen de discrecionalidad y la controversia se centre en cuestiones estrictas de legalidad[364].

En ningún caso puede pretenderse, mediante una medida cautelar, que el juez otorgue la concesión administrativa, siquiera sea con carácter provisional mientras penda de resolución del procedimiento judicial, pues el recurrente habría obtenido temporalmente un derecho del que carece. Se trataría, por tanto, de una medida cautelar de corte «positiva», es decir, que muta provisio-nalmente el *statu quo* del recurrente; situación ampliamente censurada por la jurisdicción contencioso-administrativa.

---

[363] Sobre esta cuestión, y en favor del posicionamiento conservador que aquí se expone, se pronuncia la STS del 14 de mayo de 2020 (ECLI: ES:TS:2020:1271), referida a la aprobación del pliego de prescripciones particulares de un servicio portuario. No obstante, en los casos en que el acto administrativo es objeto tanto de publicación como de notificación, también hay senten-cias que abogan por computar el plazo para recurrir «desde la última de ellas» (STS del 15 de no-viembre de 2012, ECLI: ES:TS:2012:7298).

[364] Laguna de Paz, J.C., «El control judicial de la…», *Op. cit.,* pp. 105 y 106.

3.9. PLAZO MÁXIMO PARA RESOLVER

De conformidad con el artículo 85.8 del TRLPEMM, el plazo máximo para notificar la resolución del expediente de concesión portuaria será de ocho meses, transcurrido el cual, sin que haya recaído resolución expresa, la solicitud se entenderá desestimada por silencio administrativo.

Este plazo se computa desde la presentación de la solicitud en el registro correspondiente o, en su caso, desde la convocatoria del concurso (*dies a quo*) y finaliza en la fecha de notificación individualizada al solicitante del otorgamiento de la concesión portuaria (*dies ad quem*). A efectos del cómputo del plazo máximo, debe tenerse en cuenta la posible suspensión y eventual ampliación conforme a las reglas establecidas en la LPAC, antes mencionadas.

3.10. FORMALIZACIÓN

a) Terminación normal

Otorgada la concesión de dominio público portuario y cualquiera que sea la tramitación seguida, deberá procederse a su formalización en documento administrativo. Es a partir de este momento cuando nace la relación jurídica concesional entre la Autoridad Portuaria y el ya concesionario. El otorgamiento de una concesión demanial también generará una serie de efectos civiles y tributarios.

El artículo 87.1 del TRLPEMM regula las condiciones mínimas del otorgamiento que deben figurar en el título concesional y el PCG contiene una serie de reglas adicionales. Por su parte, el apartado 2º del artículo 87 del citado texto refundido dispone que también debe incluirse en el condicionante de la concesión «las obras que se ejecutarán conforme al proyecto de construcción que en cada caso se apruebe por la Autoridad Portuaria, que completará el proyecto básico. Los proyectos de construcción se ajustarán en lo que respecta a sus exigencias técnicas, contenido, supervisión y replanteo, a las mismas condiciones que las exigidas para las obras de las Autoridades Portuarias».

Además, Puertos del Estado habrá de informar «técnicamente los proyectos de construcción de obras de infraestructura portuaria de los concesionarios que presenten características singulares desde el punto de vista técnico o económico, con carácter previo a su aprobación por la Autoridad Portuaria». Este informe, como apunta la doctrina, no se trataría de un informe vinculante[365].

---

[365] Zambonino Pulito, M., «Comentarios al artículo 87 del TRLPEMM», en Petit Lavall, Mª. V., Blasco Díaz, J.L., Puetz, A. y Oller Rubert, M. (Dir.), *Comentarios al texto refundido de… Op. cit.*, p. 644.

b) Terminación anormal

Por último, el procedimiento para otorgar una concesión también puede terminar de manera anormal, es decir, por desistimiento, renuncia, caducidad y por silencio administrativo desestimatorio, conforme a la LPAC.

4. OTORGAMIENTO DE UNA CONCESIÓN PORTUARIA COMO CONTRAPRESTACIÓN

El artículo 59.3 del TRLPEMM regula otro supuesto en el que el contratista que ha ejecutado una obra pública portuaria obtiene como contraprestación una concesión de dominio público portuario sobre una zona concreta del puerto. Los rasgos esenciales de esta forma de obtener la titularidad son los siguientes:

— No se sigue ninguno de los tres trámites antes analizados (competencia de proyectos, concurso y adjudicación directa).
— La obra pública portuaria que el contratista ejecute no puede coincidir con el objeto de la concesión que se otorgue como contraprestación.
— El TRLPEMM no impide que, además de la concesión de dominio público portuario, el contratista pueda obtener una retribución económica como parte del precio (sistema mixto).
— Se trata de obras públicas portuarias que, conforme al artículo 60 del TRLPEMM, no se encuentran sometidas a licencia municipal, pero sí precisan de un informe de compatibilidad urbanística.

Distinto de este particular supuesto es el contrato de concesión de obras públicas portuarias del artículo 101 del TRLPEMM. Dicho contrato tiene por objeto la «construcción y explotación de un nuevo puerto o una parte nueva de un puerto que sean susceptibles de explotación totalmente independiente, siempre que se encuentren abiertas al uso público o aprovechamiento general» y se encuentra relacionado con los artículos 57 («construcción de nuevos puertos») y 58 del citado texto legal («ampliación o modificación de puertos»), pero no con la realización de una obra pública portuaria que no sea susceptible de explotación por el concesionario.

Capítulo Quinto

EL PLAZO MÁXIMO DE DURACIÓN DE LAS CONCESIONES PORTUARIAS

1. EVOLUCIÓN LEGISLATIVA

Con anterioridad a la LPEMM de 1992 y al amparo de la antigua Ley de Puertos de 1928 y del reglamento para su ejecución, se otorgaron numerosas concesiones de dominio público portuario a perpetuidad, por tiempo indefinido, o por plazo superior a 30 años. Estas concesiones portuarias podían prorrogarse aun cuando el titulo concesional no hubiese reconocido de forma expresa esta posibilidad. Es muy habitual encontrar concesiones otorgadas entre los años 1960 y 1970 con plazos excesivamente amplios (50 años, 75 años, 99 años o, incluso, a perpetuidad).

Uno de los mayores retos que tuvo que afrontar la LPEMM de 1992 fue el de hacer frente a estas concesiones, estableciendo una limitación retroactiva y la reducción en 30 años, computados a partir de la entrada en vigor de esta norma, en aplicación de su disposición transitoria cuarta. Las concesiones portuarias quedarían automáticamente extinguidas cuando alcanzaran dicho plazo. Este mismo sistema fue utilizado por el Legislador para limitar, por medio de la LC, las concesiones de dominio público marítimo-terrestre y, por ende, las concesiones portuarias titularidad de las Comunidades Autónomas sobre bienes adscritos.

Para las nuevas concesiones portuarias que se otorgaran tras la entrada en vigor de la LPEMM de 1992, y en virtud de la remisión de su artículo 54.5 a la legislación de costas, el plazo también quedó establecido en 30 años, pero computado desde su otorgamiento (artículo 66.2 de la LC).

Esta norma recalcó que ya no era jurídicamente admisible otorgar una prórroga del plazo de las concesiones para la ocupación del demanio portuario en otras condiciones, de forma que las eventuales prórrogas, unidas al plazo inicial, en ningún caso podrían exceder del límite temporal máximo de 30 años.

Las siguientes modificaciones a este nuevo régimen de prórrogas llegaron, primero, por la Ley 62/1997 de 26 de diciembre, que introdujo el apartado 6º en el artículo 54 de la LPEMM, que avaló una prórroga ordinaria y otra extraordinaria. La prórroga ordinaria debía estar prevista en el título de otorgamiento y la extraordinaria no, pero ninguna de ellas podía exceder, junto con el plazo inicial, del límite máximo de 30 años.

Más tarde, la Ley de Puertos de 2003 derogó expresamente el mencionado artículo 54 de la LPEMM de 1992 y elevó, en su artículo 107.2, el plazo máximo de las concesiones portuarias a 35 años. Este nuevo plazo se justificó, según la Exposición de Motivos, del siguiente modo: «esta ampliación del plazo trata de dar cobertura e incentivar que la iniciativa privada pueda afrontar inversiones significativas en grandes obras de infraestructura portuarias, como diques, accesibilidad marítima, muelles o rellenos de grandes superficies, que con la Ley de Puertos de 1992 nunca se han acometido en los puertos españoles, por ser el plazo de 30 años insuficiente para permitir la amortización de la inversión que exigen estas obras».

Conforme a este nuevo régimen jurídico, las prórrogas de las concesiones se diferenciaban en función de si estaban o no previstas en el título de otorgamiento. Por primera vez, la prórroga extraordinaria podía superar los 35 años. El límite máximo de las prórrogas (ordinarias y extraordinarias) quedó establecido en la mitad del plazo inicial. De manera que, como máximo, una concesión portuaria podía llegar a extenderse, por la vía extraordinaria, en 17,5 años adicionales (la mitad del plazo inicial máximo) (artículo 107.2 de la Ley de Puertos de 2003).

Esta norma también dio una nueva redacción a los apartados dos, 1 y 2, y cinco de la disposición transitoria cuarta de la LPEMM de 1992, en el sentido de ampliar el plazo máximo de duración de las concesiones preexistentes a 35 años. Sin embargo, esta norma transitoria discriminaba a las concesiones más antiguas, ya que conforme a su tenor literal no podían acceder al sistema de prórrogas extraordinarias establecido para las nuevas concesiones[366].

Posteriormente entró en vigor el TRLPEMM, cuya regulación será objeto de análisis en los siguientes apartados. Hasta llegar a la regulación vigente, el régimen de prórrogas ha sufrido varias modificaciones. El RD-Ley 8/2014 y, posteriormente, la Ley 18/2014 elevaron a 50 años el plazo máximo de las concesiones de dominio público portuario e introdujeron una nueva modalidad de prórroga extraordinaria, que junto a la que ya estaba regulada, permitiría que las concesiones portuarias pudieran alcanzar, en determinados casos y

---

[366] Pese a lo anterior, la Abogacía del Estado inicialmente defendió la aplicación del régimen de prórroga extraordinaria contemplado en el artículo 107.2 de la Ley de Puertos de 2003 a las concesiones otorgadas con anterioridad a la LPEMM de 1992. Cabe citar, por ejemplo, su Dictamen del 6 de octubre de 2005 (ref. A.G. Servicios Jurídicos Periféricos 13/05).

previa justificación de determinados niveles de inversión, los 75 años de plazo máximo. Otra de las grandes novedades es que se modificó los requisitos para el otorgamiento de las prórrogas de las concesiones portuarias.

Este nuevo marco regulatorio también tuvo su reflejo, como se examina más adelante, en las disposiciones transitorias segunda y décima del TRLPEMM. De un lado, se mantuvo el régimen de prórroga de las concesiones portuarias, en términos equivalentes a los previstos en la LPEMM de 1992. De otro, se incorporó una nueva disposición transitoria décima que permitía ampliar el plazo inicial de la concesión hasta 2/5, siempre que se respete el límite máximo de 50 años[367].

Pese a ello, y hasta la entrada en vigor de la Ley 13/2023, del 24 de mayo, no ha existido una homogeneización de plazos máximos de la duración de las concesiones anteriores a la LPEMM de 1992 y las otorgadas con posterioridad.

Recapitulando, hasta la LPEMM de 1992 podían otorgarse concesiones portuarias por plazos muy extensos o sin limitación. Esta norma redujo y limitó la duración de las concesiones en 30 años. Las posteriores normas portuarias y sus modificaciones han ido, poco a poco, extendiendo los plazos máximos de las concesiones portuarias, pero estableciendo una discriminación entre las más antiguas y las otorgadas a su amparo. Ha sido la Ley 13/2023 la que ha acabado con esta diferenciación, estableciendo unas mismas reglas para las concesiones anterior a la LPEMM de 1992 y las otorgadas con posterioridad.

La última modificación de las prórrogas de las concesiones portuarias ha tenido lugar mediante la Ley 2/2024, del 1 de agosto, de creación de la Autoridad Administrativa Independiente para la Investigación Técnica de Accidentes e Incidentes ferroviarios, marítimos y de aviación civil, que modifica, en su disposición final segunda, el artículo 82.2 del TRLPEMM. También incorpora la disposición transitoria undécima que viene a consolidar la tendencia de homogeneizar las concesiones con independencia del plazo de otorgamiento iniciada con la Ley 13/2023, del 24 de mayo.

---

[367] La Abogacía del Estado se separó entonces de su criterio anterior, recogido en su Dictamen del 6 de octubre de 2005 (ref. A.G. Servicios Jurídicos Periféricos 13/05), para mantener una interpretación literal de la disposición transitoria cuarta, que solo permitiría superar el plazo de 35 años de las concesiones preexistentes en virtud del mecanismo de la disposición transitoria décima. Es decir, las concesiones anteriores a la LPEMM de 1992 que hubiesen solicitado una prórroga del plazo concesional con posterioridad a la entrada en vigor de la Ley 18/2014, no eran susceptible de la prórroga extraordinaria del artículo 82.2.c) del TRLPEMM, aunque sí de su ampliación en los supuestos y condiciones de la disposición transitoria décima. Este posicionamiento se contiene en el Dictamen del 9 de marzo de 2015 (ref. A.G. Servicios Jurídicos Periféricos 9/15).

2. DETERMINACIÓN DEL PLAZO MÁXIMO DE UNA CONCESIÓN PORTUARIA

Una cuestión difícil de responder en ocasiones, pero de sumo interés para un concesionario, es la determinación del plazo máximo de duración de una concesión portuaria, a los efectos de luego poder dilucidar si puede o no optar a alguna de las prórrogas contempladas en el artículo 82.2 del TRLPEMM[368].

Para responder a esta cuestión, primero debe clarificarse cuál es la naturaleza jurídica del título. Durante años, las Autoridades Portuarias han otorgado distintos títulos jurídicos de ocupación bajo el amparo de distintas normas portuarias con plazos de duración dispares, lo que puede hacer muy complejo una aproximación cierta a esta cuestión[369].

Puede resultar de gran ayuda para dar respuesta a este primer interrogante el análisis exhaustivo, no solo del propio título de otorgamiento, sino también de la normativa y el contexto bajo el que se otorgó, así como de los actos coetáneos y posteriores dictados por la Administración Portuaria, tales como las posibles renovaciones, tráficos comprometidos, tasas, canon o impuestos abonados, régimen de obras, etc. Este análisis nos debe llevar a concluir si estamos o no ante una auténtica concesión de dominio público portuario, pues esta institución no es la única modalidad de ocupación privativa del demanio portuario.

En segundo lugar, y una vez despejada la incógnita anterior, será el momento de abordar la cuestión de cuál es el plazo máximo de duración de la concesión portuaria. Es fundamental hacer un análisis retrospectivo de la vida de la concesión portuaria a la luz de las sucesivas reformas legales operadas en las distintas leyes portuarias, con precisión e indicación de cuál es el plazo máximo de duración en cada uno de los momentos temporales por los que ha pasado dicha concesión, prestando especial atención al derecho transitorio.

Se trataría de determinar cuál es el plazo máximo de duración conforme al título de otorgamiento y qué normativa estaba entonces vigente. El siguiente hito sería identificar las normas portuarias sobrevenidas y examinar cómo sus disposiciones transitorias han incidido en el plazo concesional, bien amparando su plazo inicial, bien limitándolo, como ocurrió, por ejemplo, con la

---

[368] Sobre esta misma cuestión en el ámbito de los puertos autonómicos puede verse a Moreno Prieto, J. D., «Puertos Deportivos: la controvertida cuestión del plazo máximo de duración de las concesiones», *Revista Andaluza de Administración Pública*, núm. 113, 2022, pp. 121-154.

[369] Huelga señalar que muchas de las concesiones administrativas existentes en nuestro país se han otorgado bajo distintas modalidades como, por ejemplo, el contrato de concesión de obra pública, el contrato de concesión de servicio, las dobles concesiones o concesiones mixtas, la concesión de dominio público marítimo-terrestre, la concesión de dominio público portuario, incluso concesiones demaniales *de facto* o cualquier otra modalidad típica o atípica prevista en algunas de las normas portuarias ya derogadas.

LPEMM de 1992, que acotó el plazo de todas las concesiones otorgadas antes de su entrada en vigor.

La STS del 13 de diciembre de 2021 (ECLI: ES:TS:2021:4907) viene a confirmar la necesidad de llevar a cabo un análisis retrospectivo en los supuestos especialmente dudosos. El Alto Tribunal recuerda que las concesiones de dominio público portuario deben regirse por la normativa vigente en el momento de su otorgamiento, a menos que una normativa posterior disponga lo contrario, tal y como ha ocurrido con las sucesivas leyes de puertos en materia de plazo máximo de duración de las concesiones portuarias[370].

Una vez determinado la naturaleza jurídica del título y su plazo máximo de duración, entonces podrá analizarse si es posible que el concesionario pueda acogerse a alguno de los mecanismos de extensión de plazos concesionales previstos en el TRLPEMM. Igualmente, se estará en disposición de dilucidar si procede la aplicación de las normas transitorias o, directamente, el régimen jurídico general.

3. PLAZOS MÁXIMOS DE DURACIÓN EN LA LEGISLACIÓN VIGENTE

El TRLPEMM establece para la concesión de dominio público portuario un plazo máximo de 50 años, incluida las prórrogas ordinarias, y, de forma extraordinaria, podrá ampliarse hasta los 75 años, en función de si se llevan a cabo ciertos niveles de inversión en aquellas concesiones que tengan un interés estratégico o relevante para el puerto o su zona de influencia, o supongan el mantenimiento en el puerto de la competencia en el mercado de los servicios portuarios, así como cuando el concesionario vaya a efectuar una contribución, que no tenga naturaleza tributaria, a la financiación de supuestos

---

[370] «El sustrato negocial de las concesiones administrativas determina que estas se rijan en cuanto a su otorgamiento, desenvolvimiento y efectos por la regulación vigente al tiempo de su adjudicación. Son, así, las condiciones libremente aceptadas por el concesionario al adjudicarse la concesión, conforme a la regulación en ese momento vigente, las que rigen durante el tiempo en que esta se desenvuelve, de forma que los efectos que le son propios habrán de producirse a lo largo de la vida de la concesión en los términos en los que fueron reflejados en el acto de su otorgamiento. Y ello, salvo que una norma posterior disponga otra cosa […]. Así deriva de la regla contenida en el art. 2.3 del Código Civil, conforme al cual, las leyes no tienen efecto retroactivo salvo que dispongan lo contrario, y ello significa que la nueva regulación contenida en esta norma solo es de aplicación a las concesiones otorgadas tras su entrada en vigor, salvo que la propia norma prevea su aplicación a las otorgadas con anterioridad y en los términos en que lo prevea. Por lo tanto, salvo esta previsión expresa, la aplicación del Real Decreto Ley 8/2014, a las concesiones otorgadas con anterioridad a su entrada en vigor supondría una aplicación retroactiva contraria a aquel precepto».

relacionados con la mejora de la posición competitiva de los puertos en su área de influencia y la intermodalidad en el transporte de mercancías[371].

Según se expone en el Preámbulo de la Ley 18/2014, la ampliación del plazo concesional hasta los límites actuales se justifica en la necesidad de atraer mayor inversión privada a los puertos españoles, dotando a los inversores de periodos de amortización más extensos y en la mejora de la competitividad y la conectividad terrestre de los puertos de interés general, así como en la necesidad de homogenizar los plazos máximos de las concesiones portuarias con los existentes en los puertos europeos, para que el sector portuario esté en igualdad de condiciones competitivas. Verdaderamente, lo que podría estar detrás de la extensión de los plazos es la corriente de valoración del demanio portuario que la doctrina se encargó de estudiar en profundidad[372].

4. SISTEMA DE PRÓRROGAS ORDINARIAS

4.1. PREVISTA EN EL TÍTULO DE OTORGAMIENTO

Con carácter previo debe advertirse que la regla general es la «improrrogabilidad de las concesiones portuarias», de forma que cualquier prórroga supone siempre una excepción a la regla general y, por tanto, debe ser objeto de interpretación restrictiva. También debe recordarse que en nuestro ordenamiento jurídico no existe un derecho del concesionario a la prórroga.

El TRLPEMM regula distintos mecanismos para extender el plazo de duración de las concesiones de dominio público portuario. Por un lado, prevé las prórrogas ordinarias (apartados a y b del 82.2) y extraordinarias (apartado c del 82.2). Por otro lado, contiene un régimen transitorio de prórrogas y la ampliación del plazo inicial (disposiciones transitorias segunda y décima, respectivamente), así como el mecanismo de renovación de determinadas concesiones (artículo 91 del TRLPEMM). La finalidad de la ampliación del plazo inicial no es la misma que la de la prórroga o la renovación de las concesiones portuarias, pues la ampliación perseguía igualar la duración inicial de las concesiones preexistentes a las nuevas tras un cambio normativo sobrevenido, para alcanzar la igualdad de condiciones entre concesionarios[373].

---

[371] Artículo 82 del TRLPEMM.

[372] Sobre la teoría de la valorización del dominio público puede verse a Fernández Scagliusi, M.A., *La rentabilización del dominio público en tiempos de crisis ¿Nuevas tendencias coyunturales o definitivas?*, Ed. Tecnos, Madrid, 2015.

[373] En este sentido, la STSJ de Canarias, del 9 de septiembre de 2021 (ECLI: ES:TSJICAN: 2021:4020).

El TRLPEMM contempla dos tipos de prórrogas ordinarias: las que están previstas en el título de otorgamiento (apartado a del artículo 82.2) y la que no lo están (apartado b del artículo 82.2). Así, el artículo 82.2 dispone que el plazo de las concesiones «será improrrogable salvo en los siguientes supuestos: a) Cuando en el título de otorgamiento se haya previsto expresamente la posibilidad de una o varias prórrogas […]. b) Cuando en el título de otorgamiento no se haya previsto la posibilidad de prórroga, o habiéndose previsto se hayan agotado las posibilidades contempladas en el mismo […]».

En cualquiera de las modalidades ordinarias, el plazo inicial junto con las eventuales prórrogas no puede superar el límite de 50 años.

Una novedad relevante que introduce la Ley 2/2024 es que se suprime el límite que existía, de que hubiese transcurrido la tercera parte del plazo de vigencia de la primitiva concesión, para solicitar cualquier prórroga.

Si la posibilidad una o varias prórrogas está prevista en el título de otorgamiento, aquella «no podrá ser superior al plazo inicial». En las concesiones que tengan por objeto la prestación de un servicio portuario, «la suma del plazo inicial previsto en la concesión y el de las prórrogas no podrá exceder del establecido en el artículo 114.1 que le sea de aplicación en aquellos supuestos en los que el número de prestadores del servicio haya sido limitado»[374].

Si la prórroga ordinaria viene contemplada en el título de otorgamiento es suficiente con que el concesionario la solicite en tiempo y forma, siguiendo las pautas establecidas en el título concesional y en el apartado a) del artículo 82 del TRLPEMM. En el supuesto de hecho previsto en el apartado a) del artículo 82.2 del TRLPEMM, no debe iniciarse un procedimiento de modificación sustancial del título concesional para materializar la prórroga interesada, precisamente porque dicha prórroga ya se encuentra prevista en el título de otorgamiento. Solo habrá que incoar ese procedimiento de modificación sustancial cuando nos encontremos ante una prórroga ordinaria no recogida en el título de otorgamiento (apartado b del artículo 82.2) o en el caso de prórrogas extraordinarias (apartado c del artículo 88.2). La modificación del título determina la imposición de nuevas condiciones, que deberán ser aceptadas por el concesionario con anterioridad a la resolución del otorgamiento de la prórroga.

Finalmente, en cualquier prórroga, ya sea ordinaria o extraordinaria, el último párrafo del artículo 82 recuerda que «será necesario que el concesionario se encuentre al corriente del cumplimiento de las demás obligaciones derivadas de la concesión».

---

[374] En las concesiones que tengan como objeto la prestación de un servicio portuario, el TRLPEMM impone los plazos máximos contemplados en el artículo 114.1 de la citada norma.

4.2. NO PREVISTA EN EL TÍTULO DE OTORGAMIENTO

Por otro lado, la prórroga ordinaria que no se encuentra prevista en el título de otorgamiento (apartado b del artículo 82.2 del TRLPEMM) se asemeja, en cuanto a su regulación y procedimiento, a las prórrogas extraordinarias por inversión adicional, aunque, como veremos, los presupuestos que el concesionario debe acreditar son menos gravosos. El límite temporal máximo de estas prórrogas sigue siendo 50 años, y no 75 años como ocurre con las prórrogas extraordinarias.

Una novedad relevante es que la Ley 2/2024 extiende el otorgamiento de prórrogas ordinarias no previstas en título concesional a aquellos casos en los que el concesionario no haya hecho uso de la prórroga ordinaria prevista en el propio título. Ciertamente, el legislador utiliza el término «agotado» cuyo sentido puede ser, además del apuntado, que el concesionario haya consumido las prórrogas del título concesional pero todavía no haya alcanzado el límite máximo de 50 años. Sin duda un tema interesante, que ha quedado abierto en la norma[375].

También se modifica la diferenciación del plazo máximo y número de prórrogas que pueden otorgarse en esta modalidad de prórroga ordinaria. Si la posibilidad de prórroga no está prevista en el título de otorgamiento, el plazo de cada una de las prórrogas que se pueden otorgar «no podrá ser superior a la mitad del plazo inicial» y, además, la suma de los plazos de las prórrogas otorgadas «no podrá ser superior a una vez y media el plazo inicial de la concesión».

El otorgamiento de la prórroga ordinaria no prevista en el título de otorgamiento está sujeto, además, a la realización de una «nueva inversión» que cumpla con los siguientes requisitos: (i) que sea «relevante», (ii) que no esté prevista en el título concesional, (iii) que haya sido autorizada por la Autoridad Portuaria, (iv) que sea de interés para mejorar la productividad, la eficiencia energética o la calidad ambiental de las operaciones portuarias, o suponga la introducción de nuevas tecnologías o procesos que incrementen su competitividad y (v) que, en todo caso, sea superior al 20% del valor actualizado de la inversión inicialmente prevista en el título concesional (nivel mínimo de inversión).

Puede darse la paradoja de que la concesión portuaria no requirió inicialmente ningún tipo de actuación inversora, de modo que no hay parámetro para calcular la inversión que ahora sería preciso acometer para obtener

---

[375] Esta reforma supera la doctrina contenida en la interesante STSJ de Canarias, del 9 de septiembre de 2021 (ECLI:ES:TSJICAN:2021:4020). Si el título de otorgamiento tiene contemplado alguna prórroga, el concesionario ya no podrá optar por una prórroga ordinaria prevista en la letra b) del artículo 82.2 del TRLPEMM, pues precisamente su título concesional ya prevé la posibilidad de prorrogarlo, lo cual excluye la aplicación del artículo 82.2.b) visto su inciso inicial, que reza «cuando en el título de otorgamiento no se haya previsto la posibilidad de prórroga».

la prórroga. Es un supuesto no previsto por el artículo 82.2 del TRLPEMM y al que tampoco la jurisprudencia ha dado respuesta por el momento. En tal caso, considero que debería admitirse cualquier nivel de inversión que se anuncie, salvo que la Autoridad Portuaria tenga ya un criterio interno para solventar esta anómala situación.

Deben cumplirse todos estos requisitos y no solo alguno de ellos. En este sentido, la STSJ de Canarias, del 22 de octubre de 2015 (ECLI: ES:TSJI-CAN:2015:4046) recuerda que «la demanda se extiende y cifra sus esfuerzos en demostrar que la inversión ejecutada es cuantitativamente superior al 20% de la inversión inicial, pero olvida con ello que la *ratio decidendi* del acuerdo impugnado no es ese, sino que la inversión que quiere hacerse valer, no fue autorizada oportunamente por la Autoridad Portuaria».

En relación con el concepto de «nueva inversión», Puertos del Estado aclaró, en una de sus recomendaciones, algunos aspectos que las Autoridades Portuarias y los concesionarios deberían tener en cuenta en los supuestos de ampliación inicial del plazo máximo de las concesiones portuarias en virtud de la disposición transitoria décima del TRLPEMM. Aunque este documento no se configuró para el otorgamiento de prórrogas, su lectura, a efectos interpretativos y comprensivos, sí es recomendable en los supuestos de prórroga ordinaria no prevista en el título de otorgamiento y prórrogas extraordinarias[376].

Por su parte, la Abogacía del Estado apuntó, dada la dicción literal del artículo 82.2.b) del TRLPEMM (antes de la reforma de la Ley 2/2024), que la inversión relevante «puede llevarse a cabo durante el plazo concesional, con anterioridad o simultáneamente a la solicitud y tramitación de prórroga de la concesión, pudiendo, por tanto, tenerse presente su importe para determinar si supera o no el 20 % del valor actualizado de la inversión inicialmente prevista en el título concesional»[377].

Por último, las prórrogas son siempre rogadas, sin perjuicio de que debe ser la Autoridad Portuaria la que establezca las condiciones a las que quedará sujeta la concesión tras el otorgamiento de esa prórroga. Así se desprende de los apartados a), b) y c) del artículo 82 del TRLPEMM, que contienen expresiones como «a petición del titular», «pero el concesionario lleve a cabo una inversión relevante no prevista inicialmente en la concesión y que haya sido autorizada por la Autoridad Portuaria» o «se comprometa a llevar a cabo una nueva inversión adicional».

---

[376] Recomendaciones relativas a los principales aspectos jurídicos, procedimentales y económicos que pueden ser de interés en los procedimientos que se inicien al amparo de lo dispuesto en la Disposición transitoria décima del Texto Refundido de la Ley de Puertos del Estado y de la Marina Mercante, emitida por Puertos del Estado en 22 de enero de 2015.

[377] IAE del 10 de octubre de 2012 (ref. A.G. Entes Públicos 97/12), sobre los requisitos para otorgar una prórroga de una concesión portuaria.

5. SISTEMA DE PRÓRROGAS EXTRAORDINARIAS

5.1. POR INVERSIÓN ADICIONAL

El mecanismo de prórroga extraordinaria se regula en el apartado c) del artículo 82 del TRLPEMM, y tiene su antecedente normativo en el artículo 107 de la Ley de Puertos de 2003 y en la legislación del dominio público marítimo-terrestre. El precepto diferencia entre las prórrogas asociadas a una inversión «adicional» en aquellas concesiones que sean de interés estratégico o relevante para el puerto, o para el desarrollo económico de su zona de influencia, o supongan el mantenimiento en el puerto de la competencia en el mercado de los servicios portuarios, y aquellas otras referidas a la contribución económica que no tendrá naturaleza tributaria[378]. Para que la Autoridad Portuaria puede otorgar alguna de estas prórrogas extraordinarias es requisito *sine qua non* contar con un previo informe favorable vinculante de Puertos del Estado[379].

La Ley 2/2024 suprimió el límite de que los plazos de las prórrogas no pueden superar la mitad del plazo inicial, facilitando con ello que la prórroga extraordinaria por inversión adicional pueda alcanzar los 75 años.

Para ambas modalidades de prórroga extraordinaria, es necesario que, en primer lugar, estemos ante (i) una concesión que sea de interés «estratégico» o «relevante» para el puerto, o para el desarrollo económico de su zona de influencia, o (ii) que suponga el mantenimiento en el puerto de la competencia en el mercado de los servicios portuarios.

Como puede observarse, estamos ante lo que la doctrina denomina «conceptos jurídicos indeterminados». La STSJ de las Islas Baleares, del 25 de octubre de 2019 (ECLI: ES:TSJBAL:2019:802) fue la primera en aclarar estos conceptos a los efectos de determinar si una concesión debe considerarse como «estratégica» o «relevante»[380].

---

[378] Este apartado se introdujo en el TRLPEMM mediante el Real Decreto Ley 8/2014 (posteriormente tramitado como Ley 18/2014), que dio una nueva redacción al artículo 82 TRLPEMM, en cuya virtud se fijó un nuevo plazo máximo de duración de las concesiones portuarias en 50 años y se eliminó la reversión anticipada al término del periodo inicial de la concesión en las prórrogas no previstas en el título concesional. Asimismo, se estableció un régimen transitorio específico para las concesiones otorgadas antes de su entrada en vigor.

[379] Las prórrogas extraordinarias, al igual que ampliación del plazo concesional regulada en la disposición transitoria décima del TRLPEMM, están supeditadas a la opinión favorable de dos entidades diferentes: la Autoridad Portuaria y Puertos del Estado. El expediente que se remite a Puertos del Estado para recabar su preceptivo informe debe ir acompañado de la propuesta de resolución de la Autoridad Portuaria, en la que ya debe constar todos los aspectos tenidos en consideración para concluir si procede o no la prórroga de plazo y una descripción exhaustiva del cumplimiento de los requisitos exigidos por el artículo 82.2.c) del TRLPEMM.

[380] «La parte recurrente señala que el carácter estratégico o relevante de la concesión ha de estar ligado a las razones por las que el puerto ha sido declarado de interés general y, por

Dicha Sentencia es importante porque (i) concreta los conceptos jurídicos indeterminados de interés «estratégico» o «relevante» y (ii) ofrece criterios orientadores de cómo interpretar dichos conceptos jurídicos, como el alineamiento con las líneas estratégicas de la Autoridad Portuaria, el volumen total de la actividad y tráficos del puerto, los ingresos totales de la actividad de la náutica deportiva y de recreo, la tradición de la actividad el territorio y su economía, la capacidad y características físicas de los amarres y la organización de numerosas regatas.

Algunas normas portuarias autonómicas han incorporado recientemente la prórroga extraordinaria en unos términos muy similares a los regulados en el artículo 82.2.c) del TRLPEMM, y han establecido un *numerus apertus* de supuestos en los que se considera que una concesión portuaria tiene interés estratégico o relevante. Es el caso, por ejemplo, de los artículos 24 de la LPA y 32 de la LPV y de la disposición transitoria tercera de la Ley 9/2014, de 6 de noviembre, de medidas tributarias, administrativas y sociales de Canarias. Quizá estos supuestos podrían servir como parámetros interpretativos para acreditar el interés estratégico o relevante de una determinada concesión portuaria estatales que se ubiquen en esas Comunidades Autónomas.

La STSJ de Andalucía, del 27 de febrero de 2019 (ECLI: ES:TSJAND:2019:1163) aclaró que nada impide a la Autoridad Portuaria vincular el «interés estratégico o relevante» de una concesión solo a la primitiva concesión, antes de la modificación de su objeto: «En tercer lugar la parte recurrente cuestiona la resolución impugnada, al denunciar que no existe interés estratégico o relevante en

---

tanto, de titularidad y competencia del Estado. Desde dicha perspectiva, se señala que la actividad náutico-deportiva sería puramente marginal para la consideración de puerto «de interés general», al ser la actividad comercial la determinante para dicha calificación. No obstante, entendemos que dicha línea interpretativa no es correcta, debiendo distinguirse los criterios que conforme al TRLPEMM determinan qué puertos lo son de interés general (art. 4) a los efectos de atribuir su titularidad y competencia al Estado –a diferencia del resto, competencia de las CCAA–; de los criterios para determinar, dentro de los puertos competencia del Estado –como aquí el de Palma–, qué concesiones son relevantes o estratégicas para dicho puerto. La valoración del carácter de puerto de «interés general» se realiza a nivel global dentro del conjunto de la actividad portuaria estatal, mientras que el carácter estratégico o relevante de una concesión se valora a escala portuaria concreta. Por tanto, no es correcta la apreciación de que únicamente aquellas concesiones ligadas a los motivos que dieron lugar a la calificación de puerto de interés general son las que pueden merecer la condición de concesiones susceptibles de prórroga conforme al art. 82.2.c. En el seno de la actividad portuaria de un puerto concreto, la náutica deportiva sí puede tener el carácter estratégico o relevante. Y ya se ha indicado que la desarrollada por el Club de Mar es de notable entidad. En consecuencia, admitimos que el mantenimiento de la concesión en los términos en que se viene desarrollando, adaptada a las modificaciones y condiciones impuestas por la APB, tiene el carácter estratégico y relevante para el Puerto de Palma. Por las razones que se señalan en el informe del 23 de marzo de 2017 y porque con la prórroga se consolida de forma rápida y eficiente la prestación de unos servicios relevantes para el puerto».

la concesión originaria, tal y como expresamente se exige en el artículo 82.2 c) […] En el caso de autos, consta que por parte de la Autoridad Portuaria se declara la concesión resultante como de interés relevante (folios 229, 239, 646 y 675). Sin que, por otra parte, la distinción que introduce la parte recurrente en su demanda pueda ser acogida, dado que nada impide en la ley que vincule ese interés solo a la primitiva concesión, y no a la resultante tras la modificación».

El segundo requisito que debe cumplir el concesionario para obtener una prórroga por inversión adicional del artículo 82.2 del TRLPEMM, es que se comprometa «a llevar a cabo» una «nueva inversión adicional» que suponga una mejora de la eficiencia global y de la competitividad de la actividad en los términos señalados en la letra b) del mismo artículo 82.2, es decir, que esa inversión resultase de interés para la explotación portuaria y superior al 50% del valor actualizado de la inversión prevista en el título concesional.

Dicha inversión adicional deberá ser superior al 50 por ciento del valor actualizado de la prevista en el título concesional. La Abogacía General del Estado informó, en el año 2012, que la «inversión adicional no puede ser una inversión ya ejecutada durante el plazo inicialmente fijado en el título concesional, es decir, una inversión realizada antes del otorgamiento de la prórroga autorizada por la Autoridad Portuaria, sino que, necesariamente, tiene que ser una inversión nueva, que se comprometa a hacer pro futuro el concesionario y cuya amortización justifica un incremento del plazo concesional».

También aclaró que, el TRLPEMM, cuando menciona en los apartados b) y c) del artículo 82.2 los conceptos *inversión relevante* e *inversión adicional* «no concretan, en absoluto, si debe hacerse necesariamente en bienes que se unan con carácter fijo al dominio público portuario y que cuando finalice el plazo concesional hayan de revertir a la Autoridad Portuaria, o en bienes muebles o instalaciones desmontables. Es significativo en este sentido que los apartados en cuestión, relativos a la prórroga concesional, no establecen limitación alguna en los activos en los que deba materializarse la inversión bastando que la misma»[381].

La única novedad que incorpora la Ley 2/2024 es que, para el cálculo del nivel de inversión adicional, se excluye, expresamente, las inversiones comprometidas en reposición.

---

[381] IAE del 10 de octubre de 2012 (ref. A.G. Entes Públicos 97/12), sobre los requisitos para otorgar una prórroga de una concesión portuaria.

5.2. POR CONTRIBUCIÓN ECONÓMICA PARA LA FINANCIACIÓN DE DETERMINADAS INFRAESTRUCTURAS

Para la otra modalidad de prórroga extraordinaria, se exige, además, que el concesionario se comprometa a efectuar, en el plazo máximo de seis meses desde el otorgamiento de la prórroga, una contribución económica, que no tendrá naturaleza tributaria, a la financiación de alguna de las infraestructuras portuarias recogidas en la norma (infraestructuras de conexión terrestre entre las redes generales de transporte de uso común y las vigentes zonas de servicio de los puertos o los puertos secos en cuya titularidad participe un organismo público portuario; adaptación de las infraestructuras en la red general ferroviaria de uso común para operar trenes de por lo menos 750 m de longitud; y mejora de las redes generales de transporte de uso común, a los efectos de potenciar la competitividad del transporte intermodal y el transporte ferroviario de mercancías).

Como novedad, la Ley 2/2024 incorpora dos nuevos supuestos a los que puede destinarse la contribución económica: «construcción o mejora de infraestructura portuaria básica, consistente en obras de abrigo, dragados, obras de atraque y explanadas» y «construcción o mejora de infraestructuras e instalaciones básicas para el suministro de combustibles alternativos o de electricidad a los buques durante su estancia en el puerto».

Antes de la reforma de la Ley 2/2024, el importe de la inversión no podrá ser inferior a la mayor de las siguientes cuantías: (i) la diferencia de valor en el momento de la solicitud, entre la concesión sin prórroga y la concesión prorrogada, cuya valoración deberá ser realizada por una empresa independiente designada por la Autoridad Portuaria y a costa del concesionario, o (ii) el 20 % de la inversión inicial actualizada. Ahora, tras la entrada en vigor de la Ley 2/2024, se eleva el nivel de inversión al 50 %.

La Ley 2/2024 también ha aclarado que la contribución económica debe satisfacerse en su totalidad en el plazo máximo de seis meses desde el otorgamiento de la prórroga de la concesión «y, en todo caso, antes de la entrada en vigor de la prórroga, si esta tuviera lugar en un plazo inferior a seis meses». Se añade, como novedad, que «en caso de que la contribución económica comprometida no se satisfaga en plazo en su totalidad, no adquirirá eficacia la prórroga otorgada y se extinguirá la concesión por finalización de su plazo».

Esta modalidad de prórroga extraordinaria es sumamente llamativa y a la vez simple, pues la concesionaria no tiene que llevar a cabo ninguna inversión para la mejora de sus instalaciones, sino simplemente abonar una cuantía económica a la Autoridad Portuaria. Es decir, y dicho coloquialmente, el concesionario «compra» la prórroga.

Por último, la Ley 2/2024 incorpora un régimen transitorio que dará mucho juego en los próximos años, y que en mi opinión es de dudosa legalidad, por su carácter retroactivo y efectos desfavorables que implica (aunque cabe pensar que bajo el equívoco de que este régimen es más beneficioso para el concesionario).

Dicha disposición transitoria permitirá aplicar todas las novedades de esta reforma no solo «a las concesiones vigentes, independientemente de la fecha en la que se otorgaron», sino también «a los expedientes de prórroga del plazo concesional que se hallen en tramitación a la fecha de entrada en vigor de esta ley».

En esta modalidad de prórroga extraordinaria, el nuevo y más agravado nivel de inversión (recordemos que pasa del 20 % al 50 %) se exigirá al concesionario con carácter retroactivo. De ahí surgen las dudas de legalidad apuntadas.

6. DOCUMENTACIÓN QUE DEBE ACOMPAÑARSE A UNA SOLICITUD DE PRÓRROGA

El TRLPEMM no establece qué documentación debe acompañarse a una solicitud de prórroga ordinaria o extraordinaria, a efectos de acreditar el cumplimiento de los requisitos legales y facilitar las labores de comprobación de los organismos portuarios. La Ley 2/2024 era una oportunidad magnífica para aclarar este punto, que ha pasado desapercibido.

Ante la ausencia de regulación, es una práctica común tratar esta cuestión directamente con la Autoridad Portuaria y consultar los modelos normalizados o instrucciones particulares publicadas. También volver a presentar la misma documentación que se exige para tramitar una nueva concesión en el artículo 84 del TRLPEMM, excluyendo aquellos documentos que no tengan relación con los presupuestos que deben ser objeto de acreditación.

Asimismo, puede tomarse como parámetro de contraste otras legislaciones portuarias que sí contemplan la documentación que debe aportarse[382] o las recomendaciones dictadas por los organismos portuarios en supuestos parecidos, que suelen tener como objetivo la homogenización de la tramitación de los procedimientos[383]. Igualmente, habrá que estar atentos por si Puertos de

---

[382] Por ejemplo, la disposición transitoria octava de la LPA.

[383] Por ejemplo, las «Recomendaciones relativas a los principales aspectos jurídicos, procedimentales y económicos que pueden ser de interés en los procedimientos que se inicien al amparo de lo dispuesto en la disposición transitoria décima del texto refundido de la Ley de Puertos del Estado y de la Marina Mercante». También puede citarse las «Recomendaciones relativas a los principales aspectos procedimentales que puedan ser de interés en los procedimientos que se inicien al amparo de lo dispuesto en la disposición transitoria tercera de la Ley 14/2003, de 08 de abril, de Puertos de Canarias, relativa a la prórroga de la concesión de puertos deportivos (especial mención a la prórroga extraordinaria»).

Estado publica una recomendación de carácter general y orientativo aplicable en todos los puertos de interés general.

En cualquier caso, como punto de partida podría ser suficiente con aportar junto a la solicitud: (i) documentación acreditativa de la personalidad jurídica y representación, (ii) un proyecto básico que, entre otros extremos, contenga una memoria detallada de los compromisos y características de la inversión y una planificación temporal de la ejecución de esta, (iii) un estudio económico-financiero que justifique la viabilidad de la concesión con los nuevos compromisos de inversión (actividad, obras e instalaciones), y (iv) cualquier otro documento que se considere pertinente para justificar la viabilidad de la prórroga, las características de la concesión modificada, y la relevancia de la inversión que se va a acometer[384].

7. PROCEDIMIENTO, DURACIÓN Y EFECTOS DEL SILENCIO ADMINISTRATIVO

Debe indicarse que la solicitud de prórroga del plazo concesional no está sometida a ningún plazo para su formulación. Una vez solicitada, la Autoridad Portuaria debe iniciar un procedimiento administrativo para confirmar la procedencia de esta (si se encuentra prevista en el título de otorgamiento) o para modificar las condiciones de la concesión portuaria (si no está contemplada en el título de otorgamiento).

El artículo 88 del TRLPEMM diferencia entre modificaciones «sustanciales» y modificaciones que no lo son. Sin perjuicio de que en otro apartado de este trabajo se analiza en detalle este procedimiento, ahora nos limitaremos a señalar que la diferencia entre ambas es meramente procedimental, pues en el primer caso se sigue un procedimiento muy similar al otorgamiento de una nueva concesión («la solicitud deberá tramitarse de acuerdo con lo establecido en los apartados 2º y siguientes del artículo 85 de esta ley») y, en el segundo caso, el precepto exige «únicamente informe previo del director de la Autoridad Portuaria».

La solicitud de prórroga de la concesión portuaria no está sometida a los trámites de concurso ni de competencia de proyectos, e incluso es posible omitir el trámite de información pública en caso de que se cumpla con los requisitos previstos en el apartado 4º del citado artículo 85 del TRLPEMM. No obstante,

---

[384] Por ejemplo, proyecto de ejecución, levantamiento topográfico georreferenciado de la concesión e instalaciones, así como la zonificación actual y la propuesta, copia del aval cuentas anuales del concesionario, compromiso cuantificado de inversión, informe técnico que determine el valor actualizado de la inversión, acreditación de la solvencia económica para afrontar las nuevas inversiones, declaraciones responsables, etc.

se debe indicar que la omisión de este trámite queda a discreción de la Autoridad Portuaria, dada la redacción literal del precepto («podrá omitirse»).

Como se desprende del artículo 88.2.d) del TRLPEMM, solo tendrán carácter de modificación sustancial, «los supuestos establecidos en las letras b) y c) del artículo 82.2»; esto es, las prórrogas ordinarias no previstas en el título de otorgamiento y las prórrogas extraordinarias.

Si el procedimiento que se tramita es el de modificación sustancial, y ante la ausencia de un plazo legal, debería aplicarse el plazo máximo de ocho meses y la regla del silencio administrativo negativo contempladas en el artículo 85.8 del TRLPEMM, por cuanto el artículo 88.1 se remite expresamente a ese precepto.

En cambio, si estamos ante una prórroga ordinaria prevista en el título de otorgamiento no es necesario iniciar un procedimiento de modificación sustancial, sino confirmar con la Autoridad Portuaria la procedencia de la prórroga tras la presentación de una solicitud por parte del concesionario. En tal caso, y ante la ausencia de un plazo legal específico en las distintas normas que conforman el sistema de prelación de fuentes, habrá que estar a la regla general establecida en el artículo 21.3 de la LPAC, conforme al cual «cuando las normas reguladoras de los procedimientos no fijen el plazo máximo, éste será de tres meses». Dado que se trata de un procedimiento que transfiere a terceros facultades relativas al dominio público, el vencimiento del plazo máximo sin haber notificado la resolución expresa, determinará que esta se entienda desestimada por silencio administrativo, en virtud de lo dispuesto en el artículo 24.1 de la LPAC.

8. NECESARIA PUBLICACIÓN DE LA PRÓRROGA EN EL BOE

Ya hemos visto que el procedimiento que se sigue para otorgar una prórroga no prevista en el título de otorgamiento es el de modificación del título concesional. Este procedimiento puede llevar aparejado un trámite de información pública, si la modificación se ha calificado como «sustancial», y este trámite no se ha omitido por la Autoridad Portuaria, en uso de su potestad discrecional.

La resolución de otorgamiento de una prórroga debe publicarse en el BOE, únicamente, cuando la modificación tenga carácter sustancial, pues el artículo 88.1 del TRLPEMM exige que, en ese caso, el procedimiento se tramite «de acuerdo con lo establecido en los apartados 2º y siguientes del artículo 85 de esta ley». Y, precisamente, el apartado 7º impone la necesaria publicación de la resolución de otorgamiento en el BOE.

A mayor abundamiento, el mencionado apartado 7º ordena a las Autoridades Portuarias que incorporen en el anuncio de otorgamiento de una nueva concesión que se publica en el BOE el «plazo» de la nueva concesión portuaria.

Mutatis mutandis, también debería publicarse en el BOE el otorgamiento de una prórroga, pues ciertamente esta institución modifica el «plazo» inicial de la concesión portuaria otorgada, que es una de las previsiones en la que la legislación portuaria exige transparencia y publicidad.

9. EL OTORGAMIENTO DE UNA PRÓRROGA ES UNA POTESTAD DISCRECIONAL

La Autoridad Portuaria no puede conceder o denegar una prórroga de una concesión de dominio público portuario de manera automática, a simple petición del concesionario, y sin sujeción a un procedimiento administrativo. Cuestión distinta es la adecuación del sistema de prórrogas al Derecho de la Unión Europea, cuestión que se suscitó a raíz de la Sentencia del Tribunal Superior de Justicia de la Unión Europea (Sala Quinta) del 14 de julio de 2016, en el asunto *Promoimpresa srl y otros contra Consorzio dei comuni della Sponda Bresciana del Lago di Garda e del Lago di Idro y otros*[385].

En el ámbito de las prórrogas debe partirse siempre de la existencia de un principio general de «improrrogabilidad de las concesiones portuarias», de tal forma que su otorgamiento debe ser siempre excepcional y, por tanto, de

---

[385] La STJUE del 14 de julio de 2016 (ECLI:EU:C:2016:558) no se refiere a las concesiones de dominio público portuario y sus conclusiones no pueden extrapolarse. Si bien, en dicho pronunciamiento, referido al dominio público marítimo y lacustre, se concluye que se opone a la Directiva de Servicios una medida nacional que establece la prórroga automática de las autorizaciones vigentes y destinadas al ejercicio de actividades recreativas, al no existir procedimiento alguno de selección entre los candidatos potenciales.

Zambonino Pulito, M., «Consideraciones al régimen de las autorizaciones y concesiones de ocupación del dominio público portuario estatal», *Revista General de Derecho Administrativo*, núm. 64, 2023, p. 18. Esta autora apunta que «merece un comentario final la discutida adecuación de las prórrogas concesionales al ordenamiento jurídico europeo, un debate abierto tras la considerable flexibilización del régimen de las prórrogas concesionales por la Ley 2/2013, del 29 de mayo, de protección y uso sostenible del litoral y de modificación de la Ley 22/1988, del 28 de julio, de Costas. En este ámbito, debe señalarse que la STJUE del 20 de abril de 2023 (Asunto C-348/22, ECLI:EU:C:2023:301), que consideró que los apartados 1 y 2 del art. 12 de la Directiva 2006/123/CE del Parlamento Europeo y del Consejo, del 12 de diciembre de 2006, relativa a los servicios en el mercado interior, implican la obligación de los Estados miembros de aplicar un procedimiento de selección imparcial y transparente entre los posibles candidatos y la prohibición de renovar automáticamente un título de ocupación del dominio público marítimo-terrestre. Debe hacerse notar que la Comisión Europea ha abierto un procedimiento de infracción contra España precisamente por estos motivos, al considerar que las concesiones que prevé la LC fuera de los puertos, y en particular sus prórrogas sin procedimiento de selección, pueden infringir la Directiva 2006/123/CE2».

Puede verse también la STSJ de las Islas Baleares, del 25 de octubre de 2019 (ECLI: ES:TSJBAL:2019:802).

interpretación restrictiva[386]. Las prórrogas no pueden superar el plazo máximo de 50 o 75 años fijado en la vigente legislación portuaria, en función del carácter «ordinario» o «extraordinario».

Antes de pronunciarse sobre el otorgamiento o denegación de una prórroga, la Autoridad Portuaria debe examinar si su solicitud cumple con los presupuestos exigidos por el título concesional (si existieren) y los que vengan impuestos por la legislación portuaria según el tipo de prórroga interesada (artículo 82.2 del TRLPEMM). Ya hemos visto que para solicitar una prórroga ordinaria no prevista en el título de otorgamiento y las prórrogas extraordinarias el concesionario tiene que acreditar el cumplimiento de distintos requisitos regulados en los apartados b) y c) del artículo 82.2 del TRLPEMM. Igualmente, el plazo de la prórroga debe establecerse conforme a los criterios orientadores fijados en la norma portuaria y sin superar los límites máximos antes mencionados (artículo 82.2 del TRLPEMM). Otro de los condicionantes que debe tenerse en consideración es verificar si la ocupación está ligada a una actividad económica, servicio comercial o servicio portuario, pues en ese caso el plazo de la ocupación y el de la autorización o licencia deben coincidir (artículos 81.2, 115.4 y 139.3 del TRLPEMM).

Estos requisitos, podríamos afirmar, son los elementos reglados que contiene la potestad administrativa que ejercita la Autoridad Portuaria cuando se pronuncia sobre una solicitud de prórroga[387]. El organismo portuario no tiene margen de apreciación subjetiva sobre tales elementos, por cuanto debe limitarse a comprobar si se cumplen o no. Además de estos requisitos, el control de los elementos reglados también abarca los hechos determinantes, la competencia del órgano que ejerce esa potestad[388], el procedimiento que debe seguirse[389] y el fin específico de la potestad administrativa[390].

Ahora bien, algunos de estos presupuestos o elementos reglados contienen conceptos jurídicos indeterminados que se refieren a una realidad extrajurídica no precisada en normativa portuaria (por ejemplo, inversión «relevante», inversión «adicional», interés para «mejorar la productividad, la eficiencia energética o la calidad ambiental de las operaciones portuarias», que sean de «interés estratégico o relevante para el puerto o para el desarrollo económico de su zona de influencia», «mejora de la eficacia global y de la competitividad de

---

[386] En este sentido, las SSTSJ de Canarias, del 11 de noviembre de 2021 (ECLI: ES:TSJICAN:2021:4070) y del 9 de septiembre de 2021 (ECLI: ES:TSJICAN:2021:4020).

[387] Entre otras, las STSJ de Canarias, del 9 de septiembre de 2021 (ECLI: ES:TSJICAN:2021:4020) y del 7 de enero de 2015 (ECLI: ES:TSJICAN:2015:2402).

[388] Compete al Consejo de Administración en virtud de lo dispuesto en el artículo 30.5.n) del TRLPEMM.

[389] Artículo 88.2.d) del TRLPEMM.

[390] Al igual que ocurre con el otorgamiento de una concesión, en la posterior prórroga debe subyacer también un fin de «interés portuario».

la actividad desarrollada», etc.). La Autoridad Portuaria debe decidir, mediante una simple operación interpretativa de subsunción, cómo aplicar estos conceptos jurídicos. No caben distintas interpretaciones ante supuestos similares. La interpretación de los conceptos jurídicos indeterminados debe ser siempre la misma para todos los solicitantes de una misma tipología de prórroga. De ahí que sea recomendable que estos organismos tengan publicado algún tipo de instrucción que otorgue seguridad jurídica a los concesionarios[391].

Aun así, la última decisión de conceder o no una prórroga sigue siendo una potestad enteramente discrecional de la Autoridad Portuaria (juicio sobre la mejor satisfacción del interés portuario). En la toma de decisión por parte del organismo portuario debe tenerse en cuenta que no todas las prórrogas son exactamente idénticas (de ahí que algunas se califiquen como «extraordinarias» y otras «ordinarias», y que unas se prevean expresamente en el título de otorgamiento y otras no), por lo que no deben tener el mismo tratamiento jurídico, ni el mismo juicio de discrecionalidad.

La discrecionalidad que rige en esta materia debe conectarse, necesariamente, con el propio acto de otorgamiento de la concesión, donde ya hemos visto que es comúnmente aceptado el carácter discrecional. Los mismos intereses que se valoraron en el acto de otorgamiento deben tenerse en consideración, de nuevo, en el momento en que se solicita una prórroga del plazo concesional[392].

El carácter discrecional también se desprende del propio tenor literal del artículo 82.2 del TRLPEMM. En las prórrogas ordinarias que se han previsto expresamente en el título de otorgamiento, el apartado a) contiene la expresión «a juicio de la Autoridad Portuaria», que claramente muestra como el ordenamiento jurídico no ha predeterminado la solución que debe adoptarse, concediendo un margen de maniobra, de ponderación subjetiva, a la Autoridad Portuaria, sin que esta pueda incurrir en arbitrariedad, abuso de poder o desviación de fines.

Misma conclusión se alcanza en las prórrogas ordinarias que no se han previsto en el título de otorgamiento, aunque encubiertas bajo otra expresión distinta, típica de las potestades discrecionales, como «podrá ser prorrogado» (artículo 82.2.c del TRLPEMM). El verbo «podrá», que es el que el Legislador ha utilizado en el precepto extractado, también se utiliza en las prórrogas extraordinarias contempladas en el apartado c), aunque estas precisan, para otorgarse, de un previo informe vinculante de Puertos del Estado.

---

[391] En aplicación del artículo 18.1.n) del TRLPEMM, Puertos del Estado puede elaborar y publicar determinadas recomendaciones sobre la interpretación de la norma o la integración de los conceptos jurídicos indeterminados.

[392] Sobre esta cuestión, véase la STS del 8 de julio de 2009 (ECLI: ES:TS:2009:4493).

Finalmente, la Regla 4ª del PCG zanja la cuestión, al indicar lo siguiente: «el otorgamiento de cada una de las prórrogas tendrá carácter discrecional, debiendo la Autoridad Portuaria motivar las razones que justifican su otorgamiento y siempre que el concesionario se encuentre al corriente del cumplimiento de las obligaciones derivadas de la concesión».

Elementos reglados y carácter discrecional son, por tanto, dos caras de la misma moneda en la decisión que debe tomar la Autoridad Portuaria en el otorgamiento o denegación de una prórroga para la ocupación del demanio portuario, con independencia de que esta sea ordinaria o extraordinaria, este o no prevista en el título de otorgamiento.

Esto que acabamos de exponer se refleja, de manera muy esclarecedora, en la STSJ de las Islas Baleares, del 25 de octubre de 2019 (ECLI: ES:TSJBAL:2019:802), que sostuvo que «en primer lugar, debemos precisar que dichos términos se corresponden con los propios de los «conceptos jurídicos indeterminados», lo que excluye cualquier tipo de discrecionalidad en su valoración por parte de la Administración. Pero tanto el solicitante de la prórroga como, en especial, la Administración que la otorga, deben justificar que concurre dicho interés estratégico o relevante. Ello es así porque recordemos que se trata de una medida excepcional frente a la regla general que excluye la posibilidad de prórrogas. Y aunque la concesión lo sea de interés estratégico o relevante, ello no conlleva necesariamente que deba concederse la prórroga, pues una vez determinado que sí goza del interés estratégico y/o relevante, dicha decisión sí tiene un carácter discrecional»[393].

En todo caso, cualquier decisión de la Autoridad Portuaria sobre la solicitud de la prórroga debe estar motivada y especificar las concretas razones de interés portuario que justifican su concesión o denegación, según las circunstancias concurrentes en cada caso; decisión que, como todo acto administrativo, debe venir precedida por la correspondiente audiencia al solicitante y es susceptible de recurso administrativo y/o contencioso-administrativo. La discrecionalidad abarca también a las nuevas condiciones que se impongan que, con carácter previo al otorgamiento, deben someterse a la aceptación del concesionario.

Sobre la discrecionalidad en el otorgamiento de las prórrogas de las concesiones portuarias también se ha pronunciado la Abogacía General del Estado, que señaló lo siguiente: «Del tenor literal del apartado 2 de ese artículo 82 del TRLEMM se deduce, con bastante claridad, que la regla general en la materia es la improrrogabilidad de los plazos concesionales y que, únicamente, en

---

[393] Puede citarse las SSTSJ de Canarias, del 11 de mayo de 2023 (ECLI: ES:TSJICAN:2023:538), del 9 de septiembre de 2021 (ECLI: ES:TSJICAN:2021:4020) y del 7 de enero de 2015 (ECLI: ES:TSJICAN:2015:2402). También a la STSJ de las Islas Baleares, del 25 de octubre de 2019 (ECLI: ES:TSJBAL:2019:802), a la STSJ del País Vasco, del 17 de diciembre de 2015 (ECLI: ES:TSJPV:2015:3765) y a la STS del 29 de junio de 1990 (LA LEY 32737-JF/0000).

los concretos supuestos recogidos en ese artículo podría admitirse la prórroga cuando se den, en primer lugar, los presupuestos para ello y por lo que ahora importa, así lo entienda la Autoridad Portuaria respectiva, configurándose una clara potestad discrecional en manos de la Autoridad Portuaria. No otra cosa puede pensarse del hecho de la utilización en los apartados a), b) y c), de expresiones como «podrá», o «a juicio de la Autoridad Portuaria», propias de una potestad discrecional, correspondiendo, por tanto, a la misma, evaluar todas las circunstancias de la prórroga planteada y adoptar la decisión que considere más oportuna. El carácter discrecional de esa potestad, teniendo presente el texto del antiguo artículo 54.6 de la Ley 27/1992, de 24 de noviembre, de Puertos del Estado y de la Marina Mercante y por extensión del artículo 107 de la Ley 48/2003, del que, con pequeñas modificaciones, puede considerarse fiel trasunto el actual artículo 82 del TRLEMM, fue puesto de manifiesto por la Sentencia del Tribunal Supremo del 8 de julio de 2009»[394].

Recapitulando, del tenor literal del artículo 82, del PCG y de la doctrina jurisprudencial extractada se desprende el carácter discrecional del otorgamiento de las prórrogas, sin perjuicio de que es cierto que también existen determinados aspectos –elementos reglados y conceptos jurídicos indeterminados– que deben valorarse con anterioridad al juicio de discrecional.

Por último, no puede cerrarse este apartado, sin hacer una breve mención, al hecho de que la prórroga de las concesiones portuarias también se ha configurado de manera «reglada» en alguna legislación portuaria autonómica, por expresa previsión de su Legislador. Es, por ejemplo, el caso de la disposición transitoria octava de la LPA, cuyo apartado primero indica expresamente que «el otorgamiento de la ampliación tendrá carácter reglado, siempre que la entidad concesionaria se encuentre al corriente del cumplimiento de las obligaciones concesionales establecidas en la presente ley y las que resulten del título otorgado».

10. CÓMPUTO DEL PLAZO DE LA PRÓRROGA OTORGADA

Otra cuestión en ocasiones controvertida es cómo se computa el nuevo plazo de una prórroga. Este plazo se ha de computar desde la finalización del primitivo plazo de la concesión otorgada; fecha en la que termina el plazo inicial de la concesión portuaria y ha de comenzar el de la prórroga otorgada[395].

---

[394] IAE del 10 de octubre de 2012 (ref. A.G. Entes Públicos 97/12), sobre los requisitos para otorgar una prórroga de una concesión portuaria.

[395] La STSJ del País Vasco, del 5 de abril de 2017 (ECLI: ES:TSJPV:2017:1545) confirma que no existe fraude de ley cuando se unifican concesiones y, posteriormente, se solicita una prórroga, antes no permitida para alguna de las primitivas concesiones por superar el plazo máximo del artículo 82.2 del TRLPEMM.

La resolución de otorgamiento de la prórroga deberá fijar la nueva fecha de finalización de la concesión administrativa prorrogada.

Esta es la lectura que se desprende del artículo 82.2 del TRLPEMM, que señala que las prórrogas no previstas en el título de otorgamiento, «unidas al plazo inicial», no podrán superar los 50 o 75 años, según el tipo de prórroga.

11. EFECTOS DEL OTORGAMIENTO DE UNA PRÓRROGA

La prórroga de una concesión que no se encuentra prevista en el título de otorgamiento puede ser concebida de distintas formas: la primera, como una «nueva concesión», y la segunda, como «la misma concesión».

El TRLPEMM tampoco resuelve esta cuestión, que tiene sus consecuencias prácticas. Piénsese, por ejemplo, una concesión de un puerto deportivo, en la que el concesionario tiene suscritos contratos con terceros (arrendamiento, amarres, derechos de uso, etc.). Si la prórroga se trata como una «nueva» concesión, cabe plantearse qué ocurre con la continuación y condiciones de estos contratos privados; es decir, si quedarían extinguidos o sus condiciones modificadas. En cambio, la solución podría ser distinta si la prórroga no se considera como una «nueva» concesión frente a estos terceros, sino como la «misma» concesión.

En cuanto al primer posicionamiento, este sería el caso por el que optó la primera versión de la Ley 9/2014, del 6 de noviembre, de medidas tributarias, administrativas y sociales de Canarias[396], cuyo apartado 2º de la disposición transitoria tercera estableció, expresamente, que la prórroga de la concesión se trataba, a todos los efectos, de una «nueva» concesión frente a terceros (el calificativo «frente a tercero» no es casual)[397]. Es el único antecedente que se ha localizado.

La Abogacía del Estado planteó la posible inconstitucionalidad de ese apartado, por cuestiones competenciales relacionadas con la competencia exclusiva del Estado sobre la legislación civil, no por razones sustanciales o materiales. Finalmente, la Administración General del Estado llegó a un acuerdo con el Gobierno de Canarias en el seno de la Comisión Bilateral de Cooperación Canarias-Estado, en el que este último se comprometió a instar una modificación legislativa de la disposición adicional única de la Ley 14/2019, del 25

---

[396] La disposición adicional única de la Ley 14/2019, del 25 de abril, de ordenación territorial de la actividad turística en las islas de El Hierro, La Gomera y La Palma modificó la disposición transitoria tercera de la citada Ley 9/2014, del 6 de noviembre.

[397] Apartado 2º de la disposición transitoria tercera de la Ley 9/2014, anterior a la aprobación de la Ley 7/2022, del 28 de diciembre, de Presupuestos Generales de la Comunidad Autónoma de Canarias para 2023.

de abril, para eliminar, entre otras previsiones, la referida al carácter de la prórroga de la concesión como una «nueva» concesión frente a terceros.

Esta norma fue reformada por la disposición final XIV de la Ley 7/2022, del 28 de diciembre, de Presupuestos Generales de la Comunidad Autónoma de Canarias para 2023, que se publicó en el Boletín Oficial de Canarias núm. 257, del 31 de diciembre de 2022, y que entró en vigor el pasado 1 de enero de 2023 (disposición final XIX), para dar cumplimiento al acuerdo alcanzado en el seno de la Comisión Bilateral[398].

Por otro lado, y en cuanto al segundo posicionamiento, cabe indicar que, si la prórroga se otorga antes del vencimiento del plazo máximo de la concesión, no parece que pueda sostenerse que esta se trata de una «nueva» concesión, sino de la «misma» concesión, pues lo que se modifica es, únicamente, uno de sus elementos: el plazo (junto con otras condiciones asociadas a las nuevas inversiones).

Destacamos, por su claridad, la exposición que Fernández Acevedo sostiene al respecto: «Parece más conveniente calificar a la prórroga o renovación de la concesión como una modificación que no produce una nueva relación concesional, sino únicamente la variación de la existente en uno de sus elementos, el *quantum* del plazo. Se trata en realidad de una variación, en principio, limitada al plazo concesional, determinando una ampliación del mismo; aunque no necesariamente, como lo demuestra la previsión del artículo 107.2 de la Ley de Servicios de los Puertos, conforme al cual, siempre que el título concesional no haya previsto la posibilidad de una prórroga, el otorgamiento de esta «determinará la modificación de las condiciones de la misma [de la concesión], que deberán ser aceptas por el concesionario con anterioridad a la resolución de otorgamiento de la prórroga». Así pues, la extinción de la primera concesión no llega verdaderamente a producirse, pues el primer efecto de esta modificación, la del plazo, consiste, precisamente, en evitar que la extinción del acto inicial se produzca. A pesar de ello, la modificación tiene lugar por un nuevo acto administrativo que, formalmente, debe producirse de conformidad con las normas jurídicas vigentes en el momento en que se dicta y cuya virtualidad, salvo excepciones como la mencionada del ámbito portuario, se limita a disponer la continuación de los efectos de otro anterior»[399].

Como también advierte este autor, la concesión portuaria, y a diferencia de otras concesiones demaniales, la prórroga no se limita a modificar el elemento del plazo en el título concesional, sino que sirve como pretexto para

---

[398] La supresión de este apartado no obedece, por tanto, a un cambio de criterio del Legislador en lo que a los efectos frente a terceros conlleva la prórroga de la concesión, sino a una cuestión meramente competencial acordada en el seno de la Comisión Bilateral de Cooperación.

[399] Fernández Acevedo, R., *Las concesiones administrativas de dominio… Op. cit.*, pp. 292 y 293.

modificar e introducir nuevos condicionantes. Así, de manera accesoria también se pueden incorporar, en el *corpus concesional*, las nuevas condiciones a las que se ha comprometido el concesionario, y que han sido aceptadas por la Autoridad Portuaria, y otras que haya propuesto de oficio este organismo. Ahora bien, como recuerda Oller Rubert, si durante la tramitación de una prórroga «hubiera modificación de [otras] cláusulas se exige la tramitación de un expediente administrativo con la audiencia de los interesados»[400].

Se trataría, por tanto, y a diferencia del caso de Canarias, de la proyección «interna» de la prórroga (en relación con la administración concedente), no externa («frente a terceros»), donde sí parece razonable sostener que se trata de una nueva concesión, por las implicaciones económicas asociadas a las prórrogas (máxime si esta es extraordinaria).

Si se agota el plazo concesional, y a menos que una norma de derecho transitorio disponga lo contrario, técnicamente ya no sería posible otorgar una prórroga, por cuanto supondría una clara vulneración del principio de improrrogabilidad de las concesiones. La concesión quedaría extinguida a todos los efectos y la eventual prórroga que se otorgara debería tratarse como una nueva concesión. En cualquier caso, extinguida una concesión, siempre podrá otorgarse una nueva concesión a favor del concesionario anterior en unos términos similares o muy parecidos, si así lo decide la Autoridad Portuaria, previa solicitud, y tras la tramitación del procedimiento legalmente establecido en los artículos 85 y siguientes del TRLPEMM.

12. IMPUGNACIÓN DE LA PRÓRROGA

Como cualquier otro acto administrativo, el otorgamiento o denegación de una prórroga de una concesión de dominio público portuario puede ser impugnado tanto en vía administrativa como contencioso-administrativa, bien por el propio concesionario en caso de que esta no se haya otorgado o no comparta las nuevas condiciones, bien por un tercero. En este último caso, el tercero debe acreditar la condición de sujeto legitimado en vía administrativa y/o judicial, condición que, *a priori*, podría ostentar cualquier competidor real que se persone en el procedimiento administrativo, de conformidad con lo dispuesto en el artículo 4.1.c) de la LPAC[401].

---

[400] Oller Rubert, M., «Comentarios a la DT 2ª del TRLPEMM», en Petit Lavall, Mª. V., Blasco Díaz, J.L., Puetz, A. y Oller Rubert, M. (Dir.), *Comentarios al texto refundido de… Op. cit.*, p. 1751.

[401] El ATS del 16 de noviembre de 2023 (ECLI:ES:TS:2023:15667A) admitió a trámite un recurso de casación para determinar «si resulta imprescindible haber concurrido al procedimiento de otorgamiento de una concesión demanial para poder ostentar legitimación activa para la impugnación de los actos de dicho procedimiento de concesión, o, en caso contrario, precisar las

El acto de otorgamiento o denegación de una prórroga es inmediatamente ejecutivo desde la fecha en que se dicta, a menos que en dicho acto se disponga otra cosa[402]. Sin embargo, esa ejecutividad puede, de manera excepcional, suspenderse y ello conllevaría la paralización provisional de sus efectos mediante un pronunciamiento cautelar. Esta suspensión se puede producir tanto en vía administrativa como judicial, conforme a lo dispuesto en los artículos 117 de la LPAC y 129 y siguientes de la LJCA, respectivamente.

En vía administrativa, la interposición de un recurso administrativo no suspende automáticamente la ejecutividad del acto administrativo impugnado, pero puede solicitarse siempre que su ejecución pudiera causar perjuicios de imposible o difícil reparación y/o el recurso se funde en alguna/s causa/s de nulidad de pleno derecho recogidas en el artículo 47.1 de la LPAC.

El órgano competente para resolver el recurso administrativo dispone de un mes, desde que la solicitud de suspensión haya tenido entrada en el registro, para pronunciarse sobre ella y, si en ese plazo no resuelve la medida o el recurso administrativo, el acto administrativo ha de entenderse provisionalmente suspendido por silencio administrativo positivo, en virtud del artículo 117.3 de la LPAC.

La suspensión se prolongará mientras se resuelve el recurso administrativo, y podrá ser prorrogada en vía judicial[403], una vez que se desestime el recurso administrativo, siempre que se solicite una medida cautelar y el órgano judicial la acuerde, previa ponderación de todas las circunstancias concurrentes, como proscribe el artículo 130.2 de la LJCA. Esta medida cautelar permanecerá en vigor hasta el dictado de una sentencia firme que ponga fin al procedimiento contencioso-administrativo, o este finalice por cualquier otra causa, sin perjuicio de que la medida puede ser modificada o revocada durante el curso del procedimiento si cambian las circunstancias en virtud de las cuales se hubiera adoptado este pronunciamiento cautelar, en atención a lo dispuesto en el artículo 132 de la LJCA.

Ahora bien, cuestión distinta es qué ocurre cuando la Autoridad Portuaria deniega una prórroga, y el concesionario solicita una medida provisional o cautelar de mantenimiento de la concesión preexistente –que quedaría en precario tras denegarse la prórroga– hasta que se resuelva el recurso administrativo o el procedimiento contencioso-administrativo. La jurisprudencia tiene declarado que este tipo de medidas se deben denegar, porque suponen el otorgamiento de una medida cautelar de signo «positivo», consistente en el

circunstancias que deben concurrir para que un recurrente posea legitimación activa para impugnar los actos de un procedimiento de concesión demanial».

[402] Artículo 39.1 de la LPAC.

[403] Artículo 117.4 de la LPAC.

otorgamiento provisional y cautelar de un derecho del que se carece, para poder prolongar el desarrollo de su título jurídico sin cobertura[404].

En cambio, si una Autoridad Portuaria otorga una prórroga, esta desplegaría plenos efectos de manera inmediata, pero, excepcionalmente y previa impugnación de un tercero, la prórroga podría perder provisionalmente su eficacia en tanto se resuelve el conflicto, si se otorga una medida provisional de suspensión en vía administrativa o judicial. En este caso, no estaríamos ante una medida cautelar «positiva», sino «negativa», pues quien impugna es un tercero que quiere «dejar sin efecto» un acto administrativo.

En aplicación de los criterios jurídicos vigentes, debe advertirse que la suspensión provisional y/o cautelar de un acto administrativo de otorgamiento de una prórroga de una concesión es sumamente excepcional y, además, habría que ponderar los intereses de terceros (el concesionario) y generales (el interés portuario) inherente a toda concesión y prórroga, antes de adoptar precipitadamente la decisión de suspender la inmediata ejecutividad del acto administrativo.

En todo caso, ante una solicitud cautelar de tales características, la Administración o el concesionario siempre podrán exigir al recurrente que aporte garantía o caución suficiente para responder de los eventuales daños o perjuicios que se derivasen de la suspensión provisional de la prórroga otorgada, como proscriben los artículos 117.4 de la LPAC y 133 de la LJCA.

13. RÉGIMEN DE DURACIÓN DE LAS CONCESIONES PORTUARIAS PREEXISTENTES

13.1. SISTEMA DE PRÓRROGA

El TRLPEMM cuenta con dos disposiciones de derecho transitorio que condicionan el plazo máximo de duración de las concesiones de dominio público portuario otorgadas antes de su entrada en vigor: la segunda y la décima[405]. La Ley 2/2024 incorpora una nueva disposición transitoria undécima en el TRLPEMM, que lleva por título «Régimen transitorio aplicable a los títulos concesionales otorgados y a los expedientes de prórroga del plazo concesional».

---

[404] Sobre esta cuestión, puede citarse la STSJ de Galicia, del 23 de julio de 2021 (ECLI: ES:TSJGAL:2021:4766).

[405] La doctrina también se ha encargado de estudiar dichas disposiciones transitorias. Al respecto, puede verse a Trias Prats, B., «El nuevo régimen de duración de las concesiones portuarias en los puertos de interés general», *Revista española de Derecho Administrativo*, núm. 167, 2014, pp. 269-291.

La disposición transitoria segunda tiene por objeto mantener la vigencia de algunas disposiciones transitorias de las derogadas LPEMM de 1992 y Ley de Puertos de 2003, aplicables a las concesiones de dominio público portuario. Se hará referencia únicamente a la disposición transitoria cuarta de la LPEMM de 1992 (disposición transitoria segunda.1.a del TRLPEMM), que se circunscribe, particularmente, a la duración y régimen de prórrogas de las autorizaciones y concesiones para la ocupación del dominio público portuario otorgadas antes de la entrada en vigor de la mencionada LPEMM.

Como recordó el Tribunal Superior de Justicia de la Comunidad Valenciana, esta norma de derecho transitorio contiene las siguientes reglas básicas aplicables a las concesiones portuarias preexistentes a la entrada en vigor de la LPEMM de 1992[406]:

> «a) Las concesiones y autorizaciones vigentes a la entrada en vigor de la Ley 27/1992, a excepción del canon aplicable, siguen vigentes en las condiciones en que fueron otorgados.
>
> b) En cuanto a las concesiones, siguen un doble régimen jurídicos:
> - Concesiones otorgadas a perpetuidad, por tiempo indefinido o por plazo superior a 35 años a contar desde la entrada en vigor de la Ley 27/1992, del 24 de noviembre, se consideran incompatibles con la nueva ley; en estos casos, se entenderán otorgadas por el plazo máximo de 35 años a contar desde la entrada en vigor de la Ley 27/1992, del 24 de noviembre;
> - En los demás supuestos, la revisión de las cláusulas concesionales requerirá la tramitación de un expediente, con audiencia al interesado en la forma y con los criterios que reglamentariamente se determinen;
> - Concesiones a precario donde la Autoridad Portuaria que corresponda resolverá sobre el mantenimiento o la revocación de las concesiones otorgadas en precario».

Esta norma transitoria impuso, como regla general, un límite a su duración máxima, contando el plazo inicial y el de las eventuales prórrogas, que no podía superar inicialmente los 30 años y, más tarde, los 35 años desde su entrada en vigor[407]; es decir, en principio, todas las concesiones que continuasen vigentes a la entrada en vigor de la LPEMM de 1992 finalizarán, como muy tarde, el 15 de diciembre de 2027 (20 días desde la completa publicación de la LPEMM de 1992 en el BOE, en virtud de lo dispuesto en el artículo 2.1 del Código Civil).

---

[406] STSJ de la Comunidad Valenciana, del 31 de enero de 2017 (ECLI: ES:TSJCV:2017:279).

[407] La LPEMM de 1992 fijó el plazo máximo en 30 años, pero la Ley de Puertos de 2003 lo elevó a 35 años.

Inicialmente, esta norma transitoria discriminaba a las concesiones más antiguas con las nuevas, por cuanto conforme a su tenor literal no podían acceder al sistema de prórrogas extraordinarias establecido para las nuevas concesiones[408]. El debate de la duración de estas concesiones se agravó tras la entrada en vigor de la disposición transitoria cuarta de la Ley 18/2014, del 15 de octubre, de aprobación de medidas urgentes para el crecimiento, la competitividad y la eficacia, que dispuso lo siguiente: «En ningún caso podrá otorgarse prórroga del plazo de las concesiones existentes a la entrada en vigor de la Ley 27/1992, del 24 de noviembre, en condiciones que se opongan a lo establecido en esta ley o en las disposiciones que la desarrollen y, en particular, la que diera lugar a un plazo que, acumulado al inicialmente otorgado exceda del límite de 35 años, excepto en los supuestos y condiciones a que se refiere la disposición transitoria décima de esta ley».

La doctrina interpretó que, esta nueva redacción aplicable a las concesiones portuarias anteriores a la LPEMM de 1992 solo permitía a estas concesiones superar el plazo de 35 años en los supuestos previstos en la disposición transitoria décima del TRLPEMM[409].

Esta situación ha cambiado sustancialmente en el año 2023, pues la disposición final cuarta de la Ley 13/2023, del 24 de mayo, modificó la disposición transitoria segunda del TRLPEMM, con el objetivo de que las concesiones portuarias otorgadas con anterioridad a la entrada en vigor de la LPEMM de 1992 también pueden beneficiarse del sistema de prórrogas ordinarias y extraordinarias contemplado en el artículo 82.2 del TRLPEMM[410]. Esta previsión ha homogeneizado el régimen de plazos máximos de las concesiones más antiguas con el de las nuevas, para que todas ellas puedan beneficiarse del régimen excepcional de prórrogas previsto en el citado artículo 82.2.

Esta norma modifica, mediante su disposición final cuarta, el apartado 1º, letra a), epígrafe cinco, de la disposición transitoria segunda del TRLPEMM, dando una nueva redacción al epígrafe 5, que hasta la entrada en vigor de esa

---

[408] Pese a lo anterior, la Abogacía del Estado inicialmente defendió la aplicación del régimen de prórroga extraordinaria contemplado en el artículo 107.2 de la Ley de Puertos de 2003 a las concesiones otorgadas con anterioridad a la LPEMM de 1992. Cabe citar su Dictamen del 6 de octubre de 2005 (ref. A.G. Servicios Jurídicos Periféricos 13/05).

[409] IAE del 9 de marzo de 2015 (ref. A.G. Servicios Jurídicos Periféricos 9/15), cuyo ponente fue D. Ricardo Huesca Boadilla. En este informe se aborda las distintas situaciones en las que puede encontrarse un concesionario titular de una concesión portuaria anterior a la LPEMM de 1992 que ha solicitado una prórroga de la concesión de dominio público portuario: (i) antes de la entrada en vigor del RD-Ley 8/2014, (ii) entre la entrada en vigor de ese Real Decreto Ley y entrada en vigor de la Ley 18/2014 y (iii) con posterioridad a la entrada en vigor de la Ley 18/2014.

[410] Sobre esta reforma legislativa puede verse a Nägele García de Fuente, N., «Novedades en torno a la prórroga de concesiones portuarias tras la aclaración del régimen transitorio de la Ley 27/1992», *Actualidad Jurídica Uría Menéndez*, núm. 62, 2023, pp. 120-127.

norma disponía lo siguiente: «En ningún caso podrá otorgarse prórroga del plazo de las concesiones existentes a la entrada en vigor de la Ley 27/1992, del 24 de noviembre, en condiciones que se opongan a lo establecido en esta ley o en las disposiciones que la desarrollen y, en particular, la que diera lugar a un plazo que, acumulado al inicialmente otorgado exceda del límite de 35 años, excepto en los supuestos y condiciones a que se refiere la disposición transitoria décima de esta ley».

Tras la modificación legislativa, la nueva redacción pasó a ser la siguiente: «En ningún caso podrá otorgarse prórroga del plazo de las concesiones u otros títulos de ocupación del dominio público portuario existentes a la entrada en vigor de la Ley 27/1992, de 24 de noviembre, en condiciones que se opongan a lo establecido en el Texto Refundido de la Ley de Puertos del Estado y de la Marina Mercante, aprobado por el Real Decreto Legislativo 2/2011, del 5 de septiembre, o en las disposiciones que lo desarrollen y, en particular, a lo regulado en el artículo 82 del mismo Texto Refundido»[411].

Esta nueva redacción viene a clarificar, sin atisbo de dudas, que las concesiones portuarias preexistentes a la LPEMM de 1992 también pueden acogerse al sistema de prórrogas, ordinaria y extraordinaria, contemplado en el artículo 82.2 del TRLPEMM.

Como se ha dicho, la Ley 2/2024 incorpora una nueva disposición transitoria undécima en el TRLPEMM, que lleva por título «Régimen transitorio aplicable a los títulos concesionales otorgados y a los expedientes de prórroga del plazo concesional». Esta disposición consolida la tendencia de homogeneizar concesiones más antiguas con las nuevas, iniciada con la Ley 13/2023, del 24 de mayo al aplicar la reforma no solo «a las concesiones vigentes, independientemente de la fecha en la que se otorgaron», sino también «a los expedientes de prórroga del plazo concesional que se hallen en tramitación a la fecha de entrada en vigor de esta ley».

13.2. SISTEMA DE AMPLIACIÓN DEL PLAZO INICIAL

De otro lado, la disposición transitoria décima, introducida por el RD-Ley 8/2014, no regulaba, en principio, el régimen de «prórroga», como sí hacía la disposición transitoria segunda, sino la «ampliación» inicial del plazo de la concesión de dominio público portuario[412]. Más tarde, desde la reforma operada

---

[411] Si se observa con detalle el nuevo apartado 5º de la disposición transitoria segunda del TRLPEMM, no solo se refiere al plazo máximo de las concesiones portuarias, sino también de «otros títulos de ocupación»; previsión claramente referida a los contratos de obra pública o contratos de gestión de servicios públicos.

[412] La STSJ de Canarias (ECLI: ES:TSJICAN:2021:4020) aborda, entre otras cuestiones, las diferencias existentes entre las «prórrogas» y la «ampliación» inicial del plazo.

por la Ley 18/2014, esta disposición también hace algunas referencias al mecanismo de las «prórrogas» de las concesiones portuarias.

Esta norma transitoria del TRLPEMM se aplicaba a las concesiones otorgadas antes de la entrada en vigor del RD-Ley 8/2014, esto es, con anterioridad al 5 de julio de 2014, posibilitando que su plazo inicial pudiera extenderse sin superar «los límites establecidos en el artículo 82 de esta Ley». Pero su particularidad radicaba en que solo podía activarse este mecanismo excepcional en el plazo de un año, a contar desde la entrada en vigor del RD-Ley 8/2014, esto es, su vigencia terminó el 6 de julio de 2015[413]. Cuestión distinta es que se haya solicitado la ampliación inicial en el plazo legalmente habilitado, pero que la Autoridad Portuaria aún no haya resuelto expresamente la solicitud, en cuyo caso el solicitante sí tendría derecho a un pronunciamiento de fondo, sin perjuicio de que su solicitud debe entenderse desestimada por silencio administrativo[414].

Conforme a la regulación entonces vigente, una eventual ampliación del plazo concesional quedaría sometida a los siguientes requisitos: (i) una nueva inversión, en los términos señalados en el apartado 2.b) del artículo 82 del TRLPEMM, salvo en lo referente al nivel mínimo de inversión; (ii) una contribución económica a la financiación de infraestructuras de conexión terrestre entre las redes generales de transporte de uso común y las vigentes zonas de servicio de los puertos o de los puertos secos; (iii) la reducción de, al menos, un veinte por ciento (20%) de las tarifas máximas incluidas en el título concesional, actualizadas conforme a lo previsto en dicho título o, en su caso, en los pliegos de prescripciones particulares de los servicios portuarios; (iv) el importe total del compromiso del concesionario no debe ser inferior a la mayor de las siguientes cuantías: a) la diferencia de valor, en el momento de la solicitud, entre la concesión sin prórroga y el de la concesión prorrogada o b) el veinte por ciento (20%) de la inversión inicial actualizada; (v) que el concesionario se encuentre al corriente en el cumplimiento de todas las obligaciones derivadas de la concesión y (vi) la emisión de un informe favorable y vinculante de Puertos del Estado con carácter previo al otorgamiento de la ampliación del plazo inicial concesional.

A efectos de acreditar el cumplimiento de tales requisitos, aclarar algunos conceptos oscuros y delimitar el procedimiento que debía seguirse, había que tener en cuenta las «Recomendaciones relativas a los principales aspectos jurídicos, procedimentales y económicos que pueden ser de interés en

---

[413] En realidad, el RD-Ley 8/2014 fijó un periodo de seis meses. Este plazo fue más tarde ampliado a un año, mediante la Ley 18/2014.

[414] Repárese que una de las garantías del administrado es el deber legal que pesa sobre las administraciones públicas que instruyen procedimientos administrativos de resolverlos expresamente (artículo 21 de la LPAC).

los procedimientos que se inicien al amparo de lo dispuesto en la disposición transitoria décima del texto refundido de la Ley de Puertos del Estado y de la Marina Mercante», que elaboró Puertos del Estado y que se encuentra aún publicada en su sede electrónica.

La ampliación del plazo concesional regulado en la disposición transitoria décima del TRLPEMM no podía ser superior a 2/5 del plazo inicialmente concedido. La ampliación del plazo concesional prevista en la disposición transitoria décima del TRLPEMM no se configuraba como una modificación sustancial de la concesión, conforme al tenor literal del artículo 88.2 del TRLPEMM, por lo que no era de aplicación el procedimiento previsto en el artículo 85, apartados 2 y siguientes, de ese cuerpo legal.

Finalmente, la Abogacía del Estado confirmó que las prórrogas ordinarias de los apartados a) y b) del artículo 82.2 resultaban compatibles con la ampliación del plazo inicial de la concesión de dominio público portuario prevista en la disposición transitoria décima del TRLPEMM[415].

14. RENOVACIÓN DE DETERMINADAS CONCESIONES PORTUARIAS

Distinto a la prórroga, ampliación y al otorgamiento de una nueva concesión es la «renovación» de las concesiones portuarias a la que se refiere el artículo 91 del TRLPEMM, que es un mecanismo que está pensado para actividades distintas a las portuarias, como son las actividades extractivas, energéticas o industriales, pero que tienen una conexión con aquellas[416].

La renovación no debe asimilarse a una prórroga ni a la ampliación del plazo inicial, pues no supone la extensión de la primitiva concesión, sino técnicamente el otorgamiento de una nueva concesión de ocupación del dominio público portuario. Pero tampoco se trata de una nueva concesión a todos los efectos, por cuanto tiene una clara vinculación con otro título otorgado por la Administración General del Estado para el desarrollo de actividades distintas a las portuarias, el cual tiene una vigencia superior al de la concesión portuaria soporte.

La utilización del término «renovación» por el Legislador no es casual, sino que viene a delimitar de forma muy clara el contenido y alcance de esta institución, que no es otro que el de «restablecer o reanudar una relación u otra cosa

---

[415] IAE del 17 de marzo de 2016 (ref. A.G.-Entes Públicos 18/16, R-174/16) sobre compatibilidad entre ampliación del plazo inicial de las concesiones portuarias con las prórrogas solicitadas con posterioridad a la entrada en vigor del Real Decreto-Ley 8/2014, de 4 de julio.

[416] Esta institución se reconoce también en otras legislaciones sectoriales, como por ejemplo en el artículo 66.3 de la LC.

que se había interrumpido»[417]. El artículo 91 del TRLPEMM es muy razonable en su contenido, pues lo que persigue es que la extinción del título demanial soporte no sea un obstáculo para la continuación de una actividad amparada por otro título concedido por la Administración General del Estado, de orden superior y marcado interés general. De ahí que se opte por el restablecimiento sucesivo de la concesión portuaria hasta que aquel otro título quede extinguido.

Aunque el TRLPEMM no lo disponga expresamente, la extinción anticipada del título de actividad otorgado por la Administración General del Estado implicará, igualmente, la extinción de la concesión del dominio público portuario soporte, dada la vinculación entre ambos títulos. En efecto, en la figura de la renovación de las concesiones portuarias, el demanio soporte y el título de actividad son, por tanto, dos caras de la misma moneda.

El artículo 91 del TRLPEMM habilita un procedimiento *ad hoc* para que el titular de la concesión portuaria puede solicitar una renovación, previo cumplimiento de una serie de requisitos. Se trata, por tanto, de un procedimiento distinto a otros contemplados en el TRLPEMM. El titular de la concesión debe solicitar su renovación (i) antes de la extinción del plazo previsto en el citado artículo 82, (ii) la actividad debe estar amparada por un título otorgado por la Administración General del Estado que tenga un plazo superior a la primitiva concesión[418], (iii) que dicho título sea «para la extracción de recursos minerales o para usos energéticos o industriales», (iv) que se mantenga la misma actividad de la primitiva concesión, (v) que se encuentre el concesionario al corriente en el cumplimiento de las obligaciones derivadas de la anterior concesión y (vi) que sean aceptadas las condiciones del nuevo título concesional.

Mientras se otorga la renovación de la concesión, el artículo 91 del TRLPEMM ya avanza que es probable que, por cuestiones ajenas al concesionario, este puede quedar temporalmente sin cobertura jurídica para ocupar el demanio portuario (precario). Esto ocurrirá cuando el vencimiento del plazo concesional llegue antes que el acto de renovación del título concesional. Aunque no es un escenario deseable, si se da esta situación no debería ordenarse el

---

[417] La RAE define, en su segunda acepción, el verbo «renovar» en este sentido.

[418] Zambonino Pulito, M., «Comentarios al artículo 91 del TRLPEMM», en Petit Lavall, Mª. V., Blasco Díaz, J.L., Puetz, A. y Oller Rubert, M. (Dir.), *Comentarios al texto refundido de... Op. cit.*, p. 662. La profesora apunta, con acierto, que «una cuestión que en mi opinión debe ser revisada es la exigencia de que el título habilitante de la actividad, que sirve de base para la renovación, haya sido otorgada por la Administración del Estado puesto que, en base al reparto constitucional y estatutario de competencias, las Comunidades Autónomas han asumido competencias en materia de extracción de recursos minerales, energía e industria, por lo que el título habilitante de la actividad puede haber sido otorgado por la Comunidad Autónoma respectiva, y no parece justificado entender restringida la posibilidad de renovación de la concesión de dominio público portuario a los casos en los que el título habilitante de la actividad haya sido otorgado por el Estado».

cese inmediato de la ocupación, pues es un acontecimiento que se puede evitar, en atención al propio tenor literal del artículo 91.

En todo caso, para despejar cualquier tipo de dudas, podría incorporarse una previsión específica en el TRLPEMM en la que se indique expresamente que el concesionario puede seguir provisionalmente ocupando el demanio soporte, en los mismos términos y condiciones establecidos en el primitivo título concesional, hasta que se otorgue o deniegue la renovación solicitada en tiempo y forma. A expensas de una reforma legislativa, las Autoridades Portuarias también podrían incorporar una previsión similar en sus modelos normalizados de condiciones particulares, todo ello en favor de la seguridad jurídica y de los intereses que confluyen.

Esta previsión transitoria, de continuidad incluso en precario, no debe extrapolarse al resto de instituciones mencionadas, pues claramente el otorgamiento de una concesión portuaria o de una prórroga es una potestad discrecional y, por tanto, imprevisible. Esta reflexión nos sitúa, claramente, en que la renovación de la concesión, a diferencia del otorgamiento de una nueva concesión conforme a lo dispuesto en los artículos 85 y siguientes del TRLPEMMM, o de una prórroga del título concesional de las previstas en el artículo 82.2 del TRLPEMM, es un acto de naturaleza reglada, pues ciertamente el artículo 91 del TRLPEMM viene a reconocer un derecho preferente al restablecimiento del título concesional a favor del concesionario en el procedimiento de adjudicación de las concesiones relativas al dominio público portuario, para que pueda continuar con determinadas actividades[419].

En este mismo sentido se ha pronunciado Zambonino Pulito, que señala que «la Autoridad Portuaria en estos supuestos dispone de una potestad reglada, de modo que habrá de estimar la solicitud y aprobar la renovación, siempre que se cumplan las condiciones que el apartado segundo del artículo que comentamos exige para ello, a saber, que la actividad sea la misma, que el concesionario esté al corriente del cumplimiento de las obligaciones derivadas de la concesión original y que se acepten las condiciones de la nueva concesión»[420].

Esta nueva concesión de ocupación de dominio público portuario se otorgará por plazo igual al que reste de vigencia a la licencia de la actividad extractiva, energética o industrial, con un máximo de 35 años. La renovación de la concesión podrá reiterarse hasta completar el plazo del título de actividad. Como vemos, se trata de unos límites temporales distintos a los previstos en el artículo 82 del TRLPEMM.

---

[419] DCE núm. 1.601/2005, del 13 de octubre se pronuncia en estos términos.

[420] Zambonino Pulito, M., «Comentarios al artículo 91 del TRLPEMM», en Petit Lavall, Mª. V., Blasco Díaz, J.L., Puetz, A. y Oller Rubert, M. (Dir.), *Comentarios al texto refundido de… Op. cit.*, p. 662.

Capítulo Sexto

LA CONCESIÓN PORTUARIA EN EL TRÁFICO JURÍDICO

1. MODIFICACIÓN DE LA CONCESIÓN

1.1. CONCEPTO Y CLASES

A diferencia de la LPEMM de 1992, la Ley 48/2023 regulaba con mayor grado de detalle los mecanismos que permitían flexibilizar las condiciones del título concesional de dominio público portuario[421], dentro de los límites legalmente establecidos. Esta regulación es la que acoge el vigente TRLPEMM.

---

[421] Es obligado recordar que, el 14 de marzo de 2020, entró en vigor el primer estado de alarma decretado durante la crisis sanitaria del COVID-19. En esos días tan convulsos, eran muchos los interrogantes que no tenían respuestas, pues se trataba de una situación novedosa, nunca vivida. En el ámbito portuario, los titulares de concesiones demaniales empezaron a preguntarse qué ocurriría con la explotación del demanio portuario cuyas actividades y servicios se habían visto afectados por la crisis sanitaria o por las medidas limitativas adoptadas por las distintas autoridades; es decir, qué sucedería con el aprovechamiento del dominio público portuario que no puede explotarse, con el plazo máximo de duración de las concesiones portuarias cuya actividad se ha paralizado, con las obligaciones de pago de las distintas tasas portuarias cuyo vencimiento está previsto para las próximas semanas, con los tráficos mínimos o actividades comprometidas en los títulos concesionales que previsiblemente se van a incumplir, con la pérdida de ingresos de los concesionarios, con los negocios que han cerrado temporal o definitivamente, con los servicios portuarios o comerciales suspendidos, etc.

El 19 de marzo siguiente, y para tranquilizar a la comunidad portuaria de titularidad estatal, Puertos del Estado publicó una nota de prensa en la que indicaba que este organismo «ha realizado un potente documento, en línea con el Ministerio de Transporte, Movilidad y Agenda Urbana (MITMA), que servirá a las autoridades portuarias de guía para aplicar diferentes tipos de ayudas a toda la comunidad portuaria (trabajadores públicos, empresas concesionarias y operadores) como consecuencia de las acciones de contención del COVID-19 decretadas por el Gobierno de España». Más tarde, el 22 de abril de 2020, se publicó en el BOE el RDL 15/2020, primera norma con rango de ley dictada durante el estado de alarma, cuyo destinario era el sector portuario de titularidad estatal. Esta norma tenía como objeto mitigar, en el ámbito portuario estatal, el impacto económico provocado por la pandemia. El 8 de julio de 2020 se publicó en el BOE el RDL 26/2020, el segundo paquete de medidas dirigidas al Sistema Portuario de Titularidad Estatal.

Durante el periodo de vigencia de una concesión de dominio público portuario pueden ocurrir distintas vicisitudes –externas o internas– que afecten total o parcialmente al título concesional. Para solventar estas eventualidades, la legislación de puertos de interés general regula dos mecanismos distintos en sus artículos 88 y 89, como son el de modificación y el de revisión de las concesiones de dominio público portuario[422].

La principal diferencia entre ambos es la causa. Mientras que la modificación del título concesional encierra razones de «necesidad y oportunidad», la revisión del título obedece a motivaciones de «interés público». De ahí que en la modificación se ejerciten potestades discrecionales y en la revisión regladas[423]. Otra de las diferencias es que, mientras que la modificación parece que solo puede solicitarla el concesionario, la revisión puede acordarse, además, de oficio, cuando concurra un supuesto expresamente tasado[424].

La modificación de la concesión no se configura como un derecho del concesionario, rige la premisa contraria: la concesión debe ejecutarse conforme a las condiciones pactadas en el acto de adjudicación. La simple previsión del artículo 88 del TRLPEMM respecto a los procedimientos habilitados para la modificación de la concesión «no puede interpretarse como un derecho a la modificación con el solo respeto al procedimiento marcado. Es la Administración la que debe valorar la necesidad y conveniencia de la modificación procurando, en el caso de acceder a ella, que se respeten los indicados principios»[425].

Por ello, antes de presentar formalmente una solicitud de modificación del título concesional en el registro de la Autoridad Portuaria correspondiente, es fundamental llevar a cabo un proceso de negación previo con este organismo, para que el concesionario exponga aquellas circunstancias que realmente impiden el buen fin de la explotación de la concesión portuaria y las oportunidades que ofrece para el negocio concesional y el interés portuario la concesión modificada.

En cambio, los mecanismos de modificación y revisión también cuentan con algunas similitudes. Obviamente, la principal de todas es que ambos se utilizan para corregir o alteras las condiciones del título concesional, siempre dentro del marco legal establecido. Es decir, se trata de mecanismos que

---

[422] El régimen jurídico de la modificación del título concesional debe completarse con la Regla 32ª del PCG. Tanto para la modificación como para la revisión de una concesión portuaria debe tenerse en cuenta también las condiciones particulares.

[423] Vélez Fraga, M. y Nägele García de Fuente, N., «La modificación de las concesiones portuarias ante la doctrina del Tribunal Supremo», *Actualidad jurídica Uría Menéndez*, núm. 56, 2021, pp. 155-165. También puede citarse a Eguinoa de San Román, R., *La gestión de los puertos… Op. cit.*, p. 295. En este mismo sentido, la STSJ del País Vasco del 11 de marzo de 2022 (ECLI: ES:TSJPV:2022:1184).

[424] Artículos 88.1 y 89.1 del TRLPEMM.

[425] STSJ de las Islas Baleares, del 3 de febrero de 2021 (ECLI:ES:TSJBAL:2021:96).

flexibilizan las concesiones portuarias, para adaptarlas «a las nuevas necesidades y a la realidad del tráfico portuario»[426]. Otra similitud es que el procedimiento que se sigue es el mismo, solo varía en función de la calificación o no como «sustancial»[427].

El cauce de modificación del título concesional está previsto para cualquier vicisitud objetiva que pueda acontecer durante la vigencia de una concesión sobre dominio público portuario. Decimos «objetiva» para referirnos a todas aquellas modificaciones que no recaen sobre el sujeto titular de la concesión, pues aquellas cuentan con otro procedimiento específico en la legislación de puertos de interés general, como veremos más adelante.

El TRLPEMM diferencia entre modificaciones menores de la concesión y modificaciones sustanciales. A diferencia de las primeras, las modificaciones sustanciales se encuentran expresamente tasadas en la norma (*numerus clausus*). Por ello, cualquier modificación no contemplada expresamente en el apartado 2º del artículo 82.2 debe calificarse, necesariamente, como no sustancial. La diferencia entre ambas modificaciones, como analizamos más adelante, es puramente procedimental.

1.2. SUPUESTOS DE MODIFICACIÓN SUSTANCIAL

La Exposición de Motivos de la Ley de Puertos de 2003 se refería expresamente a la novedosa regulación sobre la modificación de las concesiones de dominio público portuario, indicando que «se regula la modificación de las concesiones, diferenciando, en cuanto al procedimiento de tramitación, las sustanciales y las que no lo son. Ante el actual vacío normativo sobre los supuestos en que las modificaciones tienen el carácter de sustanciales, se da un paso adelante en la determinación de los mismos, efectuando una enumeración tasada, que evita la inseguridad jurídica existente».

En la actualidad, el artículo 88.2 del TRLPEMM tipifica los únicos cinco supuestos de modificación sustancial previstos legalmente. Antes de abordar cada uno de estos supuestos, es preciso recordar que el Tribunal Supremo advirtió que el concepto de modificación sustancial de una concesión de dominio público portuario se encuentra delimitado legalmente de manera muy amplia, pero que esto no significa que cualquier modificación que afecte a uno de los supuestos tasados en la norma debe calificarse, necesariamente, como sustancial.

---

[426] Zambonino Pulito, M., «Comentarios al artículo 88 del TRLPEMM», en Petit Lavall, Mª. V., Blasco Díaz, J.L., Puetz, A. y Oller Rubert, M. (Dir.), *Comentarios al texto refundido de… Op. cit.*, p. 648.
[427] Artículos 88.1 y 89.2 del TRLPEMM.

Conforme a esta jurisprudencia, una modificación perderá este carácter cuando implique una «transformación, desvinculación o mutación absoluta de la concesión, de tal forma que la haga irreconocible en comparación con la inicialmente otorgada». Si se supera este límite, la Autoridad Portuaria debería denegar la modificación solicitada. En este caso, lo procedente sería que el concesionario solicitase una nueva concesión de dominio público portuario, por el procedimiento legalmente establecido[428].

a) La modificación del objeto de la concesión

La modificación del objeto de la concesión de dominio público portuario es el primero de los supuestos que recoge el artículo 88.2 del TRL-PEMM[429]. Se identifica con un cambio de uso o actividad a la que se destina el demanio portuario otorgado en concesión administrativa. La clave para determinar si el nuevo uso o actividad constituye una modificación sustancial consiste en verificar, caso por caso, si queda comprendido en el primitivo título concesional[430].

La jurisdicción contencioso-administrativa ha fijado un límite objetivo en el supuesto concreto de modificación del uso o actividad. Así, el Tribunal Supremo tuvo ocasión de pronunciarse, en interés casacional objetivo para la formación de jurisprudencia, si la implantación de un nuevo uso (una planta de «tratamiento de residuos») no contenido en el primitivo título concesional precisa del otorgamiento de una nueva concesión en otra ubicación distinta o si es posible su implantación en la primitiva concesión, mediante el procedimiento de modificación sustancial[431].

En ese supuesto concreto, la Sala resolvió que la ubicación de la planta de tratamiento de residuos en la parcela demanial otorgada en concesión portuaria no transforma, ni altera el objeto primitivo de la concesión, siendo el mismo plenamente reconocible antes y después de introducir este nuevo uso. La citada planta de tratamiento se encontraría incluida en los servicios que ya se prestan en la concesión portuaria o, al menos, íntimamente relacionada con estos, coadyuvando a la generación de tráfico marítimo. Por tanto, la implantación de la nueva planta de tratamiento de residuos debe tramitarse mediante el procedimiento de modificación sustancial, no siendo necesario solicitar una nueva concesión de dominio público portuario.

En otro supuesto, el Alto Tribunal examinó un caso en el que el concesionario pretendía implantar una planta de producción de biodiésel en

---

[428] STS del 10 de diciembre de 2020 (ECLI: ES:TS:2020:4159). Esta sentencia ha sido comentada por Palomar Olmeda, A., «Las modificaciones sustanciales de las concesiones de dominio púbico portuario en la STS de 10 de diciembre de 2020», *Diario La Ley*, núm. 9.772, Sección Doctrina, 2021.

[429] También se hace referencia en la Regla 20ª del PCG.

[430] IAE del 17 de octubre de 2006 (R.G. Entes Públicos 80/2006).

[431] STS del 10 de diciembre de 2020(ECLI: ES:TS:2020:4159).

una concesión portuaria de terminal marítima dedicada al «tráfico de graneles sólidos por instalación especial; mercancía general, convencional o en contenedor; pasajeros y vehículos en régimen de equipaje; cualquier otro tráfico que compatible con el entorno y considerado de interés sea autorizado por la Autoridad Portuaria de Alicante»[432].

Tras analizar el supuesto de hecho, el Tribunal Supremo concluyó que «tras la autorización de la cesión, la concesión litigiosa ya no fue la misma, pues a los usos inicialmente autorizados se le añadió el establecimiento de una planta industrial y el desarrollo en la misma de actividades de recepción y transformación de aceites vegetales, y esto sí que comportó un cambio de su objeto [al margen de que también se produjera un incremento de la superficie a ocupar o del volumen a aprovechar]».

Los Tribunales Superiores de Justicia de las Comunidades Autónomas también han tenido ocasión de pronunciarse sobre este supuesto de modificación sustancial del título concesional.

Así, por citar un ejemplo, el Tribunal Superior de Justicia de las Islas Baleares, indicó que, «en el caso, no ha de ofrecer dudas que la modificación de la cota de cimentación con la consiguiente alteración de las alturas libres de dos plantas no comporta modificación sustancial, pues no es ninguna de las del párrafo 2º del indicado precepto. Singularmente, no hay modificación del objeto de la concesión, que sigue siendo el mismo (edificio para aparcamientos, locales y despachos). Por ello, el procedimiento seguido –acuerdo del Consejo de Administración de la APB precedido de informe del director– es el previsto en el art. 88, 1º TRLPEMM»[433].

b) Ampliación de la superficie de la concesión en más de un 10 por ciento de la fijada en el acta de reconocimiento

El supuesto previsto en el apartado b) del artículo 88.2 del TRLPEMM se refiere a la ampliación de la superficie de la concesión en más de un 10 % de la fijada en el acta de reconocimiento, que es un documento que levantan los servicios técnicos de la Autoridad Portuaria en el procedimiento de otorgamiento de una concesión portuaria[434]. La superficie concesional a la que se refiere el precepto es aquella que está conformada por terrenos y/o espacios de agua[435].

El artículo 88.2.b) permite, expresamente, la ampliación de la superficie de la concesión, con la única condición de que debe ser «con bienes de

---

[432] STS del 18 de diciembre de 2012 (ECLI: ES:TS:2012:8901).

[433] STSJ de las Islas Baleares, del 3 de febrero de 2021 (ECLI: ES:TSJBAL:2021:96), confirmada por la STS del 9 de marzo de 2022 (ECLI: ES:TS:2022:927). Otro supuesto es el que fue objeto de la STSJ de Andalucía, del 27 de febrero de 2019 (ECLI: ES:TSJAND:2019:1163).

[434] Regla 13ª del PCG.

[435] Regla 3ª del PCG.

dominio público colindantes a los concedidos». Colindancia y naturaleza demanial de los bienes, junto con el límite máximo del 10 % de superficie, son por tanto los presupuestos que deben ser objeto de comprobación para determinar si estamos o no ante este supuesto de modificación sustancial.

El aspecto más controvertido se presenta cuando la superficie objeto de ampliación es susceptible de una concesión independiente. En tal caso, el Tribunal Superior de Justicia de Canarias censuró un supuesto en el que el peticionario trató de presentar como modificación sustancial lo que en puridad debió constituir una nueva concesión portuaria[436].

Finalmente, la Autoridad Portuaria debe comprobar el porcentaje de superficie a ampliar respecto a la inicialmente otorgada, teniendo en consideración «los valores acumulados de modificaciones anteriores»[437]. Si mediante una simple operación matemática no se supera el 10 % de la superficie, la modificación de la concesión no tendrá carácter sustancial.

c) Ampliación del volumen o superficie construida e inicialmente autorizada en más de un 10 por ciento

Este supuesto es muy parecido al anterior, pero la diferencia que presenta es que se proyecta sobre el volumen o superficie construida, es decir, sobre lo edificado o instalado sobre el demanio portuario.

Un supuesto típico de ampliación del volumen o superficie construida es el previsto en la Regla 14ª del PCG, aplicable a las obras ya ejecutadas que difieren de las previstas en el proyecto inicialmente autorizado en el título concesional.

El artículo 88 del TRLPEMM se configura como uno de los mecanismos a los que puede acudirse para intentar solucionar dicha divergencia, mediante la modificación de la concesión portuaria otorgada, cuando no interese demoler lo construido ilegalmente[438].

d) Ampliación del plazo de la concesión, en los supuestos establecidos en las letras b) y c) del artículo 82.2 del TRLPEMM

La prórroga «ordinaria» no prevista en el título de otorgamiento y las prórrogas «extraordinarias» suponen una modificación sustancial del título concesional, por previsión expresa del apartado d) del artículo 88.2 del TRLPEMM. Ya hemos dedicado un capítulo específico de este trabajo a las distintas prórrogas previstas en la legislación de puertos de interés general, por lo que nos remitimos a lo ya expuesto.

Sensu contrario, no supone una modificación del título concesional –ni sustancial ni no sustancial– una prórroga «ordinaria» contemplada en el

---

[436] STSJ de Islas Canarias, del 19 de diciembre de 2003 (ECLI:ES:TSJICAN:2003:3640).
[437] Último párrafo del artículo 88.2 del TRLPEMM.
[438] STSJ de las Islas Baleares, del 3 de febrero de 2021 (ECLI:ES:TSJBAL:2021:96).

título de otorgamiento, toda vez que ya se encuentra comprendida en el primitivo título concesional.

Mayores dudas presentan otros mecanismos excepcionales previstos en la legislación de puertos. Si estamos ante una «ampliación» del plazo concesional (mecanismo distinto a la prórroga) no previsto en el título de otorgamiento, sí estaríamos ante una modificación del título concesional, que no tiene carácter sustancial por previsión expresa del apartado d) del artículo 82.2.

Por último, huelga señalar que el artículo 88.2 en los apartados b) y c) relaciona el carácter de sustancial con la «ampliación» de la superficie y el volumen o superficie construida, pero no con su «reducción» o «disminución». En estos casos, dicha modificación del título concesional, que existe, debería tramitarse como una modificación menor, esto es, no sustancial. *Mutatis mutandis*, lo mismo cabe concluir respecto a la disminución o reducción del plazo de una concesión de dominio público portuario.

e) Modificación de la ubicación de la concesión

La modificación de la ubicación es el último de los supuestos que se regulan en el artículo 88.2 del TRLPEMM, el cual supone un traslado de la concesión portuaria a un nuevo emplazamiento en otra parcela del mismo puerto de interés general.

El precepto no diferencia, a efectos de su calificación como sustancial, si el cambio de las instalaciones debe ser total o parcial. Aplicando la lógica que subyace en los supuestos regulados en el artículo 82.2 del TRLPEMM, no todo traslado debería implicar una modificación sustancial, únicamente aquellos que supongan un cambio de ubicación de la mayor parte de las instalaciones.

Por otro lado, tampoco estaríamos ante una modificación del título concesional cuando el cambio de ubicación se encuentra previsto en el primitivo título concesional, y este se lleva a cabo en el tiempo y forma. No habría modificación, precisamente porque se estaría dando cumplimiento al propio título concesional, sin alterar sus condicionantes.

1.3. PROCEDIMIENTO

Del tenor literal del artículo 88.1 del TRLPEMM se desprende que el procedimiento de modificación de las concesiones portuarias solo puede iniciarse a instancia del interesado. No obstante, si este se inicia de oficio por la Autoridad Portuaria, el Tribunal Supremo exige, para su válida tramitación, la aceptación del concesionario, aunque sea tácita[439].

---

[439] STS del 10 de diciembre de 2020 (ECLI: ES:TS:2020:4159).

El artículo 82.1 del TRLPEMM establece que la modificación sustancial se instrumentaliza a través de un procedimiento más agravado que la modificación no sustancial, que precisa solamente de «informe previo del director de la Autoridad Portuaria, que será elevado por el presidente al Consejo de Administración para la resolución que proceda».

El procedimiento que se sigue para una modificación sustancial coincide con el previsto para el otorgamiento de una concesión portuaria regulado en el artículo 85 del TRLPEMM, con la única diferencia que debe estarse a lo dispuesto en los apartados 2° y siguientes de dicho precepto, sin que sea necesario pasar por los trámites del apartado 1°. Se trata de un procedimiento preceptivo y en el que no existe concurrencia. En efecto, la modificación sustancial de la concesión no se encuentra sometida al trámite del concurso ni de competencia de proyectos, e incluso queda a discreción de la propia Autoridad Portuaria la omisión del trámite de información pública en caso de estar ante alguno de los supuestos previstos en el apartado 4° del citado artículo 85 del TRLPEMM.

Mediante este procedimiento no solo se puede instrumentalizar la modificación interesada por la concesionaria, sino que la Autoridad Portuaria puede incorporar, de oficio, nuevos condicionantes en el título concesional, que precisan de la aceptación expresa del concesionario[440]. Pero si las únicas modificaciones que se introducen son las propuestas por el concesionario y, tras su validación, no consta notificación formal de la Autoridad Portuaria, «no estamos ante una omisión determinante de nulidad, porque no se puede considerar una omisión completa del procedimiento, ni de anulabilidad, porque no se genera indefensión»[441].

Una duda frecuente es si debe notificarse la incoación del procedimiento de modificación a terceros que tengan derechos que puedan resultar afectados por la decisión que se adopte. Pensemos, por ejemplo, un procedimiento de modificación incoado para una prórroga extraordinaria de una concesión de un puerto deportivo, en el que terceros cesionarios de espacios, locales, apartamentos o puestos de atraque están interesados en conocer de la existencia de este procedimiento y, en su caso, formular alegaciones. Nótese que la extinción puede suponer la finalización de los contratos privados subyacentes, dada su accesoriedad; en cambio, la prórroga de la concesión supone un paso necesario para renegociar la continuación de estos contratos.

Se ha de responder negativamente a esta cuestión, pues lo cierto es que la legislación portuaria no exige, expresamente, la notificación a terceros de la solicitud de modificación de la concesión portuaria presentada por el concesionario. Cuestión distinta es que estos terceros se personen en el expediente

---

[440] STSJ de Canarias, del 20 de octubre de 2016 (ECLI: ES:TSJICAN:2016:2620).
[441] STSJ de Galicia, del 20 de noviembre de 2020 (ECLI: ES:TSJGAL:2020:6680).

administrativo ya iniciado y acrediten su condición de interesado, en cuyo caso será preceptivo un trámite de audiencia (artículo 82 de la LPAC)[442]. Si no se personan, pero presentan alegaciones en el trámite de información pública, habrá que estar a lo dispuesto en el apartado 3º del artículo 83 de la LPAC, que aclara que el hecho de presentar alegaciones no otorga la condición de interesado, y la no comparecencia de los que ostenten la condición de interesado en este trámite tampoco impedirá, en su caso, que puedan interponer los recursos administrativos o contencioso-administrativos que legalmente procedan contra el acto administrativo finalizador del procedimiento. No obstante, quien presente alegaciones en el trámite de información pública, sí tiene derecho a obtener una respuesta expresa de la Administración. Si bien, en aras de la simplificación y la economía procedimental, cabe la posibilidad de que la respuesta sea común para todas aquellas alegaciones sustancialmente iguales. Debe advertirse que no es suficiente con alegar un interés en que se cumpla la legalidad, tanto para personarse en el expediente de modificación como para impugnar el resultado de este procedimiento, pues la acción pública no se encuentra reconocida en materia portuaria[443].

En el caso de que el concesionario pretenda llevar a cabo modificaciones del título concesional que tengan carácter sustancial y otras que, no existe impedimento legal alguno para que ambas se tramiten en un mismo procedimiento administrativo por economía procedimental, pero el procedimiento que debe seguirse es, necesariamente, el de la modificación sustancial del título concesional, para no infringir lo dispuesto en el artículo 88.1 del TRLPEMM. No obstante, no resulta indiferente la causa por la que se tramite el procedimiento previsto para la modificación sustancial. El Alto Tribunal declaró la nulidad de un procedimiento de modificación sustancial tramitado formalmente por una causa distinta a la que realmente acontecía, al igual que también es nulo cuando se tramita por una sola causa cuando ciertamente concurren varias[444].

Si el procedimiento que se tramita es el de modificación sustancial, debería aplicarse el plazo máximo de ocho meses y las reglas del silencio administrativo negativo *ex* artículo 85.8 del TRLPEMM, al que se remite expresamente el artículo 88.1 de la citada norma. En cambio, si el procedimiento es para llevar a cabo una modificación menor, y ante la ausencia de un plazo específico en la legislación portuaria y demás normas de aplicación supletoria, habrá que estar a la regla general establecida en el artículo 21.3 de la LPAC, conforme al cual «cuando las normas reguladoras de los procedimientos no fijen el plazo máximo, éste será de tres meses». Dado que también se trata de un

---

[442] STSJ de Cantabria, del 16 de enero de 2023 (ECLI: ES:TSJCANT:2023:26).

[443] SAN del 23 de diciembre de 2019 (ECLI: ES:AN:2019:5076).

[444] Al respecto, puede verse la STS del 18 de diciembre de 2012 (ECLI: ES:TS:2012:8901).

procedimiento que transfiere a terceros facultades relativas al dominio público, el vencimiento del plazo máximo sin haber notificado la resolución expresa, determina, por imperativo legal, que esta se entienda desestimada por silencio administrativo, en virtud del artículo 24.1 de la LPAC.

Por último, debe recordarse que el punto 12 del artículo 22 de la LOCE atribuye a la Comisión Permanente de este órgano la consulta sobre una relación de asuntos, entre los que se enuncia la modificación de las concesiones «cuando se formule oposición por parte del concesionario y, en todo caso, cuando así lo dispongan las normas aplicables»[445]. La solicitud de este dictamen en el seno del procedimiento de modificación determina, de conformidad con lo dispuesto en el artículo 22.1.d) de la LPAP, la suspensión del plazo para resolver y notificar por el tiempo que medie entre la petición y la recepción del informe, que no podrá exceder en ningún caso de tres meses[446].

2. REVISIÓN DE LA CONCESIÓN

2.1. CONCEPTO

La revisión de las concesiones de dominio público portuario es otra de las novedades que destacó la Exposición de Motivos de la ya derogada Ley de Puertos de 2003, siendo su elemento diferenciador la existencia de causas «ajenas» a la voluntad del concesionario.

Este mecanismo, al igual que el de modificación de las concesiones portuarias, constituye una clara excepción a los principios de eficacia vinculante de la concesión y de inalterabilidad o invariabilidad de sus cláusulas durante su vigencia. Se trata de un mecanismo parecido a la modificación de los contratos públicos regulado en los artículos 203 y siguientes de la LCSP, y similar al contemplado en los artículos 77 de la LC y 162 del RGC de 2014[447]; doctrina y jurisprudencia que deberá tenerse en consideración a los efectos de completar e interpretar el artículo 89 del TRLPEMM, dada la supletoriedad de la legislación de costas.

---

[445] Precepto que también resulta de aplicación a la revisión de las concesiones, no solo porque se trata de otro mecanismo para modificar el título concesional, sino también porque el procedimiento que se sigue es el mismo. Además, porque el procedimiento de revisión, a diferencia del de modificación, puede llegar a ser sumamente más gravoso.

[446] STSJ de Canarias, del 3 de febrero de 2022 (ECLI: ES:TSJICAN:2022:352).

[447] Téngase en cuenta que la STS del 31 de enero de 2024 (ECLI: ES:TS:2024:481) declaró nulo el Real Decreto 668/2022 que modificó el RGC de 2014, por omisión del trámite de consulta pública.

La revisión de las concesiones portuarias solo es posible por razones de «interés público», en los casos y en la forma prevista en el artículo 89 del TRLPEMM. Se trata, por tanto, de una potestad reglada de la Autoridad Portuaria. Este mecanismo puede iniciarse de oficio o a instancia de parte. Pero, a diferencia de la modificación de las concesiones de dominio público portuario, la revisión será preceptiva para la Autoridad Portuaria cuando concurra alguna de las circunstancias tasadas en el artículo 89.1.

La revisión de la concesión, y a diferencia de la modificación, genera derecho a indemnización para el concesionario. Este precepto recoge los criterios para determinar el importe de la indemnización y la forma de hacer efectivo el pago.

2.2. SUPUESTOS DE REVISIÓN

a) Alteración de los supuestos determinantes de su otorgamiento

El apartado a) del artículo 89.1 del TRLPEMM señala que procede la revisión «cuando se hayan alterado los supuestos determinantes de su otorgamiento, de tal forma que las circunstancias objetivas que sirvieron de base para el otorgamiento de la concesión hayan variado de modo que no sea posible alcanzar sustancialmente la finalidad de la concesión».

La primera de las causas mencionadas viene a positivar en la legislación portuaria el principio general de derecho contractual de la conocida «cláusula *rebus sic stantibus*» en el título concesional, que permite flexibilizar las estipulaciones pactadas y, con ello, modificar determinadas estipulaciones concesionales, debido a las nuevas circunstancias sobrevenidas que no fueron previstas en el momento inicial de la celebración[448].

Esta previsión de reequilibrio contractual deviene muy útil cuando acontecen circunstancias excepcionales, externas e imprevisibles que provocan desequilibrios prestacionales y una excesiva onerosidad para una de las partes. Se trata de un supuesto necesario en contextos económicos y sociales donde se condicionan o paralizan total o parcialmente las actividades económicas, ocasionando una desproporción exorbitante en las prestaciones de una de las partes. Un claro ejemplo en el que devino útil esta estipulación fue la crisis sanitaria del COVID-19, en la que se paralizaron forzosamente muchas actividades económicas y se ordenó el confinamiento generalizado de la población.

---

[448] García Pérez, M., *La utilización del dominio público… Op. cit.,* p. 303.

b) En caso de fuerza mayor

El apartado b) del artículo 89.1 del TRLPEMM señala que procede la revisión «en caso de fuerza mayor».

Esta segunda causa también viene a introducir en la legislación portuaria la técnica tradicional del reequilibrio económico del contrato, pero por la técnica de la fuerza mayor. Ante la ausencia de una definición en la legislación portuaria del concepto jurídico indeterminado «fuerza mayor», la doctrina ha apuntado que debe estarse a lo dispuesto en el artículo 162.2 del RGC de 2014, por el carácter supletorio de la normativa de costas en el dominio público portuario[449].

Otro claro ejemplo de supuesto de fuerza mayor fue la situación creada por el COVID-19 que, aunque no se menciona en el artículo 162.2 del RGC como supuesto de fuerza mayor, pero podría tener cabida en la cláusula de cierre («cualquier otra causa excepcional similar»), por cuanto los estados de alarma, excepción y sitio o la situación sobrevenida de una pandemia sanitaria son supuestos que presuponen la concurrencia de fuerza mayor[450]. Pero, como ya ha advertido algún autor, el COVID-19 fue imprevisible en los primeros meses de la pandemia, pero conforme «el tiempo avanza los elementos de imprevisibilidad e irresistibilidad decaen ante la exigencia de una mayor diligencia por parte de los agentes para minorar los efectos y consecuencias del virus»[451].

c) Adecuación a la DEUP o al Plan Especial o instrumento equivalente

El apartado c) recoge un supuesto que debe conectarse con los artículos 69.5 y 71 del TRLPEMM respecto a la Delimitación de los Espacios y Usos Portuarios (DEUP), y con el artículo 81.2 en cuanto al Plan Especial o instrumento equivalente.

Debe destacarse que, hasta que las concesiones portuarias afectadas se adapten al nuevo instrumento de planificación mediante el mecanismo de la revisión, que subsane las incompatibilidades sobrevenidas, estas concesiones seguirán transitoriamente sujetas a las mismas condiciones en que se otorgaron, sin que pueda autorizarse prórrogas del plazo concesional, modificaciones de alguna de sus estipulaciones o transmisiones a un tercero. Si no es posible la adaptación al instrumento sobrevenido, la concesión se halla incursa en causa de rescate. La clave para dilucidar que la

---

[449] Eguinoa de San Román, R., *La gestión de los puertos… Op. cit.,* p. 295.

[450] Entre otros, Juan Gómez, M., «Responsabilidad de la Administración Pública con ocasión del COVID-19. Diferencias entre responsabilidad contractual y extracontractual», *Diario La Ley,* núm. 9.639, 2020. García Herrera, V., «A vueltas con la responsabilidad de las residencias de mayores por la gestión de la pandemia», *Actualidad Civil,* núm. 11, 2020.

[451] Morales Morillas, C., «Fuerza mayor, factum principis y COVID», *Diario La Ley,* núm. 9.676, 2020, pp. 175-204.

aprobación o modificación de la DEUP no es una artimaña de la Autoridad Portuaria para dejar sin efecto una o varias concesiones que ya no son de interés portuario radica en la justificación de la necesidad o conveniencia de la aprobación o modificación de dicha DEUP[452].

d) Adecuación al Plan Director

El apartado d) del artículo 89.1 del TRLPEMM es muy parecido al anterior supuesto, pero referido a los Planes Directores de los puertos que se regulan en el artículo 54 del citado texto legal.

La ejecución de las obras o la ordenación de terminales del Plan Director no solo constituye un supuesto de revisión de las concesiones, sino también de modificación de la DEUP como se desprende del apartado 3º del citado precepto, lo que indirectamente también conlleva la revisión de las concesiones por la vía del apartado c) del artículo 89.1 del TRLPEMM antes analizado. La doctrina jurisprudencial también ha puntualizado que la revisión de la concesión solo es posible cuando «esta sea compatible, en lo sustancial, con las obras proyectadas»[453].

e) Por razones de interés general vinculadas a la seguridad, a la protección contra actos antisociales y terroristas o a la protección del medio ambiente

Por último, el apartado e) permite revisar las concesiones portuarias por razones de interés general, que la norma concreta, a modo de cláusula de cierre, en cuestiones de seguridad, de protección contra actos antisociales y terroristas y de protección del medio ambiente.

Se trata de una serie de causas en las que el Legislador ha considerado que dichas razones prevalecen sobre el principio de invariabilidad de las concesiones de dominio público portuario.

f) Otros supuestos no contemplados en el artículo 89.1 del TRLPEMM

Ya hemos dicho que el artículo 89.1 del TRLPEMM solo permite la revisión de las concesiones de dominio público portuario cuando acontezca alguno de los supuestos expresamente tasados en la norma.

Surge la duda de si el pliego de condiciones particulares de una determinada concesión de dominio público portuario puede introducir nuevos supuestos de revisión, distintos de los tasados en la norma. Se trata de una cuestión que no ha sido resuelta por la jurisprudencia en el ámbito del dominio público portuario.

Sí parece estar resuelta en materia de dominio público marítimo-terrestre en sentido negativo, pues las modificaciones de las concesiones de dominio público marítimo-terrestre se rigen por una serie de principios generales de interpretación restrictiva, lo que implica que cualquier modificación

---

[452] Sobre esta cuestión puede verse la SAN del 3 de octubre de 2016 (ECLI: ES:AN:2016:3775).
[453] STSJ de Canarias, del 17 de octubre de 2012 (ECLI: ES:TSJICAN:2012:5294).

que se pretenda introducir en el título concesional solo puede aceptarse si se encuentra en uno de los supuestos tasados en la legislación, no en otros añadidos por las partes en los documentos concesionales[454].

2.3. MEDIDAS COMPENSATORIAS

La Autoridad Portuaria debe pronunciarse sobre las medidas compensatorias en el expediente de revisión del título concesional, conforme a lo dispuesto en el 3º párrafo del artículo 89.1 del TRLPEMM. No obstante, ese párrafo solo prevé medidas para «los tres últimos supuestos»; es decir, para los contemplados en las letras c), d) y e) del apartado 1º del artículo 89, no para los mencionados en los apartados a) y b).

Quizá sea porque el Legislador ha dejado a la libre voluntad de las partes la búsqueda de una solución amistosa en los supuestos contemplados en los apartados a) y b) o, por el contrario, porque considera que sólo procede indemnización en los supuestos de las letras c), d) y e)[455].

Para los tres últimos supuestos, el TRLPEMM determina que se compense al concesionario mediante una indemnización, que se calculará conforme a las reglas del rescate, pero descontando los beneficios futuros de la concesión revisada, mediante una estimación motivada. El artículo 96.4 del TRLPEMM determina que el valor del rescate será el que convengan las partes (Autoridad Portuaria y concesionario). A falta de acuerdo, existe unas reglas para la fijación del valor del rescate total o parcial en el apartado 6º del artículo 99 del TRLPEMM, que analizamos más adelante.

A continuación, los párrafos 3º y 5º del artículo 89.1 del TRLPEMM regulan dos reglas especiales a los efectos del cálculo de la indemnización, como son la modificación de la ubicación de la concesión, en la que deberá abonarse además los gastos del traslado, y la reducción de la superficie otorgada, que se tramitará como un rescate parcial o total, en función de si la concesión resultante deviene o no antieconómica.

El pago de la indemnización y los gastos del traslado puede abonarse en dinero, mediante el otorgamiento de otra concesión, o autorizando la modificación de las condiciones de la concesión existente. El acuerdo de revisión de la concesión también puede conllevar la devolución total o parcial de la garantía de explotación[456].

---

[454] SAN del 18 de junio de 2013 (ECLI: ES:AN:2013:3176).

[455] En este sentido parece que se pronuncia Zambonino Pulito, M., «Comentarios al artículo 89 del TRLPEMM», en Petit Lavall, Mª. V., Blasco Díaz, J.L., Puetz, A. y Oller Rubert, M. (Dir.), *Comentarios al texto refundido de… Op. cit.*, p. 655.

[456] Artículo 94.2 del TRLPEMM.

2.4. PROCEDIMIENTO

El artículo 89.2 del TRLPEMM dispone que el procedimiento que debe seguirse para revisar una concesión de dominio público portuaria es el mismo que para modificarla, y, como ya hemos visto, este difiere según se califique o no como «sustancial».

Respecto a los concretos trámites del procedimiento, se observan dos diferencias con respecto al procedimiento de modificación de las concesiones: (i) el procedimiento de revisión de las concesiones puede iniciarse tanto de oficio como a instancia de parte y (ii) que, en el seno del procedimiento de revisión, la Autoridad Portuaria deberá pronunciarse también sobre las medidas compensatorias en aquellos casos en los que procedan.

3. SUSPENSIÓN TEMPORAL

Bravo Ortega sostuvo, con brillantez, que la suspensión de las concesiones portuarias conforma un mecanismo que se comporta de manera parecida a la suspensión de contratos públicos y que puede ser sumamente útil en circunstancias excepcionales, como por ejemplo el contexto económico producido en Europa por la guerra de Ucrania[457]. La suspensión debe producirse por la existencia de una causa externa, sobrevenida e imprevisible, que produzca una ruptura patrimonial, afectando a la propia estabilidad y continuidad del negocio concesional. La concesión se reanudará cuando dicho obstáculo o causa haya desaparecido, en el mismo estado en el que quedó cuando la Autoridad Portuaria concedió expresamente la suspensión. Mientras dure la suspensión, lógicamente, no se devengarán las tasas asociadas a la ocupación y explotación del demanio ni demás compromisos asociados a ésta, como la exigencia de tráficos mínimos.

Aunque este mecanismo no cuenta con una regulación en el TRLPEMM, Bravo Ortega justificó su aplicación excepcional con base en el principio «a maiore ad minus» (quien puede lo más, puede lo menos), en referencia a la extinción de la concesión portuaria por mutuo acuerdo previsto en el artículo 96.d) del TRLPEMM; esto es, si la legislación portuaria permite expresamente que las concesiones se extingan por mutuo acuerdo, con más razón que se puedan suspender provisionalmente durante un periodo temporal

---

[457] La suspensión temporal de las concesiones de dominio público portuario fue analizada por Bravo Ortega, A. en el seminario webinar organizado por la Asociación Internacional de Derecho Portuario «Las concesiones en el dominio público portuario», celebrado el pasado 1 de julio de 2022, en su ponencia titulada «La suspensión temporal de las concesiones portuarias, alcance y objeto». Este webinar solo pueden consultarlo los asociados en la sede electrónica de la asociación: https://asociacionderechoportuario.es/index.php/es/

determinado, previa justificación de una causa externa concreta y autoriza-ción de la Autoridad Portuaria.

Este autor indicó que la Abogacía del Estado también había avalado en distintas ocasiones este mecanismo, estableciendo sus semejanzas con la ins-titución de la «suspensión de contratos públicos» y llevando a cabo una inter-pretación analógica de la legislación de contratos del sector público[458]. Muy ilustrativo resulta el informe de la Abogacía General de Estado emitido el 16 de noviembre de 2020, en relación con una consulta que elevó la Autoridad Portuaria de Santander[459]. Este organismo dudaba de la fórmula legal ade-cuada para la posible utilización temporal por parte de la Autoridad Portua-ria de parte de los terrenos objeto de concesión portuaria, a fin de posibilitar un mayor espacio para la terminal pública de automóviles. La Abogacía del Es-tado realizó las siguientes conclusiones: (i) al no apreciarse ninguna razón de ilicitud en la operación que pretende realizar la Autoridad Portuaria, el instru-mento jurídico adecuado para ello consiste en la suspensión parcial de la con-cesión, con el contenido que pacten libremente las partes y (ii) respecto de la incidencia de la suspensión en la tasa de ocupación, en la determinación de su cuota habrá de descontarse la superficie de la concesión que ocupe la Autori-dad Portuaria durante el periodo en que tendrá lugar dicha ocupación.

Aunque, como se ha visto, existen razones legales y de oportunidad para considerar viable, con la regulación actual, la suspensión temporal de la conce-sión de dominio público portuario, lo cierto es que la ausencia de un régimen jurídico específico en el TRLPEMM siempre es un escollo para su aplicación por las Autoridades Portuarias. Ante la ausencia de reformas legislativas que intro-duzcan esta figura, la clave puede estar en incluir una previsión específica en las condiciones particulares de las concesiones portuarias. No hay que olvidar que este mecanismo, aplicado de forma ponderada y justificado por razones de ex-cepcionalidad, puede ser muy útil para salvaguardar distintos intereses y evitar la extinción anticipada de muchas concesiones portuarias. Siendo ello así, se evi-tarían incluso situaciones indeseadas para la propia Autoridad Portuaria, como la declaración de la caducidad de concesiones por falta de actividad durante un tiempo (artículo 98.1.c del TRLPEMM) o la renuncia del titular (artículo 96.c del TRLPEMM), simplemente porque el concesionario no puede hacer frente transi-toriamente a sus obligaciones por circunstancias ajenas a su voluntad.

Por ello, nos mostramos a favor de la aplicación excepcional de este meca-nismo, similar a la suspensión de contratos públicos, en las concesiones de do-minio público portuario, siempre que se garantice el interés portuario.

---

[458] Gayarre Conde, I., Abogado del Estado-Jefe en Huelva, en junio de 2006, su Dictamen sobre la extinción anticipada por mutuo acuerdo de una concesión administrativa, que sirvió de apoyo en posteriores informes de la Abogacía del Estado, *Anales de la Abogacía General del Estado 2006*.

[459] IAE del 16 de noviembre de 2020 (ref. A.G. Ente Públicos 94/20, R-946/2020).

4. DIVISIÓN Y UNIFICACIÓN

4.1. DIVISIÓN

La primera redacción de la Ley de Puertos de 2003 solo regulaba, en su artículo 115, la división de las concesiones sobre dominio público portuario, pero no su unificación, que se incorporó más tarde a través de la Ley 33/2010, del 5 de agosto. A falta de una regulación de la unificación, la figura que se utilizaba en la práctica era la modificación de las concesiones, que permitía agrupar en un solo título ambas concesiones, pero manteniendo el régimen jurídico y económico-financiero de las dos concesiones y, especialmente, los compromisos adquiridos y que sirvieron de base para su adjudicación[460].

Actualmente, la división y la unificación de las concesiones cuenta con una regulación propia en el artículo 90 del TRLPEMM y en las Reglas 32ª y 33ª del PCG. Puede afirmarse que estos dos supuestos específicos, en cierta medida, se nutren del régimen jurídico de la modificación de las concesiones portuarias regulado en el artículo 88 del TRLPEMM. Así, por ejemplo, no constituye un derecho del concesionario la división ni la unificación de concesiones, y cualquiera de ellas se otorga por la Autoridad Portuaria, previo cumplimiento de una serie de presupuestos, de manera discrecional[461].

La división de las concesiones exige, acumulativamente, el cumplimiento de los siguientes presupuestos: (i) que la solicitud la plantee el titular de la concesión, (ii) que las obras o instalaciones puedan ser explotadas independientemente, (iii) que el objeto de las concesiones resultantes esté incluido en la primitiva concesión, (iv) que el plazo de las nuevas concesiones no supere el que resta de la primitiva concesión y (v) que el destinario de las nuevas concesiones sea el mismo.

La Autoridad Portuaria examinará el cumplimiento de estos presupuestos y, en su caso, remitirá una propuesta de condiciones para las concesiones resultantes, que deberá aceptar el concesionario[462]. Aceptada esta, el Consejo de Administración dictará la correspondiente resolución de manera discrecional. En caso de denegación, se mantendrá la primitiva concesión portuaria con las mismas condiciones en que fue inicialmente otorgada.

---

[460] El IAE del 6 de octubre de 2005 (ref. A.G. Servicios Jurídicos Periféricos 13/05) abordó la problemática que planteaba la unificación de las concesiones por la vía de la modificación del título concesional.

[461] STSJ del País Vasco, del 5 de abril de 2017 (ECLI: ES:TSJPV:2017:1545).

[462] La STSJ de Andalucía, del 27 de febrero de 2019 (ECLI: ES:TSJAND:2019:1163) no mostró reparo alguno a una resolución de la Autoridad Portuaria de la Bahía de Algeciras que accedió a la solicitud de una concesionaria, en la que se interesaba la modificación del objeto de la concesión inicial y, de forma sucesiva, su división, a los efectos de que las nuevas concesiones divididas tuviesen un objeto distinto al de la primitiva concesión antes de su modificación.

4.2. UNIFICACIÓN

La división y la unificación suponen la creación de una nueva concesión, bajo unas nuevas condiciones[463]. La unificación de dos o más concesiones de dominio público portuario precisa, acumulativamente, la concurrencia de los siguientes presupuestos: (i) que la solicitud la plantee el titular de las concesiones, que ha de ser el mismo, (ii) que las concesiones sean contiguas o se encuentren unidas por una instalación común, (iii) que las concesiones conformen una unidad de explotación, (iv) que el plazo de la nueva concesión unificada no supere la media aritmética de los plazos pendientes de cada una de las primitivas concesiones ponderando, a juicio de la Autoridad Portuaria, por superficie o volumen de inversión pendiente de amortización con la actualización correspodiente y (v) que el destinatario de la nueva concesión sea el mismo que el de las primitivas concesiones.

El artículo 90.3.b) del TRLPEMM define el concepto jurídico de «unidad de explotación» mediante dos modalidades: la primera, misma actividad y elementos comunes («cuando las concesiones desarrollen la misma actividad y dispongan de elementos comunes necesarios para su correcta explotación») y la segunda, misma actividad y una mejor explotación conjunta («cuando, desarrollando la misma actividad, la explotación conjunta de las concesiones suponga una mejora respecto a la explotación independiente de cada una de ellas»).

Respecto a los requisitos de contigüidad y unidad de explotación, la doctrina jurisprudencial ha propiciado una interpretación flexible del artículo 90.3 del TRLPEMM, en el sentido de que la contigüidad no se rompe por la mera existencia de viarios públicos, ya sean viales o vías de ferrocarriles, y la unidad de explotación existe aun cuando las concesiones tengan diferentes objetos, pero sirvan a una misma actividad[464].

Al igual que para la división de las concesiones, la Autoridad Portuaria revisará el cumplimiento de los presupuestos legales, y, seguidamente, remitirá al concesionario las condiciones de la concesión unificada. Aceptada estas, el Consejo de Administración dictará la correspondiente resolución de manera discrecional. En caso de denegación, se mantendrán las primitivas concesiones, en los términos que fueron otorgadas.

---

[463] La STSJ del País Vasco, del 5 de abril de 2017 (ECLI: ES:TSJPV:2017:1545) confirma que no existe fraude de ley cuando se unifican concesiones y, posteriormente, se solicita una prórroga, antes no permitida para alguna de las primitivas concesiones por superar el plazo máximo del artículo 82.2 del TRLPEMM.

[464] STSJ del País Vasco, del 5 de abril de 2017 (ECLI: ES:TSJPV:2017:1545).

5. ACTO DE TRANSMISIÓN, CESIÓN Y GRAVAMEN

El artículo 92 del TRLPEMM se dedica a los actos de transmisión y gravamen de las concesiones de dominio público portuario; supuestos que ya se preveían en el artículo 64 de la LPEMM de 1992. La regulación de transmisión y gravamen de las concesiones portuarias debe completarse con las Reglas 29ª a 31ª del PCG, dedicadas también a la cesión de la concesión.

La transmisión de la concesión no es más que una modificación subjetiva de esta, que perfectamente podría haberse instrumentalizado por el procedimiento previsto en el artículo 88 del TRLPEMM, pero que el Legislador ha querido diferenciar de las modificaciones *stricto sensu*. Quizá, se ha pretendido destacar la importancia que tiene para las autoridades portuarias conocer, en todo momento, quién está detrás de cada concesión de dominio público portuaria, pues la transmisión supone la entrada de un tercero, desconocido para la Autoridad Portuaria, en una relación de tracto sucesivo con esta sobre un bien público con características particulares.

Por lo general, esta regulación no diferencia los distintos negocios jurídicos que puede llevar a cabo el concesionario con un tercero, a los efectos de transmitir directa o indirectamente la concesión portuaria (compraventa, permuta, donación, etc.). Lo verdaderamente relevante a los efectos de que se aplique el régimen autorizatorio del artículo 92 es que se produzca un cambio en la condición de concesionario, titular de la concesión de dominio público portuario. El primitivo concesionario queda libre de todas las obligaciones dimanantes de la concesión, subrogándose un tercero, el nuevo concesionario, en su posición desde el mismo momento en que la transmisión es autorizada por el organismo portuario. De ahí que el artículo 92 del TRLPEMM exija al nuevo concesionario el cumplimiento de una serie de requisitos, que en su día fueron exigidos al primitivo titular de la concesión. Este nuevo sujeto deberá continuar explotando la concesión en la forma y términos autorizados, sin perjuicio de que pueda incoar los procedimientos legalmente establecidos para modificar sus condicionantes.

La transmisión de la concesión no entra en colisión con los principios cardinales (publicidad, imparcialidad, transparencia y concurrencia competitiva) que rigen el procedimiento de otorgamiento de las concesiones portuarias, por cuanto la Autoridad Portuaria no selecciona a un concesionario por sus características subjetivas particulares, sino porque su proyecto es más completo y proporciona una mayor rentabilidad y eficiencia para los intereses portuarios. Esto ocurre tanto en el trámite de competencia de proyectos como con el concurso convocado por la Autoridad Portuaria, donde la condición subjetiva no es un elemento determinante. Supuesto distinto es cuando la concesión de dominio público portuario se haya otorgado por el procedimiento de adjudicación directa del artículo 83 de la citada norma legal, concretamente por el supuesto contemplado en el apartado a), en el que la condición subjetiva del solicitante de la concesión sí constituye un elemento decisivo para otorgar la concesión portuaria. En estos casos, sí debería exigirse al tercero que cumpla las mismas condiciones subjetivas que determinaron la adjudicación y, en caso de que no las cumpla, debería tramitarse un procedimiento de otorgamiento competitivo. Lo contrario podría suponer la vulneración de los principios de publicidad y concurrencia que rigen en esta materia.

El artículo 92 diferencia entre transmisión *mortis causa* e *inter vivos*, y dentro de estas segundas, establece una regulación especial para la enajenación de acciones, participaciones o cuotas de una sociedad, comunidad de bienes u otros entes sin personalidad jurídica que tengan como actividad principal la explotación de una concesión portuaria y para la denominada «transmisión forzosa» de la concesión, que es aquella que se da en los supuestos de remate judicial, administrativo o adjudicación de bienes por impago de créditos hipotecarios. Dentro de la transmisión *inter vivo* también habría que ubicar a la cesión de la concesión, que se regula en la Regla 30ª del PCG.

5.1. TRANSMISIÓN *MORTIS CAUSA*

El hecho del fallecimiento del concesionario persona física no ha pasado inadvertido en el ámbito portuario. Las normas sobre esta materia, reguladas en el artículo 92 del TRLPEMM, constituyen una especialidad dentro de las previsiones generales contempladas en las normas civiles. De ahí que el sujeto que se postule a nuevo concesionario tras el fallecimiento del primitivo concesionario solo adquirirá esta condición cuando así se desprenda de las normas civiles aplicables al caso.

Una vez resuelto el problema sucesorio en el plano civil, es decir, cuando el sucesor acepta la herencia o legado y se convierte en el plano civil en titular de la concesión portuaria, es cuando debe procederse conforme a lo dispuesto en la legislación portuaria para extender sus efectos. Desde esta perspectiva, para que el título concesional puede transmitirse *mortis causa* en caso de fallecimiento del concesionario, sus causahabientes podrán subrogarse en los derechos y obligaciones de la concesión en el plazo de un año[465], transcurrido el cual, sin manifestación expresa a la Autoridad Portuaria, se entenderá que estos renuncian a la concesión portuaria[466]. En cambio, si aceptan la concesión,

---

[465] La legislación no establece cuándo comienza a computarse el plazo de un año (*dies a quo*), si tras el hecho causante o una vez aceptada la herencia o legado. La SAN del 15 de noviembre de 2012 (ECLI: ES:AN:2012:4847) dejó sentado que el año comienza a computarse desde el fallecimiento.

[466] Artículo 92.1 del TRLPEMM.

pero el nuevo titular no reúne los requisitos establecidos en el apartado 3º del artículo 92 del TRLPEMM, la ley le confiere un nuevo plazo de doce meses para transferirla a un tercero que no presente limitación alguna[467].

El apartado 1º del artículo 92 del TRLPEMM se refiere, únicamente, a la muerte de la persona física que, aunque podría equipararse a la extinción de la persona jurídica, el Legislador ha establecido un tratamiento distinto, al regular, como causa de extinción de las concesiones (en vez de como supuesto de transmisión), la «disolución o extinción de la sociedad, salvo en los supuestos de fusión o escisión»[468].

5.2. TRANSMISIÓN *INTER VIVOS*

La transmisión puede producirse en el plano civil o mercantil por cualquier negocio jurídico. En eso no entra la legislación portuaria[469]. El artículo 92.2 del TRLPEMM somete a autorización previa de la Autoridad Portuaria la transmisión *inter vivos* de las concesiones de dominio público portuario. La autorización debe ser expresa, no siendo válida una autorización tácita[470]. Si el concesionario acredita el cumplimiento de los requisitos legales del apartado 3º del citado artículo 92, la Autoridad Portuaria está obligada a aceptar la transmisión de la concesión de dominio público portuario[471]. Aunque la ley no lo especifica, la solicitud de transmisión suele condicionarse a la suscripción de un documento entre adquirente y transmitente. Debe advertirse que, en la práctica, y sin que exista una disposición legal que obligue a ello, muchas autoridades portuarias llevan a cabo inspecciones del estado de la concesión con ocasión de la solicitud de transmisión.

La doctrina se ha mostrado a favor del carácter reglado de la autorización previa para transmitir una concesión demanial[472]. La finalidad de la intervención de la Administración en el tráfico privado de las concesiones demaniales, como apunta Fernández Acevedo, es «garantizar la indemnidad del interés

---

[467] Artículo 92.8 del TRLPEMM.

[468] Artículo 96.e) del TRLPEMM. El hecho de que la extinción de la sociedad constituya un supuesto de extinción de la concesión portuaria puede ser una vía fraudulenta para no cumplir las condiciones pactadas, cuando ya no resulten rentables.

[469] La SAN del 29 de marzo de 2006 (ECLI:ES:AN:2006:1310) y la STSJ de Andalucía de 30 de septiembre de 2014 (ECLI: ES:TSJAND:2014:14984) dejaron sentado que no es posible adquirir una concesión demanial mediane prescripción adquisitiva o usucapión.

[470] STS del 17 de enero de 2019 (ECLI: ES:TS:2019:95).

[471] STSJ de Galicia del 4 de diciembre de 2020 (ECLI: ES:TSJGAL:2020:7065).

[472] Magide Herrero, M., «Regulatory considerations on merger and acquisitions: regulated markets and general constraints», en Jordano Luna, M. y Sebastián Quetglas, R. (Coord.), *Manual de fusiones y adquisiciones de empresas,* Ed. La Ley (3ª ed.), Madrid, 2021, pp. 1201-1240.

público implicado (el atendido mediante la utilización privativa y exclusiva del bien de dominio público), y asegurar la permanencia de la concesión en el cumplimiento de dicho interés colectivo»[473].

Para que se autorice la transmisión, el concesionario debe acreditar ante la Autoridad Portuaria: (i) que se encuentra al corriente de todas las obligaciones dimanantes de la concesión; (ii) que el nuevo titular reúne los requisitos exigidos para el ejercicio de la actividad o prestación del servicio objeto de la concesión[474]; (iii) que, desde la fecha de otorgamiento, ha transcurrido, al menos, un plazo de dos años[475]; y (iv) que no se originan situaciones de dominio del mercado susceptibles de afectar a la libre competencia dentro del puerto, en la prestación de los servicios portuarios o en las actividades y servicios comerciales directamente relacionados con la actividad portuaria[476].

Zambonino Pulito apunta que estas condiciones «son un mínimo para que la Autoridad Portuaria pueda autorizar la transmisión, por lo que puede ampliarlas en cada caso si existiesen razones de interés general para ello»[477].

La Abogacía General del Estado informó sobre cómo debe computarse el plazo de dos años para autorizar la transmisión en caso de división de una concesión portuaria; es decir, si debe considerarse como *dies a quo* la fecha de otorgamiento de la primitiva concesión o, por el contrario, la fecha de la posterior división. Los Servicios Jurídicos del Estado se posicionaron a favor de la segunda opción[478].

La autorización administrativa previa debe solicitarse antes de que se formalice el negocio jurídico-privado. La transmisión de la concesión produce efectos desde que se autoriza por la Autoridad Portuaria; momento a partir del cual el nuevo titular se subroga en todos los derechos y obligaciones dimanantes de la concesión, y dicha subrogación se produce en todas las obligaciones derivadas de esa concesión, sin exclusión alguna y por tanto incluso las pendientes siempre que se deriven de la concesión que se transmite[479].

Por otro lado, debe analizarse las consecuencias que pueden producirse cuando la Autoridad Portuaria no autoriza la transmisión, pero aun así esta se

---

[473] Fernández Acevedo, R., *Las concesiones administrativas de dominio… Op. cit.*, p. 367.

[474] Este requisito debe conectarse con los artículos 109 y siguientes del TRLPEMM para la prestación de servicios portuarios y 138 y siguientes para los servicios comerciales y actividades económicas.

[475] El artículo 92.3 del TRLPEMM permite flexibilizar este requisito.

[476] La verificación de este requisito exige analizar conjuntamente los artículos 92.4 y 121 del TRLPEMM.

[477] Zambonino Pulito, M., «Comentarios al artículo 92 del TRLPEMM», en Petit Lavall, Mª. V., Blasco Díaz, J.L., Puetz, A. y Oller Rubert, M. (Dir.), *Comentarios al texto refundido de… Op. cit.*, p. 666.

[478] IAE del 7 de junio de 2012 (ref. A.G. Entes Públicos 73/12).

[479] STS del 31 de octubre de 2006 (ECLI:ES:TS:2006:7140).

lleva a cabo en el plano civil o mercantil. Desde el punto de vista administrativo, la transmisión de la concesión portuaria es como si no se hubiese producido; esto es, no tiene efectos jurídicos. Además, la concesión estaría incursa en causa de caducidad, en atención a lo dispuesto en el artículo 98.1.h) del TRLPEMM, lo que puede conllevar, además de la extinción anticipada de la concesión, la consiguiente pérdida de las garantías constituidas. Desde el punto de vista civil, y como apunta Fernández Acevedo, el incumplimiento de la autorización previa para la transmisión de una concesión demanial ha tenido hasta la fecha dos respuestas antagónicas. La primera, que muestra una independencia de los efectos civiles y administrativos y la segunda postura refleja una unidad en los efectos, que determinan la falta de validez en todos los planos[480].

Por otro lado, el apartado 2º del artículo 92 del TRLPEMM regula los derechos de tanteo y retracto que ostenta la Autoridad Portuaria en caso de transmisión de concesiones de dominio público portuario, que se configuran como una prerrogativa para revocar las transmisiones de las concesiones.

Finalmente, debe hacerse una mención especial a la fusión y escisión de la sociedad titular de una concesión de dominio público portuario; operaciones societarias que tampoco han pasado desapercibidas[481]. Al respecto, el artículo 96.e) del TRLPEMM dispone que la disolución o extinción de una sociedad constituye un supuesto de extinción de la concesión portuaria, «salvo en los supuestos de escisión o fusión». Este precepto debe conectarse con la Regla 29ª del PCG, que, entre otras consideraciones, dispone que «cuando la persona jurídica titular de una concesión se fusione con otra o se escinda se considerará que se ha producido un cambio de titularidad, siendo necesaria la previa autorización expresa de la Autoridad Portuaria».

Conviene hacer notar, al igual que otras leyes administrativas, que el TRLPEMM no ofrece una respuesta a todas las operaciones civiles y mercantiles que pueden llevarse a cabo en el seno de la sociedad titular de la concesión demanial, ni tampoco para todos los negocios jurídicos-privados que puedan incidir en la titularidad de las concesiones de dominio público portuario. Razones de seguridad jurídica aconsejan reforzar estos controles, especialmente en aquellos casos en lo que pueden generarse situaciones de dominio susceptibles de afectar a la libre competencia, a la prestación de servicios portuarios o al normal desarrollo de actividades económicas y servicios comerciales directamente relacionados con los usos portuarios. Estimo que, para garantizar el interés portuario y ajustarlo a los principios comunitarios, debería revisarse la redacción del artículo 92, añadiendo la obligación expresa de comunicar

---

[480] Fernández Acevedo, R., *Las concesiones administrativas de dominio… Op. cit.*, pp. 380 a 382.
[481] Desde el 29 de julio de 2023, la norma de referencia en esta materia es el Real Decreto-ley 5/2023, que dedica su libro primero a las modificaciones estructurales de las sociedades mercantiles, tanto las internas como las transfronterizas.

previamente a la Autoridad Portuaria cualquier acto de transmisión o gravamen sobre las concesiones portuarias. En paralelo, habría que revisar también
el régimen autorizatorio en vigor, para adaptarlo a este nuevo sistema de control preventivo. Esta técnica no afectaría al tráfico jurídico y permitiría a las
Autoridades Portuarias tomar conocimiento de los negocios jurídicos y, en su
caso, ejercer *a posteriori* sus potestades de control e inspección, en defensa del
interés portuario.

5.3. CESIÓN TOTAL O PARCIAL DEL USO

La cesión total o parcial del uso de la concesión de dominio público portuario es otro negocio jurídico permitido sobre demanio portuario, como se desprende de los artículos 92.2 y 98.1.g) del TRLPEMM y de la Regla 30ª del PCG.

Distinto de la transmisión de la concesión portuaria es la cesión a un tercero de su uso, que puede ser «total» o «parcial». Mientras que en la transmisión de la concesión existe sucesión en la titularidad, no ocurre lo mismo
en la cesión del uso, donde el primitivo concesionario sigue siendo su titular frente a la Autoridad Portuaria, y el cesionario quien puede hacer uso del
demanio concesionado en virtud de un contrato privado. Corresponde al ce-
dente, como titular de la concesión, responder frente a la Autoridad Portuaria
de las obligaciones dimanantes del título concesional, sin perjuicio de la posterior repercusión al cesionario en los términos pactados[482]. Ahora bien, la Regla 30ª del PCG establece, en su último párrafo que, en caso de cesión del uso
total al cesionario, corresponde asumir las obligaciones dimanantes de la concesión frente a la Autoridad Portuaria.

La Regla 30ª del PCG también establece, para la cesión, un régimen autorizatorio parecido al de la transmisión de la concesión portuaria y que precisa del cumplimiento de unos requisitos tasados. La cesión a un tercero del
uso total o parcial sin la correspondiente autorización de la Autoridad Portuaria también constituye un supuesto de caducidad de la concesión que determina la extinción del título de otorgamiento y la pérdida de las garantías
constituidas[483].

Por último, la Regla 30ª del PCG prohíbe autorizar cesiones del cesionario a
favor de terceros. Es decir, no caben las «subcesiones», ni total ni parcial.

---

[482] STSJ de Galicia, del 4 de diciembre de 2020 (ECLI: ES:TSJGAL:2020:7065).
[483] Artículo 98 del TRLPEMM.

5.4. ALTERACIÓN DE LA COMPOSICIÓN SOCIAL

También se encuentra sujeto a autorización previa de la Autoridad Portuaria la enajenación de las acciones, participaciones o cuotas de una sociedad, comunidad de bienes u otros entes sin personalidad jurídica que sea titular de una concesión sobre dominio público portuario. Este régimen autorizatorio permite poner al descubierto quién está detrás de la concesión de dominio público portuario, a los efectos de prevenir posibles perjuicios para el interés portuario.

De la legislación de puertos se desprende que las transmisiones de participaciones y acciones son libres en las sociedades concesionarias, salvo los supuestos previstos en el citado apartado 4º del artículo 92 del TRLPEMM, que precisan de autorización previa de la Autoridad Portuaria.

El artículo 92.4 del TRLPEMM exige la concurrencia de los siguientes tres requisitos acumulativos:

El primero, la enajenación de títulos de sociedades, comunidades de bienes o entes sin personalidad jurídica. Debe advertirse que lo relevante es el cambio de accionista, socio o participe, y no el negocio jurídico por el que se lleve a cabo (modificación estructural, compraventa, donación, herencia, permuta, etc.)[484].

El segundo requisito es que la sociedad transmitida «tengan como actividad principal la explotación de la concesión». Como enfatiza Nägele García de Fuentes, «no es suficiente, por tanto, que una compañía opere una concesión, sino que esta ha de ser su actividad principal». Además, este autor advierte que cuando «el objeto social es más amplio, los principios de libertad de empresa y seguridad jurídica (arts. 38 y 9.3 de la Constitución española, respectivamente) aconsejan limitar su aplicación»[485].

El tercer requisito consiste en que el adquirente pueda obtener «una posición que le permita influir de manera efectiva en la gestión o control de dicha sociedad o comunidad». Para verificar el cumplimiento de este requisito, el artículo 92.4 del TRLPEMM se remite al artículo 121.1 de la citada norma legal, que regula tres supuestos en los que se entiende que existe «influencia efectiva».

Por otro lado, Nägele García de Fuentes señala, con acierto, la ausencia de referencia expresa en el artículo 92.4 del TRLPEMM a las transmisiones indirectas de sociedades concesionarias, es decir, cuando la sociedad matriz transmitida controla directa o indirectamente una sociedad concesionaria. A su juicio, y siguiendo una interpretación teleológica de dicho precepto, estas

---

[484] Sobre el primer requisito puede verse la STSJ de Canarias, del 3 de noviembre de 2022 (ECLI: ES:TSJICAN:2022:3707).

[485] Nägele García de Fuente, N., «El control de la Autoridad Portuaria ante la transmisión de sociedades concesionarias», *Revista de Derecho del Transporte,* núm. 31, 2023, pp. 37.

transmisiones no deberían quedar exentas de autorización, cuando concurran los requisitos anteriormente expuestos[486] y, particularmente, en aquellos casos en que la actividad principal de la sociedad transmitida (la matriz) sea la explotación de una única concesión, o esta tenga una importancia preponderante, lo que no ocurre en una sociedad holding cuyo objeto no es la gestión de una concesión, sino la gestión y el control del grupo.

Este mismo autor también sostiene, con numerosas citas a pronunciamientos judiciales, la naturaleza reglada de esta autorización[487]; extremo que compartimos plenamente, al tratarse de una modalidad de transmisión de concesiones *inter vivos*, donde ya expusimos distintas razones que justifican su carácter reglado.

Finalmente, y siguiendo una interpretación literal de ese precepto (y de la Regla 29 del PCG), cabe indicar que la Autoridad Portuaria solo debería verificar el cumplimiento de los tres requisitos contemplados en el apartado 4º del artículo 92 del TRLPEMM, y no otros. Debe propugnarse una interpretación restrictiva de estos requisitos, que no limite el fomento de la inversión privada en el sistema portuario. Indicar, además, que algunas Autoridades Portuarias como la de Barcelona tiene publicado un documento sobre la documentación a presentar en la tramitación de una concesión.

5.5. TRANSMISIÓN FORZOSA

La transmisión forzosa es aquella que se produce en caso de remate judicial, administrativo o adjudicación de bienes por impago de créditos hipotecarios. Una vez que concluya la subasta, y al igual que ocurre con las transmisiones *mortis causa*, el nuevo concesionario quedará subrogado en los derechos y obligaciones derivados de la concesión portuaria, siempre que aquel cumpla con los requisitos establecidos en el apartado 3º del artículo 92 del TRLPEMM.

De la regulación del artículo 92 del TRLPEMM se desprende que la adquisición de una concesión mediante remate o adjudicación de bienes no está sujeta a una previa autorización de la Autoridad Portuaria, como ocurre con otro tipo de transmisiones. Ello es por la sencilla razón de que la constitución de hipoteca y otros derechos de garantía sobre la concesión portuaria debió ser previamente autorizados por la Autoridad Portuaria, como dispone el apartado 7º. De ahí que no se exija una segunda autorización, pues la Autoridad Portuaria ya autorizó el previo acto de gravamen.

---

[486] Nägele García de Fuente, N., «El control de la Autoridad…» *Op. cit.*, pp. 39-40.
[487] Nägele García de Fuente, N., «El control de la Autoridad…» *Op. cit.*, pp. 44-46.

Cuestión distinta, como tuvo ocasión de resolver el Tribunal Superior de Justicia de Galicia, es que la previa hipoteca, por el motivo que fuese, no se hubiese sometido a la autorización de la Autoridad Portuaria. En tal caso, para no infringir la propia finalidad de la legislación de puertos, la doctrina jurisprudencial dejó sentado que sí debe condicionarse la adjudicación mediante remate a una nueva autorización de la Autoridad Portuaria[488].

Si el adquirente de la concesión portuaria por la vía forzosa no cumple con los requisitos establecidos en el apartado 3º del artículo 92 del TRLPEMM, el apartado 8º obliga a los nuevos concesionarios a transferirla en el plazo de doce meses, a un nuevo sujeto que no presente limitación alguna. El TRLPEMM no establece una consecuencia en caso de incumplimiento, si bien, cabe la posibilidad de aplicar el supuesto previsto en el artículo 98.1.k) del TRLPEMM para declarar su caducidad, por cuanto si la norma permite declarar la caducidad del título concesional por inobservancia de un incumplimiento expresamente previsto en el título de otorgamiento, más aún en el caso de que se infrinja un precepto legal (*qui potest minus, potest plus*).

El apartado 6º del citado artículo 92 del TRLPEMM confiere a la Autoridad Portuaria un derecho de retracto en el caso de transmisión forzosa, que podrá ejercer en el plazo de tres meses, a contar desde el momento en el que haya tenido conocimiento del remate judicial o administrativo.

5.6. ACTOS DE GRAVAMEN

Los actos de gravamen sobre la concesión de dominio público portuario no producen, *a priori*, alteración subjetiva en el negocio concesional, por eso no se aplica el régimen autorización que a continuación vamos a analizar. De la regulación del artículo 92 del TRLPEMM parece desprenderse que sobre la concesión portuaria pueden constituirse derechos reales, como el usufructo, la servidumbre, la hipoteca y otros derechos de garantía. También cabe admitir la posibilidad de arrendar total o parcialmente elementos de la concesión de dominio público portuario o constituir otros derechos de naturaleza personal.

Ahora bien, ciertamente el apartado 7º del artículo 92 del TRLPEMM más que referirse a estos actos de gravamen, se centra únicamente en la constitución de hipotecas y otros derechos de garantía, que precisan de autorización de la Autoridad Portuaria. En estos casos, el Legislador adelantó la exigencia de autorización al momento de la constitución de estos actos de gravamen, no en un momento posterior. Lógicamente, y por las mismas razones, se encuentra sujeta a autorización la novación de estos actos jurídicos de gravamen. El

---

[488] STSJ de Galicia, del 16 de julio de 2003 (ECLI:ES:TSJGAL:2003:3929).

incumplimiento de este requisito constituye causa de caducidad de la concesión, conforme a lo previsto en el artículo 98.1.i) del TRLPEMM.

Huelga señalar que, aunque se grave una concesión portuaria, el concesionario continúa siendo titular de la concesión hasta que el acreedor ejecute la garantía constituida. Además, si se extingue la concesión por cualquier circunstancia, la hipoteca o cualquier otra garantía también quedaría extinguida, al tratarse de un derecho accesorio.

El artículo 92.9 del TRLPEMM exige al Registrador de la Propiedad que proceda a la inscripción en el Registro de la Propiedad del gravamen correspondiente cuando el interesado acompañe a su petición un documento expedido por la Autoridad Portuaria que certifique el cumplimiento de los requisitos del citado artículo 92 y, en su caso, del título concesional.

Una de las cuestiones más problemáticas en la práctica surge respecto del destino del préstamo que el concesionario solicita y que determina que la concesión demanial quede gravada. Ni el TRLPEMM, ni la legislación de costas contemplan una limitación al destino. En cambio, es una práctica extendida que las Autoridades Portuarias exijan a los concesionarios que los prestamos gravados cumplan con el artículo 98.2 de la LPAP. La aplicación supletoria de este precepto determina la prohibición de gravar las concesiones portuarias para garantizar cualquier actuación del concesionario ajena a la propia concesión. Así pues, en estos casos, debe constar en la solicitud de autorización y en la documentación aportada que los fondos garantizados con la hipoteca de la concesión se destinarán, exclusivamente, a liquidar la deuda pendiente por la realización de obras, construcciones e instalaciones autorizadas (o pendientes de autorizar) por la Autoridad Portuaria, situadas sobre la dependencia demanial ocupada.

5.7. CAMBIO DE DENOMINACIÓN

El apartado 5º del artículo 92 del TRLPEMM también impone al concesionario la carga de comunicar a la Autoridad Portuaria el cambio de denominación social cuando se trata de una sociedad. En el mismo sentido, se pronuncia la Regla 29ª del PCG. La Autoridad Portuaria simplemente debe tomar conocimiento del cambio de denominación notificado.

Aunque tales preceptos se refieran expresamente a «sociedad», entiendo que el concepto abarca cualquier sujeto titular de una concesión portuaria, con independencia de que sea o no una sociedad mercantil, dada la finalidad del trámite. Estas normas no establecen un plazo concreto para notificar el cambio de denominación, de ahí las dificultades para imponer consecuencias sancionadoras en caso de incumplimiento. En todo caso, cualquier notificación debe ser posterior al cambio, nunca anterior, dada la dicción literal del apartado 5º del artículo 92 del TRLPEMM.

A mi juicio, el incumplimiento de esta obligación sería constitutivo de una infracción administrativa leve, conforme a lo dispuesto en el artículo 306.2.d) del TRLPEMM. La sanción pecuniaria, conforme a lo establecido en el artículo 312.1 del TRLPEMM, podrían ascender hasta los 60 000 euros; importe que en este caso se considera excesivo en atención al alcance del incumplimiento mencionado.

6. EXTINCIÓN

El TRLPEMM dedica la Sección 4ª del Capítulo III de Título V del Libro 1ª a la «Extinción de autorizaciones y concesiones»; regulación que debe completarse con las Reglas 34ª a 36ª del PCG, para las concesiones de dominio público portuario.

La sistemática de esa Sección es bien sencilla, por un lado, se regula las causas de extinción y sus efectos (artículos 96 y 100 del TRLPEMM y Regla 34ª del PCG) y, por otro, se contempla una regulación más detallada para aquellos mecanismos más complejos, como son la revocación de autorizaciones y concesiones, la caducidad y el rescate de concesiones (artículos 97 a 99 del TRLPEMM y Reglas 35ª y 36ª del PCG).

Las causas de extinción de las concesiones pueden agruparse en supuestos normales o anormales. La extinción normal es aquella que tiene lugar por el mero vencimiento del plazo de otorgamiento[489]. En cambio, la extinción anormal es la que se produce anticipadamente por cualquier otra causa[490]. Huelga señalar que cualquier otra causa que no esté expresamente prevista en el artículo 96 del TRLPEMM, pero que implique la terminación de la relación concesional, también determinaría la extinción anormal del título concesial, pues el artículo 96 no contiene un listado cerrado o *numerus clausus* de supuestos de extinción[491].

6.1. EXTINCIÓN NORMAL

Las concesiones demaniales, también las portuarias, se otorgan siempre por un tiempo limitado, dada la imprescriptibilidad del dominio público. El plazo de las concesiones de dominio público puede prorrogarse, ampliarse, renovarse o, en definitiva, extenderse por cualquier mecanismo que contemple

---

[489] Artículo 96.a) del TRLPEMM.

[490] Restantes causas previstas en el artículo 96 del TRLPEMM.

[491] Por ejemplo, una causa de extinción expresamente prevista en el título de otorgamiento (*lex inter partes*), como la declaración de concurso o insolvencia del concesionario.

la legislación en cada momento, pero esta institución, por su propia naturaleza, está abocada, tarde o temprano, a su extinción por el mero transcurso del tiempo.

Por ello, el modo normal de extinción de las concesiones de dominio público es siempre el vencimiento del plazo concesional[492]. Se trata de una causa que no precisa de ningún procedimiento administrativo específico, ni de ningún acto administrativo que declare formalmente la extinción; esta se produce de manera automática, por el mero paso del tiempo[493]. A partir de ese momento, si el antiguo concesionario sigue ocupando el demanio estará en precario.

6.2. EXTINCIÓN ANORMAL

Las restantes causas de extinción de las concesiones de dominio público portuario previstas en el artículo 96 del TRLPEMM son la revisión de oficio; la renuncia del titular, que sólo puede ser aceptada por la Autoridad Portuaria cuando no cause perjuicio a esta o a terceros; el mutuo acuerdo entre la Autoridad Portuaria y el titular de la concesión; la disolución o extinción de la sociedad, salvo en los supuestos de fusión o escisión; la revocación; la caducidad; el rescate, cuando se trate de concesiones; y la extinción de la autorización o licencia de la que el título demanial sea su soporte.

En algunos casos, estas causas precisan de un simple acto formal de la Autoridad Portuaria que confirme la extinción, como ocurre con la renuncia, el mutuo acuerdo, la disolución de la sociedad y la extinción de la autorización demanial o de la licencia de la que el título concesional sea soporte; y, en otros casos, además del acto formal, de la previa tramitación de un procedimiento administrativo, como ocurre en la revisión de oficio, la revocación, la caducidad y el rescate. En todo caso, en caso de que exista oposición de la concesionaria se precisa informe preceptivo y no vinculante a la Comisión Permanente del Consejo de Estado[494].

Zambonino Pulito apunta, con acierto, que «se echa en falta una mínima referencia al procedimiento a seguir en caso de extinción. Cierto es que, para los casos de revocación, caducidad y rescate, el procedimiento se establece en los artículos que siguen al que ahora comentamos. Pero en los restantes supuestos, deben observarse unas pautas mínimas en orden a garantizar los derechos e intereses del titular de la autorización o concesión. Es así que habrá de iniciarse un procedimiento, bien a instancia del particular bien de oficio por

---

    [492] Artículo 96.a) del TRLPEMM.

    [493] STSJ de la Región de Murcia, del 11 de octubre de 2019 (ECLI: ES:TSJMU:2019:2059) y STSJ de Andalucía, del 26 de octubre de 2022 (ECLI: ES:TSJAND:2022:16942).

    [494] Artículo 22.12 de la LOCE.

la Autoridad Portuaria, en el que se dé audiencia al interesado, salvo en los supuestos de mutuo acuerdo o renuncia, en los que su voluntad consiste, clara e inequívocamente, en extinguir el título habilitante»[495].

Estas causas de extinción pueden, a su vez, agruparse en función de si la circunstancia anormal está ligada al sujeto, al objeto o a la causa del negocio concesional. Las vinculadas al sujeto son la revisión de oficio, la renuncia, el mutuo acuerdo, la disolución o extinción de la sociedad y la caducidad. La relacionada con el objeto es la revocación de las concesiones demaniales, y las conectadas con la causa son la revocación de autorizaciones para la ocupación del demanio portuario y el rescate de las concesiones demaniales, en aquellos supuestos en los que resulte necesario recuperar, total o parcialmente, el demanio portuario por existir un interés portuario de orden superior.

a) La revocación de las concesiones portuarias

La revocación es otra de las causas que permite la extinción de la concesión de dominio público portuario según el artículo 96 del TRLPEMM. Como se desprende del artículo 97.2 del TRLPEMM, la revocación de la concesión precisa del cumplimiento, acumulativo, de tres requisitos: (i) la existencia de una causa, (ii) que la concesión no pueda continuar y (iii) que no sea posible la revisión del título concesial; requisito que vendría a reconocer el carácter subsidiario de la revocación frente al mecanismo de la revisión previsto en el artículo 89 del TRLPEMM.

El gran perjuicio que sufre el concesionario con este mecanismo es que conlleva la pérdida del derecho de indemnización en compensación por las obras e instalaciones pendientes de amortizar, lo que puede provocar cierto rechazo por parte de los concesionarios, pues la revocación, como aclara el artículo 97.2, se otorga «sin derecho a indemnización».

b) La caducidad de las concesiones portuarias

Dentro de las causas de extinción anormal de las concesiones portuarias merece especial mención la caducidad por incumplimiento del titular de alguna de sus obligaciones; mecanismo que se regula en el artículo 98 del TRLPEMM.

La caducidad del título concesial es una consecuencia desfavorable para el concesionario ante algún incumplimiento atribuible a este, que se puede poner de manifiesto en distintos momentos de la vigencia de una concesión de dominio público portuario[496].

---

[495] Zambonino Pulito, M., «Comentarios al artículo 96 del TRLPEMM», en Petit Lavall, Mª. V., Blasco Díaz, J.L., Puetz, A. y Oller Rubert, M. (Dir.), *Comentarios al texto refundido de… Op. cit.*, p. 677.

[496] Sobre la condición de interesado para presentar una solicitud de caducidad de otro título concesial, puede verse la STSJ de la Comunidad Valenciana, del 2 de marzo de 2023 (ECLI: ES:TSJCV:2023:454).

Las causas que determinan la caducidad del título concesional no se agotan en los supuestos enumerados en el artículo 98 del TRLPEMM. Debe tenerse en cuenta, además, las Reglas 6ª, 7ª, 11ª, 14ª, 16ª, 17ª, 20ª, 21ª, 23ª, 27ª y 36ª del PCG y los supuestos que puedan regularse en las condiciones particulares de los títulos concesionales (*lex inter partes*).

Los rasgos distintivos de la caducidad de las concesiones de dominio público portuario son los siguientes:

— La caducidad no es automática, exige la tramitación de un procedimiento administrativo, con audiencia del interesado, y de una declaración expresa de la Autoridad Portuaria. La incursión en causa de caducidad es una situación de hecho, que exige de una declaración de la Administración y notificación al administrado[497].

— Es en el procedimiento de caducidad donde deben ponderarse todas las circunstancias concurrentes, sin que pueda declararse si el incumplimiento es atribuible a la Administración[498].

— El procedimiento para declarar la caducidad tiene un plazo de duración de seis meses, transcurrido el cual se produce su caducidad[499].

— Precisa de informe preceptivo y no vinculante de la Comisión Permanente del Consejo de Estado (en el caso que el concesionario formule oposición)[500].

— Se trata de una potestad imperativa. La Autoridad Portuaria está obligada a utilizar el mecanismo de la caducidad cuando concurra alguna de sus causas[501]. De ahí que la figura de la rehabilitación de una concesión que se halle incursa en causa de caducidad no se encuentre prevista en la legislación de puertos.

— No es posible la apertura del expediente de caducidad ante incumplimientos o infracciones graves que no estén expresamente previstas como causas de caducidad[502].

— Es una potestad reglada[503].

— Es una potestad distinta a la sancionadora. La caducidad es una medida de naturaleza no sancionadora[504].

---

[497] Artículo 98.2 del TRLPEMM.

[498] STS del 27 de noviembre de 2017 (ECLI: ES:TS:2017:4294).

[499] Artículo 98.2 del TRLPEMM en relación con el 25.1.b) de la LPAC.

[500] Artículos 98.2.b) del TRLPEMM, 22.12 de la LOCE y 80.1 de la LPAC.

[501] STS del 16 de enero de 2002 (ECLI:ES:TS:2002:125).

[502] Artículo 98.2.a) del TRLPEMM.

[503] Lafuente Benaches, M., *La concesión de dominio público (Estudio especial de la declaración de su caducidad)*, Ed. Montecorvo S.A., Madrid, 1988. p. 137.

[504] Regla 37ª del PCG y artículo 313.1.c) del TRLPEMM.

— La acción para declarar la caducidad de una concesión portuaria no está sujeta a un plazo de prescripción[505], pues el transcurso del tiempo en materia de dominio público no es un obstáculo para que la Autoridad Portuaria pueda ejercer sus potestades administrativas[506].

— La declaración de caducidad comporta, entre otros efectos, la pérdida de las garantías constituidas[507] y el derecho a indemnización por las obras construidas[508].

c) El rescate de las concesiones portuarias

Otro de los mecanismos que determina la extinción anormal de la concesión de dominio público portuario es el rescate, que se encuentra regulado en el artículo 99 del TRLPEMM[509]. Mestre Delgado señala que el rescate constituye «una potestad general que nuestro ordenamiento otorga a la Administración titular del bien demanial, y que debe ejercer cuando concurra el presupuesto de hecho, en los términos indicados. No se trata, frente a lo que alguna previsión de la propia ley pueda sugerir, de una facultad contractual, que pueda o no establecerse en el título habilitante»[510].

El rescate del título concesional no obedece a un previo incumplimiento del concesionario como ocurre con la caducidad, sino estriba en la aparición de un interés público o portuario prevalente al mantenimiento total o parcial de la concesión portuaria otorgada. La causa de rescate aparece una vez otorgada la concesión, cuando sobreviene la necesidad de recuperar la posesión del demanio portuario concedido, por alguna razón prevalente.

Tampoco puede confundirse el rescate con la revocación de las concesiones, por cuanto las consecuencias resarcitorias son las opuestas pues, a diferencia de la revocación de las concesiones, el rescate sí lleva aparejada indemnización. Además, la revocación obedece a razones de «legalidad» que han imposibilitado la continuación de la concesión otorgada, y el rescate siempre se ejercita desde el prisma de la «oportunidad», motivado por nuevas razones de interés público o portuario. Por eso, el fundamento del

---

[505] STS del 19 de junio de 2017 (ECLI: ES:TS:2017:2433).

[506] Bueno de Sitjar de Togores, B., «3. Autorizaciones y concesiones», en De Fuentes Bardají, J. (Dir.), *Manual de Dominio Público Marítimo... Op. cit.*, p. 514.

[507] Artículo 98.3 del TRLPEMM.

[508] Regla 36ª del PCG.

[509] La Regla 35ª del PCG también regula la institución del rescate de las concesiones.

[510] Mestre Delgado, J.F., «La extinción de las autorizaciones y concesiones demaniales», en Chinchilla Marín, C. (Coord.), *Comentarios a la Ley 33/2003…. Op. cit.*, pp. 507-508.

rescate se encuentra en el interés de recuperar el demanio público, y mediante el ejercicio de una potestad discrecional[511].

La naturaleza jurídica del rescate no es sancionadora, sino expropiatoria, como ha confirmado en reiteradas ocasiones la doctrina jurisprudencial[512]. Esto determina que, en último término, le resulte de aplicación supletoria la legislación de expropiación forzosa, pero sin que pueda intervenir el Jurado Provincial de Expropiación Forzosa en la determinación del importe del rescate[513]. Tampoco debe confundirse el rescate con la responsabilidad patrimonial de la Administración, que es una institución distinta.

El rescate de una concesión de dominio público portuario exige (i) la existencia de una causa, (ii) la previa tramitación de un procedimiento administrativo, y (iii) la valoración de la indemnización a favor del concesionario que se ha visto singularmente privado de su derecho patrimonial.

De conformidad con el artículo 99.1 del TRLPEMM, las causas que posibilitan el rescate de una concesión portuaria son: (i) que existan razones de interés general vinculadas a la seguridad, a la protección contra actos antisociales o a la protección del medio ambiente, (ii) que existan razones de interés portuarios vinculadas a la ejecución de obras, a la ordenación de terminales o a la prestación de servicios portuarios, y (iii) en aquellos casos en los que no se haya alcanzado un acuerdo en el procedimiento de revisión de las concesiones regulado en el artículo 89 del TRLPEMM[514].

Dado que estamos ante una potestad administrativa de la Autoridad Portuaria que permite extinguir de manera unilateral y anticipada una concesión portuaria, y debido al carácter desfavorable, es necesario que

---

[511] Zambonino Pulito, M., «Comentarios al artículo 99 del TRLPEMM», en Petit Lavall, Mª. V., Blasco Díaz, J.L., Puetz, A. y Oller Rubert, M. (Dir.), *Comentarios al texto refundido de… Op. cit.*, p. 690.

[512] SAN del 5 de marzo de 2014 (ECLI: ES:AN:2014:1060).

[513] STSJ de Canarias del 17 de octubre de 2012 (ECLI: ES:TSJICAN:2012:5294).

[514] El rescate y la revocación de las concesiones portuarias encuentran su punto más conflictivo en esta causa, por cuanto ambas instituciones jurídicas tienen, en lo que a ese supuesto se refiere, un marcado carácter subsidiario con el procedimiento de revisión de las concesiones del artículo 89 del TRLPEMM. Así, el rescate procede «cuando no sea posible alcanzar un acuerdo con el concesionario en un procedimiento de revisión de concesiones» (artículo 99.1 del TRLPEMM). Y la revocación de las concesiones puede activarse cuando «se hayan alterado los supuestos determinantes de su otorgamiento que impliquen la imposibilidad material o jurídica de la continuación en el disfrute de la concesión y, en casos de fuerza mayor, cuando, en ambos supuestos, no sea posible la revisión del título de otorgamiento» (artículo 97.2 del TRLPEMM). La forma de superar esta aparente contradicción es que debe acudirse, en caso de que no haya acuerdo, al procedimiento de rescate cuando la revisión de las concesiones se haya activado por la existencia de alguna de las causas contempladas en los apartados c), d) y e) del artículo 89.1 del TLRPEMM. En cambio, la Autoridad Portuaria debe apelar al procedimiento de revocación de las concesiones cuando el procedimiento de revisión del título concesional se haya incoado por la concurrencia de alguna de las causas previstas en los apartados a) y b) del citado artículo 89.1.

el rescate de concesiones se instrumentalice a través de un procedimiento administrativo con todas las garantías. El TRLPEMM no contiene una regulación detallada del procedimiento de rescate, solo regula algunas fases en los apartados 2º y siguientes del artículo 99.

No obstante, antes de que se inicie el procedimiento administrativo es preciso que el Consejo de Administración de la Autoridad Portuaria declare la «previa» necesidad de ocupación por razones de interés general o interés portuario, según la causa que se invoque, excepto en los casos de aprobación de la DEUP[515] y en proyectos de obras que llevan implícito el interés portuario[516]. Por su parte, el presidente de la Autoridad Portuaria, previa audiencia del interesado debe acordar la «necesidad» de ocupación del demanio portuario, salvo en el supuesto de aprobación de proyectos de obras, que también llevan implícito la necesidad de ocupación de los bienes y derechos afectados por las mismas[517]. Y, finalmente, la declaración de «urgencia» de la ocupación, cuando proceda, corresponderá al ministro de Fomento[518].

La incoación e instrucción del procedimiento administrativo de rescate corresponde al director de la Autoridad Portuaria[519]. Debe darse audiencia al interesado antes de que se dicte la propuesta de resolución por este órgano[520], y, en caso de desacuerdo en el valor del rescate, debe trasladarse la valoración efectuada por la Autoridad Portuaria a fin de que el concesionario presente las alegaciones que estime oportunas en el plazo de diez días. Seguidamente, el director de la Autoridad Portuaria dictará la propuesta de resolución[521] y, en caso de oposición del concesionario, deberá solicitarse informe preceptivo y no vinculante a la Comisión Permanente del Consejo de Estado[522]. El procedimiento de rescate deberá concluir en tres meses[523] y, al tratarse de un procedimiento que se inicia de oficio y en el que se ejercitan potestades de intervención desfavorables, el transcurso de este plazo determina, por imperativo legal, su caducidad[524].

Este procedimiento concluye con una declaración unilateral del Consejo de Administración de la Autoridad Portuaria[525], adoptada de forma

---

[515] Artículos 69.5 y 99.2 del TRLPEMM.
[516] Artículos 61 y 99.2 del TRLPEMM.
[517] Artículos 61 y 99.2 del TRLPEMM.
[518] Artículos 61.3 y 99.2 del TRLPEMM.
[519] Artículo 33.2.b) del TRLPEMM.
[520] Artículo 82 de la LPAC.
[521] Artículo 99.5 del TRLPEMM.
[522] Artículos 99.5 del TRLPEMM y 22.12 de la LOCE.
[523] Artículo 21.3 de la LPAC.
[524] Artículo 25.1.b) de la LPAC.
[525] Artículo 99.5 del TRLPEMM.

discrecional[526], y motivada por razones de interés público o portuario, que determinan la extinción total o parcial de una concesión de dominio público portuaria. En dicha resolución, y con sujeción a los criterios legales, se ha de plasmar la valoración de la indemnización que corresponde al concesionario. Hasta que el procedimiento de rescate no concluya, la Autoridad Portuaria no puede ocupar el demanio, a menos que cuente con el consentimiento expreso del concesionario[527].

Finalmente, los apartados 4° y 6° del artículo 99 del TRLPEMM determinan las pautas legales para valorar el rescate de una concesión de dominio público portuaria. La legislación de puertos opta, como criterio preferente, por el mutuo acuerdo entre el concesionario y la Autoridad Portuaria para determinar el importe del rescate[528]. En caso de que no exista acuerdo, las reglas de valoración de las indemnizaciones del rescate atenderán a los conceptos establecidos en la legislación portuaria[529], sin que pueda aplicarse «factores correctores previstos en una normativa de valoración», porque «existe una clara regulación de cómo ha de determinarse el precio del rescate»[530].

El primero de los conceptos a los que atiende es al valor de las obras e instalaciones rescatadas que hayan sido realizadas por el concesionario y estén establecidas en el título concesional. La norma no aclara si los elementos desmontables, que forman parte de la concesión, deben ser o no valorados. La doctrina jurisprudencial confirmó que «deben incluirse, en defecto de acuerdo, todos los elementos que sean parte integrante del objeto concesional». En cambio, «no están incluidos los bienes muebles, en especial vehículos y la maquinaria afecta al servicio. De lo contrario, el precepto quedaría vacío de contenido y se impondría al concesionario no solo la carga de asumir la retirada de partes importantes de las instalaciones, de cuantioso valor, de difícil transporte y venta en el mercado, como afirma el perito judicial»[531].

Para determinar la valoración, el apartado 6° del artículo 99 del TRLPEMM se remite a los criterios establecidos en la letra c) del artículo 175 de esa Ley; precepto que está previsto para calcular la base imponible de la tasa de ocupación. La aplicación de estos criterios al caso concreto precisa de una valoración técnica de un experto en la materia. La doctrina jurisprudencial aclaró que, para determinar el momento al que hay que referir la

---

[526] SAN del 24 de enero de 2014 (ECLI: ES:AN:2014:291) o STS del 28 de septiembre de 2011 (ECLI: ES:TS:2011:6207).

[527] Bueno de Sitjar de Togores, B., «4. El contrato de concesión de obra pública portuaria», en De Fuentes Bardají, J. (Dir.), *Manual de Dominio Público Marítimo... Op. cit.,* p. 520.

[528] Artículo 99.4 del TRLPEMM.

[529] Artículo 99.6 del TRLPEMM.

[530] STSJ de Canarias del 17 de octubre de 2012 (ECLI: ES:TSJICAN:2012:5294).

[531] STSJ de Canarias, del 17 de octubre de 2012 (ECLI: ES:TSJICAN:2012:5294).

valoración de las obras e instalaciones rescatadas, debe aplicarse «supletoriamente la Ley de Expropiación Forzosa, que establece como fecha de referencia la de inicio del expediente de justiprecio. En el presente caso, no existe una pieza separada, sino que se decide el justiprecio en el mismo acto [del] acuerdo de la exploración de la concesión»[532].

El segundo de los conceptos que la ley ha querido fijar expresamente es la pérdida de beneficios imputables al rescate de la concesión portuaria con relación al cálculo de los beneficios dejados de obtener durante el periodo restante de la concesión. La ley establece un criterio objetivo para escapar de cálculos hipotéticos. Así, limita en el caso de rescate las ganancias futuras a un máximo de tres años. Y para determinar el importe de estos años, el concesionario puede optar por el beneficio medio anual de las actividades ordinarias realizadas en la concesión en los cuatro ejercicios anteriores, o en los dos últimos ejercicios si es más favorable para el concesionario[533].

La ley faculta a la Autoridad Portuaria para establecer, de forma motivada, un descuento de los beneficios futuros «en el caso de que el concesionario aceptara el pago de la indemnización mediante el otorgamiento de una nueva concesión o solicitara una nueva concesión para la misma o similar actividad»[534]. Eguinoa de San Román que «pese a la dicción literal del precepto, sin duda para que pueda hacerse ese descuento será necesario que efectivamente se le otorgue la nueva concesión y no solo que la haya solicitado»[535].

La doctrina jurisprudencial también aclaró que el precio del rescate «devengará intereses legales en la forma establecida en la Ley de Expropiación Forzosa»[536], y que pueden incluirse en la indemnización otros conceptos que no aparezcan mencionados expresamente en la legislación de puertos, en aquellos casos que exista un evidente perjuicio para el concesionario derivado del rescate, «perjuicio que sería claramente indemnizable por parte de la Autoridad Portuaria en razón del carácter expropiatorio de ese rescate»[537].

El apartado 7º del artículo 99 del TRLPEMM determina la forma en la que pueda abonarse el pago del rescate: (i) en dinero, (ii) mediante el otorgamiento de otra concesión o, (iii) en caso de rescate parcial, con la modificación de las condiciones de la concesión. En los dos últimos supuestos, la ley exige la conformidad expresa del concesionario. La Regla 35ª del PCG

---

[532] STSJ de las Islas Baleares, del 30 de mayo de 2017 (ECLI: ES:TSJBAL:2017:375).
[533] STSJ de las Islas Baleares, del 30 de mayo de 2017 (ECLI: ES:TSJBAL:2017:375).
[534] Apartado b) del artículo 99.6 del TRLPEMM.
[535] Eguinoa de San Román, R., *La gestión de los puertos… Op. cit.*, p. 307.
[536] STSJ de Canarias, del 17 de octubre de 2012 (ECLI: ES:TSJICAN:2012:5294).
[537] IAE del 16 de octubre de 2006 (ref. A.G. Entes Públicos 83/06).

añade que, «realizada la entrega a la Autoridad Portuaria de los bienes res-catados, se devolverá la garantía de explotación, a solicitud del concesio-nario, con la deducción, en su caso, de las cantidades que el concesionario deba hacer efectivas en concepto de penalidades y responsabilidades en que haya podido incurrir. En el caso de rescate parcial, se devolverá la parte de la garantía de explotación que proporcionalmente corresponda en fun-ción de los bienes rescatados».

6.3. EFECTOS COMUNES DE LA EXTINCIÓN

La extinción normal y anormal tienen unos efectos comunes, que son los que se prevén con nitidez en el artículo 100 del TRLPEMM y en la Regla 34ª del PCG. También debe tenerse en cuenta que puede haber otros efectos consustan-ciales a la propia naturaleza del bien demanial (por ejemplo, la extinción de los contratos privados suscritos entre el concesionario y terceros). Los efectos propios de cada supuesto de extinción dependerán de las particularidades de cada causa de extinción, tal y como hemos visto (por ejemplo, la revocación de las concesiones no conlleva derecho a indemnización).

El primer efecto común que produce la extinción de las concesiones por-tuarias es la cesación del derecho a la utilización privativa de la porción de dominio público otorgada. La disolución de la relación concesional conlleva, pues, que la porción de demanio se reintegre a la Autoridad Portuaria y que, cuando proceda, esta devuelva al concesionario las garantías constituidas, con deducción, en su caso, de las cantidades que deban hacerse efectivas en con-cepto de penalización o daños[538]. Si el particular se opone a abandonar el de-manio, este organismo podrá proceder al desahucio administrativo conforme a lo dispuesto en el artículo 103 del TRLPEMM.

Sobre esta cuestión, resulta sumamente interesante la reciente STSJ de Murcia, del 26 de enero de 2024 (ECLI: ES:TSJMU:2024:125), que aborda un su-puesto en el que el concesionario se negaba a abandonar el demanio portua-rio tras la extinción del plazo concesional –pese a existir varios requerimientos del organismo portuario–, y tras haberse denegado incluso una medida cau-telar de suspensión: «No encontrándose en vía judicial suspendida la eficacia de la resolución de la concesión, y resultando a su vez extinguida por el trans-curso del plazo concedido el pasado 14 de octubre de 2021, el concesionario resulta obligado a la reversión de la concesión de dominio público y habién-dose negado a ello, es obligación inexcusable de esta administración proceder a la ejecución forzosa del acto, cuya materialización precisa de la tramitación del desahucio administrativo.

---

[538] Artículo 94.3 del TRLPEMM.

«La oposición del concesionario al desahucio administrativo se ha basado en una reiteración de las alegaciones y argumentos ofrecidos en el *iter* administrativo y judicial relatado anteriormente, y que ya han sido por tanto ventiladas en sentido desestimatorio por este órgano judicial, y en particular en la denegación de medida cautelar acordada por Auto firme del 9 de noviembre de 2021. La voluntad manifiestamente contraria de la recurrente al cumplimiento de sus obligaciones, a la reversión de la concesión, maniobra dilatoria con el fin de retener la posesión sin título, resulta claramente perturbadora del interés público que defiende esta administración, que se refiere al uso del dominio público portuario por todos los ciudadanos en pie de igualdad, de acuerdo con las formas y en los plazos permitidos por la legislación que les es de aplicación, y cumpliendo con sus obligaciones, y para cuya prosecución procede el desahucio acordado. Además, la extinción de la concesión, en cualquier caso, viene determinada por el transcurso del plazo por el que se otorgó, y en el caso de Mar de Cristal, tal extinción se produjo el pasado 14 de octubre de 2021. Sin entrar en más consideraciones, ya simplemente esta circunstancia debería despejar las dudas acerca de la procedencia del desahucio ordenado. Y a mayor abundamiento, estamos ante un concesionario que ha incumplido absolutamente con sus obligaciones de pago del canon desde el primer día, prácticamente».

El TRLPEMM otorga al titular de la concesión el derecho de retirar del espacio portuario «los materiales, equipos o instalaciones desmontables que no reviertan gratuitamente a la Autoridad Portuaria en función de lo previsto en el título», pero este derecho se convierte en una obligación para el concesionario «cuando así lo determine la Autoridad Portuaria» que, además, puede ejecutar subsidiariamente, y a costa del concesionario, los trabajo que esta no ejecute en tiempo y forma.

Por otra parte, la Autoridad Portuaria debe decidir sobre «las obras e instalaciones no desmontables», pudiendo optar entre su mantenimiento o el levantamiento y retirada a costa del concesionario. Si la Autoridad Portuaria no se pronuncia, ni se reguló en el título concesional, se presume que el organismo portuario ha optado por su mantenimiento, sin perjuicio de que, con carácter previo a la extinción, pueda cambiar su parecer. Si opta expresamente por la demolición de las obras o el levantamiento de las instalaciones, el concesionario retirará las mismas en el plazo fijado, y, en caso de incumplimiento, la Autoridad Portuaria podrá ejecutar subsidiariamente los trabajos no efectuados. Si el órgano competente declara el suelo objeto de la concesión como contaminado, «el titular de la concesión queda obligado a proceder a su cargo a la descontaminación del mismo»[539].

---

[539] Regla 34ª del PCG en relación con la Ley 7/2022, del 8 de abril, de residuos y suelos contaminados para una economía circular.

En cambio, si la Autoridad Portuaria opta de forma expresa por el mantenimiento, las instalaciones revertirán a su favor gratuitamente y libre de cargas. De la recepción de los bienes revertidos, se levantará la correspondiente acta de recepción, en presencia del concesionario. En el acta se reseñará el estado de conservación de los bienes revertidos, especificándose, en su caso, los deterioros que presentan. Si se detectan deterioros, el acta servirá de base para instruir el correspondiente expediente, en el que se concretará el importe de las reparaciones necesarias, que correrá a cargo del concesionario. Si este no cumple con su obligación de pago, responderá la garantía de explotación constituida, y si esta no fuese suficiente se utilizará, si fuera necesario, el procedimiento administrativo de apremio. Sin más trámites, la Autoridad Portuaria tomará posesión de los bienes e instalaciones y solicitará a las empresas suministradoras la suspensión de los suministros del anterior titular.

En el plano laboral, desde que se produce la extinción de la concesión, la Autoridad Portuaria no asumirá ningún tipo de obligación laboral o económica del anterior titular de la concesión. En el plano registral, «la concesión administrativa es un acto de la Administración que crea sobre bienes de dominio público a favor de un particular un derecho real administrativo de explotación exclusiva», por cuanto son «inscribibles en el Registro de la propiedad, como verdaderos inmuebles que son (artículo 334 del Código Civil), al igual que los derechos reales constituidos sobre las mismas»[540]. Por eso, la extinción de la concesión comporta su cancelación en el Registro de la Propiedad por el titular del bien demanial y de los derechos accesorios existentes[541]. Si bien, la entonces Dirección General de los Registros y del Notariado matizó que no solo es título suficiente la certificación expedida por la Administración titular del bien demanial «ciertamente, es regla general que para la cancelación de un asiento registral se presupone bien el consentimiento del titular del derecho reflejado en dicho asiento, bien la pertinente resolución judicial supletoria. Pero no es menos cierto que dicha regla general tiene importantes excepciones y una de ellas es cuando el derecho inscrito se haya extinguido por imperativo del propio título inscrito o por disposición directa de la ley (artículo 82 de la Ley Hipotecaria)»[542].

---

[540] RDGSJFP del 27 de julio de 2022.
[541] Artículo 210.2 de la Ley Hipotecaria.
[542] RRDGRN del 26 de octubre de 2015 y 12 de febrero de 2014.

Capítulo Séptimo

LA CONCESIÓN PORTUARIA COMO SOPORTE DE ACTIVIDADES ECONÓMICAS, SERVICIOS PORTUARIOS Y OBRAS

1. LA CONCESIÓN PORTUARIA NO EXIME A SU TITULAR DE LA CARGA DE OBTENER OTROS TÍTULOS ADMINISTRATIVOS

El dominio público portuario otorgado en concesión demanial es el soporte físico de actividades económicas, servicios portuarios y obras. Debe partirse de un principio general de diferenciar el demanio soporte de las propias actividades, servicios y obras que se vayan a implantar, desarrollar o ejecutar.

En tanto que la concesión demanial es, únicamente, el título habilitante del soporte físico necesario, el TRLPEMM cuenta con un precepto, el apartado 4º del artículo 73, que recoge un principio general de actuación, conforme al cual, no cabe dispensar al titular de una concesión portuaria de la carga de obtener otros títulos habilitantes que resulten necesarios conforme a la legislación sectorial que, en cada caso, corresponda para el desarrollo de la actividad económica, servicio u obra. Esta misma previsión, aunque con distinta redacción, se prevé en la Regla 5ª del PCG.

La proyección del artículo 73.4 del TRLPEMM es tanto externa (*ad extra*) como interna (*ad intra*) de la propia legislación de puertos. Es decir, el concesionario, además de obtener el título concesional, debe contar con las restantes permisos, licencias, autorizaciones y concesiones que vengan exigidos tanto por otras disposiciones legales (*ad extra*), como por la propia legislación de puertos (*ad intra*). Como veremos, la legislación de puertos contempla exenciones a la exigencia de obtener el título administrativo correspondiente para ejecutar determinadas obras de interés general[543].

---

[543] Un extremo que podría explorarse de cara a una eventual reforma del TRLPEMM es la incorporación de una previsión referida al carácter de interés general de determinadas actividades

El Tribunal Supremo confirmó que carece de sentido que se otorgue un título concesional, que va a comportar una reserva del uso privativo de terrenos del demanio portuario para una determinada finalidad, y no se confiera de manera simultánea o, directamente, se ignore si se podrá otorgar el título habilitante de la actividad, servicio u obra correspondiente. El Alto Tribunal descartó una interpretación aislada y descontextualizada del artículo 73.4 del TRLPEMM, exigiendo una interpretación conjunta con la normativa sectorial que resulte de aplicación en cada caso. De manera que, si no se concede la autorización sectorial correspondiente para el desarrollo de la actividad, carece de sentido que se otorgue el título concesional soporte de esa actividad, pues el demanio quedará inutilizado por ausencia del otro título habilitante[544].

En este mismo sentido, Zambonino Pulito apunta, con acierto, que «aunque nada se dice» en la legislación estatal de puertos «si el título complementario [de actividad] no se obtiene, el título demanial [soporte] habrá de ser, lógicamente, denegado»[545].

En el caso de que tanto la concesión demanial como el título habilitante de la actividad, servicio portuario u obra competa otorgarlo a la misma Autoridad Portuaria, esto no constituye una razón para «fusionar» ambos títulos administrativos en uno, sino simplemente para que ambos puedan tramitarse en un mismo expediente administrativo. Buen ejemplo de ello es el artículo 115.4 del TRLPEMM, que permite que, cuando la licencia para la prestación de un servicio portuario se encuentre ligada directa e indispensablemente al uso privativo de una determinada superficie del demanio portuario, el otorgamiento de esta será objeto del mismo expediente de la concesión demanial, rigiéndose por las reglas previstas para el otorgamiento del título concesional.

Por último, una cuestión interesante que podría valorarse en una eventual reforma del TRLPEMM es la regulación de un «procedimiento o expediente único», de manera que no se exija al solicitante de una concesión portuaria soporte iniciar ante otras Administraciones Públicas los procedimientos correspondientes para obtener los restantes permisos, licencias, autorizaciones y concesiones que sean preceptivos por otras disposiciones legales para el desarrollo de la actividad, la prestación del servicio o la ejecución de obras. De esta forma, se aseguraría la ocupación efectiva del demanio portuario desde el momento en que se otorga la concesión portuaria. En su lugar, habría que articular

---

económicas para un puerto concreto, que exima a su titular de obtener determinadas autorizaciones sectoriales, al igual que ocurre con la previsión de interés general de las obras portuarias del artículo 60 del TRLPEMM a la que se hará referencia más adelante, las cuales están exentas de licencia urbanística.

[544] STS del 22 diciembre de 2021 (ECLI: ES:TS:2021:4905).

[545] Zambonino Pulito, M., «Consideraciones al régimen de las autorizaciones…» *Op. cit.*, p. 47.

fórmulas para coordinar las competencias concurrentes sobre el espacio portuario, como podría ser la exigencia, en el seno del procedimiento para otorgar una concesión demanial, de informes preceptivos y vinculantes de otras administraciones públicas en lugar del correspondiente título habilitante sectorial.

2. SERVICIOS COMERCIALES Y ACTIVIDADES ECONÓMICAS

2.1. CONCEPTO Y REGULACIÓN DE SERVICIOS COMERCIALES

La actividad portuaria se desarrolla en un marco de libre y leal competencia entre los operadores de servicio en los puertos de interés general. El TRLPEMM clasifica los servicios en servicios generales, servicios portuarios, servicios comerciales y servicios de señalización marítima[546]. Junto a ellos, también pueden desarrollarse actividades industriales, comerciales o de servicios en el dominio público portuario[547].

Los servicios comerciales se definen en la legislación portuaria como aquellas actividades de prestación de naturaleza comercial que, no teniendo el carácter de servicios portuarios, están vinculadas a la actividad portuaria[548]. Como puede observarse, la definición de servicios comerciales tiene un marcado carácter residual de los servicios portuarios («no teniendo el carácter de servicio portuario»).

La jurisprudencia aclaró, respecto a esta definición, que el Legislador «concibe los servicios comerciales con una gran amplitud […] de forma que no está utilizando el término "comerciales" en un sentido estricto, relativo solo a la compraventa de mercaderías, sino en un sentido amplio, comprensivo de toda actividad económica de producción o intercambio de todo tipo de bienes y servicios, no siendo preciso que las mismas estén legalmente calificadas como "actividades de prestación de naturaleza comercial"»[549]. También señaló que, para que concurra el requisito de la vinculación a la actividad portuaria, no necesariamente el operador económico debe tener presencia física y continuada en las instalaciones del puerto, sino que es suficiente con que desarrolle una actividad comercial conectada con la actividad portuaria, es decir, lo que se controla mediante esta autorización es «el acceso al puerto de esa actividad y el desempeño de la misma dentro del puerto para proteger la seguridad del recinto portuaria con la dimensión externa que también conlleva»[550].

---

[546] Artículo 104 del TRLPEMM.
[547] Artículo 138.2 del TRLPEMM.
[548] Artículo 138.1 del TRLPEMM.
[549] STS del 31 de octubre de 2022 (ECLI: ES:TS:2022:4029).
[550] STS del 29 de julio de 2021 (ECLI:ES:TS:2021:3537).

El régimen jurídico de la prestación de servicios comerciales se regula en los artículos 138 a 141 del TRLPEMM. Para el desarrollo de estos servicios, la legislación portuaria exige la previa obtención de una autorización de servicios comerciales (también denominada autorización de actividad), que otorga la Autoridad Portuaria en un expediente independiente, pero que si se encuentra ligada a la necesaria ocupación privativa del dominio público portuario se tramitará en el mismo expediente administrativo de la concesión portuaria[551] y se otorgará en la forma y plazos que rige el procedimiento para el otorgamiento de la correspondiente concesión[552].

2.2. AUTORIZACIÓN DE SERVICIOS COMERCIALES

La autorización de servicios comerciales debe ajustarse a las condiciones particulares que determine cada Autoridad Portuaria, así como a las demás disposiciones normativas de aplicación[553]. No existe, en la actualidad, ni una regulación que se muestre favorable a la existencia de una licencia «única» de actividad con eficacia en todos los puertos de interés general, ni una regla de reconocimiento mutuo de las autorizaciones otorgadas por otras autoridades portuarias en otros puertos de interés general[554]. De la regulación legal aplicable se desprende que esta autorización de servicios comerciales tiene carácter reglado[555] y el órgano competente para resolver las solicitudes es el Consejo de Administración de la Autoridad Portuaria correspondiente[556].

La autorización es el medio de intervención que más limita el ejercicio de una actividad económica, si lo comparamos con la declaración responsable o la comunicación previa. Pero no debe olvidarse que, dentro de la denominación «autorización», caben distintos grados de intervención de la actividad administrativa, que no necesariamente debe identificarse con la técnica tradicional autorizatoria. Cada Autoridad Portuaria tiene, por tanto, libertad para elegir la fórmula y el grado de intervención dentro del marco legal de las autorizaciones.

---

[551] Artículo 139.2 del TRLPEMM.

[552] Artículo 139.3 del TRLPEMM.

[553] La STSJ de Canarias, del 29 de julio de 2019 (ECLI: ES:TSJICAN:2019:2198) aborda la naturaleza jurídica de las condiciones particulares de los servicios comerciales.

[554] Artículo 139.2 del TRLPEMM.

[555] Una evidencia más del carácter reglado es el artículo 139.4 del TRLPEMM, que declara la regla del silencio administrativo positivo, salvo en el supuesto de vinculación a la ocupación del demanio, cuyo otorgamiento de una concesión es siempre discrecional, y donde rige la regla del silencio negativo.

[556] Artículo 30.5.n) del TRLPEMM.

Las empresas que van a prestar un servicio comercial ya deben contar con todos los permisos, licencias, autorizaciones y concesiones que sean exigidos por las disposiciones legales de aplicación a la actividad[557] y si, además, este servicio se encuentra vinculado con la actividad que se presta en el puerto, precisan de una autorización adicional de la Autoridad Portuaria correspondiente, sujeta a las prescripciones de la legislación de puertos de interés general.

Existe, pues, una separación entre (i) el título concesional que habilita a su titular a ocupar una porción del demanio portuario, (ii) la autorización para la prestación de un servicio comercial que también otorga la Autoridad Portuaria, que puede otorgarse en el mismo expediente que el título concesional si va ligado a este, y (iii) el título habilitante sectorial que corresponda para el desarrollo de la actividad, que será otorgado en la forma y siguiendo el procedimiento que determine la legislación sectorial correspondiente.

En cuanto al contenido de la autorización de servicios comerciales contemplada en la legislación portuaria, deberá incluir, como mínimo, el objeto del servicio o de la actividad, el plazo de otorgamiento, las garantías que deban constituirse, incluidas las necesarias para cubrir posibles riesgos medioambientales, las condiciones y medios para garantizar la seguridad y calidad ambiental del servicio o actividad, así como su compatibilidad con el funcionamiento operativo del puerto, y la tasa de actividad que corresponda[558].

El TRLPEMM no reconoce de forma expresa la transmisibilidad de la autorización de servicios comerciales. La clave de este silencio puede estar en su carácter personal y, por tanto, intransferible. Es, por tanto, necesario regular este extremo en el pliego de condiciones particulares que apruebe la Autoridad Portuaria. En cambio, cabe pensar que, si la autorización de servicios comerciales va asociada a la concesión demanial, esta debe ser necesariamente transferible, puesto que las concesiones portuarias son, por previsión legal expresa, transmisibles[559].

Las autorizaciones podrán extinguirse por el transcurso del plazo previsto en el propio título; en caso de revocación por incumplimiento de las condiciones establecidas en el título habilitante; y por las demás causas previstas, en su caso, en las condiciones particulares establecidas por la Autoridad Portuaria[560]. Con independencia de que estos servicios sean prestados por un particular o por la propia Autoridad Portuaria, las cantidades percibidas en contraprestación por las empresas que prestan estos servicios tendrán naturaleza de precios privados[561].

---

[557] Artículo 73.4 del TRLPEMM.
[558] Artículo 139.5 del TRLPEMM.
[559] Artículo 92 del TRLPEMM.
[560] Artículo 139.6 del TRLPEMM.
[561] Artículo 140 del TRLPEMM.

La Autoridad Portuaria puede atender las posibles deficiencias de la iniciativa privada en los servicios comerciales, pero no en las actividades industriales, comerciales o de servicios en el dominio público portuario a las que se hará referencia a continuación[562].

2.3. AUTORIZACIÓN PARA ACTIVIDADES INDUSTRIALES, COMERCIALES O DE SERVICIOS

Además de los servicios comerciales, en los puertos de interés general pueden desarrollarse actividades industriales, comerciales o de servicios que sean compatibles con los usos portuarios[563].

Eguinoa de San Román apunta que, la diferencia entre servicios comerciales y otras actividades económicas (actividades industriales, comerciales o de servicios) radica en la exigencia de vinculación a la actividad portuaria que tienen los servicios y no las actividades «en el sentido de que pueden ser útiles para las operaciones de tráfico portuario y no meramente compatibles con los usos portuarios y de señalización marítima. Por eso estaría justificado que la Autoridad Portuaria asumiera su prestación en caso de deficiencia de la iniciativa privada»[564].

Pues bien, a efectos autorizatorios, el TRLPEMM equipara las actividades industriales, comerciales o de servicios en el dominio público portuario a los servicios comerciales. De manera que, para el desarrollo de estas actividades en el demanio portuario, también es necesario obtener una previa autorización de la Autoridad Portuaria[565]. El régimen jurídico de esta autorización es, por tanto, el mismo que la autorización de servicios comerciales.

2.4. APLICACIÓN DE LA LEY DE GARANTÍA DE LA UNIDAD DE MERCADO A LAS ACTIVIDADES QUE SE DESARROLLAN EN DOMINIO PÚBLICO PORTUARIO

La aprobación de la Directiva de Servicios, también conocida como Directiva *Bolkestein*, supuso un cambio de paradigma en el modelo de intervención administrativa de las actividades, pues perseguía eliminar barreras y obstáculos que impidieran o dificultaran las libertades comunitarias de establecimiento y de prestación de servicios.

Lo relevante, a estos efectos, es que la Directiva de Servicios excluyó de su ámbito de aplicación a los servicios de interés general y a ciertos servicios

---

[562] STS del 31 de octubre de 2022 (ECLI: ES:TS:2022:4029).
[563] Artículo 72 del TRLPEMM.
[564] Eguinoa de San Román, R., *La gestión de los puertos… Op. cit.,* p. 258.
[565] Artículo 138.2 del TRLPEMM.

económicos de interés general, como a los servicios de transporte, dentro de los que se incluyen los servicios portuarios (considerandos 17 y 21 y artículo 2.2.d)[566]. En cambio, la Directiva de Servicios no excluyó de su ámbito de aplicación a las actividades económicas que se desarrollan sobre el dominio público (considerandos 39 y 57 y artículos 4.6 y 12). Este marco jurídico fue interpretado por el Tribunal de Justicia de la Unión Europea, en su conocida Sentencia del 14 de julio de 2016 [asuntos acumulados C-458/14 y C-67/15. Caso Lago di Garda], referida al dominio público lacustre[567].

En España, la primera transposición formal de la Directiva de Servicios se produjo con la aprobación de dos normas con rango de ley, de carácter general y básico, que configuraron el marco de referencia: (i) la Ley 17/2009, del 23 de noviembre, sobre el libre acceso a las actividades de servicios y su ejercicio (conocida como «Ley Paraguas») y (ii) la Ley 25/2009, de 22 de diciembre, de modificación de diversas leyes para su adaptación a la ley sobre el libre acceso a las actividades de servicios y su ejercicio (denominada como «Ley Ómnibus»), que modificó, entre otras muchas, la LPEMM de 1992 y la Ley de Puertos de 2003; proceso que continuó durante los siguientes años[568].

Dentro de este proceso evolutivo del ordenamiento jurídico, e inspirado en los principios y reglas de la Directiva de Servicios, surgió la LGUM, que entró en vigor en 11 de diciembre de 2013, para hacer efectivo el principio de unidad de mercado consagrado en el artículo 139 de la CE en el territorio nacional y, en particular, garantizar la integridad del orden económico y facilitar el aprovechamiento de economías de escala y alcance del mercado mediante el libre acceso, ejercicio y la expansión de las actividades económicas en todo el territorio nacional, garantizando su adecuada supervisión.

Del preámbulo de esta norma se desprende que su finalidad es la de establecer los principios y normas básicas que garanticen la unidad de mercado para crear un entorno mucho más favorable a la competencia y a la inversión,

---

[566] Más tarde, estos servicios se regularon en Reglamento (UE) 2017/352, que entró en vigor el 24 de marzo de 2017 y que resulta de aplicación a partir del 24 de marzo de 2019 en todos los puertos marítimos de la red transeuropea de transporte enumerados en el Anexo II.

[567] STJUE del 14 de julio de 2016 (ECLI: EU:C:2016:558).

[568] Jiménez de Cisneros Cid, F.J., «El reglamento europeo de prestación de servicios portuarios y el dominio público portuario», en Eguinoa de San Román, R. (Coord.), *El Reglamento Europeo de Puertos… Op. cit.*, p. 57. El profesor Jiménez de Cisneros Cid parece cuestionar el modelo mismo de gestión del demanio portuario y bienes demaniales a la vista del Derecho Europeo sobrevenido: «resulte necesario preguntarse si es compatible con el régimen de libertad de circulación y establecimiento así como la libertad de prestación de servicios dentro de la Unión Europea, la aparición de obstáculos o trámites administrativos, cual son la exigencia de la previa autorización o concesión para utilizar las instalaciones o infraestructuras portuarias o, simplemente, la exigencia de un acto administrativo previo, si bien de carácter reglado, como es la licencia para poder realizar la actividad o la prestación de servicios portuarios, dentro de la zona gestionada por la Administración Portuaria».

observando los principios recogidos en dicha norma por todas las administraciones públicas, en todos sus actos y posiciones, y para todas las actividades económicas, especialmente en aquellas que, bien por su carácter estratégico (telecomunicaciones, energía, transporte), bien por su potencial para la dinamización y el crecimiento económico (distribución comercial, turismo, construcción, industrias creativas y culturales, alimentación, sector inmobiliario, infraestructuras) resulten de especial relevancia para la economía. Esta norma vino a confirmar también el compromiso con el paradigma de la mejora regulatoria (*better regulation*) para los operadores económicos ante la existencia de distintos marcos regulatorios entre las Comunidades Autónomas y, particularmente, la extensión de los principios inspiradores de la Directiva de Servicios a todas las actividades económicas, también a los sectores expresamente excluidos de su ámbito de aplicación. Esto último es, quizá, el aspecto más destacable de la LGUM[569]. Por lo demás, el objetivo general de la LGUM, como se desprende de su artículo 1, es establecer un marco regulatorio eficiente para las actividades económicas. Se trata de una norma que se proyecta, como aclara su artículo 2, en el acceso a actividades económicas que se prestan en condiciones de mercado y su ejercicio por parte de operadores legalmente establecidos en cualquier lugar del territorio nacional.

Lo relevante es que el Tribunal Supremo proclamó, de manera expresa, que las técnicas de intervención en la actividad económica –particularmente, la autorización para la prestación de servicios comerciales y actividades económicas en los puertos de interés general– también deben analizarse desde el prisma de la LGUM. La cuestión sobre la que se entendió que existía interés casacional objetivo para la formación de jurisprudencia consistía en determinar «si resulta aplicable, y en qué términos, lo dispuesto en la Ley 20/2013, del 9 de diciembre, de garantía de la unidad de mercado (especialmente, en sus artículos 5, 7, 9, 16 y 17) a la prestación de servicios comerciales y al desarrollo de actividades industriales, comerciales o de servicios –y en concreto, de las actividades de transporte– en los puertos de titularidad estatal, a los efectos de precisar, en caso afirmativo, si ello supone algún tipo de cortapisa a la Autoridad Portuaria a la hora de establecer la exigencia de la autorización referida en el artículo 139.2 del Real Decreto Legislativo 2/2011, del 5 de septiembre, por el que se aprueba el Texto Refundido de la Ley de Puertos del Estado y de la Marina Mercante»[570].

En su Sentencia, el Tribunal Supremo comenzó recordando cuál es la actividad que llevan a cabo los transitarios en los puertos y, seguidamente, recordó que la actividad del transporte quedó excluida de la Directiva de Servicios y, consecuentemente, de la Ley Paraguas. No obstante, el Alto Tribunal recalcó

---

[569] Torno Mas, J., «La ley 20/2013, de 9 de diciembre, de garantía de la unidad de mercado. En particular, el principio de eficacia», *Revista d'estudis autonòmics i federals,* núm. 19, 2014, pp. 144-177.

[570] ATS del 4 de noviembre de 2020 (ECLI: ES:TS:2020:9735A).

que la LGUM tiene una «voluntad expansiva», y por ello sí le resulta de aplicación a la actividad que llevan a cabo los transitarios en los puertos de interés general. La consecuencia de lo anterior no puede ser otra que la de interpretar la autorización de servicios comerciales del artículo 139.2 del TRLPEMM a la luz de los principios y reglas establecidos en la LGUM.

En ese caso concreto, el Alto Tribunal confirma que se respetan los principios de necesidad y proporcionalidad del artículo 5 de la LGUM con la exigencia de una autorización como técnica de control preventivo de la actividad de los transitarios en los puertos de interés general, pues la autorización que otorga la Autoridad Portuaria se justifica en la existencia de una razón «interés general de imperiosa necesidad» como es la seguridad pública queda así constatada.

A continuación, el Alto Tribunal examina la posible vulneración del principio de simplificación de cargas reconocido en el artículo 7 de la LGUM. El Tribunal Supremo confirma que no existe duplicidad de controles entre el efectuado «en el marco de otros procedimientos por el hecho de que los transitarios, para el ejercicio de su actividad de intermediación de transportes, deban obtener un título habilitante en el marco de la legislación sectorial de transportes» y la autorización del artículo 139.2 del TRLPEMM. Aclara el Tribunal que, para que exista duplicidad de controles, ambos deben referirse a «aspectos equivalentes ya controlados por otras administraciones, equivalencia que aquí no se da, pues no se pretende habilitar para el ejercicio de la profesión o actividad de transitario, sino para controlar el acceso al puerto de esta actividad y el desempeño de la misma dentro del puerto para proteger la seguridad del recinto portuario con la dimensión externa que también conlleva. Además, la autorización configurada en la resolución impugnada no implica una nueva justificación documental de los requisitos de la autorización de transportes».

En consecuencia, el Alto Tribunal concluye que «la autorización previa contenida en la resolución administrativa originariamente impugnada, establecida al amparo del art. 139.2 TRLPE, debe entenderse debidamente justificada desde la perspectiva de su necesidad y proporcionalidad, ajustándose a cuanto se dispone en el art. 17 y concordantes de la Ley 20/2013, del 9 de diciembre, de garantía de la unidad de mercado».

En definitiva, la importancia de esta sentencia radica en que en ella se proclama, de manera taxativa, que la LGUM resulta de aplicación a cualquier actividad económica, también a las que se desarrollan en el dominio público portuario otorgado en concesión portuaria. Lo que conlleva que cualquier título habilitante que otorguen las Autoridades Portuarias al amparo del TRLPEMM debería interpretarse de conformidad con los principios y reglas contenidos en la LGUM[571].

---

[571] Sentencia del 29 de julio de 2021 (ECLI:ES:TS:2021:3537).

3. SERVICIOS PORTUARIOS

3.1. CONCEPTO Y REGULACIÓN

Los servicios portuarios se regulan, con carácter general, en los artículos 108 a 136 del TRLPEMM y en el Reglamento (UE) 2017/352[572]. Además de estas normas, les resultan de aplicación otras normas horizontales, como la LGUM. También habrá que tener en cuenta los pliegos de prescripciones particulares del servicio portuario[573], el Reglamento de Explotación y Policía (si llegara a aprobarse) y las Ordenanzas particulares de cada puerto[574].

Los servicios portuarios se definen como «las actividades de prestación que sean necesarias para la explotación de los puertos dirigidas a hacer posible la realización de las operaciones asociadas con el tráfico marítimo, en condiciones de seguridad, eficiencia, regularidad, continuidad y no discriminación, y que sean desarrolladas en el ámbito territorial de las Autoridades Portuarias»[575]. Tienen la consideración de servicios portuarios por previsión legal los servicios técnico-náutico (servicios de practicaje, remolque y de amarre y desamarre), el pasaje, la recepción de desechos generados por buques y la manipulación de mercancías[576].

Como puede observarse, se trata de un conjunto de actividades de naturaleza privada, de carácter técnico, dirigidas a cualquier operador del puerto, las cuales resultan necesarias para la correcta explotación de las infraestructuras portuarias. La prestación de los servicios portuarios no se reserva a la iniciativa pública y se rige por el principio de libre concurrencia, con las excepciones previstas en el TRLPEMM[577]. Los servicios portuarios no son servicios públicos *stricto sensu*[578].

---

[572] Sobre los aspectos más relevantes del Reglamento (UE) 2017/352, puede verse a Zurutuza Arigita, I., «El acceso al mercado de los servicios portuarios: a propósito del nuevo Reglamento (UE) 2017/352», *Revista de Derecho del Transporte,* núm. 20, 2017, pp. 87-111.

[573] La STS del 11 de enero de 2022 (ECLI:ES:TS:2022:80) aborda la naturaleza jurídica de los pliegos de prescripciones particulares de los servicio portuario, concluyendo que tienen naturaleza de disposición de carácter general.

[574] Un estudio detallado sobre los servicios portuarios en los puertos de interés general a raíz de la entrada en vigor de la Ley de Puertos de 2003 es Horgué Baena, C., «Régimen de prestación de los servicios portuarios en los puertos de interés general. En especial, de los servicios portuarios básicos», *Revista Española de Derecho Administrativo,* núm. 134, 2007, pp. 285-320.

[575] Artículo 108.1 del TRLPEMM.

[576] Artículo 108.2 del TRLPEMM.

[577] Artículos 104.1 y 109.1 del TRLPEMM.

[578] La Ley de Puertos de 2003 inició una tendencia de privatización y liberalización de los servicios portuarios que ha terminado por consolidar el vigente TRLPEMM.

3.2. LICENCIA PARA LA PRESTACIÓN DE SERVICIOS PORTUARIOS

Para la prestación de servicios portuarios, las autoridades portuarias otorgan una licencia[579], y para los servicios no portuarios (servicios comerciales) y las actividades económicas, ya se ha visto que el título que conceden es una autorización de actividad[580].

La licencia tiene carácter reglado[581], no otorga derecho a prestar el servicio en exclusiva[582], recoge los derechos y obligaciones de los operadores de servicios portuarios (entre ellos, la obligación de servicio público portuario)[583] y, si en tres meses no se ha otorgado, rige la regla del silencio administrativo positivo[584]. Siendo la licencia el título habilitante para la prestación de los servicios portuarios, el TRLPEMM se ocupa de determinar sus principales elementos: el plazo[585], el procedimiento de otorgamiento[586], su clausulado mínimo[587], las posibilidades de modificación y transmisión[588] y sus formas de extinción[589].

La licencia se otorga previa acreditación de las condiciones y requisitos previstos en el TRLPEMM y en las prescripciones particulares del servicio. Si se limita el número de prestadores, esta se otorga por concurso convocado por la Autoridad Portuaria[590]. Dicho organismo es el encargado de elaborar los pliegos y convocar el concurso, salvo en los que pueda existir un interés directo o indirecto en la prestación del servicio, en cuyo caso corresponderá dichas funciones a Puertos del Estado. En caso de que el servicio lo preste la Autoridad Portuaria, el plazo se limita temporalmente en comparación con su ejercicio por la iniciativa privada[591].

De los artículos 108 y siguientes del TRLPEMM se desprende que existen distintas tipologías de licencias: específicas y generales[592], de autoprestación y de integración de servicios[593], para la prestación del servicio por la propia Autoridad Portuaria[594], etc.

---

[579] Artículo 109.2 del TRLPEMM.
[580] Artículo 139.2 del TRLPEMM.
[581] Artículo 109.2 del TRLPEMM.
[582] Artículo 109.2 del TRLPEMM.
[583] Artículo 110 del TRLPEMM.
[584] Artículo 115.1 del TRLPEMM.
[585] Artículo 114 del TRLPEMM.
[586] Artículo 115 del TRLPEMM.
[587] Artículo 117 del TRLPEMM.
[588] Artículo 118 del TRLPEMM.
[589] Artículo 119 del TRLPEMM.
[590] Artículo 109.2 del TRLPEMM.
[591] Artículo 109.3 del TRLPEMM.
[592] Artículo 109.2 del TRLPEMM.
[593] Artículos 133 a 136 del TRLPEMM.
[594] Artículo 109.3 del TRLPEMM.

Un servicio portuario se puede o no prestar sobre terrenos concesionados. El TRLPEMM habilita a las autoridades portuarias a que limiten el número
máximo de posibles prestadores de un servicio portuario, atendiendo, entre
otras razones debidamente motivadas, a la disponibilidad de espacios para la
ocupación privativa[595]. En este caso, también el plazo de la licencia será menor
que el establecido con carácter general, con alguna excepción expresamente
prevista en el TRLPEMM[596]. Cuando se solicite una licencia para la prestación de
un servicio vinculada «directa e indispensablemente» al uso privativo de una
determinada superficie del puerto, y al igual que ocurre con la autorización
de actividad[597], se tramitará en el mismo expediente y se otorgará en la forma
y plazos que rige el procedimiento para el otorgamiento del título concesional[598]. Es decir, el plazo para otorgarla será de ocho meses y el silencio pasará a
ser negativo. Las licencias son transmisibles, con independencia de que estén
o no vinculadas a la ocupación privativa del demanio portuario[599], y se extin-
guen por alguna de las causas previstas en el TRLPEMM, entre ellas, por extinción de la concesión, autorización o rescisión del contrato al que se refiere el
artículo 115.4 de esa ley[600].

La persona que preste un servicio portuario, con independencia de que
ocupe o no privativamente el demanio portuario mediante una concesión demanial deberá obtener los restantes permisos, licencias, autorizaciones y concesiones que sean exigidas por otras disposiciones normativas, en los mismos
términos que se ha expuesto en los apartados anteriores[601].

4. SERVICIOS GENERALES Y EL SERVICIO DE SEÑALIZACIÓN MARÍTIMA

4.1. SERVICIOS GENERALES

Los servicios generales son aquellos servicios «de los que se benefician los
usuarios del puerto sin necesidad de solicitud, así como aquellos necesarios
para el cumplimiento de las funciones de las autoridades portuarias»[602].

---

[595] Artículo 111.1 del TRLPEMM.
[596] Artículo 111.4 del TRLPEMM.
[597] Artículo 139 del TRLPEMM.
[598] Artículo 115.4 del TRLPEMM.
[599] Artículos 115.4 y 118 del TRLPEMM.
[600] Artículo 119 del TRLPEMM.
[601] Artículo 73.4 del TRLPEMM.
[602] Artículo 106 del TRLPEMM.

El TRLPEMM recoge, de manera ejemplificativa, alguno de los servicios generales que se prestan las autoridades portuarias en los puertos de titularidad estatal: «a) El servicio de ordenación, coordinación y control del tráfico portuario, tanto marítimo como terrestre. b) El servicio de coordinación y control de las operaciones asociadas a los servicios portuarios, comerciales y otras actividades. c) Los servicios de señalización, balizamiento y otras ayudas a la navegación que sirvan de aproximación y acceso del buque al puerto, así como su balizamiento interior. d) El servicio de policía en las zonas comunes, sin perjuicio de las competencias que correspondan a otras administraciones. e) El servicio de alumbrado de las zonas comunes. f) El servicio de limpieza habitual de las zonas comunes de tierra y de agua. No se incluyen en este servicio la limpieza de muelles y explanadas como consecuencia de las operaciones de depósito y manipulación de mercancías. g) Los servicios de prevención y control de emergencias, en los términos establecidos por la normativa sobre protección civil, en colaboración con las administraciones competentes sobre protección civil, prevención y extinción de incendios, salvamento y lucha contra la contaminación»[603].

Compete a las autoridades portuarias prestar, con sus propios medios, estos servicios, sin perjuicio de que su gestión pueda encomendarse a terceros en determinados casos, siempre que no se ponga en riesgo la seguridad, ni implique el ejercicio de autoridad[604].

4.2. SERVICIO DE SEÑALIZACIÓN MARÍTIMA

El servicio de señalización marítima que gestionan los organismos portuarios tiene como objetivo «la instalación, mantenimiento, control e inspección de dispositivos visuales, acústicos, electrónicos o radioeléctricos, activos o pasivos, destinados a mejorar la seguridad de la navegación y los movimientos de los buques en el mar litoral español, y, en su caso, confirmar la posición de los buques en navegación»[605].

El artículo 137 del TRLPEMM asigna a cada Autoridad Portuaria la función de prestar este servicio en una zona geográfica determinada y a Puertos del Estado otra serie de funciones de coordinación. Este servicio se presta sin solicitud de los usuarios, quienes tienen que abonar, en todo caso, la tasa de ayuda a la navegación.

---

[603] Artículo 106 del TRLPEMM.

[604] Artículo 107 del TRLPEMM. Sobre la contratación de servicios que impliquen el ejercicio de potestades administrativas de autoridad, puede verse la STS del 14 de septiembre de 2020 (ECLI:ES:TS:2020:2812) dictada en el ámbito del dominio público hidráulico.

[605] Artículo 137 del TRLPEMM.

Los faros son bienes de dominio público estatal[606]. El Estado tiene competencia exclusiva sobre la iluminación de costas y señales marítimas[607]. En los faros y otros terrenos adscritos al servicio de señalización marítima pueden autorizarse usos y actividades distintas, siempre que dicha utilización sea compatible con el propio servicio de señalización marítima y con ella se persiga o coadyuve a preservar su patrimonio arquitectónico[608].

Los usos que se vayan a implantar en un faro deben estar previstos en el planeamiento urbanístico y en la DEUP (si el faro y los terrenos están adscritos a la zona de servicio del puerto). La ocupación privativa de estos espacios puede realizarse, entre otros títulos, mediante una concesión de dominio público portuario. El concesionario deberá obtener, para la implantación efectiva de este uso complementario, los permisos, licencias, autorizaciones y concesiones que sean exigidos por las disposiciones legales, tanto para realizar la actividad, como para la ejecución de las obras[609].

5. USOS Y OBRAS

5.1. ACTOS SUJETOS A LICENCIA URBANÍSTICA[610]

Al igual que ocurre con cualquier servicio o actividad económica que se va a implantar sobre demanio público portuario otorgado en concesión demanial, los usos y actos de edificación que el concesionario pretenda ejecutar también están sujetos a la previa obtención de la licencia urbanística. Debe insistirse que, de conformidad con lo dispuesto el artículo 73.4 del TRLPEMM, la concesión demanial «no eximen a sus titulares de obtener los permisos, licencias, autorizaciones y concesiones que sean exigidos por otras disposiciones legales».

Junto con la exigencia de la licencia urbanística o título habilitante que corresponda, que insistimos debe ser la regla general, el concesionario vendrá obligado al cumplimiento de las prescripciones urbanísticas que correspondan y al pago de los tributos a los que diche actuación esté sujeto, como la tasa urbanística o el Impuesto sobre Construcciones, Instalaciones y Obras (ICIO).

---

[606] Un estudio completo sobre los faros como bienes de dominio público es el que ha publicado el profesor Menéndez Rexach, Á., «Los faros españoles: evolución legislativa y régimen de utilización», *Ciudad y territorio: Estudios territoriales*, núm. 208, 2021, pp. 535-552.

[607] Artículo 149.1.20ª de la CE.

[608] Sobre esta cuestión puede verse la STS del 25 de febrero de 2020 (ECLI: ES:TS:2020:586), que trata sobre la instalación, en régimen de concesión de dominio público, de un bar-terraza en la zona exterior del Faro de Maspalomas.

[609] Artículo 73.4 del TRLPEMM.

[610] Las referencias de este apartado a licencia urbanística deben entenderse como título habilitante que corresponda en función de la legislación urbanística de cada Comunidad Autónoma.

La Administración Urbanística, cuando otorga un título administrativo que legitima el uso, edificación, obras o instalaciones sobre demanio público portuario, está ejerciendo una potestad estrictamente reglada[611].

Cuando en un puerto existen aprobados ambos instrumentos de planificación (Plan Especial y DEUP) o solo el primero de estos, es suficiente con que el uso o la obra se adapte a este, pues el Plan Especial necesariamente debe ajustarse a la DEUP[612]. De forma que, los usos y obras que son objeto de licencia urbanística no pueden ir en contra del Plan Especial. Es más, como sostuvo Jiménez de Cisneros Cid, «si no se ajustaran a las determinaciones del instrumento de ordenación urbana correspondiente, el Ayuntamiento podrá poner en marcha los mecanismos de protección de la legalidad urbanística»[613].

Normalmente, el problema se plantea cuando no consta aprobado el Plan Especial o instrumento equivalente[614]. En estos casos, como apunta Menéndez Rexach, debe diferenciarse entre usos portuarios y no portuarios. No habrá inconvenientes en implantar usos portuarios si no existe Plan Especial o instrumento equivalente, que habrá de hacerse con base en la DEUP. En cambio, para este autor, no será posible implantar usos o actos de edificación que no sean estrictamente portuarios[615]. En cambio, existe jurisprudencia menor que confirma que «la ausencia de aprobación del Plan Especial que desarrolle el sistema general portuario en el puerto […] no determina la imposibilidad de utilizar los espacios portuarios, ni de realizar obras e implantar instalaciones en el mismo –respetuosas de la determinación de usos permisibles en cada espacio portuario–, ni determina la aplicabilidad del régimen del suelo rústico en la zona de servicio portuaria, como pretende la demandante»[616].

En todo caso, como apunta Jiménez de Cisneros Cid, «hay que recordar que el Plan de Utilización [actual DEUP] no incluye determinaciones urbanísticas

---

[611] La licencia urbanística es un ejemplo típico de acto administrativo reglado, en el que la Administración controla el cumplimiento de los requisitos establecidos en la legislación y el planeamiento urbanísticos.

[612] Artículo 56 del TRLPEMM.

[613] Jiménez de Cisneros Cid, F. J., «La ejecución de obras en la zona de servicio de los puertos de interés general», *Revista de Derecho Urbanístico y Medio Ambiente*, núm. extra-145, 1995, p. 58.

[614] Recientemente, el ATS del 16 de noviembre de 2023 (ECLI:ES:TS:2023:15663A) ha admitido a trámite un recurso de casación para determinar «si es exigible la previa aprobación de la delimitación de los espacios y usos portuarios para iniciar la elaboración de un plan especial o instrumento equivalente que ordene la zona de servicio de un puerto, o si, por el contrario, puede simultanearse la tramitación administrativa de ambos procedimientos, siempre y cuando la aprobación de la delimitación de los espacios y usos portuarios preceda a la aprobación definitiva de los planes especiales o instrumentos equivalentes».

[615] Menéndez Rexach, Á., «Obras públicas y licencia en los puertos de interés general», *Revista de Derecho Urbanístico y Medio Ambiente,* núm. 358, 2022, pp. 25-26.

[616] STSJ de Galicia del 11 de septiembre de 2020 (ECLI: ES:TSJGAL:2020:5109) y STS del 5 de abril de 2001 (ECLI:ES:TS:2002:2294).

[…], sino que constituye únicamente la delimitación de la zona de servicio y la asignación de usos portuarios a cada una de las áreas en que se divide aquella […] por ello, difícilmente la obra que se pretenda realizar podrá encontrar en el Plan de Utilización el espejo en el que mirarse, pues no coinciden los contenidos de dicho Plan de Utilización con los requisitos técnicos de la obra»[617].

En el hipotético supuesto de que no conste aprobado ni Plan Especial, ni DEUP, el marco urbanístico de referencia aplicable a los usos urbanísticos y actos de edificación a ejecutar estará determinado, únicamente, por el instrumento general de planeamiento, no siendo jurídicamente admisible denegar una licencia urbanística por ausencia de Plan Especial o instrumento equivalente[618]. Si tampoco consta en vigor un instrumento general de planeamiento, supuesto más teórico que real, pues la anulación de un instrumento de planeamiento determina la reviviscencia del anterior, habrá que estar a lo dispuesto en la legislación urbanística correspondiente (normas de aplicación directa) a los efectos de otorgar o no el correspondiente título urbanístico habilitante.

5.2. ACTOS EXENTOS DE LICENCIA URBANÍSTICA

El TRLPEMM y la jurisprudencia han sustraído del control preventivo municipal, que se ejerce a través de las licencias urbanísticas, a determinadas obras que se desarrollan sobre dominio público portuario.

En primer lugar, no se someten a licencia urbanística (o título habilitante correspondiente según la legislación urbanística de aplicación) las obras públicas de «interés general» que se lleven a cabo en dominio público portuario[619]. Así, de conformidad con lo dispuesto en el artículo 60 del TRLPEMM, no están sometidas a licencia municipal de obras la construcción de nuevos puertos[620], las obras de ampliación o modificación[621] de los puertos estatales existentes[622]

---

[617] Jiménez de Cisneros Cid, F. J., «La ejecución de obras en…», *Op. cit.,* pp. 59-60.

[618] STS del 5 de abril de 2001 (ECLI:ES:TS:2002:2294).

[619] La jurisprudencia ha entendido que se trata de obras portuarias «en sentido estricto». En este sentido, se han pronunciado tanto el Tribunal Constitucional, en su Sentencia núm. 40/1998, del 19 de febrero (BOE núm. 65, del 17 de marzo de 1998, ECLI:ES:TC:1998:40), como el Tribunal Supremo, en su Sentencia del 1 de abril de 2002 (ECLI:ES:TS:2002:2294).

[620] Artículo 57 del TRLPEMM.

[621] Respecto a las obras de ampliación y modificación de los puertos, la STS del 19 de noviembre de 2020 (ECLI: ES:TS:2020:3882) aclaró que «el concepto de obras de ampliación o modificación de puertos incluidas en el artículo 58 del texto refundido de la Ley de Puertos del Estado y de la Marina Mercante, calificadas como obras públicas de interés general excluidas de control preventivo municipal por el artículo 60 del mismo texto legal, se debe interpretar en un sentido físico [en vez de funcional], por lo que sólo lo serán aquellas realizadas para ganar terreno al mar».

[622] Artículo 58 del TRLPEMM.

y las restantes obras que sean de «interés general»[623]. En estos casos, la participación de la Comunidad Autónoma y, en su caso, de los ayuntamientos se realizará en la forma prevista en tales preceptos, mediante la emisión de informes en relación con sus respectivas competencias y en el trámite de audiencia. Blasco Díaz recuerda que esto no es una novedad de la legislación de puertos, sino que «esta exención recoge lo que igualmente se ha venido estableciemiento en una diversa legislación sectorial, como la de aguas, carreteras, ferrocarril o aeropuertos»[624].

Como recuerda Menéndez Rexach, «aunque no se mencionen [en la legislación de puertos] también está exentas de control municipal las obras en el mar de acuerdo con la doctrina constitucional según la cual el mar no es territorio y, por ello, no forma parte del término municipal. Esta tesis tiene apoyo en el art. 58.1, párrafo 3º, del TRLPEMM, que permite la ejecución de nuevas obras de infraestructura portuaria o de ampliación sobre espacios de agua de los puertos existentes, aunque no estén aprobados la DEUO ni el PE» [625].

En segundo lugar, también se encuentran exentas de licencia urbanística aquellas otras obras públicas que expresamente se determinen en otras leyes sectoriales, como sería el caso de la Disposición Adicional 3ª de la Ley 13/2003, del 23 de mayo, reguladora del contrato de concesión de obras públicas, que declara determinadas obras como de «interés general».

En tercer lugar, y por expresa previsión jurisprudencial[626], se encuentran exentas del control municipal las obras que carecen de «interés general», pero que recaen sobre instalaciones vinculadas a usos estrictamente portuarios. Se trataría de obras «estrictamente portuarias» que han servir a los usos propios del puerto[627]. En estos casos, como ha confirmado la jurisprudencia, la actuación que se lleve a cabo por el concesionario no está sometida a licencia urbanística, ni tampoco precisa de una intervención municipal mediante la emisión de un informe urbanístico preceptivo. El concesionario que se encuentre en la situación antes descrita y que pretenda ejecutar una obra en sus instalaciones únicamente precisa de autorización de la Autoridad Portuaria, si la obra se va a ejecutar una vez que la concesión ya esté otorgada, mediante la modificación o revisión del título concesional, o si la concesión demanial no está aún otorgada, en el momento de su otorgamiento.

---

[623] Artículo 59 del TRLPEMM.

[624] Blasco Díaz, J.L., «Comentarios a los artículos 57, 58, 59, 60 y 61 del TRLPEMM», en Petit Lavall, Mª. V., Blasco Díaz, J.L., Puetz, A. y Oller Rubert, M. (Dir.), *Comentarios al texto refundido de… Op. cit.*, p. 495.

[625] Menéndez Rexach, Á., «Obras públicas y licencia en…», *Op. cit.*, pp. 31-32.

[626] STS del 31 de marzo de 2014 (ECLI: ES:TS:2014:1549).

[627] Artículo 72.1 del TRLPEMM.

En cambio, si no estamos ante un uso estrictamente portuario, la obra sí estaría sujeta a licencia municipal. Tal es el caso de obras sobre instalaciones o construcciones con usos vinculados a la interacción puerto-ciudad (equipamientos culturales, recreativos, certámenes feriales, exposiciones y otras actividades comerciales no estrictamente portuarias), las instalaciones hoteleras, albergues, hospedajes, etc. que se sitúen en demanio portuario[628]. Menéndez Rexach recuerda la existencia de zonas de usos mixtos que cada vez más van incorporándose en la DEUP de muchos puertos. Como apunta con acierto el profesor, y una vez expuestas las diferencias existentes entre actuaciones sujetas o no a licencia, «el uso mixto es un cajón de sastre que, en la práctica, puede plantear problemas, especialmente a efectos del sometimiento o no a licencia de la actuación correspondiente»[629].

La doctrina mantuvo durante años que solo se encontraban exentas de control municipal las actuaciones estrictamente portuarias realizadas en el demanio portuario por las Autoridades Portuarias, pero no las que llevaran a cabo los sujetos privados o concesionarios de la Administración, quienes debían, en todo caso, recabar de la Administración Urbanística correspondiente el otorgamiento de la licencia urbanística[630]. Como explica Blasco Díaz «se venía imponiendo una excepción, introducida en su momento por el artículo 180 del Texto Refundido de la Ley del Suelo de 1976, referida a la innecesaridad de obtener licencia urbanística municipal para los actos de uso del suelo promovidos por las administraciones públicas o entidades de Derecho Público que administrasen bienes de aquellas si así lo disponía la legislación sectorial aplicable. En este caso lo establecía la anterior Ley de Puertos […] (artículo 19.3 LPEMM)»[631]. Sin embargo, el Tribunal Supremo confirmó que «la utilización y construcción por una entidad privada concesionaria del terreno y uso, y no por la Autoridad Portuaria, no puede ser un elemento subjetivo determinante del control municipal, pues no es el autor de la obra o el titular del uso el elemento tomado en consideración por el legislador, sino el elemento finalístico del destino a que dicha construcción se dedica la que determina el control –municipal o no– sobre su construcción»[632].

---

[628] La STC núm. 40/1998, del 19 de febrero (BOE núm. 65, del 17 de marzo de 1998, ECLI:ES:TC:1998:40) rechazó, en su Fundamento Jurídico 39, la exención de licencia urbanística en aquellos casos en los que las obras de construcción o conservación, aun realizándose en demanio portuario, no afectase a construcciones o instalaciones estrictamente portuarias.

[629] Menéndez Rexach, Á., «Obras públicas y licencia en…». *Op. cit.*, pp. 26-27.

[630] Huesca Boadilla, R., «I. Puertos competencia de la Administración General del Estado», en De Fuentes Bardají, J. (Dir.), *Manual de Dominio Público Marítimo… Op. cit.*, pp. 403 y 404.

[631] Blasco Díaz, J.L., «Comentarios a los artículos 57, 58, 59, 60 y 61 del TRLPEMM», en Petit Lavall, Mª. V., Blasco Díaz, J.L., Puetz, A. y Oller Rubert, M. (Dir.), *Comentarios al texto refundido de… Op. cit.*, p. 494.

[632] STS del 31 de marzo de 2014 (ECLI: ES:TS:2014:1549).

Tampoco se encuentran exentas de licencia urbanísticas las obras en edificios de la Autoridad Portuaria o instalaciones portuarias que se ubiquen fuera de la zona de servicio del puerto[633].

En definitiva, lo relevante a efectos de aplicar la exención de licencia municipal por expresa previsión jurisprudencial no es las características promotor, sino el destino de la obra: si se vincula o no a usos estrictamente portuarios.

---

[633] STS del 4 de abril de 2001 (ECLI:ES:TS:2001:2814).

Capítulo Octavo

LA INCORPORACIÓN DE CLÁUSULAS SOCIALES Y MEDIOAMBIENTALES EN LAS CONCESIONES PORTUARIAS

1. LA CONTRATACIÓN PÚBLICA COMO ESPEJO: ANTECEDENTES HISTÓRICOS Y EVOLUCIÓN

1.1. BREVE REFERENCIA AL CONTEXTO EUROPEO

Hoy nadie pone en duda que la contratación pública es un instrumento eficaz para el logro de políticas públicas medioambientales y sociales, pues «cada vez que una autoridad adjudica un contrato está produciendo un impacto en el mercado y en el entorno»[634]. Mediante la implementación de estas políticas públicas se consigue reorientar al sector privado hacia el logro de objetivos de interés general. Esta forma de implementar políticas públicas es, además, perfectamente trasladable a otros ámbitos, como a las subvenciones públicas[635] o, como veremos, a las concesiones de dominio público portuario.

La preocupación por cuestiones medioambientales en la Unión Europea fue un proceso lento y gradual, que se inició a partir de los años 80. La Comunidad Económica Europea no contaba en sus orígenes con competencia sobre el medioambiente, pero esto no fue un obstáculo para que el Tribunal de Justicia reconociese la protección del medioambiente como uno de sus objetivos

---

[634] Ramos, A., «Las cláusulas sociales en la regulación de los contratos del sector público tras el RD Leg. 3/2011», *Contratación administrativa práctica: revista de la contratación administrativa y de los contratistas,* núm. 119, 2012, pp. 30-51.

[635] Román Márquez, A., «Las cláusulas sociales y ambientales en las subvenciones públicas», *Revista de Estudios de la Administración Local y Autonómica,* núm. 19, 2023, pp. 172-196.

«implícitos»[636]. Desde entonces, han surgido distintos documentos con valor de *soft law* y los sucesivos tratados y sus modificaciones, así como las distintas normas de derecho derivado dictadas por las instituciones europeas han ido implementado medidas y conformando un marco jurídico para la protección del medioambiente a nivel comunitario, aplicable transversalmente a todos los sectores de actividad, incluido la contratación pública.

El proceso de incorporación de los aspectos sociales fue mucho más rápido que el medioambiental. El Tratado de Roma, constitutivo de la Comunidad Económica Europea, ya contenía un título dedicado a la política social. La Unión Europea cuenta, en la actualidad, con una auténtica política social para la mejora de las condiciones de vida de todos sus ciudadanos, y pone el énfasis en el progreso social, el bienestar, el pleno empleo, la natalidad y el envejecimiento de la población, la transformación de la vida laboral, etc.

Es en el contexto europeo donde surgen las denominadas estipulaciones sociales y medioambientales[637], que años más tarde se trasladaron al ámbito nacional. El primer antecedente que la doctrina suele mencionar es la Sentencia del 20 de septiembre de 1988 del Tribunal de Justicia de la Comunidad Europea (Sala Cuarta), dictada en el caso Gebroeders Beentjess Bv contra el Estado de los Países Bajos, en el asunto 31/1987, que versó sobre la inclusión de cláusulas sociolaborales en las condiciones especiales de ejecución. A partir de los primeros pronunciamientos de la jurisprudencia europea comenzaron a surgir distintas normas de *soft law*, favorables a la inclusión de cláusulas sociales y medioambientales en los procedimientos de contratación pública. El procedimiento continuó con el tercer paquete legislativo sobre contratación pública (Directivas de «tercera generación»)[638] y concluyó, años más tarde, con la aprobación del cuarto paquete legislativo de contratación pública (Directivas de «cuarta generación»)[639], de las que deriva la vigente LCSP.

---

[636] Vercher Noguera, A., «El medio ambiente en la jurisprudencia del Tribunal de Justicia de la Comunidad Europea», *La Ley: Revista jurídica española de doctrina, jurisprudencia y bibliografía*, núm. 2, 1996. pp. 1487-1497.

[637] Existen multitud de definiciones sobre cláusulas sociales y medioambientales. Al respecto, puede verse a Aguado i Cudolà, V., *La contratación pública responsable. Funciones, límites y régimen jurídico*, Ed. Thomson Reuters Aranzadi, Cizur Menor (Navarra), 2021, pp. 175-180.

[638] Directiva 2004/18/CE del Parlamento europeo y del Consejo, del 31 de marzo, sobre Coordinación de los Procedimientos de Adjudicación de los Contratos Públicos de Obras, de Suministro y de Servicios y la Directiva 2004/17/CE del Parlamento Europeo y del Consejo, del 31 de marzo de 2004, sobre la coordinación de los procedimientos de adjudicación de contratos en los sectores del agua, de la energía, de los transportes y de los servicios postales.

[639] La Directiva 2014/24/UE del Parlamento Europeo y del Consejo, del 26 de febrero de 2014, sobre contratación pública y por la que se deroga la Directiva 2004/18/CE; la Directiva 2014/25/UE del Parlamento Europeo y del Consejo, del 26 de febrero de 2014 relativa a la contratación por entidades que operan en los sectores del agua, la energía, los transportes y los servicios postales y por la que se deroga la Directiva 2004/17/CE; y la Directiva 2014/23/UE del

1.2. BREVE REFERENCIA AL CONTEXTO ESPAÑOL

Pese a la resistencia inicial, el Legislador incorporó progresivamente las cláusulas sociales y ambientales en la contratación pública[640]. La mayor parte de la doctrina sitúa en la Ley 13/1995, del 8 de mayo de Contratos de las Administraciones Públicas el inicio de la regulación. Sin embargo, no fue hasta la Ley 30/2007, del 30 de octubre, de Contratos del Sector Público cuando se transpuso la Directiva 2004/18/CE y se permitió incorporar por primera vez cláusulas sociales y medioambientales en las distintas fases del proceso de contratación pública, tanto en las condiciones especiales de ejecución del contrato (artículo 102), como en los criterios para valorar las ofertas (artículo 134). El texto refundido de la Ley de Contratos del Sector Público, aprobado por el Real Decreto Legislativo 3/2011, del 14 de noviembre, no solo actualizó la normativa de contratos públicos entonces vigente, sino que trasladó a la contratación pública en España los nuevos avances surgidos en el contexto europeo. Se preveía que los pliegos de prescripciones técnicas se configuraran teniendo en cuenta criterios de accesibilidad universal y de diseño para todas las personas (artículo 117), se estableció prohibiciones para contratar relacionadas con infracciones y delitos relacionados con cuestiones sociales y medioambientales (artículo 60), se reguló como criterios de adjudicación vinculados al objeto del contrato aspectos sociales y medioambientales (artículo 150), se incorporó como criterio de preferencia en la adjudicación que una empresa cumpliese determinados objetivos sociales y medioambientales (disposición adicional cuarta), etc.

La LCSP traspuso las Directivas de «cuarta generación» y, según indica su preámbulo, «el sistema legal de contratación pública que se establece en la presente ley persigue aclarar las normas vigentes, en aras de una mayor seguridad jurídica y trata de conseguir que se utilice la contratación pública como instrumento para implementar las políticas tanto europeas como nacionales en materia social, medioambiental, de innovación y desarrollo, de promoción de las PYMES, y de defensa de la competencia. Todas estas cuestiones se constituyen como verdaderos objetivos de la ley, persiguiéndose en todo

---

Parlamento Europeo y del Consejo, del 26 de febrero de 2014, relativa a la adjudicación de contratos de concesión.

[640] Sobre esta cuestión puede verse a Gimeno Feliú, J. M., «Las condiciones sociales en la contratación pública: posibilidades y límites», *Anuario del Gobierno Local*, núm. 1, 2017, pp. 241-287. En este trabajo, este autor analiza las posibilidades de introducir condiciones sociales en la contratación y los límites contemplados en el marco normativo entonces en vigor. Antes, este autor, pionero en esta materia, había abordado esta cuestión en Gimeno Feliú, J. M., «Los procedimientos y criterios de adjudicación y la posibilidad de valorar aspectos sociales y medioambientales», en Gimeno Feliú, J. M. (Coord.), *Contratación de las Administraciones Públicas: análisis práctico de la nueva normativa sobre contratación pública*, Ed. Atelier, 2004, pp. 61-94.

momento la eficiencia en el gasto público y el respeto a los principios de igualdad de trato, no discriminación, transparencia, proporcionalidad e integridad».

La LCSP tiene, por tanto, como uno de sus principales objetivos la utilización de la contratación pública para implementar políticas europeas y nacionales en materias social y medioambiental. Por ello, su artículo 1.3 proclama que «en toda contratación pública se incorporarán de manera transversal y preceptiva criterios sociales y medioambientales siempre que guarde relación con el objeto del contrato, en la convicción de que su inclusión proporciona una mejor relación calidad-precio en la prestación contractual, así como una mayor y mejor eficiencia en la utilización de los fondos públicos. Igualmente se facilitará el acceso a la contratación pública de las pequeñas y medianas empresas, así como de las empresas de economía social».

La LCSP permite incorporar criterios sociales, ambientales y de innovación en diferentes fases del procedimiento de contratación y en sede de ejecución de los contratos. Así, se permite en el momento de definir el objeto del contrato (artículos 35.1.c y 99), como prohibición para contratar (artículo 71.1.d en relación con el 72), para determinar el precio (artículos 100, 101 y 102), en la elaboración de los pliegos (artículos 122 a 130), al valorar las ofertas y determinar las que pueden resultar desproporcionadas (artículos 145, 147, 148 y 149), al establecer un procedimiento especial para la compra pública de innovación (artículos 177 a 182), como condición especial de ejecución (artículos 201, 202 y 319), al contemplar su incumplimiento como causa de resolución (artículo 212) y al exigir su cumplimiento al subcontratista (artículos 215.4, 217 y Disposición Adicional 51ª).

Los presupuestos generales que contempla la vigente LCSP para que puedan incorporarse estas cláusulas en los contratos públicos son: (i) que deben guardar relación con el objeto del contrato, (ii) que su inclusión debe proporcionar una mejor relación calidad-precio en la prestación contractual, y (iii) que constituyan una mayor y mejor eficiencia en la utilización de los fondos públicos[641]. En cambio, como apunta la doctrina, los límites que se desprenden de la regulación vigente vienen impuestos, principalmente, desde el Derecho de la Unión Europea y, particularmente, desde los principios y reglas del Derecho de la Competencia[642].

Finalmente, no puede cerrarse este apartado sin hacer una mención a la aprobación, por la Oficina Independiente de Regulación y Supervisión de la Contratación (OIReScon), el 28 de diciembre de 2022, de la Estrategia Nacional de Contratación Pública que, según el artículo 334 de la LCSP, es «un instrumento jurídico vinculante» diseñando, entre otros, para «utilizar las posibilidades de la contratación pública para apoyar políticas ambientales, sociales

---

[641] Artículo 1.3 de la LCSP.

[642] Aguado i Cudolà, V., *La contratación pública responsable. Funciones... Op. cit.*, pp. 208-209.

y de innovación». Una de las medidas adoptadas para apoyar políticas ambientales, sociales y de innovación se articula mediante la elaboración de instrucciones, recomendaciones o guías que faciliten buenas prácticas y favorezcan la incorporación de estas cláusulas.

2. CLÁUSULAS SOCIALES Y MEDIOAMBIENTALES EN LAS CONCESIONES DE DOMINIO PÚBLICO PORTUARIO

2.1. CONVENIENCIA Y OPORTUNIDAD DE MODIFICAR LA LEGISLACIÓN PORTUARIA Y EL PCG PARA REGULAR LA INCORPORACIÓN DE CLÁUSULAS SOCIALES Y MEDIOAMBIENTALES

Los avances producidos en las cláusulas sociales y medioambientales en materia de contratación pública no han sido trasladados a otros ámbitos del ordenamiento jurídico, que también podrían haber coadyuvado al logro de estas políticas de marcado interés general. Perfectamente, el Legislador podría haber optado por introducir esta técnica en las legislaciones reguladoras de las concesiones administrativas, de forma paralela a la contratación pública. Lo cierto es que esto no ha ocurrido.

En otro capítulo de este trabajo analizamos que, de conformidad con la legislación vigente, y en la forma que viene siendo interpretada por el Alto Tribunal, no es posible aplicar supletoriamente la LCSP en materia de concesiones portuarias. Ahora bien, que no se pueda acudir directamente a esta normativa para incorporar en el ámbito de las concesiones portuarias estipulaciones sociales y medioambientales no significa que dicha legislación no pueda utilizarse como parámetro de contraste para trasladar al ámbito portuario esta técnica jurídica, mediante una reforma legislativa ambiciosa del TRLPEMM.

La oportunidad y conveniencia de modificar la legislación estatal de puertos (y el PCG) estaría más que justificada en los resultados satisfactorios que ofrece la utilización de estas cláusulas en el ámbito de la contratación pública y los objetivos de marcado interés general que se persiguen[643].

---

[643] Junto a la incorporación de cláusulas sociales y medioambientales en los pliegos de condiciones de las concesiones portuarias como mecanismo para implantar buenas prácticas en el demanio portuario, también podría valorarse el incentivo u obligatoriedad de estas políticas mediante otras técnicas, como las instrucciones de dirección que dictan los organismos portuarios, la elaboración de guías y recomendaciones para los operadores portuarios, las ordenanzas y reglamentos internos de explotación del puerto, los pliegos de los servicios comerciales o portuarios, las bonificaciones a las tasas portuarias por mejoras en la eficiencia, calidad y rendimiento en los servicios o el otorgamiento de periodos concesionales más extensos a favor de determinadas empresas verdaderamente comprometidas con el medioambiental y la responsabilidad social.

De otro lado, es obligado mencionar el nuevo Marco Estratégico del Sistema Portuario de interés general, aprobado mediante la Orden TMA/1014/2022, del 7 de octubre, que apuesta decididamente por la incorporación urgente de cláusulas sociales y medioambientales en los PCG de las concesiones portuarias.

El nuevo Marco Estratégico tiene un horizonte temporal que se sitúa en el año 2030 y destaca tres dimensiones prioritarias de los puertos: la económica, la ambiental y la social. El desarrollo de estas tres dimensiones se producirá a través de siete criterios de actuación, siendo uno de ellos la «sostenibilidad».

Sostenibilidad entendida como «capacidad para lograr un funcionamiento o un desarrollo tal que asegure las necesidades del presente sin comprometer las necesidades de futuras generaciones. Si bien este concepto abarca hasta cuatro ejes o ámbitos claramente delimitados –el social, el institucional, el económico y el ambiental– a efectos del presente Marco Estratégico, se redunda en el eje ambiental, por el carácter combinado de urgencia e importancia que tiene, tanto local como a escala planetaria, y en el eje social habida cuenta de la vocación de servicios intrínseca de los puertos. El principio de sostenibilidad está ya presente en el marco legal que rige sobre los puertos, básicamente en forma de memorias descriptivas de realizaciones, y también de objetivos centrados en el eje ambiental. Pero no basta con ello. La sostenibilidad debe abandonar su condición colateral o complementaria, a favor parte consustancial de toda actividad portuaria».

Con base en los siete criterios de actuación preferentes, se han planteado dieciséis líneas estratégicas, destacando entre todas ellas la línea estratégica número 2, «Ordenación y gestión ágil y avanzada del dominio público», y su objetivo general de gestión «Espacios portuarios al servicio de interés general». Destaca que «el uso privativo del espacio portuario requiere ser alineado no solo con la estrategia económica del puerto, sino con las exigencias que emanan de su dimensión ambiental y social. A nivel económico, es deseable contar con estándares básicos consensuados acerca de las condiciones generales y particulares a establecer en los pliegos de las concesiones demaniales (plazos, tráficos mínimos, etc.) en función del objeto, la inversión y la generación de negocio previsible. Los cambios de estas condiciones a lo largo de la vida de una concesión deben responder a criterios tasados que graviten sobre la defensa del interés general. En relación con las dimensiones ambiental y social, son clave las condiciones de preserva de la sostenibilidad ambiental, cuya urgencia aconseja ser incorporadas a una próxima revisión del Pliego de Condiciones Generales para las concesiones y autorizaciones, o a unas recomendaciones que puedan emitirse al respecto para todo el sistema, de común acuerdo entre todos los organismos portuarios. Es preciso visibilizar en los instrumentos de gestión de la zona de servicio de los puertos, condiciones expresadas con claridad y rigor que faciliten la entrada en cada puerto y el posterior desempeño de aquellos agentes que muestren mayor grado de compromiso, no solo con relación a su óptimo posicionamiento en las redes de transporte, logística y comercio, sino con la debida contribución a fines socioambientales, hoy día insoslayables».

El Marco Estratégico destaca, en relación con las cláusulas medioambientales, que «cabe también recoger condiciones de preservación de la sostenibilidad ambiental, tales como las de contribuir a la transición energética, a una huella de carbono neutra y a la resiliencia al cambio climático. A este respecto, se tendrá en cuenta factores como el estado y evolución de los ecosistemas, las condiciones hidromorfológicas, climáticas y de dinámica costera; así como la presión acumulada de los diferentes usos que soporta los tramos de costa que pudieran verse afectados».

La incorporación de estipulaciones medioambientales y sociales en las concesiones portuarias se califica por el nuevo Marco Estratégico como una actuación «urgente» y que debe implementarse mediante «una próxima revisión del Pliego de Condiciones Generales que el actual marco legal contempla para las concesiones y autorizaciones en los puertos».

La preservación de las dimensiones medioambiental y social de los puertos también se afronta en el nuevo Marco Estratégico mediante otras líneas estratégicas distintas a la incorporación de estipulaciones en los pliegos concesionales, como las líneas número 3, «infraestructuras orientadas a demanda, fiables, conectadas y sostenibles»; 4, «servicios competitivos y operaciones eficientes»; 8, «puertos innovadores»; 10, «puertos ambientalmente sostenibles»; 11, «puertos eco-proactivos»; y 15, «cultura ética y corporativa».

2.2. INCORPORACIÓN DE CLÁUSULAS SOCIALES Y MEDIOAMBIENTALES EN DISTINTAS FASES DEL PROCEDIMIENTO PARA EL OTORGAMIENTO DE CONCESIONES PORTUARIAS

Sin perjuicio de la conveniencia u oportunidad de modificar la legislación estatal de puertos (y el PCG) para introducir una regulación completa y detallada de la incorporación de cláusulas sociales y medioambientales en las concesiones portuarias, se han identificado determinados artículos del TRLPEMM y principios rectores que podrían utilizarse para incorporar estas estipulaciones en las concesiones portuarias.

El primer momento en el que podría añadir aspectos sociales y medioambientales en las concesiones portuarias sería en la fase de preparación del expediente concesional, bien tras la solicitud que presente un interesado, bien antes de convocar un concurso para el otorgamiento de una concesión de dominio público portuario. Se trataría de vincular el objeto de las concesiones portuarias a estos aspectos desde el primer momento, de manera que las actividades que se vayan a implantar o las construcciones que se pretendan ejecutar resulten acordes a los usos y actividades permitidos en el demanio portuario y, además, contribuyan al logro de objetivos y políticas de interés general.

Ello debería trasladarse a los pliegos de condiciones particulares de las concesiones, mediante la redacción de determinadas cláusulas, o a los pliegos de bases de los concursos. Podría exigirse, además, criterios determinados de solvencia técnica o profesional e incorporarse prohibiciones para contratar. Repárese que, el artículo 84.1 del TRLPEMM exige al interesado que solicita una concesión portuaria acreditar la «solvencia económica, técnica y profesional para hacer frente a las obligaciones resultantes de la concesión» y «otros documentos y justificaciones que sean pertinentes y cuya exigencia esté justificada por razón imperiosa de interés general».

Un segundo momento en el que la Autoridad Portuaria podría exigir el cumplimiento de aspectos sociales y medioambientales sería en la fase de selección de la concesionaria, bien en el trámite de concurso o en el de competencia de proyectos.

Respecto al concurso regulado en el artículo 86 del TRLPEMM, su apartado 3º dispone que «El pliego de bases del concurso contendrá, al menos, los siguientes extremos: [...] 2º. Criterios para su adjudicación y ponderación de los mismos. Con carácter general, habrá de considerarse como uno de los criterios de adjudicación las medidas de carácter medioambiental y de responsabilidad social corporativa propuestas. En los supuestos a que se refiere las letras a), c) y d) del apartado 1 de este artículo, habrá de considerarse como uno de los criterios de adjudicación, o establecerse en el caso del otorgamiento sin concurso de la letra c), la estructura tarifaria y las tarifas máximas aplicables a los usuarios. A su vez, en los concursos a que se refiere la letra c) podrá también incluirse como criterio de adjudicación el compromiso de realización en las instalaciones náutico-deportivas de actividades de carácter formativo o educativo sin fines lucrativos».

No se establece un criterio similar para seleccionar al concesionario en el trámite de competencia de proyectos. No obstante, sí podría tenerse en cuenta aspectos sociales y medioambientales en el momento de determinar qué solicitud de todas las presentadas tiene mayor «interés portuario», pues precisamente este concepto jurídico indeterminado se configura mediante un listado abierto o meramente ejemplificativo en la legislación estatal de puertos (*numerus apertus*).

Al respecto, el artículo 85.1 del TRLPEMM dispone, en su párrafo 2º, que «cuando en el trámite de competencia de proyectos se formulen varias solicitudes, el Consejo de Administración, seleccionará aquella que, a su juicio, tenga mayor interés portuario, motivado en la captación de nuevos tráficos, compatibilidad con otros usos, inversión, rentabilidad, entre otros, y continuará la tramitación conforme a lo indicado en los apartados siguientes, salvo en el supuesto previsto en el artículo 86.1.b) en el que deberá convocarse un concurso».

Un tercer momento sería en las condiciones de ejecución de las concesiones portuarias que otorguen las autoridades portuarias. En este sentido, cobra especial relevancia el principio *pacta sunt servanda* –implícito en el procedimiento de otorgamiento de concesiones portuaria– y los artículos 85.5 y 85.6 del TRLPEMM.

Así, el artículo 85.5 del TRLPEMM señala que, si procede el otorgamiento de la concesión, «el director fijará las condiciones en que podría ser otorgada la misma y se las notificará al peticionario que deberá aceptarlas expresamente». Por su parte, el artículo 85.6 faculta al Consejo de Administración para modificar las condiciones propuestas por el director de la Autoridad Portuaria «en el caso de que el Consejo de Administración acuerde la modificación de alguna de las condiciones aceptadas por el peticionario, se someterán a su nueva aceptación en los términos previstos en el apartado anterior».

En términos parecidos, puede citarse el artículo 87.1.e) del TRLPEMM, que declara que, entre las condiciones de otorgamiento de una concesión portuaria, pueden figurar «otras condiciones que la Autoridad Portuaria considere necesarias». Más específicamente, el artículo 80 del TRLPEMM, que regula las condiciones de la autorización para la ocupación privativa del demanio (no de la concesión demanial), establece que las autorizaciones deben contener una condición referida a la «protección del medio ambiente que, en su caso, procedan».

Por último, todos estos aspectos podrían, igualmente, ponderarse por el Consejo de Administración en el momento de discernir, en uso de la potestad discrecional, si concede o no una concesión de dominio público portuario y las condiciones asociadas a ese otorgamiento, por cuanto la discrecionalidad imperante en esta materia permite que este órgano administrativo pueda introducir determinadas exigencias sociales y ambientales en el condicionante de las concesiones portuarias, siempre que lo motive suficientemente.

De otro lado, también sería posible valorar aspectos sociales y medioambientales en los expedientes administrativos que se incoen para el otorgamiento de prórrogas, de modificación, de revisión y de rescate de las concesiones portuarias.

En sede de otorgamiento de prórrogas, el artículo 82.2.b) del TRLPEMM hace referencia expresa a inversiones relevantes que no se encuentren inicialmente previstas en el título de otorgamiento y que mejoren «la eficiencia energética o la calidad ambiental de las operaciones portuarias». Si dicho precepto reconoce que este tipo de inversiones puede conllevar el otorgamiento de una prórroga no prevista en el título de otorgamiento, nada impide que también pueda valorarse estos aspectos medioambientales en otra tipología de prórrogas.

En sede de modificación de concesiones portuarias debe traerse a colación, nuevamente, el nuevo Marco Estratégico del Sistema Portuario aprobado en el año 2022, que recuerda, dentro de la línea estratégica número 2, «Ordenación y gestión ágil y avanzada del dominio público», concretamente en el objetivo general de gestión número 2.2, «Espacios portuarios al servicio del interés general», que «conviene consensuar unos criterios tasados no solo de cara al otorgamiento de las concesiones, sino para las posibles modificaciones que puedan ir planteándose a lo largo de su periodo de vigencia, en favor de la preservación del interés general».

El artículo 89.1 del TRLPEMM apunta que la Autoridad Portuaria revisará las condiciones de una concesión, modificándolas de oficio o a instancia de parte, cuando «lo exijan razones de interés general vinculadas a la seguridad, a la protección contra actos antisociales y terroristas o a la protección del medio ambiente».

Finalmente, el TRLPEMM también establece en su artículo 99.2 la procedencia del rescate de las concesiones por razones de interés general vinculadas a la protección del medioambiente: «El rescate de la concesión exigirá la previa declaración de su necesidad por razones de interés general vinculadas a la seguridad, a la protección contra actos antisociales o a la protección al medio ambiente, o por el interés portuario de las obras o de los servicios, y el acuerdo de la necesidad de ocupación de los bienes y derechos afectados por aquellos».

En definitiva, conforme a la legislación portuaria vigente, y en algunos casos mediante una interpretación extensiva de los preceptos y principios enunciados, existen varios momentos del procedimiento de otorgamiento de concesiones portuarias en los que las autoridades portuarias podrían incorporar cláusulas sociales y medioambientales en las concesiones portuarias que otorgan. La incorporación de cláusulas sociales y medioambientales sería un buen mecanismo para avanzar hacia un mejor uso y explotación del demanio, superando los criterios actuales de rentabilización y eficiencia en la explotación del demanio.

2.3. EVOLUCIÓN DE LAS CLÁUSULAS SOCIALES Y MEDIOAMBIENTALES EN LOS PLIEGOS DE LAS CONCESIONES PORTUARIAS

En último lugar, conviene detenernos en el estudio de las cláusulas de contenido ambiental y social previstas en el Pliego de Condiciones Generales de las concesiones portuarias (PCG) y analizar también algunos pliegos de condiciones particulares y de bases de concursos aprobados por las distintas autoridades portuarias para el otorgamiento de concesiones portuarias, para aproximarnos a la realidad actual y evolutiva de esta interesante cuestión.

a) Pliego de Condiciones Generales

El Pliego de Condiciones Generales para el otorgamiento de concesiones de dominio público portuario aprobado mediante Orden FOM/938/2008, del 27 de marzo (PCG de 2008) derogó el Pliego de Condiciones Generales para el otorgamiento de concesiones demaniales en la zona de servicio de los puertos de interés general aprobado mediante Orden del 2 de agosto de 1995 (PGC de 1995).

Esta última norma contenía un único condicionante de carácter medioambiental:

«22.ª Los vertidos de las aguas residuales y de las procedentes de lavado de depósitos o de escorrentía superficial deberán cumplir con las normas vigentes en materia de vertidos. Cuando las instalaciones no satisfagan las normas aplicables, el concesionario estará obligado a realizar, en los plazos que se le señalen, las correcciones necesarias hasta que, a juicio de la autoridad competente, se cumplan dichas normas».

En cambio, su sucesor, el PCG de 2008, contiene dos estipulaciones con contenido social y medioambiental:

Regla 24. Medidas preventivas y de seguridad.
El concesionario deberá cumplir las obligaciones de coordinación de actividades empresariales en calidad de titular del centro de trabajo de acuerdo con lo dispuesto en la Ley 31/1995, del 8 de noviembre, de Prevención de Riesgos Laborales.
[…]

Regla 25. Medidas medioambientales.
El título concesional fijará las condiciones de protección del medio ambiente que, en su caso, procedan, incluyendo las necesarias medidas correctoras y, en caso de que fuera preceptiva, las condiciones o prescripciones establecidas en la correspondiente resolución del Ministerio de Medio Ambiente.
Los vertidos de las aguas residuales y de las procedentes de lavado de depósitos o de escorrentía superficial deberán cumplir con las normas vigentes en materia de vertidos. Cuando las instalaciones no satisfagan las normas aplicables, el concesionario estará obligado a adoptar, en los plazos que se le señalen por la autoridad competente, las medidas correctoras necesarias para que se cumplan dichas normas. De conformidad con el Real Decreto 9/2005, del 14 de enero, por el que se establece la relación de actividades potencialmente contaminantes del suelo y los criterios y estándares para la declaración de suelos contaminados, el titular de la concesión, si la actividad que se

realiza en la misma es potencialmente contaminante, deberá cumplir con las obligaciones que le imponga dicho real decreto y demás normas aplicables. A estos efectos, el titular de la concesión elaborará, con carácter previo a la extinción de la misma, un informe de situación del suelo que permita evaluar el grado de contaminación del mismo y lo pondrá a disposición de la Autoridad Portuaria.

Pese a que existe una mayor regulación de estas cuestiones en PCG de 2008, fácilmente puede observarse que no estamos ante auténticas cláusulas sociales o medioambientales que verdaderamente pretendan innovar el ordenamiento jurídico o exigir estándares superiores a los previstos, sino más bien ante cláusulas garantistas, que tienen como único objetivo recordar el cumplimiento de la normativa vigente.

Las cláusulas sociales y medioambientales en el PCG de 2008 siguen siendo una cuestión residual, y a la que no se le ha prestado suficiente atención. Ello denota la necesidad de reformar el contenido social y ambiental de dicha disposición de carácter general en línea con el nuevo Marco Estratégico del Sistema Portuario de interés general, para incorporar nuevas previsiones acordes a las vigentes exigencias, que mejoren el uso y explotación del dominio público portuario, máxime si se tiene en cuenta que esta disposición de carácter general orienta a las autoridades portuarias en la elaboración de las condiciones particulares de las concesiones portuarias que otorgan.

b) Condiciones particulares y pliego de bases del concurso

No podíamos cerrar este apartado sin llevar a cabo un análisis minucioso de distintos pliegos de condiciones particulares y bases del concurso aprobados desde hace décadas por las distintas autoridades portuarias existentes, a los meros efectos de identificar las distintas estipulaciones de contenido social y medioambiental, para luego estudiar su evolución y dilucidar si un número representativo de estas merecen la consideración de cláusulas sociales y medioambientales.

Para la realización de este estudio se han pretendido analizar tres pliegos de cada autoridad portuaria del Sistema Portuario de titularidad estatal referidos a distintos periodos temporales y a diferentes usos y actividades. Las fuentes de información manejadas son los pliegos publicados en las sedes electrónicas de las autoridades portuarias y en distintas páginas webs y los que se han podido manejar por razones profesionales (fuentes propias), garantizando siempre la confidencialidad del cliente y la protección de los datos manejados. Las estipulaciones examinadas se han incorporado en un cuadro que se extracta en el Anexo de esta obra.

Del análisis efectuado, cabe concluir lo siguiente:

— No todas las autoridades portuarias publican los pliegos de las condiciones particulares de las concesiones portuarias que otorgan, siendo sumamente complejo acceder a estos documentos. En cambio, es más fácil consultar los pliegos de bases de los concursos, que por lo general sí se publican en las sedes electrónicas, al menos durante el periodo de presentación de solicitudes. La ausencia de publicidad en los pliegos de las concesiones portuarias es una cuestión que precisa de un análisis jurídico desde la perspectiva de su adecuación a la normativa de transparencia, pero que excede del objeto de este trabajo[644].

— Por lo general, las condiciones particulares de las concesiones portuarias suelen reproducir el contenido ambiental y social del PCG que aprobó el entonces Ministerio de Fomento en el año 2008, pero añadiendo algunas cláusulas adicionales.

— Por lo general, la mayor parte de las cláusulas ambientales y sociales examinadas en las condiciones particulares y en los pliegos de bases de concurso no contienen niveles superiores de cumplimiento a los ya previstos en el ordenamiento jurídico. Solo deberían considerarse cláusulas sociales y medioambientales las que exijan o valoren estándares superiores a los contemplados en la legislación vigente.

— Se observa una evolución en los pliegos de condiciones particulares de las concesiones portuarias y en los pliegos de bases del concurso, de manera que los aprobados en los últimos años contienen mayores exigencias de contenido ambiental y social, lo cual debe valorarse muy positivamente. Habría que avanzar en la incorporación de estipulaciones medioambientales y sociales en línea con el nuevo Marco Estratégico del sistema portuario de interés general.

— Los pliegos de bases de concursos públicos para el otorgamiento de concesiones portuarias suelen incorporar cláusulas medioambientales y sociales como criterio de adjudicación, si bien, la puntuación que se suele otorgar sigue siendo mínima en comparación con otros criterios económicos y técnicos. Resulta conveniente fijar unos límites claros y precisos en la legislación portuaria que ofrezcan previsibilidad y un mayor protagonismo a estos criterios.

— De estudio realizado, puede destacarse las siguientes estipulaciones sociales y medioambientales que sí aportan valor y suponen un mejor uso y explotación del dominio público portuario. Entre ellas, pueden

---

[644] La STS del 11 de diciembre de 2023 (ECLI:ES:TS:2023:5514) confirmó, en respuesta a la cuestión de interés casacional objetivo planteada, que «las autoridades portuarias, en cuanto organismo público integrado en el sector público estatal, le resulta aplicable la Ley 19/2013, del 9 de diciembre, de transparencia, acceso a la información pública y buen gobierno (art. 2.1.c)».

destacarse en materia medioambiental: (i) la suscripción con la Autoridad Portuaria de un convenio de buenas prácticas en materia ambiental; (ii) exigir el registro y la implantación de sistemas de gestión ambiental; (iii) imponer la participación en proyectos que analicen la ecosuficiencia de los puertos; (iv) propuestas de concesiones que mejoren el entorno y el impacto paisajístico; (v) que exijan altos estándares en materia de recogida y gestión de residuos, de vertidos y que eviten las emisiones a la atmósfera y los altos niveles de ruido; (vi) imponer medidas de implementación de la sostenibilidad en edificación y la integración de fuentes de energía renovables, de eficiencia energética y uso sostenible de los recursos; (vii) prohibir que concurran en las licitaciones aquellas personas físicas o jurídicas condenadas mediante sentencia firme en delitos contra el medioambiente; y (viii) exigir un nivel determinado de solvencia en materia medioambiental como requisito para concurrir en las licitaciones.

— En materia social, las estipulaciones son menores, pudiendo destacarse: (i) la exigencia de medidas en el marco de la responsabilidad social corporativa en las licitaciones superiores a los estándares previstos en las leyes, como la posibilidad de incorporar en plantilla un porcentaje significativo de personas con movilidad reducida o minusvalía, mayores de 50 años, personas e riesgo de exclusión social, exigir paridad e imponer medidas de conciliación de la vida laboral, personal y familiar; (ii) prohibir que concurran aquellas personas físicas o jurídicas condenadas mediante sentencia firme en delitos contra la Hacienda Pública y la Seguridad Social o delitos contra los trabajadores; y (iii) exigir un determinado nivel de cumplimiento en materia de responsabilidad social corporativa como requisito para concurrir en las licitaciones.

Conclusiones

PRIMERA. La transformación de la estructura del Estado debido a la entrada en vigor de la CE de 1978 también afectó al reparto competencial en materia de puertos. Hoy nos encontramos con un Estado organizado territorialmente en diecisiete Comunidades Autónomas y, tanto estas como la propia Administración General del Estado cuentan con competencias en materia portuaria, como se desprende de los artículos 148.1.6ª y 149.1.20ª de la CE. La materia «puertos» y sus distintas tipologías actúan como criterios de distribución competencial entre estos entes territoriales.

En los inicios del periodo constitucional existían diferencias sustanciales entre las competencias que habían asumido las Comunidades Autónomas con litoral en función de la vía de acceso al autogobierno. En la actualidad, en cambio, podemos afirmar que todas cuentan con competencias sobre los puertos de refugio, puertos deportivos y, en general, todos los puertos que no desarrollen actividades comerciales. Incluso hay Comunidades Autónomas que ostentan competencias de ejecución sobre los puertos de interés general, cuando el Estado no se haya reservado su gestión directa; algo que, por el momento, no ha ocurrido. Las únicas diferencias entre Comunidades Autónomas radican en los traspasos de funciones y servicios con la Administración General del Estado. En cambio, el Estado se ha reservado competencias sobre los puertos de interés general y los puertos que desarrollen actividades comerciales, cuando las Comunidades Autónomas no hayan asumido su titularidad.

Pese a este sistema de distribución de competencias, y fruto de un pacto político para reforzar la autonomía de las Comunidades Autónomas, desde la entrada en vigor de la Ley 62/1997, del 26 de diciembre, de modificación de la LPEMM de 1992, estos entes territoriales también participan de forma activa en la gestión de los puertos de interés general ubicados en su territorio, pues ostentan competencias para designar a los órganos de gobierno de las autoridades portuarias, que son las que verdaderamente ejecutan las políticas portuarias del sistema estatal de puertos de interés general.

SEGUNDA. De otro lado, la materia «puertos», y su estrecha conexión con otros títulos competenciales (principalmente, medioambiente, ordenación del territorio y urbanismo), también ha generado, sobre todo en los primeros años de vigencia de la CE de 1978, mucha litigiosidad ante el Tribunal Constitucional, siendo el pronunciamiento judicial de referencia en materia portuaria la STC núm. 40/1998, del 19 de febrero (BOE núm. 65, del 17 de marzo de 1998, ECLI:ES:TC:1998:40), dictado a raíz de la entrada en vigor de la LPEMM de 1992.

El Tribunal Constitucional abordó aspectos claves definitorios del modelo portuario actual, como los conceptos de puertos «comerciales» y de «interés general», el sistema de clasificación de los puertos, la constitucionalidad del Anexo que enumera los puertos de interés general, las competencias portuarias autonómicas, las competencias sobre otros títulos competenciales concurrentes, la competencia de las entidades locales sobre los espacios portuarios, el dominio público estatal y el principio de unidad de gestión de los restantes espacios integrados en los puertos de interés general.

De la doctrina constitucional conformada durante todos estos años relativa a la competencia estatal sobre los puertos de interés general (artículo 149.1.20 de la CE), cabe destacar que: (i) la definición de «puertos de interés general» es competencia exclusiva del Estado, (ii) la noción de «interés general» es un criterio de atribución competencial en función de la trascendencia de un puerto en el conjunto del Estado y, finalmente, (iii) dicha noción sirve, además, para modular el ejercicio de competencias autonómicas sobre los espacios portuarios y como criterio de prevalencia para solventar eventuales conflictos competenciales.

TERCERA. A diferencia de la materia «puertos», el «dominio público» no es un título atributivo de competencias. Ciertamente, los artículos 148 y 149 de la CE no determinan a qué administración compete esta tipología de bienes públicos. Únicamente, el artículo 132.2 de la CE atribuye al Estado la titularidad del dominio público marítimo-terrestre. Como consecuencia de dicha titularidad, y en virtud de las legislaciones sectoriales, el Estado ostenta una serie de potestades y prerrogativas exorbitantes sobre estos espacios, propias de los bienes públicos.

Los puertos se construyen sobre espacios de tierra y mar que hasta ese momento eran, en su mayor parte, dominio público marítimo-terrestre. La demanialidad de los puertos integrados en el sistema estatal no viene predeterminada por la CE, como ocurre con la zona marítimo-terrestre, sino por la legislación ordinaria, en este caso por el artículo 339 del Código Civil y la legislación portuaria. La conformación del dominio público portuario se configura en nuestro ordenamiento jurídico como una «subcategoría» o «subespecie» dentro del dominio público marítimo-terrestre, pese a la sustantividad y características propias de sus infraestructuras frente al demanio natural. Prueba de ello es la dicción literal del artículo 67.1 del TRLPEMM, que declara que «los puertos de interés general forman parte del dominio público marítimo-terrestre e integran el dominio público portuario estatal», y el contenido del propio artículo 4.11 de la Ley de Costas, que señala que «pertenecen asimismo al dominio público marítimo-terrestre estatal: […] llos puertos e instalaciones portuarias de titularidad estatal, que se regularán por su legislación específica».

CUARTA. Desde la entrada en vigor de la LPEMM de 1992 y, particularmente, a raíz de la Ley de Puertos de 2003, la utilización privativa del dominio público portuario ha ocupado un lugar privilegiado en el modelo de gestión de los puertos de interés general. El Legislador apostó decididamente por la promoción e incremento de la participación de la iniciativa privada en la financiación, construcción y explotación de las infraestructuras portuarias y en la prestación de los servicios portuarios y comerciales.

Partiendo de esas bases, el Legislador recurrió a las más variadas técnicas jurídicas para la ocupación de los bienes de dominio público portuario que ya se preveían en nuestro ordenamiento jurídico, destacando entre todas ellas la «concesión demanial». En nuestros días, esta institución jurídica, clásica del Derecho Administrativo, no solo se contempla como un mero título jurídico habilitante para la ocupación temporal del dominio público portuario con obras o instalaciones no desmontables o usos por plazo superior a tres años, sino como un verdadero instrumento de colaboración público-privada para una mejor y mayor rentabilidad y eficiencia en la explotación del demanio portuario.

Las modificaciones introducidas en esta institución en las últimas décadas van en la línea de fomentar e incrementar la participación de la iniciativa privada para conseguir un modelo concesional que satisfaga plenamente los legítimos intereses del sector privado, pero que al mismo tiempo coadyuve a la rentabilización del demanio portuario dentro del marco de los usos y actividades permitidas en los puertos de interés general, y de los objetivos marcados desde el sistema estatal de puertos.

QUINTA. En la actualidad, los puertos se encuentran inmersos en un contexto de profundos cambios para abordar cuestiones trascendentes para la sociedad, como la emergencia climática, la transformación digital, la irrupción de la economía 4.0, diversos episodios bélicos que asechan la economía mundial, la incertidumbre en torno al comercio internacional, el aumento del transporte de personas por ocio, o su capacidad de resiliencia para adaptarse a cambios inesperados. Todos estos cambios se detallan en nuevo Marco Estratégico del Sistema Portuario de titularidad estatal aprobado en el año 2022, documento esencial para entender el rumbo futuro de los nuevos títulos concesionales en el horizonte temporal 2030.

La concesión administrativa debe y tiene que adaptarse a todos estos cambios para seguir siendo un título jurídico útil para la ocupación temporal del dominio público portuario. Son muchos los retos y oportunidades que tiene por delante. Debe potenciarse no solo su dimensión económica, sino también las perspectivas social y medioambiental, en coordinación con el resto del sector público. El nuevo Marco Estratégico enfatiza, como una de sus metas para el año 2025, que los nuevos títulos de ocupación del demanio portuario tienen que ser acordes a las nuevas perspectivas sociales y ambientales de uso y explotación.

El nuevo Marco Estratégico y los consiguientes Planes de Empresa de las Autoridades Portuarias constituirán en los próximos años una referencia para potenciar una evolución de la figura de la concesión demanial, que genere valor en torno al negocio portuario y su imbricación en el contexto socioeconómico general. Pero es importante también que las nuevas perspectivas de uso y explotación del demanio portuario se trasladen a la legislación estatal de puertos (y al PCG), mediante una reforma legal ambiciosa que cuente con el consenso de toda la comunidad portuaria, y con pleno respeto al acervo comunitario.

SEXTA. La concesión de dominio público portuario es una institución jurídica que tiene sustantividad propia, es por ello por lo que en este trabajo se han analizado sus rasgos distintivos y su finalidad frente a otras técnicas patrimoniales, contractuales y privadas que también habilitan la utilización privativa del dominio público portuario.

Se ha hecho un esfuerzo clarificador del régimen jurídico aplicable a las figuras de la autorización para la utilización del demanio portuario, al convenio administrativo, a los contratos de concesión de servicio público y de obra pública, al contrato de concesión de obra pública portuaria, a la reserva y adscripción de bienes de dominio público y a otras técnicas públicas y privadas que también permiten la ocupación privativa del dominio, teniendo en cuenta la confluencia de normas jurídicas y los principales pronunciamientos doctrinales y jurisprudenciales dictados hasta la fecha. Es posible afirmar que, pese a que cada institución jurídica cuenta con sus características propias, en nuestro ordenamiento jurídico se han dictado auténticas concesiones de dominio público portuario que, por razones de la complejidad normativa, confluencia de normas o por interpretaciones interesadas se han encubierto en otras modalidades de ocupación del demanio portuario, principalmente el contrato de concesión de obra pública (un ejemplo paradigmático es el de los puertos deportivos).

SÉPTIMA. Un primer aspecto controvertido de la concesión de dominio público portuario es la naturaleza jurídica. De conformidad con la regulación actual y los distintos pronunciamientos jurisprudenciales y posicionamientos doctrinales, cabe concluir que la naturaleza jurídica de las concesiones portuarias es patrimonial, no contractual.

Sin embargo, hoy día, no es posible negar una aproximación, cada vez más latente, de la concesión de dominio público portuario a la tesis contractual. Algunos ejemplos o evidencias que así lo confirman son el propio acto de otorgamiento y las condiciones propuestas, la configuración de los procedimientos de otorgamiento de concesiones portuarias –particularmente los trámites de competencia de proyectos y concurso– o, directamente, la existencia de prohibiciones de contratar, de pliegos de condiciones, de potestades administrativas típicas, de penalidades o, incluso, las garantías exigibles a la concesionaria.

Considero que la concesión portuaria debe consolidarse en nuestro ordenamiento jurídico no solo como una técnica de colaboración público-privada que mejore la rentabilización o valorización del demanio portuario, sino que coadyuve a la mejora de la gestión del dominio público portuario en línea con las tendencias que apunta el nuevo Marco Estratégico del Sistema Portuario de titularidad estatal. Se impone así la necesidad de mejorar el marco regulatorio existente y la obligación de avanzar hacia un modelo concesional en el que el interés y finalidad pública se erija como nuevo elemento caracterizador de esta institución frente a los intereses privados de la concesionaria, y los estrictamente portuarios de la propia Autoridad Portuaria concedente.

Resulta necesario superar los planteamientos de máximos en torno a la naturaleza jurídica y adoptar un modelo de utilización del demanio portuario que contribuya a la mejora del uso y explotación, su contribución a consideraciones de tipo social, medioambiental y de innovación, más allá de la mera utilización privativa y la rentabilización, a través de una reforma ambiciosa de la normativa reguladora de la concesión de dominio público portuario.

Con ello, no habría que llegar al equívoco de que la intención de este trabajo es lapidar la concesión demanial o propugnar una unificación de las concesiones demaniales y contractuales. La verdadera intención que aquí se defiende es la de, manteniendo la sustantividad y contornos propios de la concesión de dominio público portuario, potenciar una mejora, un acercamiento, una aproximación de su regulación a la legislación de contratos públicos y sus principios cardinales, que servirán para introducir nuevas perspectivas de interés general en el uso y explotación del demanio portuario.

OCTAVA. Este planteamiento enlaza plenamente con el elemento causal de la concesión de dominio público portuario o, expresado en otros términos, con el verdadero interés que se persigue con esta institución.

En la concesión de dominio público portuario convergen intereses «privados» del concesionario y «portuarios» de la propia Autoridad Portuaria concedente, aunque este último debería «evolucionar» en la legislación portuaria, pues se ha quedado anclado en criterios meramente económicos y de rentabi-lización, para acoger nuevas perspectivas más sociales y medioambientes, que coadyuven al logro de objetivos de interés general.

En efecto, es aconsejable una reforma del TRLPEMM en el sentido de re-configurar el modelo concesional, para que avance hacia una regulación del uso y explotación del dominio público portuario más próxima a un negocio contractual, para otorgar una mayor relevancia al interés público. Se trataría de un elemento nuclear del nuevo modelo concesional que defendemos en este trabajo, para que pueda alinearse con los nuevos objetivos sociales, ambienta-les y de innovación contemplados en el nuevo Marco Estratégico del Sistema Portuario de interés general.

NOVENA. Un segundo aspecto controvertido de la concesión de dominio pú-blico portuario es su régimen jurídico, particularmente, el sistema de prelación de fuentes, esto es, el orden o preferencia en cuanto a la aplicación supletoria de las distintas normas.

A mi juicio, este sistema de fuentes presenta un primer problema, y es la preferencia del Legislador por la aplicación supletoria de la Ley de Costas frente a la legislación de patrimonio de las administraciones públicas, que ocupa un rango posterior. Debe advertirse que la crítica no es respecto de la aplicación supletoria de la primera al dominio público portuario, ni tampoco en cuanto a la aplicación de aquella en los puertos de titularidad autonómica, sino a la apli-cación de la normativa de costas a la propia institución de la concesión portua-ria. Ello se debe, entiendo, a una cuestión histórica, y de conceptos, respecto a la pertenencia del demanio portuario al dominio público marítimo-terrestre.

La aplicación supletoria de la legislación de costas a las concesiones por-tuarias del sistema estatal de puertos entraña dificultades técnicas, que se re-flejan en la utilización de un demanio transformado por la actividad humana, en el modelo de gestión, planificación y utilización de los puertos, en los usos, actividades e instalaciones permitidas y prohibidas en el demanio portuario o, incluso, en los requisitos para el otorgamiento de concesiones portuarias y en los efectos de su extinción. La LPAP es más acorde a la naturaleza jurídica ac-tual de la concesión portuaria y completa mejor las eventuales lagunas, por eso debería ocupar un rango superior a la Ley de Costas en el sistema de pre-lación de fuentes.

Un segundo problema es la negativa reiterada del Legislador y de la ju-risprudencia (entre otras las SSTS del 20 de julio y 26 de julio de 2021 y 9 de marzo de 2022) a aplicar supletoriamente la LCSP a las concesiones portua-rias. La exclusión de la normativa de contratos a las concesiones de dominio público portuario solo puede explicarse desde la perspectiva de su naturaleza jurídica. La doctrina parte de la calificación de un negocio jurídico como pa-trimonial o contractual y, consecuentemente, le aplica un régimen jurídico u otro, como si estos fuesen radicalmente opuestos. Esta es una visión, asentada en cierto sector doctrinal, que a mi juicio debe superarse, para permitir que en determinadas cuestiones pueda aplicarse la LCSP a las concesiones portuarias, al igual que ocurre con otras normas de Derecho Administrativo, que nadie cuestiona su aplicación supletoria.

DÉCIMA. De otro lado, conviene advertir que ni el Legislador, ni la doctrina científica se han detenido en el estudio del contenido y la naturaleza jurídica de los pliegos de las concesiones portuarias, como sí ha ocurrido en otras disciplinas (patrimonio, contratos públicos, etc.). Considero que:
— El Pliego de Condiciones Generales (PCG) que aprueba el ministro de Fomento es una norma jurídica de rango reglamentario que desarrolla la legislación de puertos en cuanto al procedimiento de otorgamiento de concesiones portuario y al contenido mínimo del título concesial.
— Las condiciones particulares que establece la Autoridad Portuaria es un documento que tienen naturaleza contractual, en el que se recoge el contenido y alcance del título concesial que se va a otorgar, así como los derechos y obligaciones de las partes (*lex contractus*).
— El pliego de bases del concurso contempla las reglas que van a regir durante ese procedimiento administrativo de otorgamiento de concesiones portuarias, y es un documento que tiene naturaleza de acto administrativo.
— El pliego de condiciones que regula el desarrollo de una concesión portuaria es otra forma de denominar al pliego de condiciones particulares.

UNDÉCIMA. Existen, además, otros aspectos del régimen jurídico de las concesiones de dominio público portuario que tampoco han sido tratados suficientemente por la doctrina y que deberían ser objeto de una reflexión.
— ¿Tienen las autoridades portuarias la potestad de aclarar, interpretar y resolver las dudas que surjan en los pliegos concesionales y en el título concesial, al margen del procedimiento de modificación de las concesiones portuarias, y siempre en defensa del interés portuario y la búsqueda de la aplicación más razonable de la normativa portuaria?
— A mi juicio, la interpretación sistemática de los preceptos que regulan las concesiones de dominio público portuario, cuyo sentido debe ser acorde con el resto del ordenamiento jurídico, exige otorgar existencia y sustantividad propia a la prerrogativa que tendrían las autoridades portuarias para interpretar, aclarar y resolver las dudas que puedan surgir en los pliegos de condiciones particulares y en el propio título concesial, sin que ello suponga una vulneración del principio de inalterabilidad o invariabilidad de las cláusulas pactadas. La potestad de interpretar el título concesial debe utilizarse de manera excepcional

para encontrar el verdadero sentido y alcance de las estipulaciones pactadas cuando existan dudas razonables, siempre de manera coherente con la legislación portuaria, y fundamentarse en la defensa del interés portuario; potestad, como cualquier otra, que estaría sometida al control de la jurisdicción contencioso-administrativa.

— Otro de los aspectos que genera confusión es el régimen de responsabilidad al que están sometidos la concesionaria y la Autoridad Portuaria concedente cuando se ocasionan daños entre ellos mismos o a terceros en el dominio público portuario concesionado (¿responsabilidad contractual, extracontractual o ambas?).

— En ausencia de unas pautas legales mínimas en la legislación estatal de puertos, en este trabajo se ha hecho un esfuerzo por sistematizar la doctrina y jurisprudencia existente en la materia y aclarar el régimen de responsabilidad al que estarían sometidos los sujetos intervinientes en función de la causa del daño.

— En términos abstractos, existiría responsabilidad administrativa contractual entre la concesionaria y la Administración concedente cuando la causa del daño derive del propio título concesional. En cambio, la responsabilidad se enmarcaría en el ámbito extracontractual cuando el daño causado a alguno de estos sujetos por el otro surja al margen de los compromisos asumidos en el propio título concesional, aunque es cierto que, en ocasiones, como ha confirmado la jurisprudencia, pueden concurrir ambos regímenes de responsabilidad; especial atención habrá que prestar en ese caso al régimen de prescripción de las acciones, pues su plazo es distinto.

— La concesionaria también puede causar daños a terceros, con motivo de la propia actividad económica o servicio portuario que legitima la ocupación del demanio portuario mediante el título concesional. En estos casos, la controversia se resolvería en clave de responsabilidad civil extracontractual o en el marco de la relación comercial que estos sujetos tengan. La única previsión que contempla el TRLPEMM es la relativa los servicios portuarios en su artículo 113.8.b).

— La propia Autoridad Portuaria también puede ocasionar daños a terceros. Debe destacarse que la jurisprudencia ha advertido en múltiples pronunciamientos que este organismo público no puede convertirse en «garante universal» de todos los daños que se ocasionen en el demanio portuario. En su caso, cualquier eventual acción de responsabilidad debería encauzarse a través del régimen de responsabilidad extracontractual cuando no exista un vínculo contractual previo con el tercero.

— Por último, es necesario destacar algunos pronunciamientos judiciales aislados y minoritarios que acuñan la existencia de un «deber de información» que recae sobre las autoridades portuarias, como gestoras de intereses en el dominio público portuario, cuando existen dudas sobre el sujeto que ha ocasionado el daño a un tercero en el demanio portuario. Esta doctrina pretende reforzar el sistema de responsabilidad frente a terceros por los daños ocasionados en el demanio portuario en aquellos casos en los que el perjudicado no tenga forma de averiguar quién le ha causado el daño y, consiguientemente, no puede articular adecuadamente las acciones administrativas o judiciales que procedan en defensa de sus derechos e intereses legítimos.

DUODÉCIMA. Por su gran trascendencia práctica, resulta esencial destacar la exégesis de la STS del 20 de julio de 2021 (ECLI: ES:TS:2021:3126), que vino a dar respuestas a diversas cuestiones nucleares sobre la configuración de los procedimientos para el otorgamiento de concesiones portuarias.

La primera: el concurso debe convertirse en la regla general para el otorgamiento de concesiones de dominio público portuario, frente a los trámites de competencia de proyectos y otorgamiento directo, pues es el procedimiento que ofrece mayores garantías.

La segunda: es posible aplicar los principios cardinales de la contratación pública –publicidad, imparcialidad, transparencia y concurrencia competitiva– en los procedimientos de otorgamiento de las concesiones portuarias, pero no la LCSP. La consecuencia de este razonamiento no es otra que la de confirmar que la escasa regulación del procedimiento en la legislación portuaria solo podrá completarse con las restantes normas que conforman el sistema de fuentes, pero no con la legislación de contratos públicos, que queda expresamente excluida de su ámbito de aplicación.

DÉCIMA TERCERA. Junto a los procedimientos de competencia de proyectos y concurso, el TRLPEMM prevé, en su artículo 83, el procedimiento para el otorgamiento directo de concesiones de dominio público portuario, que es excepcional.

Llama considerablemente la atención que los supuestos contemplados en el artículo 83 TRLPEMM sean distintos a los previstos en el artículo 137.4 de la LPAP; normativa a la que considero que no cabría acudir supletoriamente en esta cuestión, pues ciertamente la legislación portuaria regula este procedimiento y contempla sus propios supuestos de hecho (inexistencia de laguna). A la anterior limitación señalada habría que añadir la excepcionalidad de esta forma de otorgamiento de concesiones demaniales y, consiguientemente, su necesaria interpretación restrictiva, que conforman argumentos más que suficientes para descartar la aplicación supletoria a los efectos de completar dichos supuestos de hecho.

Cuestión distinta es la conveniencia u oportunidad de introducir algunos de estos supuestos directamente en la legislación de puertos, o declarar, de manera expresa, en la legislación portuaria su aplicación supletoria en esta cuestión.

DÉCIMA CUARTA. De sumo interés resulta detenernos en el estudio del alcance de la potestad administrativa que ejercen las autoridades portuarias cuando admiten a trámite solicitudes para el otorgamiento de una concesión de dominio público portuario, y diferenciarlo de la potestad de otorgar definitivamente concesiones portuarias tras la tramitación completa del procedimiento administrativo para su otorgamiento.

Respecto a la admisión a trámite de una solicitud, se trata de una potestad «reglada», pues la legislación portuaria cuenta con todos los elementos para que la Autoridad Portuaria pueda pronunciarse sobre la admisión o inadmisión a trámite. En efecto, si el solicitante de una concesión portuaria aporta junto a su solicitud todos los documentos contemplados en el artículo 84.1 del TRLPEMM y, *prima facie*, todo hace indicar que su petición no incumple los instrumentos de planificación portuaria, ni la normativa vigente, ni tampoco origina situaciones de dominio susceptible de afectar a la libre competencia, la Autoridad Portuaria debe admitir a trámite la solicitud presentada, con independencia de que tras la tramitación completa del procedimiento administrativo acuerde denegarla.

Es preciso advertir que el TRLPEMM no obliga a las autoridades a incoar, en un periodo de tiempo determinado, el procedimiento administrativo para el otorgamiento de dicha concesión portuaria, precisamente porque la concesión demanial no es la única forma de ocupar el demanio portuario, y es posible incluso que puedan existir otras razones de interés portuario que aconsejen no incoar este procedimiento por el momento.

En cambio, el otorgamiento definitivo de una concesión portuaria es «discrecional», pues la legislación portuaria no apremia a la Autoridad Portuaria a otorgar, tras la tramitación de todo el procedimiento administrativo, el título concesional interesado. No se trata de discrecionalidad técnica, sino de discrecionalidad en sentido propio, basada en criterios de mera oportunidad o conveniencia respecto al interés portuario. Ello resulta coherente además con la propia conformación del dominio público portuario y su modelo de gestión, así como por los rasgos propios de la institución de la concesión demanial y sus semejanzas con la autorización para la ocupación privativa del demanio, cuyo artículo 78.3 del TRLPEMM sí proclama de manera expresa el carácter discrecional de su otorgamiento. Aun así, como toda potestad administrativa, no se encuentra exenta de elementos reglados, de criterios orientadores del plazo y de conceptos jurídicos indeterminados.

Considero, además, que la discrecionalidad en el otorgamiento de las concesiones de dominio público portuario también debería verse condicionada por el principio de buena administración (podríamos decir, «buena administración portuaria») y con las nuevas perspectivas (económica, ambiental y social) del nuevo Marco Estratégico del Sistema Portuario aprobado en el año 2022, por cuanto el otorgamiento de una concesión no es una decisión que resulte indiferente, sino que constituye una oportunidad para adoptar la mejor solución posible a la vista de las circunstancias concurrentes, ejerciendo adecuadamente las potestades administrativas que otorga la legislación a las autoridades portuarias para el logro de objetivos de marcado interés general. La decisión que se adopte debe estar bien ponderada en los antecedentes del caso, en la normativa vigente, en los instrumentos de planificación y en los objetivos que se propone alcanzar, debiendo actuar estos organismos portuarios de forma racional, objetiva, coordinada, eficaz, eficiente y económica en su servicio a los intereses generales.

DÉCIMA QUINTA. La duración de las concesiones de dominio público portuario es una de las cuestiones más importantes para los sujetos intervinientes en el negocio concesional, pues se encuentra íntimamente conectada con la inversión acometida, su periodo de amortización y con la continuación de las relaciones jurídicas subyacentes; pero a la misma vez más controvertidas, por cuanto convergen preceptos sumamente complejos y opacos, distintas formas de extender los plazos (prórrogas ordinaria y extraordinaria, ampliación del plazo inicial, renovación, prolongación y continuación de la explotación), potestades discrecionales e intereses contrapuestos.

Es, asimismo, una cuestión de innegable relevancia práctica y actualidad, como confirman los constantes pronunciamientos doctrinales y jurisprudenciales sobre esta materia, la incesante actividad de la Administración General del Estado por conseguir una homogenización de plazos en todo el territorio nacional, y las últimas reformas legales acontecidas en el TRLPEMM.

Pero si por algo tiene que destacar el régimen jurídico de la duración de las concesiones portuarias en los puertos de interés general y el sistema de prórrogas ordinarias y extraordinarias, es por albergar una historia de continuas contradicciones. Ello es así porque hemos pasado de una LPEMM de 1992 que censuró las concesiones de dominio público portuario otorgadas a perpetuidad, por tiempo indefinido o por plazo superior a 30 años a otro sistema que poco a poco ha vuelto a ampliar los plazos de las concesiones portuaria. De hecho, el vigente TRLPEMM permite el otorgamiento de concesiones portuarias por un plazo excepcional de 75 años, recientemente ampliado a las concesiones portuarias más antiguas, mediante una reforma de la disposición transitoria segunda del TRLPEMM.

Decíamos que el régimen jurídico de la duración de las concesiones portuarias en los puertos de interés general acoge una historia de continuas contradicciones, pues precisamente 30 años después de la entrada en vigor de la

LPEMM de 1992 se ha vuelto a la casilla de salida, con la excepción de que todavía no se permiten concesiones portuarias a perpetuidad o por tiempo indefinido. Ciertamente, lo que podría estar detrás de la nueva configuración de los plazos máximos y del sistema de prórrogas de las concesiones portuarias es la corriente de la valorización o rentabilización del dominio público.

DÉCIMA SEXTA. En línea con lo anterior, otra de las tendencias con la que se ha acabado recientemente en el TRLPEMM es con la injustificada diferenciación existente desde el año 2014 en cuanto a los plazos máximos de duración y el sistema de prórrogas de las concesiones portuarias preexistentes a la entrada en vigor de la LPEMM de 1992.

Si dirigimos nuevamente la vista hacia atrás, la LPEMM de 1992 y la Ley de Puertos de 2003 establecieron una regulación, en cuanto a los plazos máximos y posibles prórrogas, muy similar tanto en el contenido general, aplicable a las nuevas concesiones portuarias otorgadas tras la entrada en vigor de estas normas, como para las concesiones portuarias preexistentes, afectadas por el régimen transitorio diseñado por la LPEMM de 1992.

Sin embargo, en el año 2014, y a través del RD-Ley 8/2014, el Legislador optó por ampliar los plazos máximos y el sistema de prórroga de las concesiones portuarias otorgadas tras la entrada en vigor de la LPEMM de 1992, sin modificar el derecho transitorio existente, aplicable a las concesiones anteriores a dicha norma. Simplemente esta nueva norma ofreció una solución temporal a los concesionarios preexistentes, mediante el mecanismo de la ampliación del plazo inicial de las concesiones. La información entonces disponible y la disparidad de criterios frustraron el éxito de esta medida temporal.

Durante años, y pese a dicha solución temporal, lo cierto es que no todos los concesionarios más antiguos pudieron acogerse a la regulación general del sistema de prórrogas. Se vislumbró entonces un clima de inseguridad jurídica y litigiosidad por parte de los concesionarios más antiguos, por cuanto no existía una justificación objetiva y razonable del criterio legislativo adoptado. Los posicionamientos doctrinales y judiciales durante estos años fueron muy heterogéneos y cambiantes, lo que tampoco ayudó en la previsibilidad del ordenamiento jurídico.

Al fin, la Ley 13/2023 acogió una de las reivindicaciones del sector portuario y acabó con una situación de ambigüedad jurídica en una cuestión de suma relevancia práctica, en el sentido de aclarar que, efectivamente, los concesionarios con título anterior a la entrada en vigor de la LPEMM de 1992 también podrán beneficiarse del sistema de prórrogas ordinarias y extraordinarias contemplado en el artículo 82.2 del TRLPEMM. Este criterio se ha consolidado tras la entrada en vigor de la Ley 2/2024, que introduce una nueva disposición transitoria undécima en el TRLPEMM.

DÉCIMA SÉPTIMA. No solo resulta relevante el estudio de la potestad administrativa de otorgar una concesión de dominio público portuario, que ya hemos concluido que es discrecional, sino también el alcance de dicha potestad cuando se solicita una prórroga –ordinaria o extraordinaria– de una concesión portuaria.

Debe partirse, necesariamente, del principio general de improrrogabilidad de las concesiones portuarias, de forma que el otorgamiento de una prórroga es, en todos los casos, sumamente excepcional y, por tanto, de interpretación restrictiva. Lógicamente, más excepcional debe ser el otorgamiento de una prórroga «extraordinaria» del apartado c) del artículo 82.2 del TRLPEMM que «ordinaria» del apartado b) del citado artículo 82.2, como también debe serlo una prórroga que no está prevista en el título de otorgamiento en relación con las que sí están previstas en el propio título concesional. Asimismo, debe tenerse en consideración que, inicialmente, la concesión portuaria se otorgó para un fin de «interés portuario», que debería mantenerse tras el otorgamiento de la nueva prórroga.

Pese a que la legislación portuaria exige el cumplimiento de una serie de elementos reglados para el otorgamiento de una prórroga, que existen conceptos jurídicos indeterminados y criterios orientadores para la determinación del plazo, considero que el TRLPEMM no configura la prórroga como un derecho absoluto del concesionario. Al revés, esta responde a una potestad discrecional de la Autoridad Portuaria, que no está obligada a concederla. La discrecionalidad imperante en este acto se desprende del modelo de gestión del sistema estatal de puertos, del propio acto de otorgamiento de una concesión portuaria y del tenor literal del mencionado artículo 82.2 del TRLPEMM, que contiene expresiones como «a juicio de la Autoridad Portuaria» o «podrá ser prorrogado».

DÉCIMA OCTAVA. A diferencia de las anteriores legislaciones, el TRLPEMM regula, con sumo detalle, el aspecto más dinámico de las concesiones portuarias. En este trabajo se ha realizado un estudio pormenorizado de todos los mecanismos que regula la legislación portuaria a la luz de la jurisprudencia más reciente: modificación y revisión de las concesiones (artículos 88 y 89), división y unificación (artículo 90), transmisión, enajenación de acciones, participaciones o cuotas y actos de gravamen (artículo 92) y distintas formas de extinción y sus efectos (artículos 96 a 100).

Conviene advertir que el TRLPEMM no ofrece una respuesta a todas las operaciones jurídicas de naturaleza privada que puedan llevarse a cabo sobre empresas concesionarias, su capital social o sobre el propio título concesional, y esto puede provocar que algunas de ellas pasen inadvertidas para las autoridades portuarias. Razones de seguridad jurídica aconsejan reforzar estos controles, especialmente en aquellos casos en lo que pueden generarse situaciones de dominio susceptibles de afectar a la libre competencia, a la prestación de servicios portuarios o al normal desarrollo de actividades económicas y servicios comerciales directamente relacionados con los usos portuarios.

Estimo que, para garantizar el interés portuario y ajustarlo a los principios comunitarios, deberían revisarse los mecanismos de control previstos en los preceptos citados, para incorporar como técnica preferente la comunicación previa a la Autoridad Portuaria. De forma que no se ralentizaría el tráfico jurídico, pero los organismos portuarios tendrían conocimiento de todos los negocios jurídicos que se llevan a cabo sobre el demanio portuario, a los efectos de controlarlos *a posteriori,* y cerciorarse de que no se infringe el interés portuario. Incluso podría incorporarse la técnica del autocontrol, mediante modelos normalizados configurados por los servicios técnicos y jurídicos de las autoridades portuarias.

DÉCIMA NOVENA. Otra perspectiva de las concesiones de dominio público portuario es su configuración como soporte «físico» para el desarrollo de actividades económicas, servicios portuarios y obras en el dominio público portuario. Es preciso advertir que el título concesional no dispensa a su titular de la carga de obtener otros títulos administrativos que vengan exigidos por otras normas. Se trata de un principio general de nuestro Derecho Administrativo, que en el ámbito portuario se encuentra positivizado en el apartado 4º del artículo 73.4 del TRLPEMM.

Con todo, carece de sentido lógico y jurídico que se otorgue un título concesional, que va a comportar una reserva de una parcela de un bien de dominio público para una determinada actividad, servicio u obra privada, y que se ignore si finalmente la concesionaria podrá obtener los restantes títulos que vengan exigidos por otras normas sectoriales ante otras administraciones públicas. Es por ello por lo que la STS del 22 diciembre de 2021 (ECLI: ES:TS:2021:4905) declaró que el artículo 73.4 del TRLPEMM debe interpretarse de manera sistemática y finalista con la regulación sectorial aplicable en cada caso. Aunque el procedimiento relativo a la concesión portuaria y el referido a la actividad, servicio u obra se tramiten en distintos procedimientos administrativos y ante distintas administraciones públicas, esto es, aunque se trate de procedimientos conceptualmente separables y diferentes, no deja de existir entre ellos una innegable relación de conexión, careciendo de sentido otorgar una concesión para desarrollar una actividad, servicio u obra cuyo ejercicio no solo no puede ser autorizado de manera simultánea al otorgamiento de aquella, sino que se ignora si verdaderamente podrá serlo en algún momento.

La doctrina que se extrae de este pronunciamiento jurisprudencial debería trasladarse a la legislación portuaria, mediante la incorporación de un mecanismo de verificación en el seno del procedimiento de otorgamiento de concesiones portuarias, para garantizar desde el primer momento la ocupación y rentabilización del demanio portuario. Una posible solución podría ser la sustitución de la exigencia del título administrativo necesario para el desarrollo de una actividad económica, servicio portuario u obra por la exigencia, a cargo de la administración competente, de un informe preceptivo y vinculante en el seno del procedimiento para el otorgamiento de la concesión soporte.

VIGÉSIMA. La jurisprudencia también se ha pronunciado sobre la aplicación de la Ley de Garantía de la Unidad de Mercado (LGUM) en el dominio público portuario y el impacto de dicha normativa en los títulos habilitantes que otorgan las autoridades portuarias, concretamente en la STS del 29 de julio de 2021 (ECLI:ES:TS:2021:3537) referida, además, a la actividad de los transitarios en los puertos de interés general.

La primera enseñanza que se extrae de esta sentencia es que la existencia de controles sectoriales y portuarios en una determinada actividad que accede al dominio público portuario no supone una duplicidad de controles contraria a la unidad de mercado. Ello, en la medida que existe una razón de «interés general de imperiosa necesidad» en el control de acceso al puerto, como es la «seguridad pública» (en ese caso, seguridad de las mercancías).

La segunda es que la LGUM se aplica a cualquier actividad económica que se desarrolle en dominio público portuario, incluso aquellas expresamente excluidas del ámbito de aplicación de la Directiva de Servicios.

La tercera que las autorizaciones y licencias que otorguen las autoridades portuarias deben interpretarse a la luz de los principios inspiradores y reglas básicas de la LGUM.

VIGÉSIMA PRIMERA. El título concesional solo absorbe a otros títulos autorizatorios exigidos para la realización de actividades, servicios portuarios u obras cuando también son conferidos por la misma Autoridad Portuaria que habilita la ocupación privativa del demanio portuario.

Del examen del régimen jurídico de los servicios comerciales y actividades económicas previstos en los artículos 138 a 141 del TRLPEMM se infiere que dichas actuaciones precisan de una autorización de la Autoridad Portuaria cuando se desarrollen dentro de un puerto de interés general, con independencia de que exista o no ocupación privativa del demanio portuario. Lo mismo cabe señalar tras el exhaustivo estudio del régimen jurídico de los servicios portuarios regulado en los artículos 104 y 105 y 108 a 136 del TRLPEMM y en el Reglamento (UE) 2017/352. Ahora bien, en estos casos, las autoridades portuarias otorgan una licencia para la prestación de servicios portuarios.

En los supuestos en los que se precisa de la ocupación privativa del dominio público portuario para la realización de tales actividades o servicios por plazo superior a tres años, resulta necesario la previa obtención de una concesión de dominio público portuario. En estos casos, no será necesario tramitar dos expedientes ante la misma Autoridad Portuaria, pues el expediente del título concesional tiene fuerza jurídica para arrastrar al de la actividad o servicio, que pasará a regirse por las reglas procedimentales y sustantivas del primero.

Puede afirmarse, por tanto, que en aquellos supuestos en los que las actividades o servicios se hallen directa e indispensablemente vinculados a la ocupación privativa de una determinada porción del demanio portuario, el título habilitante correspondiente que exige la legislación de puertos queda subsumido al concesional, alterando las reglas procedimentales y sustantivas del primero, en favor del segundo. Las previsiones aplicables a la ocupación del demanio portuario, a la actividad económica o a los servicios se han de recoger en las condiciones particulares y en el propio acto de otorgamiento de la concesión portuaria, conforme a lo dispuesto en los artículos 81.4 del TRLPEMM.

VIGÉSIMA SEGUNDA. La cuestión del sometimiento al control preventivo municipal de las obras que se ejecuten en el demanio portuario no está bien resuelta en la legislación estatal de puertos; habría que aprovechar una eventual reforma para revisar los artículos 57 a 61 del TRLPEMM, en el sentido de incorporar criterios que refuercen la regla general del sometimiento a licencia urbanística –o título habilitante que corresponda conforme a las normas urbanísticas correspondientes– y delimitar con más precisión las exenciones, pues existen criterios jurisprudenciales de especial relevancia que no se encuentran tasados en el TRLPEMM.

Al igual que otras legislaciones sectoriales, el TRLPEMM cuenta con un catálogo de actuaciones que se encuentran exentas del control preventivo municipal que se ejerce a través de las licencias urbanísticas. Se trata de las denominadas obras públicas de «interés general». De otro lado, la jurisprudencia ha interpretado en varias ocasiones dicha regulación, no sin aprovechar su doctrina para extender las exenciones a otro tipo de actuaciones edificatorias en función de los usos y actividades que se desarrollan. Ciertamente, la jurisprudencia ha alterado la regla general, convirtiendo el sometimiento a licencia municipal en la excepción y, en paralelo, admitiendo que las obras que realicen los concesionarios demaniales también puedan beneficiarse del régimen de exención cuando recaen sobre usos «estrictamente portuarios».

Así pues, si no estamos ante obras de «interés general», habrá que estar al criterio funcional de obras que recaen sobre usos «estrictamente portuarios» para dilucidar si se encuentran o no exentas del control municipal. El concesionario que se encuentre en esta situación y que pretenda ejecutar una obra en sus instalaciones, únicamente, precisa de una autorización de la Autoridad Portuaria si la obra se va a ejecutar una vez que la concesión ya esté otorgada, además de la modificación o revisión del título concesional (control *ex post*). Si la concesión no está aún otorgada, habrá que incorporar dicha autorización en el título concesional (control *ex antes*). Debe advertirse que el control que ejerce la Autoridad Portuaria en estos casos no es urbanístico, pues carece de competencias, sino que se proyecta en el plano estrictamente portuario.

VIGÉSIMA TERCERA. Por otro lado, otra cuestión que ha pasado inadvertida en la legislación portuaria es la regulación de cláusulas sociales y medioambientales en las concesiones de dominio público portuario que otorguen las autoridades portuarias; extremo que confirma el nuevo Marco Estratégico del Sistema Portuario de titularidad estatal.

Hoy nadie pone en duda que la contratación pública es un instrumento eficaz para el cumplimiento de políticas europeas y nacionales en materia social y medioambiental. Tampoco se cuestiona que, mediante la incorporación de cláusulas sociales y medioambientales, las administraciones públicas consiguen reorientar al sector privado hacia el logro de objetivos de interés general. En esta materia existe, además, una dilatada experiencia práctica por parte de los órganos de contratación y una consolidada doctrina jurisprudencial de los tribunales de recursos contractuales y del propio orden jurisdiccional contencioso-administrativo que debería tenerse en consideración en el ámbito concesional.

Hasta que no se produzca una reforma legislativa difícilmente se va a poder acudir al ámbito de la contratación pública para justificar la incorporación de cláusulas sociales y medioambientales en las concesiones portuarias, pues la jurisprudencia ha dejado sentado que no es posible aplicar supletoriamente la LCSP a las concesiones portuarias. Pese a ello, en este trabajo se ha realizado un esfuerzo por examinar el estado actual de esta cuestión en el ámbito de las concesiones portuarias y por agrupar determinados principios y preceptos de la legislación portuaria que abrirían la puerta a la incorporación de cláusulas sociales y medioambientales en distintas fases del procedimiento para el otorgamiento de concesiones portuarias, sin necesidad de modificar el vigente TRLPEMM.

VIGÉSIMA CUARTA. *De lege data*, a mi juicio, sí sería posible incluir cláusulas sociales y medioambientales en las concesiones de dominio público portuario estatal en tres momentos distintos del procedimiento para el otorgamiento de concesiones portuarias, pero dicha incorporación no está exenta de riesgos, debido a la ausencia de un régimen jurídico *ad hoc* que regule con plenas garantías esta cuestión.

Como se ha desarrollado en este trabajo, el primer momento sería en la fase de preparación del expediente concesional, con independencia del procedimiento que vaya a seguirse (competencia de proyecto, concurso u otorgamiento directo); un segundo momento sería en la fase de selección del concesionario en el procedimiento de concurso (artículo 86 del TRLPEMM) o en la selección de un proyecto en el trámite de competencia de proyectos a través de su valoración en el concepto jurídico indeterminado de «interés portuario» (artículo 85.1 del TRLPEMM); y, finalmente, un tercer momento sería en las condiciones de ejecución de las concesiones portuarias que otorguen las autoridades portuarias (artículos 85.5 y 87.1.e del TRLPEMM).

Estos aspectos podrían, igualmente, ponderarse por el Consejo de Administración en el momento de discernir, en uso de la potestad discrecional, si concede o no una concesión de dominio público portuario y las condiciones asociadas a ese otorgamiento, por cuanto la discrecionalidad imperante en esta materia permite que este órgano administrativo pueda introducir determinadas exigencias sociales y ambientales en el condicionante de las concesiones portuarias, siempre que lo motive suficientemente.

De otro lado, también sería posible valorar aspectos sociales y medioambientales en los expedientes administrativos que se incoen para el otorgamiento de prórrogas, de modificación, de revisión y de rescate de las concesiones portuarias (artículos 82.2.b, 89.1 y 99.2 del TRLPEMM).

El nuevo Marco Estratégico del Sistema Portuario resalta, dentro de la línea estratégica número 2, «Ordenación y gestión ágil y avanzada del dominio público», concretamente en el objetivo general de gestión número 2.2, «Espacios portuarios al servicio del interés general», que «conviene consensuar unos criterios tasados no solo de cara al otorgamiento de las concesiones, sino para las posibles modificaciones que puedan ir planteándose a lo largo de su periodo de vigencia, en favor de la preservación del interés general».

En todo caso, razones de seguridad jurídica aconsejan reformar el TRLPEMM (y el PCG) para fijar unos límites claros y concisos en la incorporación de cláusulas sociales y medioambientales en las concesiones portuarias. Urge, por tanto, dotar a las cláusulas sociales y medioambientales de unas reglas mínimas que permitan a los organismos portuarios incorporar, con plenas garantías, previsibilidad y seguridad jurídica estas cláusulas en las distintas fases del procedimiento para el otorgamiento de concesiones de dominio público portuario.

VIGÉSIMA QUINTA. Finalmente, se han examinado en este trabajo las cláusulas sociales y medioambientales contenidas en el PCG y en más de sesenta pliegos de bases de concursos y condiciones particulares aprobados por todas las autoridades portuarias en diferentes años, a los efectos de visualizar el estado de la cuestión. Del análisis efectuado, cabe concluir lo siguiente:

— No todas las autoridades portuarias publican los pliegos de las concesiones portuarias que otorgan, siendo sumamente complejo acceder a estos documentos; extremo que debería analizarse desde la perspectiva de su adecuación a la normativa de transparencia.

— La incorporación de cláusulas sociales y medioambientales en las concesiones portuarias sigue siendo una cuestión residual y a las que no se ha prestado suficiente atención; de ahí que el nuevo Marco Estratégico del Sistema Portuario de titularidad estatal recoja esta cuestión entre las actuaciones urgentes.

— El vigente PCG no contiene auténticas estipulaciones sociales o medioambientales que pretendan innovar el ordenamiento jurídico o exigir estándares superiores.

— Por lo general, las condiciones particulares de las concesiones portuarias suelen reproducir el contenido ambiental y social del PCG, pero añadiendo algunas cláusulas adicionales.

— Por lo general, la mayor parte de las cláusulas ambientales y sociales examinadas en las condiciones particulares y en los pliegos de bases de concurso tampoco contienen estándares superiores a los ya previstos en el ordenamiento jurídico.

— Se observa una evolución en los pliegos de condiciones particulares de las concesiones portuarias y en los pliegos de bases del concurso, de manera que los aprobados en los últimos años contienen un mayor número de cláusulas de contenido ambiental y social, lo cual debe valorarse muy positivamente.

— Los pliegos de bases de los concursos públicos para el otorgamiento de concesiones portuarias suelen incorporar cláusulas medioambientales y sociales como criterio de adjudicación, si bien, la puntuación que se suele otorgar sigue siendo mínima (y residual) en comparación con otros criterios económicos y técnicos.

— De estudio realizado, puede destacarse, entre otras, las siguientes estipulaciones sociales y medioambientales que sí aportan valor y suponen un mejor uso y explotación del dominio público portuario.

En materia medioambiental: (i) la suscripción con la Autoridad Portuaria de un convenio de buenas prácticas en materia ambiental; (ii) exigir el registro y la implantación de sistemas de gestión ambiental; (iii) imponer la participación en proyectos que analicen la ecosuficiencia de los puertos; (iv) propuestas de concesiones que mejoren el entorno y el impacto paisajístico; (v) que exijan altos estándares en materia de recogida y gestión de residuos, de vertidos y que eviten las emisiones a la atmosfera y los altos niveles de ruido; (vi) imponer medidas de implementación de la sostenibilidad en edificación y la integración de fuentes de energía renovables, de eficiencia energética y uso sostenible de los recursos; (vii) prohibir que concurran en las licitaciones aquellas personas físicas o jurídicas condenadas mediante sentencia firme en delitos contra el medioambiente; y (viii) exigir un nivel determinado de solvencia en materia medioambiental como requisito para concurrir en las licitaciones. En materia social, las estipulaciones son menores, pudiendo destacarse: (i) la exigencia de medidas en el marco de la responsabilidad social corporativa en las licitaciones superiores a los estándares previstos en las leyes, como la posibilidad de incorporar en plantilla un porcentaje significativo de personas con movilidad reducida o minusvalía, mayores de 50 años, personas e riesgo de exclusión social, exigir paridad e imponer medidas de conciliación de la vida laboral, personal y familiar, (ii) prohibir que concurran aquellas personas físicas o jurídicas condenadas mediante sentencia firme en delitos contra la Hacienda Pública y la Seguridad Social o delitos contra los trabajadores, (iii) exigir un determinado nivel de cumplimiento en materia de responsabilidad social corporativa como requisito para concurrir en las licitaciones.

Anexo

El siguiente cuadro tiene por objeto recopilar las estipulaciones de contenido social y medioambiental detectadas en los pliegos de condiciones particulares y bases del concurso aprobados por las autoridades portuarias, que han sido objeto de estudio en el capítulo 8º de este trabajo.

Así, el cuadro se ordena cronológicamente por fecha de aprobación de los pliegos. En la primera columna se indica la Autoridad Portuaria que lo aprobó, en la segunda columna se hace referencia a la tipología del pliego, en la tercera columna al año de aprobación del pliego, en la cuarta columna se extracta total o parcialmente la estipulación objeto de estudio y, en la última columna, se hace referencia al contenido de la estipulación extractada (la abreviatura «M» se refiere a medioambiental y «S» a social). Se añade en la quinta columna, además, un asterisco (*) a aquellas estipulaciones que se consideran auténticas cláusulas sociales y medioambientales, por aportar valor y coadyuvar a una mejora del uso y explotación del demanio portuario, innovando el ordenamiento jurídico.

Tabla 2. Ejemplos de cláusulas sociales y medioambientales

Autoridad portuaria	Tipología de pliego	Año
Almería	Condiciones particulares[645]	2023

---

[645] Documento accesible en el siguiente enlace: https://apalmeria.com/wp-content/web/concursos/2023/control-sanitario-mercancias/pliego-condiciones-ocupacion.PDF (Acceso el 4 de mayo de 2024).

Estipulación	Carácter
«Regla 24ª. Medidas preventivas y de seguridad. El concesionario deberá cumplir las obligaciones de coordinación de actividades empresariales en calidad de titular del centro de trabajo conforme a lo dispuesto en la Ley 31/1995, de 8 de noviembre, de Prevención de Riesgos Laborales […]». **«Regla 25ª. Medidas medioambientales.** En el pliego de condiciones de prestación del servicio se fijan las condiciones de protección del medio ambiente que, en su caso, procedan, incluyendo las necesarias medidas correctoras y, en caso de que fuera preceptiva, las condiciones o prescripciones establecidas en la correspondiente resolución del Ministerio de Medio Ambiente. Los vertidos de las aguas residuales y de las procedentes de lavado de depósitos o de escorrentía superficial deberán cumplir con las normas vigentes en materia de vertidos. Cuando las instalaciones no satisfagan las normas aplicables, el concesionario estará obligado a adoptar, en los plazos que se le señalen por la autoridad competente, las medidas correctoras necesarias para que se cumplan dichas normas. De conformidad con el Real Decreto 9/2005, de 14 de enero, por el que se establece la relación de actividades potencialmente contaminantes del suelo y los criterios y estándares para la declaración de suelos contaminados, el titular de la concesión, si la actividad que se realiza en la misma es potencialmente contaminante, deberá cumplir con las obligaciones que le imponga dicho real decreto y demás normas aplicables. A estos efectos, el titular de la concesión elaborará, con carácter previo a la extinción de la misma, un informe de situación del suelo que permita evaluar el grado de contaminación del mismo y lo pondrá a disposición de la Autoridad Portuaria». **«Anexo 3º. Condiciones ambientales.** 3.1.- Compromiso con el medio ambiente. La Autoridad Portuaria de Almería (en adelante APA) está comprometida en la mejora del medio ambiente en todas sus actividades e instalaciones.	M y S

Autoridad portuaria	Tipología de pliego	Año
Almería	Condiciones particulares	2023

Estipulación	Carácter
3.2.- Conocimiento de la política de calidad. El titular de la concesión tiene la obligación de conocer la Política de Calidad, Medio Ambiente y Seguridad de la APA en el que desarrolla su trabajo, previamente entregada, velando por el cumplimiento de cada una de sus directrices. [...] 3.8.- Obligaciones del titular. El titular de la concesión asumirá las siguientes obligaciones: – El coste de la reparación de los daños ambientales que pudiera provocar en su actividad. – Informar a la APA de todos los incidentes con repercusión ambiental que tengan lugar en el desarrollo de las actividades. – Asegurar orden y limpieza en las instalaciones que utilice. – Realizar correctamente la identificación, almacenamiento y gestión de residuos (urbanos, especiales, RPs.), así como todos los productos y sustancias peligrosas que emplee siguiendo las directrices legales o que, en su caso, establezca el responsable de la actividad o director de la APA. – Realizar las operaciones de mantenimiento (vehículos, naves, etc.) en lugares habilitados a tal efecto para evitar la generación de residuos, emisiones, o efluentes. Asimismo, la empresa lavará su maquinaria y otros equipos o componentes en instalaciones que la propia empresa habilite para dicha actividad. – No realizar vertidos de residuos sólidos o líquidos en las redes de drenaje de la APA, así como en los terrenos del mismo o medio hídrico. En caso de fuga o vertido accidental de productos calificados como RP o vertidos líquidos contaminantes, durante la actividad objeto de autorización, el titular estará obligado a notificar de inmediato la situación a la APA y a realizar las acciones correctoras de descontaminación y retirada adecuadas. – Realizar el acopio de materiales de modo que en todo momento estén controladas las molestias a la población, así como el arrastre al medio hídrico. Se seleccionarán siempre que sea posibles, materiales inertes o inocuos para el ambiente. – Minimizar las molestias sobre su entorno, como: generación de ruido, emisión de polvo, olores, etc., para lo cual aportará los medios que se consideren necesarios en cada momento [...]».	M y S

Autoridad portuaria	Tipología de pliego	Año
Almería	Condiciones particulares	2023
Santa Cruz de Tenerife	Condiciones particulares[646]	2023

---

[646] Pliego no disponible en internet y al que se ha tenido acceso mediante la actividad profesional. Se trata de una concesión que tiene por objeto la ampliación de la superficie concesional con la finalidad de instalar un dique flotante y sus instalaciones accesorias.

Estipulación	Carácter
«Anexo 4º. Obligaciones del titular de la concesión en materia de prevención de riesgos laborales. Condición 1ª. Cumplimiento de requisitos legales. El titular de la concesión deberá cumplir durante todo el tiempo de vigencia del presente documento las obligaciones legales en materia de prevención de riesgos laborales, incluyendo tanto aquéllas en vigor en el momento de la firma del presente documento como aquéllas que se aprueben durante el tiempo de vigencia del mismo. Asimismo, el concesionario adoptará las medidas exigidas por la normativa aplicable sobre protección de instalaciones portuarias. La empresa también deberá cumplir las obligaciones establecidas por la Autoridad Portuaria de Almería con relación a esta materia. El incumplimiento de estas obligaciones podrá ser sancionado conforme establece la normativa vigente al respecto [...]».	M y S
«Regla 16ª. [...] De igual forma, el concesionario dará cumplimiento al Código de Conducta Ambiental de la Autoridad Portuaria de Santa Cruz de Tenerife en la Sesión celebrada en fecha 21 de mayo de 2014. Cuando las instalaciones no satisfagan las normas aplicables, el concesionario estará obligado a adoptar, en los plazos que se le señalen por la autoridad competente, las medidas correctoras necesarias para que se cumplan dichas normas. De conformidad con el Real Decreto 9/2005, del 14 de enero, por el que se establece la relación de actividades potencialmente contaminantes del suelo y los criterios y estándares para la declaración de suelos contaminados, el titular de la concesión, si la actividad que se realiza en la misma es potencialmente contaminante, deberá cumplir con las obligaciones que le imponga dicho Real Decreto y demás normas aplicables. A estos efectos, el titular de la concesión elaborará, con carácter previo a la extinción de la misma y no más tarde de 3 años antes de que finalice la concesión, un informe de situación del suelo que permita evaluar el grado de contaminación de este y lo pondrá a disposición de la Autoridad Portuaria».	M

Autoridad portuaria	Tipología de pliego	Año
Valencia	Condiciones particulares[647]	2023

---

[647] Documento accesible en el siguiente enlace: www.valenciaport.com/wp-content/uploads/R04_Anexo_PCGP_FE.pdf (Acceso el 4 de mayo de 2024).

Estipulación	Carácter
«Regla 19ª. Tasas y otros derechos económicos. […] 19.2. Tasa de actividad. […] Bonificaciones: De acuerdo con el art. 245.c del TRLPEMM, cuando el titular de una concesión o autorización realice actividades pesqueras, náutico-deportivas o de construcción, reparación, transformación o desguace de buques, se aplicará una bonificación del 15 por ciento a la cuota de la tasa de actividad, siempre que se cumplan los siguientes requisitos: 1.º Tener suscrito un convenio con la Autoridad Portuaria en materia de buenas prácticas ambientales. Dicho convenio deberá contemplar un conjunto de instrucciones técnicas y operativas cuyo cumplimiento pueda ser verificado mediante un sistema de gestión medioambiental, basado en las guías de buenas prácticas ambientales aprobadas por Puertos del Estado, cuyo alcance comprenda la totalidad de los tráficos manipulados. 2.º Estar inscrito en el registro del sistema comunitario de gestión y auditoría ambiental (EMAS) o tener implantado un sistema de gestión ambiental basado en UNE-EN-ISO-14001 certificado por una entidad acreditada a tal efecto por la Entidad Nacional de Acreditación (ENAC), y cuyo alcance comprenda todos aquellos servicios relacionados con la actividad objeto de autorización o concesión […]». **«Regla 23ª. Medidas preventivas y de seguridad.** El concesionario deberá cumplir con todas sus obligaciones preventivas establecidas en la Ley 31/1995, de 8 de noviembre, de Prevención de Riesgos Laborales (LPRL) y sus modificaciones posteriores y normativa de desarrollo, debiendo, entre otras, identificar los riesgos inherentes a su actividad y establecer las medidas preventivas necesarias para evitar o minimizar dichos riesgos, implantando los principios de la acción preventiva en la empresa, tal y como se establece en la citada ley. Así mismo, corresponderá al titular de la concesión el cumplimiento de las obligaciones de coordinación de actividades empresariales en calidad de titular del centro de trabajo, tal y como se establece en el artículo 65 del TRLPEMM, en los términos establecidos en el artículo 24 de la citada LPRL y en el Real Decreto 171/2004, de 30 de enero, por el que se desarrolla dicho artículo.	M y S*

Autoridad portuaria	Tipología de pliego	Año
Valencia	Condiciones particulares	2023

Estipulación	Carácter
Por tanto el concesionario asumirá el liderazgo y la organización de la coordinación preventiva con las empresas contratistas, subcontratistas y/o trabajadores autónomos con los que contrate la realización de las obras o servicios, así como con cualquier empresa o persona física, sin relación contractual con el concesionario, que deba acceder al interior de la concesión con motivo de la realización de cualquier tipo de trabajo u operación, incluido el personal propio de la APV en el desarrollo de sus competencias, de conformidad con el artículo 65 del TRLPEMM […]». **«Regla 24ª Medidas medioambientales.** A) De carácter general El titular de la concesión cumplirá con la normativa vigente en materia medioambiental de aplicación, así como la obtención de licencias, autorizaciones y/o permisos requeridos por la autoridad competente en dicha materia, que serán remitidos a la Autoridad Portuaria. Las instalaciones de la concesión deberán contar en todo momento con los medios suficientes para la prevención y lucha contra la contaminación accidental, marítima, atmosférica y terrestre. Particularmente, en el diseño de la infraestructura portuaria se tendrá presente la necesidad de cumplimiento del Real Decreto 79/2019, de 22 de febrero, por el que se regula el informe de compatibilidad y se establecen los criterios de compatibilidad con las estrategias marinas, así como Real Decreto 218/2022, del 29 de marzo, por el que se modifica el Real Decreto 79/2019. Los trámites necesarios para ello serán realizados por el concesionario. Antes del inicio de la actividad, el concesionario deberá entregar a la APV un informe justificativo sobre la posible inclusión o no de la actividad a desarrollar en el anexo III de la Ley 26/2007 de Responsabilidad Medioambiental. En el supuesto de que la actividad se encuentre incluida en el citado anexo III, el concesionario deberá adoptar y ejecutar las medidas de prevención, evitación y reparación de daños medioambientales y sufragar sus costes, en caso de ser responsable de los mismos. En el caso de que la actividad objeto de la concesión causara daños medioambientales, no estando incluida en el citado anexo III, el concesionario deberá ponerlo en conocimiento inmediato de la administración competente y de la APV y adoptar las medidas de evitación, y cuando exista dolo, culpa o negligencia, adoptar las medidas reparadoras que sean necesarias.	M y S*

Autoridad portuaria	Tipología de pliego	Año
Valencia	Condiciones particulares	2023

Estipulación	Carácter
El concesionario deberá tener implantado, en un plazo no superior a tres (3) años desde el inicio de la actividad, un sistema de gestión ambiental basado en UNE-EN-ISO-14001 o EMAS, y cuyo alcance coincida con el alcance incluido en el título concesional. Asimismo, y en el caso de que el concesionario voluntariamente solicite el establecimiento de un Convenio de Buenas Prácticas Ambientales con la Autoridad Portuaria, a los efectos previstos en el artículo 245 del TRLPEMM en relación con la aplicación de bonificación a la tasa de actividad para incentivar buenas prácticas medioambientales, este se basará en el texto del Convenio en vigor aprobado por el Consejo de Administración de la APV y disponible en el portal web de la APV www.valenciaport.com. El concesionario se compromete a la participación activa en el proyecto Ecoport III, o el que le sustituya en su caso, tanto en los grupos de trabajo, como el Comité Ambiental y cualesquiera otras iniciativas establecidas por el proyecto tales como participar en proyectos de I+D+i de índole ambiental en los que participe la Autoridad Portuaria, establecimiento de objetivos anuales de mejora ambiental, entre otros. B) De los vertidos de aguas residuales. Tanto los vertidos de las aguas residuales sanitarias, como las industriales o de proceso y las de escorrentía superficial (pluviales) deberán cumplir con las normas vigentes en materia de vertidos. En cualquier caso, se dará tratamiento separativo a las aguas pluviales y a las residuales sanitarias e industriales. Las aguas sanitarias, industriales o asimilables a urbanas serán conducidas a un tanque de retención y en los casos que proceda, se solicitará permiso de vertido a la autoridad competente en la materia. En todo caso, el concesionario deberá remitir con la periodicidad que se acuerde entre las partes las características y cantidades de los vertidos a la APV. Cuando las instalaciones no satisfagan las normas aplicables, el concesionario estará obligado a adoptar, en los plazos que se le señalen por la autoridad competente o por la APV las medidas correctoras necesarias para que se cumplan dichas normas.	M y S*

Autoridad portuaria	Tipología de pliego	Año
Valencia	Condiciones particulares	2023

Estipulación	Carácter
C) De los contaminantes de suelo. La normativa que regula los suelos contaminados es la Directiva 2010/75/UE del Parlamento Europeo y del Consejo del 24 de noviembre de 2010 sobre emisiones industriales y su transposición al ordenamiento jurídico español se produjo con la publicación de la Ley 5/2013 del 11 de junio por la que se modifican la Ley 16/2002, del 1 de julio, de Control Integrado de la Contaminación y la Ley 7/2022, del 8 de abril, de residuos y suelos contaminados para una economía circular. En el anexo I de este Real Decreto, se establece una relación de actividades potencialmente contaminantes del suelo, con indicación del epígrafe de la Clasificación Nacional de Actividades Económicas (CNAE) en las que estas se encuadran. Este anexo fue modificado por la Orden PRA/1080/2017, del 2 de noviembre, por el que se modifica el anexo I del Real Decreto 9/2005, del 14 de enero, por el que se establece la relación de actividades potencialmente contaminantes del suelo y los criterios y estándares para la declaración de suelos contaminados. De acuerdo con la Clasificación Nacional de Actividades Económicas 2009 (CNAE-2009) del concesionario, tanto de la actividad principal como de las secundarias, se establecerán las obligaciones a cumplir en materia de suelos contaminados. De conformidad con el Real Decreto 9/2005, del 14 de enero, por el que se establece la relación de actividades potencialmente contaminantes del suelo y los criterios y estándares para la declaración de suelos contaminados, el titular de la concesión, si la actividad que se realiza en la misma es potencialmente contaminante, deberá cumplir con las obligaciones que le imponga dicho Real Decreto y demás normas aplicables. A estos efectos, el titular de la concesión elaborará, con carácter previo a la extinción de la misma y no más tarde de 3 años antes de que finalice la concesión, un informe de situación del suelo que permita evaluar el grado de contaminación de este y lo pondrá a disposición de la Autoridad Portuaria. El incumplimiento de la obligación señalada en el párrafo anterior será causa de caducidad de la concesión sin perjuicio de las responsabilidades que a nivel de la normativa ambiental se deriven del incumplimiento de la misma.	M y S*

Autoridad portuaria	Tipología de pliego	Año
Valencia	Condiciones particulares	2023

Estipulación	Carácter
El concesionario deberá proceder antes de la extinción de la concesión a la descontaminación y recuperación del suelo que haya resultado contaminado como consecuencia del ejercicio de su actividad. En ese caso, el concesionario deberá presentar un proyecto describiendo las operaciones necesarias para ello ante la administración competente en materia de medioambiente, para su aprobación. D) De la gestión de residuos. El concesionario deberá redactar e implantar un Plan de Gestión de Residuos que se generen en las instalaciones de la concesión durante la explotación de la misma, que incluya la gestión de residuos peligrosos. El concesionario deberá separar y mantener los residuos en condiciones adecuadas, de conformidad con lo previsto en la Ley 22/2011 del 28 de julio, de residuos y suelos contaminados. Este plan, deberá presentarse a la Autoridad Portuaria de Valencia, para su valoración y aceptación, en un plazo no superior a un año desde el inicio de la actividad. El concesionario deberá gestionar conforme a normativa los residuos que genere en sus instalaciones, y contratar la retirada de residuos no catalogados dentro del convenio Marpol con una empresa que disponga de la autorización pertinente, que deberá ser otorgada por la APV. Las obligaciones señaladas en el presente apartado tienen la naturaleza de condiciones esenciales y su incumplimiento supone una infracción muy grave, conforme a la letra d) del apartado 5 del artículo 308 del TRLPEMM. E) De la eficiencia energética y uso sostenible de recursos. En caso de que en el proyecto constructivo del concesionario se previera la construcción de edificios, estos deberán cumplir con las exigencias relativas a la certificación energética de edificios establecidas en el Real Decreto 235/2013, por el que se aprueba el procedimiento para la certificación energética de los edificios. Adicionalmente, y en un plazo no superior a tres años desde el inicio de la actividad, el concesionario deberá tener implantado un sistema de gestión energética y cuyo alcance sea el mismo que se refleja en su título de concesión o autorización.	M y S*

Autoridad portuaria	Tipología de pliego	Año
Valencia	Condiciones particulares	2023

Estipulación	Carácter
F) De la contaminación acústica. Durante todo el periodo de explotación de la dársena e instalaciones náutico-deportivas, el concesionario deberá implementar las medidas preventivas necesarias para que en ningún momento los niveles de emisión de ruidos al exterior superen lo establecido en la legislación vigente en cada momento, en concreto, y actualmente, la Ley 37/2003 del 17 de noviembre de Ruido, con sus posteriores desarrollos y la Ley 7/2002, del 3 de diciembre, de la Generalitat Valenciana, de Protección contra la Contaminación Acústica y los decretos que la desarrollan, así como las ordenanzas municipales que sean de aplicación, y el Plan Especial. G) De la contaminación lumínica. Las instalaciones de alumbrado exterior y dispositivos luminotécnicos de alumbrados exteriores deberán cumplir con lo previsto en el Real Decreto 1890/2008, del 14 de noviembre, por el que se aprueba el Reglamento de eficiencia energética en instalaciones de alumbrado exterior y sus Instrucciones técnicas complementarias EA-01 a EA-07. H) De la calidad del agua. Se deberá cumplir lo establecido en el apartado B) anterior, así como adoptar las medidas pertinentes para mantener la lámina de agua en perfecto estado de limpieza. I) Calidad del aire. Se deberá cumplir con los requisitos mínimos de niveles de emisión, ruido, iluminación, etc. de conformidad con lo previsto en el Real Decreto 102/2011, del 28 de enero, relativo a la mejora de la calidad del aire, o normativa que sea de aplicación en cualquier momento […]».	M y S*

Autoridad portuaria	Tipología de pliego	Año
Bahía de Algeciras	Bases del concurso[648]	2023
Bahía de Cádiz	Bases del concurso[649]	2023

---

[648] Documento accesible en el siguiente enlace: https://www.apba.es/uploads/files/otros-concursos-y-subastas/pliego-bases-2023-003-PAT.pdf (Acceso el 4 de mayo de 2024).

[649] Documento accesible en el siguiente enlace: https://www.puertocadiz.com/wp-content/uploads/2023/04/Pliego-concurso-Faro-Trafalgar.pdf (Acceso el 4 de mayo de 2024).

Estipulación	Carácter
«**Base 12ª. Valoración de ofertas.** A) Valoración de la oferta técnica (VT): hasta un máximo de sesenta (60) puntos. – Proyecto básico […] Medidas de protección del medio ambiente. Se valorará hasta un máximo de diez (10) puntos […] – Plan de explotación, de la organización de la concesión y del modelo de gestión propuesto. Se valorarán prioritariamente la adecuación de los medios humanos y materiales propuestos, la conveniencia y oportunidad de los servicios ofertados y la adaptación de las soluciones previstas al entorno, la calidad del servicio y el respeto al medio ambiente, así como medidas adoptadas respecto a la responsabilidad social corporativa. Se valorará hasta un máximo de diez (10) puntos».	M y S
«**Base 9ª. Tramitación medioambiental.** El adjudicatario deberá proceder a la tramitación ambiental de acuerdo con la legislación vigente, teniendo en cuenta la normativa Estatal y Autonómica ante el órgano sustantivo correspondiente, y las cláusulas medioambientales que se fijaran, se incorporarán al Pliego de Condiciones de la concesión y serán de obligado cumplimiento». «**Base 11ª. Servicios de agua, electricidad y saneamiento.** […] C- Saneamiento. Las dependencias del Faro de Trafalgar no están conectadas a la red de saneamiento municipal. Deberá incluirse en el proyecto un sistema de depuración y mantenimiento en función de los caudales a desaguar y acorde a la legislación vigente. El sistema de depuración deberá ser como mínimo una fosa estanca, retirando las aguas periódicamente a través de gestor autorizado, o uso de las aguas depuradas para riego». «**Base 21ª. Presentación de proposiciones.** […] a) Proyecto de explotación del faro y de su entorno como hostelería y centro de interpretación, en el que se deberá detallar como mínimo los siguientes aspectos: […]	M y S*

Autoridad portuaria	Tipología de pliego	Año
Bahía de Cádiz	Bases del concurso	2023
Ceuta	Bases del concurso[650]	2023

---

[650] Documento accesible en el siguiente enlace: http://www.puertodeceuta.com/autoridad-portuaria/tablon-de-anuncios/resolucion-de-la-autoridad-portuaria-de-ceuta-por-la-que-se-anuncia-el-concurso-para-el-otorgamiento-de-concesion-de-dominio-publico-de-la-explotacion-de-aparcamientos-vigilados-de-vehiculos-en-la-est/ (Acceso el 4 de mayo de 2024).

Estipulación	Carácter
a.2) Propuesta de recursos humanos. [...] Posibilidad de incorporar personas con movilidad reducida o minusvalía, mayores de 50 años, personas en riesgo de exclusión social, paridad de la plantilla, etc. [...] a.5) Mejoras. Propuestas de mejora del entorno a través de iniciativas y/o obras de acondicionamiento de espacios libres o mejora de las instalaciones existentes en estos. A título orientativo se sugieren mejoras en los siguientes espacios: acceso a la zona de playa desde el emplazamiento, mejoras relacionadas con la accesibilidad de personas con movilidad reducida más allá de las exigidas por la normativa que aplique [...]. d) Documentación ambiental. El licitador deberá presentar una justificación del cumplimiento de la normativa ambiental existente, especificándose la tramitación medioambiental del proyecto de la instalación [...]». **«Base 32ª. Disposición general y normas de aplicación.** El adjudicatario queda obligado al cumplimiento de las obligaciones que le impone la legislación vigente en materia laboral y de Seguridad Social, y en especial, de acuerdo con lo dispuesto en el Artículo 204.2.b de la Ley General de la Seguridad Social, Texto Refundido del 30 de mayo de 1974, deberá formalizar con la mutualidad laboral correspondiente la protección de las contingencias de accidente y enfermedad profesional del personal a su servicio [...]».	M y S*
«Base 7ª. Presentación de ofertas. [...] b) Solvencia técnica o profesional del concursante [...] – En los casos adecuados, indicación de las medidas de gestión medioambiental que el empresario podrá aplicar al ejecutar el contrato». **«Anexo 7º. Criterios para la valoración de las ofertas.** Las ofertas presentadas al concurso se evaluarán desde un punto de vista técnico y económico. La mesa de adjudicación ayudada, en su caso, por una comisión técnica evaluará las proposiciones teniendo en cuenta lo siguiente:	M y S*

Autoridad portuaria	Tipología de pliego	Año
Ceuta	Bases del concurso	2023
Vigo	Bases del concurso[651]	2023

---

[651] Documento accesible en el siguiente enlace: https://www.apvigo.es/descargas/descargar/6018/PLIEGO%20DE%20BASES.pdf (Acceso el 4 de mayo de 2024).

Estipulación	Carácter
1. PROYECTO BÁSICO DE MEJORA DE LAS INSTALACIONES. Suscrito por técnico competente, de conformidad con lo establecido en el artículo 84 del TRLPEMM, que deberá adaptarse al plan especial de ordenación de la zona de servicio del puerto o, en su defecto, a la Delimitación de los Espacios y Usos Portuarios. Contendrá la descripción de las actividades a desarrollar y los siguientes documentos: a) Memoria, que incluirá: […] (vi) medidas de carácter medioambiental. Se hará mención especial tanto de las acometidas para el suministro de agua potable, como las medidas de saneamiento previstas que deberán incluir las medidas previstas para el drenaje del agua de lluvia como para la evacuación de las aguas residuales. También se incluirá la previsión de producción de residuos, su clasificación y los medios previstos para su retirada, así como otras medidas de carácter paliativo en relación con los posibles efectos adversos de la actividad y otros relacionados con la responsabilidad social corporativa de la empresa que se propongan. Asimismo, se valorará el número de puntos de recarga eléctrica de vehículos, así como la obtención de energía a través de fuentes de energía renovables».	M y S*
«Base 10ª. Proyecto de obras de acondicionamiento, maquinaria y equipos a aportar por el concesionario. […] Igualmente se deberán establecer las medidas de carácter medioambiental a implantar en la concesión […]». «Base 16ª. Criterios para la valoración de las ofertas. La Comisión Técnica elaborará un informe de valoración de las ofertas presentadas, en base a una puntuación máxima de 100 puntos, atendiendo a una serie de criterios cuyo desglose se realizará seguidamente […]. III.2.- Marco de la responsabilidad social corporativa: dentro del marco de la responsabilidad social corporativa se valorará, entre otros aspectos, con especial atención, la incorporación de personas discapacitas (grado de discapacidad superior al 33%), así como las medidas que favorezcan la conciliación de la vida laboral, personal y familiar.	M y S*

Autoridad portuaria	Tipología de pliego	Año
Vigo	Bases del concurso	2023
Alicante	Condiciones particulares[652]	2022

---

[652] Documento accesible en el siguiente enlace: https://www.puertoalicante.com/wp-content/uploads/2022/07/Pliego-Condiciones-Concurso-Lonja.pdf (Acceso el 4 de mayo de 2024).

Estipulación	Carácter
Todas las medidas a adoptar deberán contar con su valoración desde un punto de vista económico. Mediante juicio de valor, se otorgarán 100 puntos a la oferta que, en su conjunto, se considere la mejor, asignando al resto de las ofertas una puntuación en función del porcentaje del grado de aproximación que presenten respecto de la considerada como mejor oferta [...]. IV.4.- Medidas medioambientales: el plan medioambiental que se propone adoptar en el desarrollo de la actividad en la concesión deberá detallar todas y cada una de las medidas que se pretenden implantar, sus controles, medidas correctoras, con su valoración económica y plazos para su puesta en marcha. Mediante juicio de valor, se otorgarán 100 puntos a la oferta que, en su conjunto, se considere la mejor, asignando al resto de las ofertas una puntuación en función del porcentaje del grado de aproximación que presenten respecto de la considerada como mejor oferta».	M y S*
«Regla 24ª. Medidas preventivas y de autoprotección. El concesionario deberá cumplir sus obligaciones preventivas definidas en la Ley 31/1995, del 8 de noviembre, de Prevención de Riesgos Laborales, identificando los riesgos inherentes a su actividad y estableciendo las medidas preventivas necesarias para evitar o minimizar dichos riesgos, implantando los principios de la acción preventiva en la empresa, tal y como se establece en la citada ley. Así mismo, corresponderá al titular de la concesión el cumplimiento de las obligaciones de coordinación de actividades empresariales en calidad de titular del centro de trabajo, tal y como se establece en el artículo 65 del TRLPEMM; en los términos desarrollados en el RD 171/2004, del 30 de enero. El titular de la concesión deberá elaborar un plan de medidas de emergencia y evacuación, conforme se establece en el artículo 20 de la citada Ley 31/1995 o, en su caso, un plan de autoprotección, sujeto a las especificaciones recogidas en la Norma Básica de Autoprotección, RD 393/2007, del 23 de marzo, con el fin de responder adecuadamente ante posibles situaciones de emergencia.	M y S

Autoridad portuaria	Tipología de pliego	Año
Alicante	Condiciones particulares	2022

Estipulación	Carácter
El correspondiente documento anterior será remitido a la Autoridad Portuaria para su integración en el Plan de Autoprotección del Puerto de Alicante, así como el Plan de Prevención de Riesgos Laborales, elaborado conforme se establece en los artículos 2 y siguientes del RD 39/1997, del 17 de enero, por el que se aprueba el Reglamento de los Servicios de Prevención, en un plazo no superior a un mes desde el inicio del proyecto de ejecución o el otorgamiento de la concesión o el inicio de la actividad, aquella circunstancia que se origine en primer lugar». **«Regla 25ª. Medidas medioambientales.** El titular de la concesión cumplirá con la normativa vigente de aplicación en materia medioambiental, así como la obtención de licencias y permisos requeridos por la autoridad competente en dicha materia, siendo remitidos a la Autoridad Portuaria. El pliego de condiciones particulares fijará, en su caso, las condiciones de protección del medio ambiente que procedan, incluyendo las necesarias medidas correctoras y, en el supuesto de que fueran preceptivas, las condiciones o prescripciones establecidas en la correspondiente resolución del Ministerio de Medio Ambiente. No obstante, el concesionario deberá establecer un procedimiento de buenas prácticas ambientales de su actividad, ajustándose a los requisitos mínimos recogidos en el Manual de Buenas Prácticas Ambientales del Puerto de Alicante. Así mismo, para aquellas actividades sujetas al RD 1695/2012, del 21 de diciembre, por el que se aprueba el Sistema Nacional de Respuesta ante la contaminación marina, el concesionario deberá elaborar un Plan Interior Marítimo conforme a las especificaciones recogidas en el citado RD, remitiendo una copia del mismo a la Autoridad Portuaria para integrarlo en el Plan Interior Marítimo del Puerto de Alicante. Antes del inicio de la actividad, el titular de la concesión deberá entregar una copia de la siguiente documentación, cuando así proceda, a la Autoridad Portuaria: Autorización Ambiental Integrada, Licencia Ambiental, Declaración Responsable Ambiental o Comunicación de Actividad Inocua, o instrumento de intervención ambiental que corresponda, en virtud de la normativa vigente.	M y S

Autoridad portuaria	Tipología de pliego	Año
Alicante	Condiciones particulares	2022
Las Palmas	Condiciones particulares[653]	2022

---

[653] Documento accesible en el siguiente enlace: https://www.palmasport.es/es/download/pliego-de-condiciones-que-regularan-la-construccion-y-explotacion-en-regimen-de-concesion-de-dominio-publico-de-una-plataforma-en-el-puerto-de-las-palmas-destinada-a-la-construccion-reparacion-man/?wpdmdl=38966&refresh=658187188fef31702987544 (Acceso el 4 de mayo de 2024).

Estipulación	Carácter
El concesionario, durante el ejercicio de la actividad, comunicará a la Autoridad Portuaria cualquier cambio o modificación que pueda afectar al régimen de intervención administrativa ambiental al que esté sujeto, debiendo remitir las resoluciones dictadas por el órgano ambiental competente al efecto. Asimismo, deberá remitir los informes de control y seguimiento ambiental que le resulten de obligado cumplimiento».	M y S
«Regla 24ª. Medidas preventivas, de seguridad y protección. El concesionario deberá cumplir las obligaciones de coordinación de actividades empresariales en calidad de titular del centro de trabajo de acuerdo con lo dispuesto en la Ley 31/1995, del 8 de noviembre, de Prevención de Riesgos Laborales, y las modificaciones introducidas por la Ley 54/2003, del 12 de diciembre, de reforma del marco normativo de la prevención de riesgos laborales [...]». **«Regla 25ª. Medidas medioambientales.** El titular de la concesión está obligado a obtener de los organismos correspondientes, y a mantener al día, los permisos, licencias, planes y certificados que establezca la legislación vigente en cada momento en materia medioambiental. Se deberá dar cumplimiento a la normativa ambiental vigente (ruidos, residuos, emisiones, etc.), y en su caso, los requisitos medioambientales que esta APLP imponga. Los vertidos de las aguas residuales y de las procedentes de lavado de depósitos o de escorrentía superficial deberán cumplir con las normas vigentes en materia de vertidos. Cuando las instalaciones no satisfagan las normas aplicables, el concesionario estará obligado a adoptar, en los plazos que se le señalen por la autoridad competente, las medidas correctoras necesarias para que se cumplan dichas normas. En su caso, y de resultar aplicable el Real Decreto 1695/2012, del 21 de diciembre, por el que se aprueba el Sistema Nacional de Respuesta ante la contaminación marina, el concesionario deberá cumplir con aquel y habrá de presentar un Plan Interior Marítimo.	M y S

Autoridad portuaria	Tipología de pliego	Año
Las Palmas	Condiciones particulares	2022
Alicante	Bases del concurso[654]	2022

---

[654] Documento accesible en el siguiente enlace: https://www.puertoalicante.com/wp-content/uploads/2022/07/Pliego-Bases-Concurso-Lonja.pdf (Acceso el 4 de mayo de 2024).

Estipulación	Carácter
De conformidad con el Real Decreto 9/2005, de 14 de enero, por el que se establece la relación de actividades potencialmente contaminantes del suelo y los criterios y estándares para la declaración de suelos contaminados, el titular de la concesión, si la actividad que se realiza en la misma es potencialmente contaminante, deberá cumplir con las obligaciones que le imponga dicho real decreto y demás normas aplicables. A estos efectos, el titular de la concesión elaborará, con carácter previo a la extinción de la misma, un informe de situación del suelo que permita evaluar el grado de contaminación del mismo y lo pondrá a disposición de la APLP. Los desechos y residuos recogidos deberán ser sometidos a procesos de tratamiento y eliminación adecuados conforme a la normativa vigente, en el caso de que dichos procesos no se lleven a cabo con medios propios, los titulares de estas instalaciones portuarias deberán acreditar un compromiso de aceptación de los desechos y residuos por parte de un gestor debidamente autorizado».	M y S
«**Base 2ª. Obras e instalaciones.** […] 2.2. Proyecto básico de obras e instalaciones a financiar y ejecutar por el adjudicatario en el ámbito de la concesión […] En el proyecto también se pueden incluir actuaciones para mejorar la eficiencia energética, medidas de carácter medioambiental y de responsabilidad social corporativa. Considerando el ambiente agresivo donde se ubica el edificio por su proximidad al mar, en la redacción del proyecto se tendrá especial cuidado en la selección de materiales para garantizar su durabilidad y minorar el coste de su mantenimiento […]». «**Base 7ª. Adjudicación.** […] Se valorarán los siguientes aspectos sobre cada criterio: Proyecto técnico (máximo 25 puntos) […] Medidas de eficiencia energética, carácter medioambiental y de responsabilidad social corporativa (RSC) (máximo 10 puntos). Se otorgará la máxima puntuación a la oferta que proponga las medidas con mayor impacto o relevancia desde el punto de vista de la sostenibilidad, así como la que se comprometa a poner en marcha más acciones de RSC […]».	M y S

Autoridad portuaria	Tipología de pliego	Año
Huelva	Bases del concurso[655]	2022

---

[655] Documento accesible en el siguiente enlace: https://www.zalhuelva.es/wp-content/uploads/2022/08/Pliego-del-concurso.pdf (Acceso el 4 de mayo de 2024).

Estipulación	Carácter
«Base 1ª. Objeto del concurso. […]Se persigue hacer de la ZAL un espacio orientado hacia la sostenibilidad ambiental, acorde con los valores medioambientales existentes en el puerto de Huelva, y especialmente, con los espacios protegidos de su entorno próximo. Asimismo, se debe plantear una ZAL que persiga un balance energético neutro, donde la eficiencia energética y la utilización de las energías renovables, contribuyan a la reducción de la huella de carbono de la cadena logística y consigan resultados económicos y medioambientales referentes en el sector. En este sentido, se valorará positivamente que los proyectos que se presenten incluyan propuestas diseñadas considerando los siguientes criterios de sostenibilidad: instalación de fuentes de energía renovable en cubiertas de naves, marquesinas de aparcamientos, en su caso, instalaciones de servicio como el alumbrado, señalización, etc. La energía renovable generada será empleada para autoconsumo en la ZAL; consideración de medidas de ahorro y eficiencia energética en iluminación y equipamiento, con sistemas de alumbrado eficientes; instalación de contadores sectorizados para monitorizar los consumos energéticos en el interior de forma independiente; instalación de sistemas y herramientas para la monitorización y gestión del consumo de recursos naturales, comunicación a los gestores sobre el funcionamiento de dichos sistemas y sobre su utilización para diagnosticar los patrones de consumo, necesidades de mejora, etc. Opciones para la movilidad sostenible en su interior y puntos de recarga para vehículos eléctricos; realización de un estudio sobre la huella de carbono del proyecto, utilizando herramientas propias o las disponibles públicamente, facilitando información sobre las distintas opciones planteadas y proponiendo de manera motivada una opción final; red separativa de aguas pluviales y residuales, con sistemas de recogida de aguas pluviales para posteriores usos compatibles, así como de tratamiento de aguas grises para usos posteriores compatibles;	M y S*

Autoridad portuaria	Tipología de pliego	Año
Huelva	Bases del concurso	2022

Estipulación	Carácter
diseño de espacio de almacenamiento óptimo para facilitar la recogida y separación de residuos, previendo número suficiente de contenedores y distribución óptima, de forma que se maximice el reciclaje y gestión de los residuos; soluciones que preserven y maximicen los espacios verdes o ajardinados a lo largo de su vida útil, fomentando soluciones para naturalizar al máximo las zonas verdes mediante el uso de especies autóctonas adaptadas a las condiciones climatológicas. En todo caso, se optará por soluciones de ajardinamiento superficial para no interferir en las condiciones del suelo; utilización de sistemas de riego eficientes, que incluyan zonificación en función de orientaciones, riego por goteo, gestión por horarios y estación pluviométrica y existencia de sensores de humedad en suelo; uso de materiales, productos y sistemas constructivos encaminadas a reducir el consumo materias primas, la generación de residuos, liberación de sustancias tóxicas o la huella de carbono de la obra; certificación del proyecto bajo estándares internacionales de sostenibilidad internacionalmente reconocidos tipo BREEAM o LEED [...]». **«Base 15ª. Forma y lugar de presentación de las ofertas.** [...] De manera pormenorizada la documentación técnica estará compuesta como mínimo de lo siguiente: a) Memoria con las características de las obras e instalaciones a ejecutar y el equipamiento específico a instalar. Detalle de las edificaciones y las obras de urbanización y accesibilidad de la parcela, incluyendo las instalaciones para la carga y descarga de mercancías. Se valorará positivamente la implementación de medidas de construcción sostenible e implementación de medidas de eficiencia energética, la integración de fuentes de energía renovables, y la inclusión de certificados de sostenibilidad (Breeam o Leed) en el diseño de las obras e instalaciones, implementación de medidas que favorezcan el bienestar de los empleados dentro del parque logístico, dentro y fuera de la nave, tales como, climatización, iluminación natural, iluminación exterior, áreas de descanso y/o esparcimiento, etc. [...]. (5) Actuaciones y sistemas de gestión medioambiental y medidas de responsabilidad social corporativa. En este apartado se deberá incluir la siguiente documentación: a) Propuesta de actuaciones en el ámbito en el que se ubica la actividad a desarrollar. Detalle y valoración económica de la propuesta. b) Propuesta de medidas de responsabilidad social corporativa. Detalle y valoración económica de la propuesta.	M y S*

Autoridad portuaria	Tipología de pliego	Año
Huelva	Bases del concurso	2022

Estipulación	Carácter
c) Medidas de implementación de sostenibilidad en edificación e implementación de medidas de eficiencia energética. Integración de fuentes de energía renovables e inclusión de certificados de sostenibilidad (Breeam o Leed) en el diseño de las obras e instalaciones. En este sentido, se valorará positivamente que los proyectos que se presenten incluyan propuestas diseñadas considerando los siguientes criterios de sostenibilidad […]». **«Base 17ª. Criterios de valoración.** […] Valoración de la calidad técnica (máximo 40 puntos): […] Calidad urbanística, arquitectónica y paisajística de la propuesta. Se valora positivamente aquella propuesta con mayor nivel de análisis urbanístico, arquitectónico y paisajístico (de 0 a 6 puntos). […] Inclusión de medidas que favorezcan el bienestar de los empleados dentro del parque logístico, dentro y fuera de la nave, tales como, climatización, iluminación natural, iluminación exterior, áreas de esparcimiento, etc. (de 0 a 3 puntos). […] Evaluación de la rentabilidad neta, antes de impuestos, de la concesión Análisis de incidencia socioeconómica, impacto económico y sobre el empleo, tanto directo como indirecto (de 0 a 6 puntos). […] Propuesta concreta de Implantación y Plan de Acción para la comercialización de las futuras naves. Se valorará positivamente que se establezcan condiciones y parámetros de eficiencia y racionalización del suelo y se garantice el desarrollo progresivo del ámbito (de 0 a 5 puntos). […] Actuaciones de carácter medioambiental a implantar y Medidas de responsabilidad social corporativa (9 Puntos). Propuesta de actuaciones en el ámbito en el que se ubica la actividad a desarrollar. Detalle y valoración económica de la propuesta (de 0 a 2 puntos). Actuaciones de carácter medioambiental a implantar. Medidas de implementación de sostenibilidad en edificación e implementación de medidas de eficiencia energética y uso de energías renovables en el diseño de las instalaciones. Inclusión de certificados de sostenibilidad (Breeam o Leed) en el diseño de las obras e instalaciones (de 0 a 5 puntos). Medidas de responsabilidad social corporativa. Detalle y valoración económica de la propuesta (de 0 a 2 puntos) […]».	M y S*

Autoridad portuaria	Tipología de pliego	Año
Las Palmas	Bases del concurso[656]	2022

---

[656] Documento accesible en el siguiente enlace: https://www.palmasport.es/es/download/pliego-de-bases-modificado-del-concurso-para-la-explotacion-integral-de-la-darsena-de-embarcaciones-menores-del-puerto-de-las-palmas-incluyendo-la-construccion-de-nuevas-infraestructuras-en-regimen/?wpdmdl=34149&refresh=6581871879dbd1702987544 (Acceso el 4 de mayo de 2024).

Estipulación	Carácter
«**Preámbulo.** [...] La futura concesión de la DEM permitirá una gestión conjunta de los diferentes negocios que se desarrollan ya actualmente en esta área y de los que el nuevo concesionario pueda promover. Dicha gestión conjunta generará sinergias entre las distintas actividades y una mayor eficiencia en el aprovechamiento de las infraestructuras e instalaciones. Se obtendrán de este modo elevados niveles de calidad, productividad, seguridad, competitividad y sostenibilidad ambiental, cumpliendo con los objetivos perseguidos por la APLP para sus instalaciones. Todo ello será posible con la especialización y experiencia en el sector del concesionario, y su capacidad técnica, económica y de medios para explotar la dársena, a lo que se podrá sumar la participación de empresas, como posibles cesionarios, para apoyarse en la materialización de la propuesta presentada. [...] En la propuesta técnica se valorarán, junto a los criterios señalados por el artículo 86.3 del TRLPEMM (como son las medidas de carácter medioambiental y de responsabilidad social corporativa), aspectos como la calidad de los proyectos básicos a presentar, la calidad y estética de las edificaciones propuestas, la estética y armonía de conjunto de los locales y terrazas, la ampliación de espacio para el peatón, el grado de desarrollo de la ampliación, la memoria descriptiva de la actividad, el plan de conservación y mantenimiento, el plan de calidad o el plan comercial y de desarrollo de negocio». «**Base 19ª. Contenido de los sobres de las proposiciones.** [...] E. Responsabilidad Social Corporativa. El licitador deberá presentar su plan de Responsabilidad Social Corporativa (RSC) para la DEM. Este deberá incluir, al menos, lo siguiente: a. Objetivos y principios básicos de la estrategia de RSC del licitador. b. Plan de acción para la involucración de los actores principales. c. Estrategias de gobierno corporativo.	M y S

Autoridad portuaria	Tipología de pliego	Año
Las Palmas	Bases del concurso	2022

Estipulación	Carácter
d. Compromisos de RSC, tales como: la promoción de medidas de igualdad de género, conciliación familiar, personal y laboral y condiciones de accesibilidad universal que mejoren los mínimos establecidos en la Ley 3/2007 del 22 de marzo para la igualdad efectiva entre mujeres y hombres; la promoción del empleo estable y de crecimiento económico. e. Impactos en la sociedad y la comunidad en que la DEM está ubicada, y propuestas de mejora de la integración y cohesión de la comunidad portuaria. f. Código de Conducta de los negocios de la compañía/s licitadora/s y/o su grupo [...]». **«Base 21ª. Valoración de las proposiciones.** Para valorar la oferta técnica se tendrán en cuenta los siguientes aspectos, hasta un máximo de cien puntos: [...] 1. Proyecto básico de infraestructura portuaria. Hasta un máximo de treinta (30) puntos): [...] 1.5. Medidas preventivas, compensatorias y correctoras de protección ambiental. Alcance y calidad de las propuestas presentadas. – Medidas preventivas, compensatorias y correctoras de protección ambiental para evitar, o controlar, el impacto generado por las obras propuestas. Puntuación máxima: medio punto. – Medidas que hagan a las instalaciones más sostenibles y energéticamente eficientes. Puntuación máxima: medio punto [...]. 2. Proyecto básico de urbanización, edificaciones e instalaciones en la zona terrestre. Hasta un máximo de veinticinco (25) puntos: [...] 2.3. Medidas preventivas, compensatorias y correctoras de protección ambiental. Alcance y calidad de las propuestas presentadas. – Medidas preventivas, compensatorias y correctoras de protección ambiental para evitar, o controlar, el impacto generado por las obras propuestas. Puntuación máxima: medio punto. – Medidas que hagan a las instalaciones más sostenibles y energéticamente Puntuación máxima: medio punto [...]».	M y S

Autoridad portuaria	Tipología de pliego	Año
Motril	Bases del concurso[657]	2022

---

[657] Documento accesible en el siguiente enlace: https://contrataciondelestado.es/wps/portal/!ut/p/b1/jZDLboMwEEW_JR-APBhszNJgHo5wgBLcwAbRqkpBAaqqiqJ-fZ2o25D-M7krn3NEMaIFjMSAewbbnowNq5_48HPufYZn7o70zW3tHOjPAzjFAOrHAE4E3VN02vEBmg-MAHeGw3P-PSDBz_nECV291QWtZAIg01hktU2MTh_5r6i9IWsNN2DtxNUI5obGAF4XVI-zxwOaQsygASTQVO09hDC7S8_I9mXfv0QHcrhrZl3qvnAwaC5QoL2pUWI1v-tfRteYlH84X_Mk-3G7RLI-njv57rqOTSdyAPXsz-baH2RYJtAGpqmxBN7SmOfTmSwUqORv4DBjT8gg!!/dl4/d5/L2dBISEvZ0FBIS9nQSEh/pw/Z7_AVEQAI93OOBRD02JPMTPG21006/act/id=0/p=javax.servlet.include.path_info=QCPjspQCPdetalleQCPMainDetalle.jsp/564405747293/-/ (Acceso el 4 de mayo de 2024).

Estipulación	Carácter
«Base 3ª. Requisitos que han de reunir los concursantes. [...] 12. No podrán concurrir a la licitación, las personas en quienes concurra alguna de las siguientes circunstancias: a) Haber sido condenadas mediante sentencia firme por delitos de terrorismo, constitución o integración de una organización o grupo criminal, asociación ilícita, financiación ilegal de los partidos políticos, trata de seres humanos, corrupción en los negocios, tráfico de influencias, cohecho, fraudes, delitos contra la Hacienda Pública y la Seguridad Social, delitos contra los derechos de los trabajadores, prevaricación, malversación, negociaciones prohibidas a los funcionarios, blanqueo de capitales, delitos relativos a la ordenación del territorio y el urbanismo, la protección del patrimonio histórico y el medio ambiente, o a la pena de inhabilitación especial para el ejercicio de profesión, oficio, industria o comercio. La prohibición de licitar alcanzará a las personas jurídicas que sean declaradas penalmente responsables, y a aquellas cuyos administradores o representantes, lo sean de hecho o de derecho, vigente su cargo o representación y hasta su cese, se encontraran en la situación mencionada en este apartado». **«Base 5º. Presentación de las proposiciones.** [...] f) Medidas de carácter social: Se recogerán de forma expresa e identificada en los distintos documentos que constituyen el proyecto básico y que servirá de documento para el futuro proyecto constructivo, el detalle de las instalaciones e inversiones destinadas a instalaciones náutico-deportivas sin ánimo de lucro, igualmente serán reflejadas expresamente en el documento que conforme el presupuesto. Se adjuntará una pequeña memoria donde se anexen la documentación gráfica, así como el resumen del presupuesto de forma que sea perfectamente identificable por la mesa de selección de ofertas a la hora de proceder a su valoración.	M y S*

Autoridad portuaria	Tipología de pliego	Año
Motril	Bases del concurso	2022

Estipulación	Carácter
Se adjuntará una memoria donde se incluyan las bonificaciones por servicios a aplicar al sector pesquero, incluyendo una memoria económica con el alcance de estas y su previsible evolución durante el periodo de duración de la concesión. Memoria con las actividades náuticas de carácter social, así como la experiencia en la promoción de estas, tal y como se describe en el anexo III que permita a la mesa de selección de forma clara y precisa evaluar la alternativa presentada. De igual forma y en su caso la previsión de contratación de personas en riesgo de exclusión social, para lo cual el licitador deberá aportar documentación acreditativa que permita validar a la mesa de licitación su compromiso, como por ejemplo declaración jurada. […] l) Documentación acreditativa de las medidas ambientales y de responsabilidad social corporativa propuestas […]». **«Base 7ª. Valoración de las ofertas.** Las proposiciones definitivamente admitidas al Concurso serán valoradas por la Mesa de Selección de Ofertas. Sobre las ofertas presentas se emitirá un informe por la Mesa de Selección de Ofertas el cual tendrá en cuenta los siguientes extremos y puntuaciones máximas referidos a los distintos apartados exigidos en la documentación del sobre 'Proposición'. Los aspectos utilizados para ponderar las propuestas de las proposiciones de los licitadores son los que se indican en el anexo III, Aspectos de la Valoración; no obstante, la Mesa de Contratación podrá recabar de los licitadores, cuantas aclaraciones estime oportunas, a continuación, se refleja el cuadro de valoraciones con las puntuaciones máximas establecidas por cada aspecto de la proposición: […] A.6. Proyecto básico. […] A.6.3. Programa de Actuaciones Medioambientales (20 puntos), A.6.4. Memoria de Seguridad y Salud (10 puntos). A.7. Medidas de Carácter Social (70 puntos). A.7.1. Inversiones en instalaciones náutico-deportivas sin ánimo de lucro (30 puntos). A.7.2. Bonificaciones tarifas para sector pesquero (10 puntos). A.7.3. Actividades Náuticas de carácter social (10 puntos). A.7.4. Experiencia en Promoción de actividades y deportes Náuticos (10 puntos). A.7.5. Número de Puestos de trabajo en situaciones de exclusión social (10 puntos) […]».	M y S*

Autoridad portuaria	Tipología de pliego	Año
Santa Cruz de Tenerife	Bases del concurso[658]	2022

---

[658] Documento accesible en el siguiente enlace: https://www.puertosdetenerife.org/wp-content/uploads/2022/12/Pliegos-de-bases-del-concurso-de-concesion-administrativa-para-la-construccion-y-explotacion-de-darsena-nautica-de.pdf (Acceso el 4 de mayo de 2024).

Estipulación	Carácter
«**Base 1ª. Objeto.** […] El adjudicatario deberá realizar todos los trámites necesarios para que el proyecto que resulte adjudicatario del concurso lleve a cabo la tramitación establecida en la Ley 7/2007, del 9 de julio, de Gestión Integrada de la Calidad Ambiental (G.I.C.A.), así como en el Real Decreto 79/2019, del 22 de febrero, por el que se regula el informe de compatibilidad y se establecen los criterios de compatibilidad con las estrategias marinas, o cualquier otra disposición legal de obligado cumplimiento. […] También deberán preverse atraques adaptados para personas con movilidad reducida en un mínimo del 5 % del total de puestos ofertados». «**Base 6ª. Tasa de la concesión.** […] BONIFICACIONES: De acuerdo con el art. 245.c del TRLPEMM, 1. Para incentivar mejores prácticas medioambientales, la Autoridad Portuaria aplicará las siguientes bonificaciones: c) Cuando el titular de una concesión o autorización realice actividades pesqueras, náutico-deportivas o de construcción, reparación, transformación o desguace de buques, se aplicará una bonificación del 15 por ciento a la cuota de la tasa de actividad […]». «**Base 12ª. Selección de oferta más ventajosa.** […] Criterios para valorar las propuestas de ocupación y explotación de la concesión. A- Calidad Técnica de la Propuesta (Ponderación X=40 %). B- Oferta económica (Ponderación Y=60 %). A continuación, se describe lo relativo a cada uno de dichos criterios: […] A.2.3. Programa de actuaciones medioambientales: Se valorará el programa de actuaciones medioambientales propuesto que deberá permitir valorar y contestar las cuestiones del anexo 6. […] A.3.3. Aspectos de gestión medioambiental y de residuos.	M y S*

Autoridad portuaria	Tipología de pliego	Año
Santa Cruz de Tenerife	Bases del concurso	2022
Bahía de Cádiz	Condiciones particulares[659]	2021

_____

[659] Documento accesible en el siguiente enlace: https://www.puertocadiz.com/wp-content/uploads/2021/12/Pliego-concesion-y-explotacion.pdf (Acceso el 4 de mayo de 2024).

Estipulación	Carácter
Se valorarán las actuaciones encaminadas a mejorar la gestión de los residuos sólidos y líquidos, así como las labores de limpieza de la lámina de agua. Igualmente se tendrá en cuenta la instalación de equipos ecoeficientes que minimicen los consumos y las emisiones a la atmósfera, así como los niveles de ruido, a lo largo de la vida útil de la concesión. Se valorará también la propuesta de ajardinamiento y generación de sombras en las zonas públicas mediante la disposición de arboleda, que contribuyan a captación de CO_2. Se valorará la implementación de equipos de cogeneración que contribuyan a la utilización de energías renovables y permitan reducir el consumo de energías fósiles».	M y S*
«Regla 27ª. Medidas preventivas y de seguridad. El titular de la autorización deberá cumplir las obligaciones de Prevención de Riesgos Laborales y coordinación de actividades empresariales en calidad de titular del centro de trabajo de acuerdo con lo dispuesto en la Ley 31/1995, del 8 de noviembre, de Prevención de Riesgos Laborales y en el artículo 65 del RDLeg. 2/2011 de Puertos del Estado y de la Marina Mercante […]». **«Regla 28ª. Medidas medioambientales.** De conformidad con las especificaciones del art. 62 del Texto Refundido de la Ley de Puertos del Estado y de la Marina Mercante (RD Leg 2/2011 del 5 de septiembre), todos los vertidos desde tierra al mar requerirán de autorización de la Administración Competente. Los vertidos de las aguas residuales y de las procedentes de lavado de depósitos o de escorrentía superficial deberán cumplir con las normas vigentes en materia de vertidos, y muy especialmente las disposiciones del Decreto 109/2015, del 17 de marzo, por el que se aprueba el Reglamento de Vertidos al Dominio Público Hidráulico y al Dominio Público Marítimo-Terrestre de Andalucía. Cuando las instalaciones no satisfagan las normas aplicables, el titular de la autorización estará obligado a adoptar, en los plazos que se le señalen por la autoridad competente, las medidas correctoras necesarias para que se cumplan dichas normas.	M y S

Autoridad portuaria	Tipología de pliego	Año
Bahía de Cádiz	Condiciones particulares	2021

Estipulación	Carácter
El titular de la autorización dará cumplimiento a las obligaciones establecidas en la Ley 22/2011, del 28 de julio, de residuos y suelos contaminados y el Real Decreto 9/2005, del 14 de enero, por el que se establece la relación de actividades potencialmente contaminantes del suelo y los criterios y estándares para la declaración de suelos contaminados. A estos efectos, el titular de la autorización elaborará, con carácter previo a la extinción de la misma, un informe de situación del suelo que permita evaluar el grado de contaminación del mismo y lo pondrá a disposición de la Autoridad Portuaria. De conformidad con las especificaciones del art. 62 del Texto Refundido de la Ley de Puertos del Estado y de la Marina Mercante (RD Leg. 2/2011 del 5 de septiembre), deberá disponer de medios suficientes para la prevención y lucha contra la contaminación accidental, marina, atmosférica y terrestre, que serán incluidos en el Plan Interior Marítimo de la concesión, de conformidad con las especificaciones recogidas en el RD. 1695/2012, del 21 de diciembre, por el que se aprueba el Sistema Nacional de Respuesta ante la contaminación marina». **«Regla Adicional 2ª. Valoración de terrenos.** […] 5. El titular está obligado a obtener y mantener al día, de los organismos correspondientes, los permisos, licencias, planes y certificados que establezca la legislación vigente en cada momento en materia de seguridad, condiciones medioambientales y de prevención de la contaminación correspondientes a su actividad […]. 6. Si para el ejercicio del desarrollo de la actividad autorizada, fuera necesaria la tramitación ambiental según Ley 7/2007 de Gestión Integrada de la Calidad Ambiental de la Comunidad Autónoma de Andalucía, deberá tramitarse ante el órgano sustantivo correspondiente, y las cláusulas medio ambientales que se fijen se incorporarán al condicionado y serán de obligado cumplimiento. 7. Los residuos sólidos urbanos y asimilables se gestionarán de acuerdo a lo establecido en el Decreto 73/2012 del 20 de marzo por el que se aprueba el Reglamento de Residuos de Andalucía. Los residuos generados en las tareas de funcionamiento y mantenimiento de las instalaciones, considerados por la legislación vigente como tóxicos y peligrosos, deberán tratarse de conformidad con lo establecido en la Ley 22/2011 del 28 de julio de Residuos y Suelos Contaminados y el Decreto 73/2012 del 20 de marzo por el que se aprueba el Reglamento de Residuos de Andalucía.	M y S

Autoridad portuaria	Tipología de pliego	Año
Bahía de Cádiz	Condiciones particulares	2021

Estipulación	Carácter
8. Queda totalmente prohibido el vertido de grasas y aceites, catalogados como residuos tóxicos y peligrosos a la red de alcantarillado, a estos efectos las grasas recogidas por las arquetas separadoras y cualquier otro residuo aceitoso, deberán ponerse a disposición de gestor autorizado. 9. En la fase de construcción y explotación, queda prohibido cualquier vertido al dominio público marítimo terrestre, cualquiera que sea su naturaleza o estado físico, tal como se establece en el Reglamento de Calidad de las Aguas Litorales, asimismo todo el material sobrante de la obra en la fase de construcción deberá depositarse en vertedero autorizado. 10. Conforme a lo establecido en Capítulo II del RDL 1/2001 del 20 de julio, por el que se aprueba el texto refundido de la Ley de Aguas, queda prohibido, con carácter general, el vertido directo o indirecto de aguas y de productos residuales susceptibles de contaminar las aguas continentales o cualquier otro elemento del dominio público hidráulico, salvo que se cuente con la previa autorización administrativa, cuyo clausurado se incorporará al conjunto de la presente autorización. 11. Esta Autoridad Portuaria declina toda responsabilidad en lo que se refiere a daños a personas, equipos y vehículos, así como daños a terceros. 12. La Autoridad Portuaria de la Bahía de Cádiz queda eximida de la responsabilidad contraída por el usuario de la concesión cuando, por cualquier motivo, se produzcan molestias o efectos perniciosos sobre terceros. 13. De conformidad con lo dispuesto en el artículo 65 del RD Leg. 2/2011 de Puertos del Estado y de la Marina Mercante, corresponderá a los titulares de concesiones y autorizaciones el cumplimiento de las obligaciones de coordinación de actividades empresariales en calidad de titulares del centro de trabajo y de acuerdo con lo dispuesto en la Ley 31/1995, del 8 de noviembre, de Prevención de Riesgos Laborales y en el Real Decreto 171/2004. 14. El adjudicatario queda obligado al cumplimiento de las obligaciones que le impone la legislación vigente en materia laboral y de Seguridad Social, y en especial, queda obligado a establecer un modelo de organización de la prevención de la empresa en función de lo establecido en el capítulo 4 de la Ley 31/1995 y del RD 39/1997.	M y S

Autoridad portuaria	Tipología de pliego	Año
Bahía de Cádiz	Condiciones particulares	2021
Castellón	Condiciones particulares[660]	2021

---

[660] Documento accesible en el siguiente enlace: https://www.portcastello.com/wp-content/uploads/2018/10/PLIEGO-DE-BASES.pdf (Acceso el 4 de mayo de 2024).

Estipulación	Carácter
15. En la ejecución de obras de construcción deberán observarse los principios establecidos en el Real Decreto 1627/1997, del 24 de octubre, por el que se establecen disposiciones mínimas de seguridad y salud en las obras de construcción. El adjudicatario deberá entregar a las empresas contratadas para la prestación de obras o servicios copia del documento 'Manual de Información preventiva e Instrucciones en relación a los riesgos existentes en el Puerto de la Bahía de Cádiz', facilitado por la APBC [...]». **«Condición de explotación 12ª. Obligación de protección del medioambiente.** La empresa prestadora deberá cumplir con la legislación medioambiental vigente, y con lo previsto en la Condición 25 del Pliego de Condiciones Generales de la Concesión».	M y S
«Regla 13ª. Medidas preventivas y de seguridad. El concesionario deberá cumplir las obligaciones de coordinación de actividades empresariales en calidad de titular del centro de trabajo de acuerdo con lo dispuesto en la Ley 31/1995, del 8 de noviembre, de Prevención de Riesgos Laborales [...]». **«Regla 14ª. Medidas medioambientales.** El presente título concesional se completará con las condiciones de protección de medio ambiente que procedan para dicha actividad, incluyendo las necesarias medidas correctoras y, en caso de que fueran preceptivas, las condiciones o prescripciones establecidas en la correspondiente resolución del Ministerio competente en materia de medio ambiente. Los vertidos de las aguas residuales y de las procedentes de lavado de depósitos o de escorrentía superficial deberán cumplir con las normas vigentes en materia de vertidos. Cuando las instalaciones no satisfagan las normas aplicables, el concesionario estará obligado a adoptar, en los plazos que se le señalen por la autoridad competente, las medidas correctoras necesarias para que se cumplan dichas normas. De conformidad con el Real Decreto 9/2005, del 14 de enero, por el que se establece la relación de actividades potencialmente contaminantes del suelo y los criterios y estándares para la declaración de suelos contaminados, el titular de la concesión, si la actividad que se realiza en la misma es potencialmente contaminante, deberá cumplir con las obligaciones que le imponga dicho real decreto y demás normas aplicables.	M y S

Autoridad portuaria	Tipología de pliego	Año
Castellón	Condiciones particulares	2021
Huelva	Condiciones particulares[661]	2021

---

[661] Documento accesible en el siguiente enlace: https://www.puertohuelva.com/wp-content/uploads/2023/08/2-Pliego-de-Condiciones-Particulares.pdf (Acceso el 4 de mayo de 2024).

Estipulación	Carácter
A estos efectos, el titular de la concesión elaborará, con carácter previo a la extinción de la misma, un informe de situación del suelo que permita evaluar el grado de contaminación del mismo y lo pondrá a disposición de la Autoridad Portuaria». **«Regla 26ª. Cláusulas adicionales.** El titular de la concesión está obligado a obtener de los organismos correspondientes y mantener al día los permisos, licencias, planes y certificados que establezca la legislación vigente en cada momento en materia de seguridad, condiciones medioambientales y de prevención de la contaminación correspondientes a su actividad. Deberá cumplir, asimismo, lo recogido en la Ley de Prevención de Riesgos Laborales. El concesionario deberá presentar los citados documentos, debidamente actualizados, cuando le sean requeridos por la Dirección del Puerto».	M y S
«Regla 24ª. Medidas preventivas y de seguridad. El concesionario deberá cumplir con todas sus obligaciones preventivas establecidas en la Ley 31/1995, del 8 de noviembre, de Prevención de Riesgos Laborales (LPRL) y sus modificaciones posteriores y normativa de desarrollo, debiendo, entre otras, identificar los riesgos inherentes a su actividad y establecer las medidas preventivas necesarias para evitar o minimizar dichos riesgos, implantados los principios de la acción preventiva en la empresa, tal y como se establece en la citada ley. Así mismo, corresponde al titular de la concesión el cumplimiento de las obligaciones de coordinación de la actividad empresarial en calidad de titular de centro de trabajo, tal y como se establece en el artículo 65 del TRLPEMM, en los términos establecidos en el artículo 24 de la citada LPRL y en el Real Decreto 171/2004, del 30 de enero, por el que se desarrolla dicho artículo.	M y S

Autoridad portuaria	Tipología de pliego	Año
Huelva	Condiciones particulares	2021

Estipulación	Carácter
Por tanto, el concesionario asumirá el liderazgo y la organización de la coordinación preventiva con las empresas contratistas, subcontratistas y/o trabajadores autónomos con los que contrate la realización de las obras o servicios, así como con cualquier empresa o persona física, sin relación contractual con el concesionario, que deba acceder al interior de la concesión con motivo de la realización de cualquier tipo de trabajo u operación, incluido el personal propio de la APH en el desarrollo de sus competencias, de conformidad con el artículo 65 del TRLPEMM […]». **«Regla 25ª. Medidas medioambientales.** A) De carácter general: El titular queda obligado al cumplimiento de la legislación vigente en cada momento en materia de contaminación y medio ambiente y, en especial, en lo referente a puertos, costas y medio marino. Las instalaciones de la concesión deberán contar en todo momento con los medios suficientes para la prevención y lucha contra la contaminación accidental, marítima, atmosférica y terrestre. Antes del inicio de la actividad, el concesionario deberá entregar a la APH un informe justificativo sobre la posible inclusión o no de la actividad a desarrollar en el anexo III de la Ley 26/2007 de Responsabilidad Medioambiental. En el supuesto de que la actividad se encuentre incluida en el citado anexo III, el concesionario deberá adoptar y ejecutar las medidas de prevención, evitación y reparación de daños medioambientales y sufragar sus costes, en caso de ser responsable de los mismos. En el caso de que la actividad objeto de la concesión causara daños medioambientales, no estando incluida en el citado anexo III, el concesionario deberá ponerlo en conocimiento inmediato de la administración competente y de la Autoridad Portuaria de Huelva y adoptar las medidas de evitación, y cuando exista dolo, culpa o negligencia, adoptar las medidas reparadoras que sean necesarias. El concesionario deberá tener implantado, en un plazo no superior a tres (3) años desde el inicio de la actividad, un sistema de gestión ambiental basado en UNE-EN-ISO-14001 o EMAS, y cuyo alcance coincida con el alcance incluido en el título concesional.	M y S

Autoridad portuaria	Tipología de pliego	Año
Huelva	Condiciones particulares	2021

Estipulación	Carácter
Asimismo, y en el caso de que el concesionario voluntariamente solicite el establecimiento de un Convenio de Buenas Prácticas Ambientales con la Autoridad Portuaria, a los efectos previstos en el artículo 245 del TRLPEMM en relación con la aplicación de bonificación a la tasa de actividad para incentivar buenas prácticas medioambientales. B) De los vertidos de aguas residuales. Tanto los vertidos de las aguas residuales sanitarias, como las industriales o de proceso y las de escorrentía superficial (pluviales) deberán cumplir con las normas vigentes en materia de vertidos. En cualquier caso, se dará tratamiento separativo a las aguas pluviales y a las residuales sanitarias e industriales, y en los casos que proceda, se solicitará permiso de vertidos a la autoridad competente en la materia. Las aguas residuales o asimilables a urbanas, siempre que exista arqueta de conexión a la Red de Saneamiento del Puerto de Huelva deberán conectar las mismas. En caso de no ser viable la conexión a la red de saneamiento del puerto, se deberá gestionar el vertido de dichas aguas, de la manera que el concesionario estime oportuno, y siempre cumpliendo la normativa en vigor correspondiente. Cuando las instalaciones no satisfagan las normas aplicables, el concesionario estará obligado a adoptar, en los plazos que se le señalen por la autoridad competente o por la Autoridad Portuaria de Huelva las medidas correctoras necesarias para que se cumplan dichas normas. C) De los contaminantes de suelo. La normativa que regula los suelos contaminados es la Directiva 2010/75/UE del Parlamento Europeo y del Consejo de 24 de noviembre de 2010 sobre emisiones industriales y su transposición al ordenamiento jurídico español se produjo con la publicación de la Ley 5/2013 del 11 de junio por la que se modifican la Ley 16/2002, del 1 de julio, de Control Integrado de la Contaminación y la Ley 22/2011, del 28 de julio, de residuos y suelo contaminados; que se completa con el Real Decreto 9/2005, del 14 de enero, por el que se establece la relación de actividades potencialmente contaminantes del suelo y los criterios y estándares para la declaración de suelo contaminados, que rige la gestión de los suelos contaminados.	M y S

Autoridad portuaria	Tipología de pliego	Año
Huelva	Condiciones particulares	2021

Estipulación	Carácter
En el anexo I de este Real Decreto, se establece una relación de actividades potencialmente contaminantes del suelo, con indicación del epígrafe de la Clasificación Nacional de Actividades Económicas (CNAE) en las que estas se encuadran. Este anexo fue modificado por la Orden PRA/1080/2017, del 2 de noviembre, por el que se modifica el anexo I del Real Decreto 9/2005, del 14 de enero, por el que se establece la relación de actividades potencialmente contaminantes del suelo y los criterios y estándares para la declaración de suelos contaminados. De acuerdo con la Clasificación Nacional de Actividades Económicas 2009 (CNAE-2009) del concesionario, tanto de la actividad principal como de las secundarias, se establecerán las obligaciones a cumplir en materia de suelos contaminados. Formarán parte del presente pliego las condiciones de protección del medioambiente que en su caso procedan y, en el supuesto de que fueran preceptivas, las condiciones o prescripciones establecidas por el órgano competente. De conformidad con el Real Decreto 9/2005, del 14 de enero, por el que se establece la relación de actividades potencialmente contaminantes del suelo y los criterios y estándares para la declaración de suelos contaminados, el titular de la concesión, si la actividad que se realiza en la misma es potencialmente contaminante, deberá cumplir con las obligaciones que le imponga dicho Real Decreto y demás normas aplicables. A estos efectos, el titular de la concesión elaborará, con carácter previo a la extinción de la misma y no más tarde de 3 años antes de que finalice la concesión, un informe de situación del suelo que permita evaluar el grado de contaminación de este y lo pondrá a disposición de la Autoridad Portuaria. El incumplimiento de la obligación señalada en el párrafo anterior será causa de caducidad de la concesión sin perjuicio de las responsabilidades que a nivel de la normativa ambiental se deriven del incumplimiento de la misma. El concesionario deberá proceder antes de la extinción de la concesión a la descontaminación y recuperación del suelo que haya resultado contaminado como consecuencia del ejercicio de su actividad. En ese caso, el concesionario deberá presentar un proyecto describiendo las operaciones necesarias para ello ante la administración competente en materia de medioambiente, para su aprobación.	M y S

Autoridad portuaria	Tipología de pliego	Año
Huelva	Condiciones particulares	2021

Estipulación	Carácter
Esta obligación podrá condiciones, en su caso, la aceptación, por parte de la Autoridad Portuaria, de la devolución de los terrenos otorgados, en caso de que estos fuesen declarados «suelos contaminados» por el órgano competente, sin que dicha aceptación presuponga que la obligación del titular a la adecuación de los mismos, cese con la extinción de la concesión. D) De la gestión de residuos. El concesionario deberá redactar e implantar un Plan de Gestión de Residuos que se generen en las instalaciones de la concesión durante la explotación de la misma, que incluya la gestión de residuos peligrosos. El concesionario deberá separar y mantener los residuos en condiciones adecuadas, de conformidad con lo previsto en la Ley 22/2011 del 28 de julio de residuos y suelos contaminados. Este plan, deberá presentarse a la Autoridad Portuaria de Huelva, para su valoración y aceptación, en un plazo no superior a un año desde el inicio de la actividad. El concesionario deberá gestionar conforme a normativa los residuos que genere en sus instalaciones, y contratar la retirada de residuos no catalogados dentro del convenio Marpol con una empresa que disponga de la autorización pertinente, que deberá ser otorgada por la Autoridad Portuaria de Huelva. Las obligaciones señaladas en el presente apartado tienen la naturaleza de condiciones esenciales y su incumplimiento supone una infracción muy grave, conforme a la letra d) del apartado 5 del artículo 308 del TRLPEMM. E) De la eficiencia energética y uso sostenible de recursos. En caso de que en el proyecto constructivo del concesionario se previera la construcción de edificios, éstos deberán cumplir con las exigencias relativas a la certificación energética de edificios establecidas en el Real Decreto 47/2007, del 19 de enero, mediante el que se aprobó un Procedimiento básico para la certificación de eficiencia energética de edificios de nueva construcción, y en el Real Decreto 235/2913, por el que se aprueba el procedimiento para la certificación energética de los edificios. F) De la contaminación acústica. Durante todo el periodo de explotación de la terminal, el concesionario deberá implementar las medidas preventivas necesarias para que en ningún momento los niveles de emisión de ruidos al exterior superen lo establecido en la legislación vigente en cada momento.	M y S

Autoridad portuaria	Tipología de pliego	Año
Huelva	Condiciones particulares	2021
Vigo	Bases del concurso[662]	2021

---

[662] Documento accesible en el siguiente enlace: https://www.apvigo.es/descargas/descargar/5561/Pliego%20de%20Bases.pdf (Acceso el 4 de mayo de 2024).

Estipulación	Carácter
G) De la contaminación lumínica. Las instalaciones de alumbrado exterior y dispositivos luminotécnicos de alumbrados exteriores deberán cumplir con lo previsto en el Real Decreto 1890/2008, del 14 de noviembre, por el que se aprueba el Reglamento de eficiencia energética en instalaciones de alumbrado exterior y sus Instrucciones técnicas complementarias EA-01 a EA-07. H) De la calidad del agua. Se deberá cumplir lo establecido en el apartado B) anterior, así como adoptar las medidas pertinentes para mantener la lámina de agua en perfecto estado de limpieza. I) Calidad del aire. Se deberá cumplir con los requisitos mínimos de niveles de emisión, ruido, iluminación, etc. de conformidad con lo previsto en la legislación vigente [...]».	M y S
«Base 16ª. Medidas preventivas y de seguridad. El titular de la concesión está obligado a obtener de los Organismos correspondientes y mantener al día los permisos, licencias, planes y certificados que establezca la legislación vigente en cada momento en materia de seguridad y salud. El concesionario deberá cumplir las obligaciones de coordinación de actividades empresariales en calidad de titular del centro de trabajo de acuerdo con lo dispuesto en la Ley 31/1995, del 8 de noviembre, de Prevención de Riesgos Laborales. De acuerdo con lo previsto en la legislación vigente sobre prevención y control de emergencias, el concesionario deberá facilitar a la Autoridad Portuaria un informe de seguridad que será tenido en cuenta por dicho organismo portuario para la elaboración del plan de emergencia interior del puerto, así como cumplir con el resto de las obligaciones que le corresponda en esta materia. Asimismo, el concesionario adoptará las medidas exigidas por la normativa aplicable sobre protección de instalaciones portuarias».	M y S

Autoridad portuaria	Tipología de pliego	Año
Vigo	Bases del concurso	2021
Almería	Bases del concurso[663]	2021

---

[663] Documento accesible en el siguiente enlace: https://apalmeria.com/wp-content/web/concursos/2021/Nuevas-Naves-Armadores/Pliego-de-Bases.pdf (Acceso el 4 de mayo de 2024).

Estipulación	Carácter
«Base 17ª. Medidas medioambientales. El titular de la concesión está obligado a obtener de los organismos correspondientes y mantener al día los permisos, licencias, planes y certificados que establezca la legislación vigente en cada momento en materia medioambiental. Los vertidos de las aguas residuales y de las procedentes de lavado de depósitos o de escorrentía superficial deberán cumplir con las normas vigentes en materia de vertidos. Cuando las instalaciones no satisfagan las normas aplicables, el concesionario estará obligado a adoptar, en los plazos que se le señalen por la autoridad competente, las medidas correctoras necesarias para que se cumplan dichas normas. De conformidad con el Real Decreto 9/2005, del 14 de enero, por el que se establece la relación de actividades potencialmente contaminantes del suelo y los criterios y estándares para la declaración de suelos contaminados, el titular de la concesión, si la actividad que se realiza en la misma es potencialmente contaminante, deberá cumplir con las obligaciones que le imponga dicho real decreto y demás normas aplicables. A estos efectos, el titular de la concesión elaborará, con carácter previo a la extinción de la misma, un informe de situación del suelo que permita evaluar el grado de contaminación del mismo y lo pondrá a disposición de la Autoridad Portuaria».**	M y S
«Base 7ª. Criterios para la valoración de méritos y procedimiento de selección y adjudicación. […]Se considerará oferta más ventajosa aquella que, cumpliendo todos los requisitos contemplados en el presente Pliego de Bases, resulte más conveniente para la Autoridad Portuaria. Para ello se tendrán en cuenta los siguientes aspectos: […] 7.3.- Medidas de carácter medioambiental y de responsabilidad social corporativa, se valorarán con dos puntos sobre diez (un punto por cada una). Solo se valorarán las medidas que superen las exigencias establecidas en la legislación vigente».**	M y S

Autoridad portuaria	Tipología de pliego	Año
Bahía de Cádiz	Bases del concurso[664]	2021

---

[664] Documento accesible en el siguiente enlace: https://www.puertocadiz.com/wp-content/uploads/2021/06/270521-Pliego-concurso-hosteleria-muelle-Ciudad-Puerto-Real.pdf (Acceso el 4 de mayo de 2024).

Estipulación	Carácter
«Base 9ª. Tramitación medioambiental. El adjudicatario deberá proceder a la tramitación ambiental de acuerdo con la legislación vigente, teniendo en cuenta la normativa estatal y autonómica ante el órgano sustantivo correspondiente, y las cláusulas medioambientales que se fijaran, se incorporarán al Pliego de Condiciones de la concesión y serán de obligado cumplimiento». **«Base 25ª. Medidas medioambientales.** De conformidad con las especificaciones del art. 62 de la Ley de Puertos del Estado y de la Marina Mercante (RD Leg 2/2011), todos los vertidos desde tierra al mar requerirán de autorización de la administración competente. Los vertidos de las aguas residuales y de las procedentes de lavado de depósitos o de escorrentía superficial deberán cumplir con las normas vigentes en materia de vertidos, y muy especialmente las disposiciones del Decreto 109/2015, del 17 de marzo, por el que se aprueba el Reglamento de Vertidos al Dominio Público Hidráulico y al Dominio Público Marítimo-Terrestre de Andalucía. Cuando las instalaciones no satisfagan las normas aplicables, el titular de la autorización estará obligado a adoptar, en los plazos que se le señalen por la autoridad competente, las medidas correctoras necesarias para que se cumplan dichas normas. El titular de la autorización dará cumplimiento a las obligaciones establecidas en la Ley 22/2011, del 28 de julio, de residuos y suelos contaminados y el Real Decreto 9/2005, del 14 de enero, por el que se establece la relación de actividades potencialmente contaminantes del suelo y los criterios y estándares para la declaración de suelos contaminados. A estos efectos, el titular de la autorización elaborará, con carácter previo a la extinción de la misma, un informe de situación del suelo que permita evaluar el grado de contaminación del mismo y lo pondrá a disposición de la Autoridad Portuaria. De conformidad con las especificaciones del art. 62 de la Ley de Puertos del Estado y de la Marina Mercante (RD Leg. 2/2011), deberá disponer de medios suficientes para la prevención y lucha contra la contaminación accidental, marina, atmosférica y terrestre, que serán incluidos en su Plan de Emergencia o Autoprotección».	M

Autoridad portuaria	Tipología de pliego	Año
Baleares	Bases del concurso[665]	2021
Málaga	Bases del concurso[666]	2021

[665] Documento accesible en el siguiente enlace: https://seu.portsdebalears.gob.es/seu-apb/file/pdf/28826/Pliego%20de%20bases%20EM%20775%20(Firmado%20y%20elevado%20al%20Consejo%20de%20Administraci%C3%B3n)_iEnADWwq_20211111T11222311.pdf;jsessionid=I6-zX7GMajCD5GkX4tED9OjL.undefined (Acceso el 4 de mayo de 2024).

[666] Documento accesible en el siguiente enlace: https://www.puertomalaga.com/attachment/6578 (Acceso el 4 de mayo de 2024).

Estipulación	Carácter
«Base 9ª. Resolución del concurso. […]. Valoración máxima de las propuestas: 100 puntos […] 3º. La adecuación de la planificación de los servicios al entorno, y los medios materiales y humanos propuestos (memoria de explotación). Se valorará prioritariamente las medidas de carácter medioambiental y de responsabilidad social corporativa, excluyendo las inversiones que se valorarán en el proyecto básico, así como el detalle y bondad de la inversión inicial que debe realizar el titular de la concesión en equipamiento y mobiliario para dotar el establecimiento (Coeficiente de ponderación 2)».	M y S
«Base 12ª. Selección de oferta más ventajosa. A) Calidad técnica de la propuesta […]. A1. Memoria de explotación […]. Estos aspectos se valorarán de la siguiente manera: Nivel de detalle del Plan de Explotación. Experiencia probada. Tipo de oferta gastronómica ofertada (0-20 puntos). Rigor de la propuesta y conocimiento de los servicios ofrecidos (0-10 puntos). Estrategia comercial y de marketing (0-20 puntos). La contribución del proyecto a la generación y mantenimiento del empleo (0-10 puntos)». A.1.2. Aspectos medioambientales de gestión de la explotación (40 puntos). Se valorarán la implantación de medidas que conlleven una mejora en la eficiencia energética del local, lo que se traducirá en una reducción de los consumos de energía durante el periodo de explotación de la concesión. Se valorarán todas aquellas medidas conducentes a sistematizar las acciones que garanticen una gestión ambiental eficiente de la actividad. Valoración de los siguientes aspectos: Sistema de ventilación forzada con recuperación de calor (0-20 puntos).	M y S

Autoridad portuaria	Tipología de pliego	Año
Málaga	Bases del concurso	2021
Málaga	Bases del concurso[667]	2021

---

[667] Documento accesible en el siguiente enlace: https://www.puertomalaga.com/perfil_contratante/nuevo-concurso-publico-para-la-adjudicacion-de-la-ocupacion-de-los-terrenos-en-la-explanada-de-san-andres-y-sus-escolleras-y-lamina-de-agua-necesarios-para-la-construccion-y-posterior-explotacion-med/ (Acceso el 4 de mayo de 2024).

Estipulación	Carácter
Sustitución por cerramientos de altas prestaciones manteniendo la estética del edificio (0-15 puntos). Sistema de gestión medioambiental (0-5 puntos) […]. A2. Proyecto básico y documentación técnica de las obras a realizar: A.2.1. Mejoras y obras necesarias para hacer atractivo el Bar-Restaurante, servicio de cafetería, etc. (60 puntos). A.2.2. Obtención de la clasificación energética «A» del estableci-miento (40 puntos)».	M y S
«Base 12ª. Selección de la oferta más ventajosa. […] 12.3. Criterios objetivos que servirán de base para la adjudica-ción: […] A.1.3. Aspectos de gestión medioambiental y de residuos. Se va-lorarán las actuaciones encaminadas a mejorar la gestión de los residuos sólidos y líquidos, así como las labores de limpieza de la lámina de agua. Igualmente se tendrá en cuenta la instalación de equipos ecoeficientes que minimicen los consumos y las emisiones a la atmosfera, así como los niveles de ruido, a lo largo de la vida útil de la concesión. Se valorará también la propuesta de ajardina-miento y generación de sombras en las zonas públicas mediante la disposición de arboleda, que contribuyan a captación de CO_2. Se valorará la implementación de equipos de cogeneración que con-tribuyan a la utilización de energías renovables y permitan reducir el consumo de energías fósiles. […] A.2.3. Programa de actuaciones medioambientales: se valorará el programa de actuaciones medioambientales propuesto que de-berá permitir valorar y contestar las cuestiones del anexo 6. Deberá detallarse en un cronograma específico todas las actuaciones en-caminadas a obtener las Autorización Ambiental Integrada o bien la Declaración de Impacto Ambiental en caso de ser preceptiva, así como la obtención del informe de contabilidad con las estrategias marinas. A.2.4. Memoria de Seguridad y Salud: se valorará la memoria de se-guridad y salud propuesta que deberá permitir valorar y contestar las cuestiones del anexo 6 […]».	M y S

Autoridad portuaria	Tipología de pliego	Año
Pasajes	Bases del concurso[668]	2021
Pasajes	Bases del concurso[669]	2021

---

[668] Documento accesible en el siguiente enlace: https://contrataciondelestado.es/wps/wcm/connect/f0257e9e-12b8-45fa-89e7-938005218aa6/DOC202102231320423+2+1++Pliego+Lezo+1+B9+a+B30.pdf?MOD=AJPERES (Acceso el 4 de mayo de 2024).

[669] Documento accesible en el siguiente enlace: https://www.pasaiaport.eus/images/Pliego_Concurso_Concesion_Almacen_H1_Herrera_Oeste.pdf (Acceso el 4 de mayo de 2024).

Estipulación	Carácter
«Base 21ª. Valoración de las ofertas. b) Proyecto de Explotación. Puntuación: hasta 35 puntos […]. Hasta 10 puntos: el análisis medioambiental de la explotación de la Terminal. Controles establecidos y medidas correctoras incluidas en el Programa de Gestión Medioambiental presentado. Hasta 5 puntos: el plan de medidas de responsabilidad social corporativa ofertadas, atendiendo al interés social de las medidas y a su presupuesto». **«Base 32ª. Disposición general y normas de aplicación.** El adjudicatario queda obligado al cumplimiento de las obligaciones que le impone la legislación vigente en materia laboral y de Seguridad Social, y en especial, de acuerdo con lo dispuesto en el Artículo 204.2.b de la Ley General de la Seguridad Social, Texto Refundido del 30 de mayo de 1974, deberá formalizar con la mutualidad laboral correspondiente la protección de las contingencias de accidente y enfermedad profesional del personal a su servicio […]».	M y S
«Base 19ª. Valoración de las ofertas. «b) Proyecto de Explotación. Puntuación: hasta 15 puntos […]. Hasta 10 puntos: el análisis medioambiental de la explotación del almacén, controles establecidos y medidas correctoras incluidas en el Programa de Gestión Medioambiental presentado. Hasta 5 puntos: el plan de medidas de responsabilidad social corporativa ofertadas, atendiendo al interés social de las medidas y a su presupuesto». **«Anexo 4º. Prevención de riesgos laborales.** 1. OBJETO. El presente anexo tiene por objeto proporcionar una relación de las principales obligaciones que en materia de prevención de riesgos laborales corresponden al concesionario, a efectos puramente informativos, sin carácter limitativo ni excluyente y sin perjuicio de lo dispuesto por la normativa reguladora, muy especialmente en la Ley 31/1995, del 8 de noviembre, de Prevención de Riesgos Laborales, el Real Decreto 171/2004, del 30 de enero por el que se desarrolla el artículo 24 de la Ley 31/1995, del 8 de noviembre, de Prevención de Riesgos Laborales, en materia de coordinación de actividades empresariales, y el resto del marco normativo regulador en materia de Prevención de Riesgos Laborales actual y/o futuro […]».	M y S

Autoridad portuaria	Tipología de pliego	Año
Pasajes	Bases del concurso[670]	2021
Tarragona	Bases del concurso[671]	2021

---

[670] Documento accesible en el siguiente enlace: https://www.pasaiaport.eus/images/3.2._PLIEGOS_DE_BASES_CONCURSO__EDIFICO_CABECERA.pdf (Acceso el 4 de mayo de 2024).

[671] Documento accesible en el siguiente enlace: https://www.porttarragona.cat/files/docs/Serveis_Negoci/Serveis/Domini_Public/CONCURSOS/2021/Terminal_Creuers/ConcursTerminalCreuers.pdf (Acceso el 4 de mayo de 2024).

Estipulación	Carácter
«Base 19ª. Valoración de las ofertas. […] 19.3. La valoración de las ofertas, con una puntuación máxima de 100 puntos, se llevará a cabo con arreglo al siguiente desglose: Hasta 2.5 puntos: el análisis medioambiental de la explotación del despacho, controles establecidos y medidas correctoras incluidas en el Programa de Gestión Medioambiental presentado. Hasta 2.5 puntos: el plan de medidas de responsabilidad social corporativa ofertadas, atendiendo al interés social de las medidas y a su presupuesto. Valoración de la Proposición Económica. Puntuación: hasta 95 puntos». **«Base 30ª. Disposición general y normas de aplicación.** El adjudicatario queda obligado al cumplimiento de las obligaciones que le impone la legislación vigente en materia laboral y de Seguridad Social, y en especial, de acuerdo con lo dispuesto en el Artículo 204.2.b de la Ley General de la Seguridad Social, Texto Refundido del 30 de mayo de 1974, deberá formalizar con la mutualidad laboral correspondiente la protección de las contingencias de accidente y enfermedad profesional del personal a su servicio […]».	M y S
«Base 12ª. Valoración de las proposiciones. A efectos de valoración de las proposiciones, y con una puntuación máxima total de cien puntos, se analizarán los siguientes extremos: […] 2.5. Calidad, medioambiente y otros (2 puntos). Compromisos presentados de calidad (detalle y adecuación de su Plan de Calidad), responsabilidad social corporativa (grado de alcance y valorar aportado por la sociedad), medidas de carácter medioambiental (coherencia y alcance de las medidas compensatorias, correctoras o mitigadoras del impacto ambiental de la actividad), y plan de conservación y mantenimiento (nivel de detalle y adecuación al caso)».	M y S

Autoridad portuaria	Tipología de pliego	Año
Valencia	Bases del concurso[672]	2021

[672] Documento accesible en el siguiente enlace: https://www.valenciaport.com/wp-content/uploads/PLIEGO-BASES-MODIFICADO_CA_01102021.pdf (Acceso el 4 de mayo de 2024).

Estipulación	Carácter
«Preámbulo. […]En el Plan de Negocio se valorarán junto a los criterios señalados por el artículo 86.3 del TRLPEMM como son las medidas de carácter medioambiental, y de responsabilidad social corporativa y la estructura tarifaria y las tarifas máximas, el proyecto de inversión del concesionario, y su plan comercial/ estratégico para la captación y fidelización de nuevos tráficos […]». **«Base 14ª. Procedimiento de concurso para la selección de una oferta para el otorgamiento de la concesión.** […] 1.6. Responsabilidad Social Corporativa. El licitador deberá presentar su plan de Responsabilidad Social Corporativa (RSC) para la Terminal. a) Objetivos y principios básicos de la estrategia de RSC de la concesionaria; b) Plan de acción para la involucración de los actores principales (*stakeholders*); c) Estrategias de gobierno corporativo; d) Compromisos de RSC, tales como: la promoción de medidas de igualdad de género, conciliación familiar, personal y laboral y condiciones de accesibilidad universal que mejoren los mínimos establecidos en la Ley 3/2007 de 22 de marzo para la igualdad efectiva entre mujeres y hombres, y la promoción del empleo estable y de crecimiento económico; e) Impactos en la sociedad y la comunidad en la que la Terminal está ubicada, y propuestas de mejora de la integración y cohesión de la comunidad portuaria; f) Código de Conducta de los negocios de la compañía concesionaria y/o su grupo. 1.7. Plan medioambiental. 1.7.1. Plan medioambiental. El licitador deberá presentar su Plan Medioambiental, coherente con su Plan de Negocio, que permita desarrollar y mantener una terminal polivalente sostenible y segura, a la vanguardia de las exigencias legales y sociales. El Plan debe incluir los siguientes elementos como mínimo, el compromiso de adopción de un sistema de gestión ambiental y demás requerimientos en materia medioambiental contenidos en el PCGP, así como de participación en las iniciativas conjuntas que promueva la Autoridad Portuaria de Valencia en el seno de su Comunidad Portuaria en esta materia, tal como el programa ECOPORT III actualmente vigente.	M y S*

Autoridad portuaria	Tipología de pliego	Año
Valencia	Bases del concurso	2021

Estipulación	Carácter
1.7.2. Plan de Gestión Ambiental. El licitador deberá presentar su Plan de Gestión Ambiental para la/s terminal/es en la fase de construcción, que incluirá un estudio de evaluación de riesgos/impactos ambientales, determinando qué efectos ambientales pueden ser considerados como significativos y donde se establezcan las medidas correctoras que se prevea aplicar, en cumplimiento de la normativa vigente. Entre otros y no exclusivamente, se hará referencia a riesgos/impactos relativos a contaminación del mar, contaminación del aire, ruidos, residuos, salud, uso de energía, etc. **1.7.3. Medidas de mejora ambiental complementarias.** Será objeto de valoración dentro del Plan Medioambiental las medidas de mejora ambiental complementarias que el licitador pueda aportar relativas a: a) Medidas de reducción en emisiones de CO_2 equivalente y/o en consumo energético en maquinaria, equipos e instalaciones de la terminal. b) Porcentaje de energía procedente de fuentes renovables que utilizará durante la ejecución del contrato de la terminal, debidamente justificado. c) Porcentaje de maquinaria y equipos eléctricos o que funcionen con combustibles alternativos no derivados del petróleo, instalado en la terminal, adicional al mínimo requerido por el presente pliego. d) Porcentaje de agua residual, tal como se define en la Condición 25ª apartado B) del PCGP que se reutilizará dentro de la Terminal [...]». **«Base 15ª. Valoración de las propuestas admitidas.** Las propuestas admitidas se evaluarán de acuerdo con los siguientes criterios: [...] Plan de Responsabilidad Social Corporativa (5 puntos). – Se valorará con hasta 3 puntos el plan de Responsabilidad Social Corporativa en lo referente a la implantación de una estrategia de gobierno corporativo y de código de conducta. – Se valorarán con hasta 2 puntos los compromisos de RSC de promoción de medidas de igualdad de género, conciliación familiar, personal y laboral y condiciones de accesibilidad universal que mejoren los mínimos establecidos en las correspondientes legislaciones y los compromisos de RSC de promoción del empleo estable y de crecimiento económico, en función de su efectividad.	M y S*

Autoridad portuaria	Tipología de pliego	Año
Valencia	Bases del concurso	2021
Motril	Condiciones particulares[673]	2020

---

[673] Documento accesible en el siguiente enlace: https://www.apmotril.com/licitacion/Propuesta_Aprobacion_Pliego%20Gasolinera_v6_Aprobado_Consejo.pdf (Acceso el 4 de mayo de 2024).

Estipulación	Carácter
Plan Medioambiental (10 puntos). – Se valorará con hasta 4 puntos las medidas de reducción de emisiones de CO_2 equivalente y/o en consumo energético en maquinaria, equipos e instalaciones de la terminal, en función de su efectividad. – Se otorgará 4 puntos a la propuesta con un mayor porcentaje de energía procedente de fuentes renovables que utilizará durante la ejecución del contrato de la terminal. – Se otorgará 2 puntos a la propuesta con un mayor porcentaje de maquinaria y equipos eléctricos o que funcionen con combustibles alternativos no derivados del petróleo, instalados en la terminal».	M y S*
«**Regla 5ª. Protección del Medio Ambiente y otras autorizaciones.** Se deberá obtener por el concesionario cualquier autorización y/o licencia prevista por la ley. Durante el trámite de la concesión administrativa, el órgano ambiental determinará el trámite medioambiental que la actividad y la instalación requiera, conforme a lo establecido en la vigente Ley 7/2007, del 9 de julio, de Gestión Integrada de la Calidad Ambiental de Andalucía. Conforme a lo establecido en el art. 6 del Decreto 104/2000, del 21 de marzo, por el que se regulan las autorizaciones administrativas de las actividades de valorización y eliminación de residuos y la gestión de residuos plásticos agrícolas, antes del otorgamiento de la licencia de apertura o de actividad del Ayuntamiento, el titular aportará ante esa Administración Local la oportuna información al objeto de verificar el sistema de la gestión de los residuos urbanos generados. En cuanto a la generación de residuos peligrosos, se cumplirán los preceptos recogidos en el Real Decreto 833/1988, del 20 de julio, sobre Residuos peligrosos, y para el caso de los aceites minerales usados lo establecido en el Real Decreto 679/2006 del 2 de junio por el que se regula la gestión de los aceites industriales usados. El titular queda obligado al cumplimiento de las obligaciones de los productores de residuos peligrosos siguientes:	M y S

Autoridad portuaria	Tipología de pliego	Año
Motril	Condiciones particulares	2020

Estipulación	Carácter
a) Solicitar inscripción en el Registro de Pequeños productores en la Delegación Provincial en Granada de la Consejería de Medio Ambiente y presentar anualmente, antes del 1 de marzo de cada año, «Información anual de productor de residuos peligrosos»; b) Cumplimentar y conservar el correspondiente Libro de Registro de Residuos Peligrosos; c) Separar adecuadamente y no mezclar los residuos peligrosos; d) Almacenar adecuadamente en zona destinada a tal fin los residuos peligrosos; e) Los recipientes o envases que contengan residuos peligrosos deberán cumplir con las características técnicas y con el etiquetado previstos en el Reglamento de Residuos Peligrosos; e) Informar inmediatamente a la Consejería de Medio Ambiente en caso de desaparición, pérdida o escape de residuos peligrosos; j) Los residuos deberán retirarse por gestor autorizado al menos cada seis meses, salvo que se obtenga autorización expresa para periodos de almacenamiento superior. Habrá de hacerse expresa referencia al contenido del art.23 del RD 933/1988, modificado recientemente por el Real Decreto 367/2010 del 26 de marzo. Por idéntica razón, puede hacerse expresa referencia al art. 5 del Real Decreto 679/2006, dado que dicha norma también ha sido modificada por el Real Decreto 367/2010. En aplicación de la Ley 11/1997, del 24 de abril, de Envases y Residuos de Envases, el Titular explicitará documentalmente en todas las operaciones de compraventa o transmisión que el responsable de la entrega del residuo de envase o envase usado, para su correcta gestión ambiental, será el poseedor final en el caso de no optar por ninguno de los modelos previstos en su Título IV para la gestión de los residuos de envases. En caso de generar a lo largo de un año cantidades de residuos de envases superiores a las establecidas en Real Decreto 782/1998, del 30 de abril, por el que se aprueba el Reglamento para el desarrollo y ejecución de la Ley 11/1997, del 24 de abril, de Envases y Residuos de Envases, queda obligado a presentar ante la Consejería de Medio Ambiente el preceptivo plan empresarial de prevención para minimizar y prevenir en origen la producción y la nocividad de los residuos de envases. En cuanto al vertido de aguas residuales generadas, deberá obtener autorización del organismo correspondiente para el vertido de las aguas residuales de la actuación en la red de saneamiento, vertido que se llevará a cabo en las condiciones que establezca la administración.	M y S

Autoridad portuaria	Tipología de pliego	Año
Motril	Condiciones particulares	2020
Motril	Bases del concurso[674]	2020

_____

[674] Documento accesible en el siguiente enlace: https://www.apmotril.com/licitacion/Pro-puesta_Aprobacion_Pliego%20Gasolinera_v6_Aprobado_Consejo.pdf (Acceso el 4 de mayo de 2024).

Estipulación	Carácter
En todo caso, la recepción de ese vertido en la red de saneamiento quedará condicionada a la capacidad de tratamiento de las instalaciones de saneamiento y a la no modificación del efluente final y de la calidad del medio receptor […]». **«Regla 15ª. Normativa ambiental y Prevención de Riesgos Laborales.** El titular de la concesión adoptará todas las medidas precisas para el cumplimiento de la normativa vigente aplicable en materia medioambiental, de prevención de riesgos laborales (al tiempo que se reconoce como empresario titular, a efectos de la aplicación del Real Decreto 171/2.004) y, en general, toda la normativa sectorial aplicable a su campo de actividad. Deberá presentar a la Autoridad Portuaria los permisos y autorizaciones pertinentes de los organismos competentes. Asimismo, el titular de la concesión al prestar su conformidad a este condicionado, se compromete a colaborar con la Autoridad Portuaria y asumir las prescripciones y requisitos incluidos en los Sistemas de Calidad, Seguridad y Medioambiente. El concesionario tendrá que cumplir escrupulosamente con lo establecido en la legislación en materia de prevención de riesgos laborales».	M y S
«Base 7ª. Valoración de las ofertas. Las proposiciones definitivamente admitidas al Concurso serán valoradas por la Mesa de Selección de Ofertas. Sobre las ofertas presentas se emitirá un informe por la Mesa de Selección de Ofertas el cual tendrá en cuenta los siguientes extremos y puntuaciones máximas referidos a los distintos apartados exigidos en la documentación del sobre 'Proposición'. Los criterios objetivos que se utilizarán para ponderar las propuestas de las proposiciones de los licitadores son los que se indican seguidamente: […] 7. Medidas de carácter ambientales y de Responsabilidad Social Corporativa (6 puntos). Total, puntuación: 100 puntos […]».	M y S

Autoridad portuaria	Tipología de pliego	Año
Baleares	Condiciones particulares[675]	2019

---

[675] Documento accesible en el siguiente enlace: https://seu.portsdebalears.gob.es/seuapb/file/pdf/31240/Anexo%20Base%209.pdf;jsessionid=axZBEy66i1wUi4U80PWlO2Rp.undefined (Acceso el 4 de mayo de 2024).

Estipulación	Carácter
«Regla 24ª. Medidas preventivas y de seguridad. El concesionario deberá cumplir las obligaciones de coordinación de actividades empresariales en calidad de titular del centro de trabajo de acuerdo con lo dispuesto en la Ley 31/1995, del 8 de noviembre, de Prevención de Riesgos Laborales, y con la Ley 54/2003, del 12 de diciembre, de Reforma del Marco Normativo de la Prevención de Riesgos Laborales […]». **«Regla 25ª. Medidas medioambientales.** El título concesional fijará las condiciones de protección del medio ambiente que, en su caso, procedan, incluyendo las necesarias medidas correctoras y, en caso de que fuera preceptiva, las condiciones o prescripciones establecidas en la correspondiente resolución del Ministerio de Medio Ambiente. Los vertidos de las aguas residuales y de las procedentes de lavado de depósitos o de escorrentía superficial deberán cumplir con las normas vigentes en materia de vertidos. Cuando las instalaciones no satisfagan las normas aplicables, el concesionario estará obligado a adoptar, en los plazos que se le señalen por la autoridad competente, las medidas correctoras necesarias para que se cumplan dichas normas. De conformidad con el Real Decreto 9/2005, del 14 de enero, por el que se establece la relación de actividades potencialmente contaminantes del suelo, con la Ley 22/2011, del 28 de julio, de residuos y suelos contaminados y con los criterios y estándares para la declaración de suelos contaminados, el titular de la concesión, si la actividad que se realiza en la misma es potencialmente contaminante, deberá cumplir con las obligaciones que le imponga dicho real decreto y demás normas aplicables. A estos efectos, el titular de la concesión elaborará, con carácter previo a la extinción de la misma, un informe de situación del suelo que permita evaluar el grado de contaminación del mismo y lo pondrá a disposición de la Autoridad Portuaria».	M y S

Autoridad portuaria	Tipología de pliego	Año
Baleares	Condiciones particulares	2019
Santander	Condiciones particulares[676]	2019

---

[676] Documento accesible en el siguiente enlace: https://ppp.worldbank.org/public-priva-te-partnership/sites/ppp.worldbank.org/files/2021-08/2.1%20-%20Sample%201%28a%29%20-%20Concession%20Terms%20for%20Santander%20Port.pdf (Acceso el 4 de mayo de 2024).

Estipulación	Carácter
«Reglas particulares. [...] 7ª. En el caso de que exista vertido al mar desde tierra procedente de las instalaciones de la presente concesión, independientemente de las autorizaciones procedentes al respecto de la Autoridad Portuaria de Baleares, deberá tramitarse la autorización correspondiente ante la Consellería de Medio Ambiente del Gobierno de la Comunidad Autónoma de las Islas Baleares, conforme establece el Real Decreto 356/85 sobre traspaso de funciones y servicios del Estado en materia de Ordenación del Litoral y vertidos al mar, y el Texto Refundido de la Ley de Puertos del Estado y de la Marina Mercante, aprobado por Real Decreto Legislativo 2/2011, del 5 de septiembre».	M y S
«Regla 25ª. Medidas preventivas y de seguridad. El concesionario deberá cumplir con todas sus obligaciones preventivas establecidas en la Ley 31/1995, del 8 de noviembre, de Prevención de Riesgos Laborales (LPRL) y sus modificaciones posteriores y normativa de desarrollo, debiendo, entre otras, identificar los riesgos inherentes a su actividad y establecer las medidas preventivas necesarias para evitar o minimizar dichos riesgos, implantando los principios de la acción preventiva en la empresa, tal y como se establece en la citada ley. Así mismo, corresponderá al titular de la concesión el cumplimiento de las obligaciones de coordinación de actividades empresariales en calidad de titular del centro de trabajo, tal y como se establece en el artículo 65 del TRLPEMM, en los términos establecidos en el artículo 24 de la citada LPRL y en el Real Decreto 171/2004, del 30 de enero, por el que se desarrolla dicho artículo. Por tanto el concesionario asumirá el liderazgo y la organización de la coordinación preventiva con las empresas contratistas, subcontratistas y/o trabajadores autónomos con los que contrate la realización de las obras o servicios, así como con cualquier empresa o persona física, sin relación contractual con el concesionario, que deba acceder al interior de la concesión con motivo de la realización de cualquier tipo de trabajo u operación, incluido el personal propio de la APS en el desarrollo de sus competencias, de conformidad con el artículo 65 del TRLPEMM [...]».	M y S

Autoridad portuaria	Tipología de pliego	Año
Santander	Condiciones particulares	2019

Estipulación	Carácter
«Regla 26ª. Medidas medioambientales. El titular de la concesión será responsable de cumplir con la legislación medioambiental que le sea de aplicación, debiendo solicitar los permisos y autorizaciones que apliquen al tipo de actividad desarrollada, los cuales serán remitidos a la APS tan pronto sean obtenidos. Dentro del control operacional de su sistema de gestión ambiental, el operador deberá definir procedimientos operativos para controlar los aspectos ambientales asociados a los procesos de descarga de buques, transporte horizontal muelle-almacén, apilado y levante en almacén, entrega a transporte terrestre, limpieza de superficies y maquinaria, mantenimiento de superficie y maquinaria, gestión de aguas de escorrentía, gestión de aguas residuales y gestión de vertidos accidentales. El titular de la concesión dispondrá de un plan de mantenimiento de todos los equipos ligados a la manipulación de mercancía que garantizará el adecuado desempeño operativo y medioambiental de dichos equipos. El plan de mantenimiento debe cubrir, así mismo, los sistemas destinados a prevenir y atenuar los aspectos ambientales de la operativa. Con carácter general, el titular de la concesión se dotará de los equipos necesarios para cumplir con los límites de emisión que le sean de aplicación, y contribuir a cumplir, en su nivel máximo de exigencia, con los objetivos de calidad del aire definidos por la autoridad local o regional competente. Los procedimientos del control operacional, el plan de mantenimiento, junto con la verificación del cumplimiento de ambos, así como los certificados de entrega a gestor autorizado de residuos y otra documentación relativa al cumplimiento técnico y administrativo de la legislación medio ambiental, estarán a disposición de la APS, que podrá solicitarlos cuando lo considere oportuno. Concretamente, se atenderá a los siguientes puntos: A) Normas ambientales del Puerto de Santander y de carácter general. El titular de la concesión cumplirá con la normativa vigente en materia medioambiental de aplicación, así como la obtención de licencias, autorizaciones y/o permisos requeridos por la autoridad competente en dicha materia, que serán remitidos a la Autoridad Portuaria.	M y S

Autoridad portuaria	Tipología de pliego	Año
Santander	Condiciones particulares	2019

Estipulación	Carácter
Las instalaciones de la concesión deberán contar en todo momento con los medios suficientes para la prevención y lucha contra la contaminación accidental, marítima, atmosférica y terrestre. Antes del inicio de la actividad, el concesionario deberá entregar a la APS un informe justificativo sobre la posible inclusión o no de la actividad a desarrollar en el anexo III de la Ley 26/2007 de Responsabilidad Ambiental, de la Ley 16/2002 de prevención y control integrados de la contaminación y de la Ley de Cantabria 17/2006 de control ambiental integrado y sus desarrollos. El concesionario deberá presentar un Plan de control y actuación donde se identifiquen los aspectos ambientales derivados de la actividad, los riesgos y las actuaciones para prevenir, responder y evitar los daños ambientales causados, asumiendo los costes de dichas reparaciones. El concesionario se compromete a tener implantado, en un plazo no superior a dos (2) años desde el inicio de la actividad, un sistema de gestión ambiental basado en la norma ISO14001 y cuyo alcance coincida con el alcance incluido en el título concesional. Asimismo, y en el caso de que el concesionario voluntariamente solicite el establecimiento de un Convenio de Buenas Prácticas Ambientales con la Autoridad Portuaria, a los efectos previstos en el artículo 245 del TRLPEMM en relación con la aplicación de bonificación a la tasa de actividad para incentivar buenas prácticas medioambientales, este se basará en el texto del Convenio en vigor aprobado por el Consejo de Administración de la APS y disponible en el portal web de la APS. El concesionario se compromete a la participación activa, tanto en grupos de trabajo, como cualquiera otra iniciativa establecida, tales como participar en proyectos de I+D+i de índole ambiental en los que participe la Autoridad Portuaria, establecimiento de objetivos anuales de mejora ambiental, entre otros. B) De los vertidos de aguas residuales. Tanto los vertidos de las aguas residuales sanitarias, como las industriales o de proceso y las de escorrentía superficial (pluviales) deberán cumplir con las normas vigentes en materia de vertidos. En caso de vertidos al mar, se atenderá el Decreto 47/2009 por el que se aprueba el Reglamento de vertidos desde tierra al Litoral de la Comunidad Autónoma de Cantabria. En cualquier caso, se dará tratamiento separativo a las aguas pluviales y a las residuales sanitarias e industriales, y en los casos que proceda, se solicitará permiso de vertido a la autoridad competente en la materia.	M y S

Autoridad portuaria	Tipología de pliego	Año
Santander	Condiciones particulares	2019

Estipulación	Carácter
La conexión a la red de drenaje del Puerto solo debe realizarse para aguas pluviales (sin arrastre de material). Las aguas residuales y sanitarias están sujetas a autorización de vertido, así como tener sus propias instalaciones y equipos a realizar por el concesionario. En todo caso, el concesionario deberá remitir con la periodicidad que se acuerde entre las partes las características y cantidades de los vertidos a la APS. Cuando las instalaciones no satisfagan las normas aplicables, el concesionario estará obligado a adoptar, en los plazos que se le señalen por la autoridad competente o por la APS, las medidas correctoras necesarias para que se cumplan dichas normas. C) De los contaminantes de suelo. La normativa que regula los suelos contaminados es la Directiva 2010/75/UE del Parlamento Europeo y del Consejo del 24 de noviembre de 2010 sobre emisiones industriales y su transposición al ordenamiento jurídico español se produjo con la publicación de la Ley 5/2013 del 11 de junio por la que se modifican la Ley 16/2002, del 1 de julio, de Control Integrado de la Contaminación y la Ley 22/2011, del 28 de julio, de residuos y suelos contaminados; que se completa con el Real Decreto 9/2005, del 14 de enero, por el que se establece la relación de actividades potencialmente contaminantes del suelo y los criterios y estándares para la declaración de suelos contaminados, que rige la gestión de los suelos contaminados. En el anexo I de este Real Decreto, se establece una relación de actividades potencialmente contaminantes del suelo, con indicación del epígrafe de la Clasificación Nacional de Actividades Económicas (CNAE) en las que estas se encuadran. Este anexo fue modificado por la Orden PARA/1080/2017, del 2 de noviembre, por el que se modifica el anexo I del Real Decreto 9/2005, del 14 de enero, por el que se establece la relación de actividades potencialmente contaminantes del suelo y los criterios y estándares para la declaración de suelos contaminados. De acuerdo con la Clasificación Nacional de Actividades Económicas 2009 (CNAE-2009) del concesionario, tanto de la actividad principal como de las secundarias, se establecerán las obligaciones a cumplir en materia de suelos contaminados.	M y S

Autoridad portuaria	Tipología de pliego	Año
Santander	Condiciones particulares	2019

Estipulación	Carácter
De conformidad con el Real Decreto 9/2005, del 14 de enero, por el que se establece la relación de actividades potencialmente contaminantes del suelo y los criterios y estándares para la declaración de suelos contaminados, el titular de la concesión, si la actividad que se realiza en la misma es potencialmente contaminante, deberá cumplir con las obligaciones que le imponga dicho Real Decreto y demás normas aplicables. A estos efectos, el titular de la concesión elaborará, con carácter previo a la extinción de la misma y no más tarde de 3 años antes de que finalice la concesión, un informe de situación del suelo que permita evaluar el grado de contaminación del mismo y lo pondrá a disposición de la Autoridad Portuaria. El incumplimiento de la obligación señalada en el párrafo anterior será causa de caducidad de la concesión sin perjuicio de las responsabilidades que a nivel de la normativa ambiental se deriven del incumplimiento de la misma. El concesionario deberá proceder antes de la extinción de la concesión a la descontaminación y recuperación del suelo que haya resultado contaminado como consecuencia del ejercicio de su actividad. En ese caso, el concesionario deberá presentar un proyecto describiendo las operaciones necesarias para ello ante la administración competente en materia de medioambiente, para su aprobación. D) De la gestión de residuos. El concesionario deberá redactar e implantar un plan de gestión de residuos que se generen en las instalaciones de la concesión durante la explotación de la misma, que incluya la gestión de los residuos peligrosos y no peligrosos. El concesionario deberá separar y almacenar los residuos en condiciones adecuadas, de conformidad con lo previsto en la Ley 22/2011 del 28 de julio de Residuos y suelos contaminados. Este plan, deberá presentarse a la APS, para su valoración y aceptación, en un plazo no superior a un año desde el inicio de la actividad. Dicho plan será vigilado con carácter anual. El concesionario deberá gestionar conforme a normativa los residuos que genere en sus instalaciones, y contratar la retirada de los mismos con una empresa que disponga de la autorización pertinente, que deberá ser otorgada por la APS. Las obligaciones señaladas en el presente apartado tienen la naturaleza de condiciones esenciales y su incumplimiento supone una infracción muy grave, conforme a la letra d) del apartado 5 del artículo 308 del TRLPEMM.	M y S

Autoridad portuaria	Tipología de pliego	Año
Santander	Condiciones particulares	2019

Estipulación	Carácter
E) De la eficiencia energética y uso sostenible de recursos. En caso de que en el proyecto constructivo del concesionario se previera la construcción de edificios, estos deberán cumplir con las exigencias relativas a la certificación energética de edificios establecidas en el Real Decreto 47/2007, del 19 de enero, mediante el que se aprobó un Procedimiento básico para la certificación de eficiencia energética de edificios de nueva construcción, y en el Real Decreto 235/2013, por el que se aprueba el procedimiento para la certificación energética de los edificios. Adicionalmente, y en un plazo no superior a tres años desde el inicio de la actividad, el concesionario se comprometerá a tener implantado un sistema de gestión energética basado en la norma ISO 50001 y cuyo alcance sea el mismo que se refleja en su título de concesión o autorización. El concesionario deberá garantizar que la terminal estará preparada para la instalación de suministro eléctrico a buques. F) De la contaminación acústica. Durante todo el periodo de explotación de la Terminal, el concesionario deberá implementar las medidas preventivas necesarias para que en ningún momento los niveles de emisión de ruidos al exterior superen lo establecido en la legislación vigente en cada momento, en concreto, y actualmente, la Ley 37/2003 de Ruido y los decretos que la desarrollan, así como la ordenanza para el control ambiental de instalaciones y actividades del Ayuntamiento de Santander. G) De la contaminación lumínica. Las instalaciones de alumbrado exterior y dispositivos luminotécnicos de alumbrados exteriores deberán cumplir con lo previsto en el Real Decreto 1890/2008, del 14 de noviembre, por el que se aprueba el Reglamento de eficiencia energética en instalaciones de alumbrado exterior y sus Instrucciones técnicas complementarias EA-01 a EA-07. H) De la calidad del agua. Se deberá cumplir lo establecido en el apartado B) anterior, así como con lo estipulado en el Plan Interior Marítimo mencionado en la cláusula 24ª anterior. I) Calidad del aire. Se deberá cumplir con los requisitos mínimos de niveles de emisión de conformidad con lo previsto en la legislación vigente, Real Decreto 102/2011 relativo a la mejora de la calidad del aire.	M y S

Autoridad portuaria	Tipología de pliego	Año
Santander	Condiciones particulares	2019
Bahía de Algeciras	Bases del concurso[677]	2019

---

[677] Documento accesible en el siguiente enlace: https://www.apba.es/uploads/files/boe/pliego-bases.pdf (Acceso el 4 de mayo de 2024).

Estipulación	Carácter
De conformidad con la Ley 34/2007 de calidad del aire y protección de la atmósfera y el Real Decreto 100/2011 por el que se actualiza el catálogo de actividades potencialmente contaminadoras de la atmósfera y se establecen las disposiciones básicas para su aplicación, la instalación deberá disponer de la autorización como actividad potencialmente contaminadora de la atmósfera, si es objeto de la misma, debiendo cumplir con las obligaciones que requiera la autorización». **«Regla 54ª. Sistema de gestión de calidad y del medioambiente.** […] Antes del inicio de las operaciones de la Terminal, el concesionario obtendrá las autorizaciones administrativas necesarias para realizar las actividades potencialmente contaminantes. El sistema de gestión de calidad ambiental deberá disponer los medios necesarios para asegurar que las emisiones a la atmosfera y los vertidos al medio marino, debidos a las actividades desarrolladas por la Terminal, cumplen en todo momento las prescripciones de la legislación vigente y las Normas Ambientales del Puerto de Santander».	M y S
«Base 13ª. Valoración de ofertas. La puntuación final (PF) de cada oferta responderá a la suma ponderada de dos conceptos: la puntuación de la oferta técnica (PT) y la puntuación de la oferta económica (PE) […]. PT3. Plan de mantenimiento, limpieza y desinfección. Puntuación máxima de 20 puntos, con el siguiente desglose: – Descripción detallada del programa de mantenimiento preventivo y correctivo propuesto […]. – Descripción exhaustiva del plan de limpieza y desinfección, incluyendo el plan de eliminación de residuos y vertidos, así como el plan de control de plagas (hasta 10 puntos) […]. PT5. Mejoras. Puntuación máxima 10 puntos, con el siguiente desglose: […] – Mejoras referentes a la responsabilidad social corporativa: equipos con bajas emisiones de CO_2, utilización de luminaria LED, gestión y reciclaje de papel, cartón y envase generados en las instalaciones, etc. (hasta 3 puntos)».	M y S

Autoridad portuaria	Tipología de pliego	Año
Baleares	Bases del concurso[678]	2019

---

[678] Documento accesible en el siguiente enlace: https://seu.portsdebalears.gob.es/seuapb/file/pdf/31231/Pliego%20Bases.pdf;jsessionid=8CnnXt9BvRlRnYzcmW9bbF1m.undefined   (Acceso el 4 de mayo de 2024).

Estipulación	Carácter
«Base 9ª. Resolución del concurso. […] 2º. La viabilidad, oportunidad y bondad del Proyecto Básico de obras e instalaciones propuestas, de conformidad con las Bases 2ª y 5ª. Se valorará prioritariamente: – Cantidad y calidad de las actuaciones propuestas, en especial las relativas a la mitigación del cambio climático (energías renovables, eficiencia energética, reducción huella carbono, PB 22 reducción de la huella hídrica, instalaciones para la gestión de residuos y ciclo de vida de los materiales a emplear). – Calidad de los materiales, terminaciones y equipamiento ofertado. – Inversiones a realizar, cuantificación económica. – La adecuación del proyecto básico a los servicios ofertados y al entorno. – Otras mejoras medioambientales propuestas (Coeficiente de ponderación 4). […] 4º. La adecuación de la planificación de los servicios al entorno, y los medios materiales y humanos propuestos (Memoria de Explotación). Se valorará prioritariamente las medidas de carácter medioambiental y de responsabilidad social corporativa. Se valorarán prioritariamente los medios humanos y materiales propuestos, los servicios ofertados (organización, planificación y su adecuación en relación con los diferentes usuarios y el mantenimiento de las instalaciones) y la adecuación de la planificación de los servicios al entorno, conforme la declaración responsable establecida, así como los compromisos de certificación de calidad, de gestión medioambiental, y todos aquellos establecidos en la Base 5ª (Coeficiente de ponderación 2)».»	M y S

Autoridad portuaria	Tipología de pliego	Año
Cartagena	Bases del concurso[679]	2019
Ceuta	Bases del concurso[680]	2019

---

[679] Documento accesible en el siguiente enlace: https://www.apc.es/wcm/connect/we-bapc/3b0cbf0c-0939-4a53-aa9a-11bd242d4fff/Pliego+de+Bases+Concurso+P%C3%BAblico+-Construccion+y+Explotacion+de+Instalaciones+Graneles+Solidos+en+Muelle+Polivalente.pdf?MOD=AJPERES&CONVERT_TO=url&CACHEID=ROOTWORKSPACE.Z18_I8C61OK0N0QU80A-V9BS3MT0S75-3b0cbf0c-0939-4a53-aa9a-11bd242d4fff-my4rpRt (Acceso el 4 de mayo de 2024).

[680] Documento accesible en el siguiente enlace: http://www.puertodeceuta.com/wp-content/uploads/1.a.-PLIEGO-DE-BASES-44-B.pdf (Acceso el 4 de mayo de 2024).

Estipulación	Carácter
«Base 8ª. Apertura de proposiciones. […] En este sentido y para la valoración de las ofertas serán tenidos en cuenta los siguientes criterios de adjudicación que a continuación se indican: […] 5º- Propuestas de medidas de carácter medioambiental y responsabilidad social corporativa. – Uso exclusivo de tolvas ecológicas y cintas carenadas (10 puntos). – Organización registrada EMAS (5 puntos). – Contar con la certificación internacional de sostenibilidad y carbono (ISCC-EU) (5 puntos). – Propuestas de RSC a llevar a cabo durante la explotación (porcentaje empleados fijos, plan de igualdad, conciliación familiar, etc.) (5 puntos) […]».	M y S
«Anexo 6º. Criterios para la adjudicación. I. ACEPTACIÓN DE LAS PROPUESTAS […] CRITERIO 3: MEDIDAS DE CARÁCTER MEDIOAMBIENTAL Y DE RESPONSABILIDAD SOCIAL CORPORATIVA Como medida de protección ambiental y Responsabilidad Social Corporativa se tendrá en cuenta la gestión del riesgo. Para ello se analizará la coherencia de la evaluación con las medidas de protección propuestas en el Plan de Seguridad de la Instalación para reducir el riesgo, así como la valoración e inclusión de estas en la inversión prevista. Este apartado se calificará como APTO o NO APTO». «2. VALORACIÓN DE LAS PROPUESTAS […] CRITERIO 3: MEDIDAS DE CARÁCTER MEDIOAMBIENTAL Y DE RESPONSABILIDAD SOCIAL CORPORATIVA De acuerdo con el artículo 86.3.a del TRLPEMM se considera como criterio de adjudicación las medidas de carácter medioambiental y de responsabilidad social corporativa propuestas. En concreto, se confrontará para cada oferta la gestión del riesgo y la seguridad propuestas en el Plan de Seguridad de la Instalación como mejores prácticas para lograr una gestión eficiente del desempeño ambiental y de la protección personal y del entorno».	M y S*

Autoridad portuaria	Tipología de pliego	Año
Ferrol-San Cibrao	Bases del concurso[681]	2019
Gijón	Bases del concurso[682]	2019
Gijón	Bases del concurso[683]	2019

---

[681] Documento accesible en el siguiente enlace: https://contrataciondelestado.es/wps/wcm/connect/6ab4d170-84a9-4091-910b-057ce98e5654/DOC20190718104634Pliego+de+-Bases+del+Concurso.pdf?MOD=AJPERES (Acceso el 4 de mayo de 2024).

[682] Documento accesible en el siguiente enlace: https://www.puertogijon.es/wp-content/uploads/2019/05/2%C2%BA-Concurso-Pliego-base-helados.pdf (Acceso el 4 de mayo de 2024).

[683] Documento accesible en el siguiente enlace: https://www.puertogijon.es/wp-content/uploads/2019/03/Pliego-bases-concurso-concesi%C3%B3n-Quiosco.pdf (Acceso el 4 de mayo de 2024).

Estipulación	Carácter
«**Base 15ª. Criterios para la selección del adjudicatario del concurso.** En la selección de la oferta adjudicataria del concurso se tendrán en cuenta los criterios que junto con sus ponderaciones respectivas se incluyen a continuación […]. 1.5. Medidas de carácter medioambiental (MA). Máximo 10 puntos. Se valorará de manera discrecional la propuesta de un Plan con las medidas preventivas y correctoras, necesarias para reducir el posible riesgo ambiental asociado a su actividad, que garantice el control y cumplimiento de la legislación acompañado de la correspondiente evaluación de los riesgos ambientales, si los hubiera, que su actividad genera. En particular se valorarán las inversiones y/o gastos en las propias instalaciones de la concesión destinadas a reducir las posibles afecciones ambientales y aquellas que sean de interés para mejorar la eficiencia o calidad ambiental; limpieza de la lámina de agua, instalación de equipos ecoeficientes que minimicen los consumos, así como los niveles de ruido, plan de gestión de residuos, etc.».	M y S
«**Base 14ª. Criterios para la selección del adjudicatario del concurso.** […] 1.2. Medidas de carácter medioambiental y de responsabilidad social corporativa que se proponen. Se otorgará un máximo de 10 puntos en función de las medidas propuestas para la mejora de la sostenibilidad del puerto y del incremento del empleo en el ámbito portuario […]».	M y S
«**Base 14ª. Criterios para la selección del adjudicatario del concurso.** […] 1.2. Medidas de carácter medioambiental y de responsabilidad social corporativa que se proponen. Se otorgará un máximo de 10 puntos en función de las medidas propuestas para la mejora de la sostenibilidad del puerto y del incremento del empleo en el ámbito portuario […]».	M y S

Autoridad portuaria	Tipología de pliego	Año
Cartagena	Condiciones particulares[684]	2018

---

[684] Documento accesible en el siguiente enlace: https://www.apc.es/wcm/connect/webapc/64bb6ad0-67df-45a3-8d52-1f9a29e1591f/Pliego+de+bases+Concurso+Publico+Explotacion+Local+y+Terraza+Anexa+Planta+Primera+Edificio+Comercial.pdf?MOD=AJPERES&CONVERT_TO=url&CACHEID=ROOTWORKSPACE.Z18_I8C61OK0N0QU80AV9BS3MT0S75-64bb6ad0-67df-45a3-8d52-1f9a29e1591f-mxde6Vn&attachment=true (Acceso el 4 de mayo de 2024).

Estipulación	Carácter
«Regla 24ª. Medidas preventivas y de seguridad. El concesionario deberá cumplir las obligaciones de coordinación de actividades empresariales en calidad de titular del centro de trabajo de acuerdo con lo dispuesto en la Ley 31/1995, del 8 de noviembre, de Prevención de Riesgos Laborales […]». **«Regla 25ª. Medidas medioambientales.** Los vertidos de las aguas residuales y de las procedentes de lavado de depósitos o de escorrentía superficial deberán cumplir con las normas vigentes en materia de vertidos. Cuando las instalaciones no satisfagan las normas aplicables, el concesionario estará obligado a adoptar, en los plazos que se le señalen por la autoridad competente, las medidas correctoras necesarias para que se cumplan dichas normas. De conformidad con el Real Decreto 9/2005, del 14 de enero, por el que se establece la relación de actividades potencialmente contaminantes del suelo y los criterios y estándares para la declaración de suelos contaminados, el titular de la concesión, si la actividad que se realiza en la misma es potencialmente contaminante, deberá cumplir con las obligaciones que le imponga dicho real decreto y demás normas aplicables. A estos efectos, el titular de la concesión elaborará, con carácter previo a la extinción de la misma, un informe de situación del suelo que permita evaluar el grado de contaminación del mismo y lo pondrá a disposición de la Autoridad Portuaria». **«Regla Adicional 1ª.** El titular de la concesión adoptará todas las medidas precisas para el cumplimiento de la normativa vigente aplicable en materia medioambiental, de prevención de riesgos laborales, la relativa a las Instrucciones Técnicas del Ministerio de Industria, y, en general, toda la normativa sectorial aplicable a su campo de actividad. Deberá presentar a la Autoridad Portuaria los permisos y autorizaciones pertinentes de los organismos competentes.	M y S

Autoridad portuaria	Tipología de pliego	Año
Cartagena	Condiciones particulares	2018
Santander	Condiciones particulares[685]	

---

[685] Pliego no disponible en internet y al que se ha tenido acceso mediante la actividad profesional. Esta concesión tiene por objeto ocupar una superficie de suelo y subsuelo para la implantación de una subestación eléctrica y las líneas subterráneas necesarias para su funcionamiento.

Estipulación	Carácter
Asimismo, el titular de la concesión, al prestar su conformidad a este condicionado, se compromete a colaborar con la Autoridad Portuaria y asumir las prescripciones y requisitos incluidos en los Sistemas de Calidad, Seguridad y Medio Ambiente implantados en el Puerto de Cartagenera, que le sean de aplicación. A tal fin se recomienda el establecimiento de un Sistema de Gestión Medio Ambiental (SGMA), un Sistema de Seguridad y Salud en el Trabajo (SGSST), y la obtención de las certificaciones correspondientes, tanto en materia de calidad, seguridad o medio ambiente (UNE-EN ISO 9001:2015, UNE-EN ISO 14001:2015, OHSAS 18001:2007, registro en Reglamento EMAS, etc.) así como las futuras que puedan surgir en cuando a seguridad. Esta recomendación podrá convertirse en una obligación en el futuro próximo en virtud de las crecientes exigencias ambientales, de seguridad y de calidad que demanda la sociedad».	M y S
«**Regla 23ª. Medidas preventivas y de seguridad.** El titular de la concesión adoptará las medidas de Prevención de Riesgos Laborales que correspondan. Asimismo, si procede, deberá adoptar las medidas necesario para el resto de empresarios que desarrollen actividades en ese mismo centro de trabajo reciban la información y las instrucciones adecuadas en relación con los riesgos existentes en la información y las instrucciones adecuadas en relación con los riesgos existentes en el centro de trabajo y con las medidas de protección y prevención correspondientes, así como con las medidas de emergencia a aplicar, para que estos puedan trasladarlas a sus respectivos trabajadores, en cumplimiento de lo dispuesto en la Ley 31/1995, del 8 de noviembre, de Prevención de Riesgos Laborales y la normativa que la desarrolla [...]». «**Regla 24ª. Medidas medioambientales.** Los vertidos de las aguas residuales y de las procedentes de lavado de depósitos o de escorrentía superficial deberán cumplir con las normas vigentes en materia de vertidos. Cuando las instalaciones no satisfagan las normas aplicables, el concesionario estará obligado a adoptar, en los plazos que se le señalen por la autoridad competente, las medidas correctoras necesarias para que se cumplan dichas normas.	M y S

Autoridad portuaria	Tipología de pliego	Año
Santander	Condiciones particulares	

Estipulación	Carácter
De conformidad con el Real Decreto 9/2005, del 14 de enero, por el que se establece la relación de actividades potencialmente contaminantes del suelo y los criterios y estándares para la declaración de suelos contaminados, el titular de la concesión, si la actividad que se realiza en la misma es potencialmente contaminante, deberá cumplir con las obligaciones que le imponga dicho real decreto y demás normas aplicables. A estos efectos, el titular de la concesión elaborará, con carácter previo a la extinción de la misma, un informe de situación del suelo que permita evaluar el grado de contaminación del mismo y lo pondrá a disposición de la Autoridad Portuaria. Además del estricto cumplimiento de las obligaciones derivadas de la normativa ambiental en vigor, la empresa concesionaria será la responsable de las medidas preventivas y correctoras necesarias para reducir el riesgo ambiental asociado a su actividad. Deberá facilitar al Departamento de Calidad y Medio Ambiente de la Autoridad Portuaria de Santander la evaluación de los riesgos ambientales, si los hubiera, que su actividad genere cuanta información le sea requerida. La empresa concesionaria adoptará las medidas oportunas para el cumplimiento de las Normas Ambientales del Puerto de Santander, disponibles en la página web del Puerto de Santander y publicadas en el B.O.C. nº 240, del 15 de diciembre de 2003. Asimismo, deberá instruir a sus subcontratistas acerca de dichas Normas, asumiendo las responsabilidades y obligaciones que ello conlleve. Dado que en el Espigón Norte no existe red de saneamiento de fecales, el concesionario tendrá que disponer de medios de tratamiento y depuración de aguas residuales generadas. En el plazo de un mes desde el otorgamiento de la concesión el titular de la misma tendrá que acreditar documentalmente el diseño de la instalación correspondiente. La empresa concesionaria asumirá las responsabilidades que correspondan en el caso de que su actividad, productos o servicios causen algún tipo de contaminación o afectación de tipo ambiental en la Zona de Servicio del Puerto de Santander. La empresa concesionaria garantizará las condiciones adecuadas, para desarrollar su trabajo en la Zona de Servicio del Puerto de Santander acorde con la Política de Calidad y Medio Ambiente de la Autoridad Portuaria de Santander, disponible en la página web del Puerto de Santander. La empresa concesionaria deberá proporcionar a esta Autoridad Portuaria documentación acreditativa en la que figure el código de Clasificación Nacional de Actividades Económicas (CNAE)».	M y S

Autoridad portuaria	Tipología de pliego	Año
Cartagena	Bases del concurso[686]	2018
Castellón	Bases del concurso[687]	2018
Valencia	Bases del concurso[688]	2018

[686] Documento accesible en el siguiente enlace: https://www.apc.es/wcm/connect/-webapc/810bf693-ac77-4790-ba8b-be73630cb041/Pliego+de+bases+del+concurso+p%C3%BAblico+de+uno+o+varios+locales+de+la+planta+baja.pdf?MOD=AJPERES&CONVERT_TO=url&CACHEID=ROOTWORKSPACE.Z18_I8C61OK0N0QU80AV9BS3MT0S75-810bf693-ac77-4790-ba8b-be73630cb041-mxde6Ko (Acceso el 4 de mayo de 2024).

[687] Documento accesible en el siguiente enlace: https://www.portcastello.com/wp-content/uploads/2021/03/PLIEGO-DE-CONDICIONES-LOCAL-8ANEXOS.pdf (Acceso el 4 de mayo de 2024).

[688] Documento accesible en el siguiente enlace: https://www.valenciaport.com/wp-content/uploads/P06-3_Pliego-Bases-TC_Ampliac.Norte_.pdf.esig_.pdf (Acceso el 4 de mayo de 2024).

Estipulación	Carácter
«Base 8ª. Apertura de proposiciones. […] En este sentido y para la valoración de las ofertas serán tenidos en cuenta los siguientes criterios de adjudicación que a continuación se indican: […] 4º- Propuestas de medidas de carácter medioambiental y responsabilidad social corporativa. – Propuestas de medidas de eficiencia energética y reducción del consumo de agua (10 puntos). – Propuestas de RSC a llevar a cabo durante la explotación (10 puntos) […]».	M y S
«Base 10ª. Presentación de ofertas. […] En el sobre nº 2 figurará la leyenda adicional «proposición» y en su interior se incluirán los siguientes extremos: […] 8. Medidas medioambientales a implantar, describiendo detalladamente los sistemas de prevención y control de la contaminación en las distintas fases de la operativa y en las tareas de mantenimiento, que serán como mínimo las indicadas en la cláusula 6ª del Pliego de Cláusulas de la Explotación, los cuales serán coherentes con las recomendaciones propuestas por la Guía de Buenas Prácticas para la Manipulación y Almacenamiento de Graneles Sólidos en Puertos editada por Puertos del Estado».	M
«Preámbulo. […] En el Plan de Negocio se valorarán junto a los criterios señalados por el artículo 86.2 del TRLPEMM como son las medidas de carácter medioambiental, y de responsabilidad social corporativa y la estructura tarifaria y las tarifas máximas, el proyecto de inversión del concesionario, y su plan comercial/estratégico para la captación y fidelización de nuevos tráficos […]».	M y S

Autoridad portuaria	Tipología de pliego	Año
Valencia	Bases del concurso	2018

Estipulación	Carácter
«Base 14ª. Procedimiento de concurso para la adjudicación de la concesión. […] 1.6. Responsabilidad Social Corporativa. El licitador deberá presentar su plan de Responsabilidad Social Corporativa (RSC) para la Terminal Norte de Contenedores. (i) Objetivos y principios básicos de la estrategia de RSC de la concesionaria; (ii) Plan de acción para la involucración de los actores principales (*stakeholders*); (iii) Estrategias de gobierno corporativo; (iv) Compromisos de RSC, tales como: la promoción de medidas de igualdad de género, conciliación familiar, personal y laboral y condiciones de accesibilidad universal que mejoren los mínimos establecidos en la Ley 3/2007 del 22 de marzo para la igualdad efectiva entre mujeres y hombres, y la promoción del empleo estable y de crecimiento económico; (v) Impactos en la sociedad y la comunidad en la que la Terminal está ubicada, y propuestas de mejora de la integración y cohesión de la comunidad portuaria; (vi) Código de Conducta de los negocios de la compañía concesionaria y/o su grupo. 1.7. Plan medioambiental. 1.7.1. Plan medioambiental. El licitador deberá presentar su Plan medioambiental, coherente con su Plan de Negocio, que permita desarrollar y mantener una terminal de contenedores sostenible y segura, a la vanguardia de las exigencias legales y sociales. El Plan debe incluir los siguientes elementos como mínimo, el compromiso de adopción de un sistema de gestión ambiental y demás requerimientos en materia medioambiental contenidos en el PCGP, así como de participación en las iniciativas conjuntas que promueva la Autoridad Portuaria de Valencia en el seno de su Comunidad Portuaria en esta materia, tal como el programa ECO-PORT III actualmente vigente. 1.7.2. Evaluación de impacto ambiental. El licitador deberá presentar su Plan de Gestión Ambiental para la Terminal Norte de contenedores en la fase de construcción, que incluirá un estudio de evaluación de riesgos/impactos ambientales, determinando qué efectos ambientales pueden ser considerados como significativos y donde se establezcan las medidas correctoras que se prevea aplicar, en cumplimiento de la normativa vigente.	M y S

Autoridad portuaria	Tipología de pliego	Año
Valencia	Bases del concurso	2018

Estipulación	Carácter
Entre otros y no exclusivamente, se hará referencia a riesgos/impactos relativos a contaminación del mar, contaminación del aire, ruidos, residuos, salud, uso de energía, etc. 1.7.3. Medidas de mejora ambiental complementarias. Será objeto de valoración dentro del Plan Medioambiental las medidas de mejora ambiental complementarias que el licitador pueda aportar relativas a: a) Medidas de reducción en emisiones de CO_2 equivalente y/o en consumo energético en maquinaria, equipos e instalaciones de la terminal. b) Porcentaje de energía procedente de fuentes renovables que utilizará durante la ejecución del contrato de la terminal, debidamente justificado. c) Porcentaje de maquinaria y equipos eléctricos o que funcionen con combustibles alternativos no derivados del petróleo, instalado en la terminal, adicional al mínimo requerido por el presente pliego. d) Porcentaje de agua residual, tal como se define en la Condición 25ª apartado B) del PCGP que se reutilizará dentro de la Terminal […]». **«Base 15ª. Valoración de las propuestas admitidas.** Las propuestas admitidas se evaluarán de acuerdo con los siguientes criterios: […] Plan de Responsabilidad Social Corporativa (4 puntos). – Se valorará con 2 punto el plan de Responsabilidad Social Corporativa en lo referente a la implantación de una estrategia de gobierno corporativo y de código de conducta. – Se valorarán con 2 puntos los compromisos de RSC de promoción de medidas de igualdad de género, conciliación familiar, personal y laboral y condiciones de accesibilidad universal que mejoren los mínimos establecidos en la Ley 3/2007 del 22 de marzo para la igualdad efectiva entre mujeres y hombres; y los compromisos de RSC de promoción del empleo estable y de crecimiento económico, en función de su efectividad. Plan medioambiental (4 puntos). – Se valorará con 1,5 puntos las medidas de reducción de emisiones de CO_2 equivalente y/o en consumo energético en maquinaria, equipos e instalaciones de la terminal, en función de su efectividad.	M y S

Autoridad portuaria	Tipología de pliego	Año
Valencia	Bases del concurso	2018
Vigo	Bases del concurso[689]	2018
Ceuta	Condiciones particulares[690]	2017

---

[689] Documento accesible en el siguiente enlace: https://www.apvigo.es/descargas/descargar/4539/Pliego%20de%20bases.pdf (Acceso el 4 de mayo de 2024).

[690] Documento accesible en el siguiente enlace: http://www.puertodeceuta.com/autoridad-portuaria/tablon-de-anuncios/resolucion-del-consejo-de-administracion-de-la-autoridad-portuaria-de-ceuta-2/ (Acceso el 4 de mayo de 2024).

Estipulación	Carácter
– Se otorgará 1,5 puntos a la propuesta con un mayor porcentaje de energía procedente de fuentes renovables que utilizará durante la ejecución del contrato de la terminal. – Se otorgará 1 punto a la propuesta con un mayor porcentaje de maquinaria y equipos eléctricos o que funcionen con combustibles alternativos no derivados del petróleo, instalados en la terminal [...]».	M y S
«Base 8ª. Criterios para la adjudicación del concurso o para declararlo desierto. El Consejo de Administración de la Autoridad Portuaria de Vigo tendrá la facultad de adjudicar el concurso a la proposición más ventajosa en su conjunto, sin atender necesariamente a la proposición económica de la misma, mediante la aplicación de los conceptos a valorar que se indican en esta Base [...]. – Medio humanos, propuesta medioambiental, y de responsabilidad social corporativa a aplicar por el concursante en el desarrollo de la actividad de la concesión (15 puntos) [...]».	M y S
«Regla 24ª. Medidas preventivas y de seguridad. El concesionario deberá cumplir las obligaciones de coordinación de actividades empresariales en calidad de titular del centro de trabajo de acuerdo con lo dispuesto en la Ley 31/1995, del 8 de noviembre, de Prevención de Riesgos Laborales [...]». **«Regla 25ª. Medidas medioambientales.** El título concesional fijará las condiciones de protección del medio ambiente que, en su caso, procedan, incluyendo las necesarias medidas correctoras y, en caso de que fuera preceptiva, las condiciones o prescripciones establecidas en la correspondiente resolución del Ministerio de Agricultura y Pesca, Alimentación y Medio Ambiente. Los vertidos de las aguas residuales y de las procedentes de lavado de depósitos o de escorrentía superficial deberán cumplir con las normas vigentes en materia de vertidos. Cuando las instalaciones no satisfagan las normas aplicables, el concesionario estará obligado a adoptar, en los plazos que se le señalen por la autoridad competente, las medidas correctoras necesarias para que se cumplan dichas normas.	M y S

Autoridad portuaria	Tipología de pliego	Año
Ceuta	Condiciones particulares	2017
Almería	Bases del concurso[691]	2017
Castellón	Bases del concurso[692]	2017

---

[691] Documento accesible en el siguiente enlace: https://apalmeria.com/wp-content/uploads/2021/01/PliegoBases.pdf (Acceso el 4 de mayo de 2024).

[692] Documento accesible en el siguiente enlace: https://www.portcastello.com/wp-content/uploads/2018/02/pliegobaseslocal6.pdf (Acceso el 4 de mayo de 2024).

Estipulación	Carácter
De conformidad con el Real Decreto 9/2005, del 14 de enero, por el que se establece la relación de actividades potencialmente contaminantes del suelo y los criterios y estándares para la declaración de suelos contaminados, el titular de la concesión, si la actividad que se realiza en la misma es potencialmente contaminante, deberá cumplir con las obligaciones que le imponga dicho real decreto y demás normas aplicables. A estos efectos, el titular de la concesión elaborará, con carácter previo a la extinción de la misma, un informe de situación del suelo que permita evaluar el grado de contaminación del mismo y lo pondrá a disposición de la Autoridad Portuaria. Se establece como requisito básico, la aportación de un Plan de gestión de los residuos que comprenda la actividad, así como la obligación de acreditar su gestión ambiental en el plazo de un (1) año mediante la inscripción en el registro del sistema comunitario de gestión y auditoría ambiental (EMAS) o en su caso tener implantado un sistema de gestión ambiental basado en UNE-EN-ISO-14001 certificado por una entidad acreditada a tal efecto por la Entidad Nacional de Acreditación (ENAC), y cuyo alcance comprenda todos aquellos servicios relacionados con la actividad objeto de autorización o concesión. Dicho requisito será obligatorio y su incumplimiento será causa de caducidad de la concesión».	M y S
«**Base 6ª. Valoración de ofertas.** A efectos de valoración de las proposiciones, y con una puntuación máxima total de cien puntos, estimarán los siguientes extremos: Sobre dos. Propuesta técnica. Para valorar la oferta técnica se tendrán en cuenta los siguientes aspectos, y se valorará con un máximo de sesenta puntos: […] – Medidas de carácter medioambiental: 7 puntos. – Medidas de responsabilidad social corporativa: 7 puntos. […]».	M y S
La **Base 9ª «adjudicación del concurso»** permite valorar con hasta 15 puntos la «actividad a realizar, plan de explotación y mejoras».	No referencia

Autoridad portuaria	Tipología de pliego	Año
Gijón	Bases del concurso[693]	2017
Málaga	Bases del concurso[694]	2017
Sevilla	Bases del concurso[695]	2017

[693] Documento accesible en el siguiente enlace: https://www.puertogijon.es/wp-content/uploads/2017/01/DP-CON-2017-175-pliegos_signed.pdf (Acceso el 4 de mayo de 2024).

[694] Documento accesible en el siguiente enlace: https://www.puertomalaga.com/attachment/2444 (Acceso el 4 de mayo de 2024).

[695] Documento accesible en el siguiente enlace: https://contrataciondelestado.es/wps/wcm/connect/9959ee74-ec29-49ec-84c0-82a31d1fdcab/DOC20180104083115PLIEGO+P3.pdf?MOD=AJPERES (Acceso el 4 de mayo de 2024).

Estipulación	Carácter
«Base 13ª. Criterios para la selección del adjudicatario del concurso. [...] 5. Medidas de carácter medioambiental y de responsabilidad social corporativa que se proponen. Se otorgará un máximo de 10 puntos en función de las medidas propuestas para la mejora de la sostenibilidad del puerto y del incremento del empleo en el ámbito portuario [...]».	M y S
«Base 10ª. Selección de la oferta más ventajosa. [...] 10.3. Criterios objetivos que servirán de base para la adjudicación: [...] Memoria de Explotación. Factor de Ponderación=30%. Para su valoración se analizarán y puntuarán los aspectos más importantes, atendiendo a los siguientes aspectos concretos: [...] A.1.3. Medidas medioambientales. Factor de Ponderación=20%. A.1.4. Gestión de calidad y medioambiental. Factor de Ponderación=10% [...]».	M
«Anexo 3º. Criterios de valoración de las ofertas. [...] Criterio 2 Plan de Negocios. Hasta 20 puntos. [...] a) Organización de la explotación. Describirá de forma completa los aspectos relevantes de la explotación del negocio que pretende llevar a cabo el licitador. Relación de actividades a desarrollar (sujetas a su viabilidad urbanística en todo caso) y su organización detallada. Horarios de apertura. Medidas de seguridad, mantenimiento y conservación del ámbito, etc. Se valorará la mayor adecuación y racionalidad de las actividades propuestas y los recursos para atender su explotación, los días y el horario de apertura propuestos y las medidas de responsabilidad social corporativa propuesta para el desarrollo de la explotación. Máximo 5 puntos [...]».	S

Autoridad portuaria	Tipología de pliego	Año
Sevilla	Bases del concurso[696]	2017
Huelva	Condiciones particulares[697]	2015

[696] Documento accesible en el siguiente enlace: https://contrataciondelestado.es/wps/wcm/connect/1ab07375-9989-4e44-928f-85b60d363a44/DOC20170728105506pliegobases41.pdf?MOD=AJPERES (Acceso el 4 de mayo de 2024).

[697] Pliego no disponible en internet y al que se ha tenido acceso mediante la actividad profesional. Se trata de una concesión que tiene por objeto el establecimiento de un centro logístico de almacenamiento de graneles sólidos y otros productos relacionados con la industria cementera y sus derivados.

Estipulación	Carácter
«**Anexo 3º. Criterios de valoración de las ofertas.** […] Criterio 2 Plan de Negocios. Hasta 25 puntos. […] En el concepto «organización de la explotación» se valorará la mayor adecuación y racionalidad de los recursos humanos propuestos en la oferta para cumplir con las actividades objeto del presente concurso, los días y el horario de apertura propuestos y las medidas de carácter medioambiental y de responsabilidad social corporativa propuestas para el desarrollo de la explotación. Máximo 4 puntos […]».	M y S
«**Regla 15ª. Medidas medioambientales.** Todas las medidas y obligaciones que se citan a continuación serán responsabilidad del concesionario. El titular queda obligado al cumplimiento de la legislación vigente en cada momento en materia de contaminación y medio ambiente y, en especial, en lo referente a puertos, costas y medio marino. El concesionario se compromete a particular en el proceso de elaboración de la Guía de Buenas Prácticas en la Comunidad Portuaria del Puerto de Huelva, la cual se enmarca en la línea estratégica Integración con el Medio Ambiente, definitiva en el Plan Estratégico del Puerto de Huelva 2012-2017, visión 2022, y en cuyo objetivo es la identificación, análisis y selección de las mejores prácticas de gestión medioambiental que vienen desarrollando empresas de la Comunidad Portuaria, con el fin de fomentar el empleo de estas así como estándares de calidad ambiental en el Puerto de Huelva. El concesionario informará puntualmente a la Autoridad Portuaria de lo dispuesto en su Autorización Ambiental Integrada en lo referente a límites de emisión e inmisión y los controles periódicos a realizar.	M

Autoridad portuaria	Tipología de pliego	Año
Huelva	Condiciones particulares	2015

Estipulación	Carácter
Cuando los niveles de emisión e inmisión resulten inaceptables, especialmente durante los periodos de climatología adversa, la empresa actuará de inmediato para reducir sus emisiones. La Autoridad Portuaria, en aras de garantizar el respeto de tales límites, podrá establecer y requerir condiciones específicas para el control, prevención y corrección de posibles emisiones inadmisibles o incontroladas, comunicando estas en el oportuno momento antes del inicio de las actividades. El concesionario se compromete en todo momento a minimizar las molestias sobre su entorno en cuanto a la generación de ruido, olores, polvo, etc., debiendo adoptar los medios necesarios como instalación de barreras, riego, limpieza de las instalaciones, etc. Estos medios podrán ser establecidos o requeridos de manera específica por la Autoridad Portuaria y en este caso serán comunicados en el momento oportuno antes del inicio de la actividad. Los vertidos de las aguas residuales y los procedentes de lavado de depósitos o de escorrentía superficial deberán cumplir con la normativa vigente en materia de vertidos. Cuando las instalaciones no satisfagan la normativa aplicable, el concesionario estará obligado a realizar, en los plazos que se le señalen, las correcciones necesarias hasta que, a juicio de la autoridad competente, se cumplan dichas normas. El titular procurará adoptar la mejor tecnología disponible, así como asignar recursos para el desarrollo e implementación de un Sistema de Gestión Ambiental basado en la Norma UNE-EN ISO 14001 o el Reglamento europeo de Ecogestión y Ecoauditoria (EMAS), que afiance el compromiso de mejora continua de sus productos y procesos, así como de respeto medioambiental y cumplimiento de requisitos legales. Si el titular utiliza mercancías o residuos peligrosos, procurará recoger los riesgos ambientales que ello implica en su plan de emergencias, junto con las clases de riesgo y los diferentes medios para combatir los diferentes tipos de incidencias. Recogerá igualmente, las relaciones con los planes de emergencia portuario, territorial y nacional. Sin perjuicio de las enviadas a otros departamentos, debe enviar al menos una copia de dicho plan de emergencias, junto con las anotaciones que crea convenientes, a la Autoridad Portuaria de Huelva.	M

Autoridad portuaria	Tipología de pliego	Año
Huelva	Condiciones particulares	2015
Bahía de Algeciras	Condiciones particulares[698]	2015

---

[698] Documento accesible en el siguiente enlace: https://www.apba.es/uploads/files/docs/tablon/licitaciones/03%20PLIEGO%20CONDICIONES%20CONCURSO%20PRC%20LA%20LINEA.PDF (Acceso el 4 de mayo de 2024).

Estipulación	Carácter
El titular deberá remitir periódicamente a la Autoridad Portuaria de Huelva toda la documentación que sea relevante para el conocimiento del estado ambiental de su actividad y, en especial, la que tenga que remitir a las administraciones públicas (Ayuntamiento, Consejerías, Ministerio de Medioambiente, etc.) en virtud del cumplimiento de la legislación vigente en cada momento. Asimismo, deberá remitir una copia de los resultados de las auditorias, declaraciones ambientales, incidencias, sanciones u otros, que tramiten con motivo de su política y gestión ambiental. La Autoridad Portuaria podrá solicitar cuanta información, inspecciones, auditorias, controles o análisis que considere convenientes a fin de comprobar que se cumplen correctamente todas las exigencias legales citadas anteriormente. Ante cualquier tipo de duda, el titular puede recabar de la Autoridad Portuaria de Huelva, cuanta información y aclaraciones desee [...]».	M
«**Regla 24ª. Medidas preventivas y de seguridad.** A) Con carácter general: El titular de la concesión, en calidad de titular del centro de trabajo, en relación con la seguridad y salud de sus trabajadores, deberá cumplir las obligaciones en materia de prevención de acuerdo con lo dispuesto en la Ley 31/1995, del 8 de noviembre, de Prevención de Riesgos Laborales [...]». «**Regla 25ª. Medidas medioambientales.** A) Con carácter general: El concesionario vendrá obligado a cumplir la normativa ambiental vigente, incluyendo las necesarias medidas correctoras, y, en caso de que fuera preceptiva, las condiciones o prescripciones establecidas en las correspondientes resoluciones de los órganos competentes. El titular que genere residuos peligrosos estará obligado a gestionarlos según la legislación vigente, entregándolos a gestores autorizados para ello. Asimismo, para los residuos no considerados como peligrosos, el concesionario estará obligado a acogerse al sistema de recogida selectiva de residuos implantado, siendo los gastos por cuenta del concesionario. En ningún caso, se abonarán materiales o sustancias, que puedan considerarse como residuos, según lo establecido en la citada legislación.	M y S

Autoridad portuaria	Tipología de pliego	Año
Bahía de Algeciras	Condiciones particulares	2015

Estipulación	Carácter
Los niveles de emisión de ruidos al exterior y de transmisión de vibraciones a edificios anexos no podrán ser superiores a lo establecido en la normativa de aplicación. El concesionario en el proyecto e instalará los medios y las medidas necesarias para la insonorización en todos los sistemas en los que procedan, de manera que reduzcan la potencial contaminación acústica durante la construcción y explotación de las instalaciones. Los vertidos de las aguas residuales y de las procedentes de lavado de depósito o de escorrentía superficial deberán cumplir con las normas vigentes en materia de vertidos. Cuando las instalaciones no satisfagan las normas aplicables, el concesionario estará obligado a adoptar, en los plazos que se le señalen por la autoridad competente, las medidas correctoras necesarias para que se cumplan dichas normas. Durante la ejecución de las obras, el concesionario deberá tener especial cuidado con las emisiones de polvo y partículas a la atmósfera. Al respecto, el concesionario deberá tomar las medidas adecuadas para su tratamiento, recomendándose los riesgos y baldeos para minimizar la afección. En este sentido, los vehículos de transporte de los materiales inertes deberán estar cubiertos y ser estancos para evitar la dispersión y la contaminación de los viales de circulación. De conformidad con el Real Decreto 9/2005, del 15 de enero, por el que se establece la relación de actividades potencialmente contaminantes del suelo y los criterios y estándares para la declaración de suelos contaminados, el titular de la concesión, si la actividad que se realiza en la misma es potencialmente contaminante, deberá cumplir con las obligaciones que le imponga dicho real decreto y demás normas aplicables. A estos efectos, el titular de la concesión elaborará, con carácter previo a la extinción de la misma, un informe de situación del suelo que permita evaluar el grado de contaminación del mismo y lo pondrá a disposición de la APBA. La falta de acreditación del cumplimiento de estos requisitos, sin perjuicio de la caducidad, rescisión del título, dará lugar, en su caso, a la incoación del correspondiente expediente sancionador, de acuerdo con el Texto refundido de la Ley de Puertos […]».	M y S

Autoridad portuaria	Tipología de pliego	Año
Alicante	Condiciones particulares[699]	2013

[699] Pliego no disponible en internet y al que se ha tenido acceso mediante la actividad profesional. Esta concesión tiene por objeto la explotación de una estación marítima de cruceros turísticos.

Estipulación	Carácter
«Regla 24ª. Medidas preventivas y de seguridad. El titular de la concesión está obligado a obtener de los Organismos correspondientes y mantener al día los permisos, licencias, planes y certificados que establezca la legislación vigente en cada momento en materia de seguridad y salud. De acuerdo con lo previsto en la legislación vigente sobre prevención y control de emergencias, el concesionario deberá facilitar a la Autoridad Portuaria un informe de seguridad que será tenido en cuenta por dicho organismo portuario para la elaboración del plan de emergencia interior del puerto, así como cumplir con el resto de las obligaciones que le corresponda en esta materia. El concesionario adoptará las medidas exigidas por la normativa aplicable sobre protección de instalaciones portuarias. Así mismo, el concesionario tendrá la obligación de integrarse al Plan de Protección de la Instalación Portuaria Terminal de Cruceros, para lo cual deberá presentar, antes del inicio de la actividad, un documento en el cual se establezcan los medios personales y materiales que hagan posible el cumplimiento del citado Plan de Protección, especificando como mínimo [...]. Además, el concesionario estará obligado a cumplir toda la normativa vigente de prevención, detección y extinción de incendios. Para ello, deberá disponer de los medios humanos y materiales adecuados, siendo responsable asimismo de su mantenimiento durante la vigencia de la concesión. El incumplimiento de esta obligación será causa de caducidad de la concesión». **«Regla 25ª. Medidas medioambientales.** El titular de la concesión está obligado a obtener de los Organismos correspondientes y mantener al día los permisos, licencias, planes y certificados que establezca la legislación vigente en cada momento en materia medioambiental. Queda prohibido el vertido en aguas portuarias las aguas de lastre, aguas de sentinas, aceites usados, restos de hidrocarburos, aguas de lavado de tanques, aguas sucias, etc. Así mismo, el titular de la concesión atenderá, con carácter general, los requisitos establecidos en el Manuel de Buenas Prácticas del Puerto de Alicante».	M y S

Autoridad portuaria	Tipología de pliego	Año
Bilbao	Bases del concurso[700]	2013
Las Palmas	Condiciones particulares[701]	2012

---

[700] Documento accesible en el siguiente enlace: https://www.bilbaoport.eus/wp-content/uploads/downloads/2013/01/6105_Pliegos.pdf (Acceso el 4 de mayo de 2024).

[701] Pliego no disponible en internet y al que se ha tenido acceso mediante la actividad profesional. Esta concesión tiene por objeto la explotación de una zona náutico-deportiva.

Estipulación	Carácter
«Regla 24ª. Medidas preventivas y de seguridad. El concesionario deberá cumplir las obligaciones de coordinación de actividades empresariales en calidad de titular del centro de trabajo de acuerdo con lo dispuesto en la Ley 31/1995, del 8 de noviembre, de Prevención de Riesgos Laborales [...]». **«Regla 25ª. Medidas medioambientales.** El título concesional fijará las condiciones de protección del medio ambiente que, en su caso, procedan, incluyendo las necesarias medidas correctoras y, en caso de que fuera preceptiva, las condiciones o prescripciones establecidas en la correspondiente resolución del Ministerio de Medio Ambiente o de la Comunidad Autónoma. Los vertidos de las aguas residuales y de las procedentes de lavado de depósitos o de escorrentía superficial deberán cumplir con las normas vigentes en materia de vertidos. Cuando las instalaciones no satisfagan las normas aplicables, el concesionario estará obligado a adoptar, en los plazos que se le señalen por la autoridad competente, las medidas correctoras necesarias para que se cumplan dichas normas. De conformidad con el Real Decreto 9/2005, del 14 de enero, por el que se establece la relación de actividades potencialmente contaminantes del suelo y los criterios y estándares para la declaración de suelos contaminados, el titular de la concesión, si la actividad que se realiza en la misma es potencialmente contaminante, deberá cumplir con las obligaciones que le imponga dicho Real Decreto y demás normas aplicables. A estos efectos, el titular de la concesión elaborará, con carácter previo a la extinción de la misma, un informe de situación del suelo que permita evaluar el grado de contaminación del mismo y lo pondrá a disposición de la Autoridad Portuaria».	M y S
«Regla 24ª. Medidas preventivas y de seguridad. El concesionario deberá cumplir las obligaciones de coordinación de actividades empresariales en calidad de titular del centro de trabajo de acuerdo con lo dispuesto en la Ley 31/1995, del 8 de noviembre, de Prevención de Riesgos Laborales.	M y S

Autoridad portuaria	Tipología de pliego	Año
Las Palmas	Condiciones particulares	2012
Santa Cruz de Tenerife	Bases del concurso[702]	2011

---

[702] Pliego no disponible en internet y al que se ha tenido acceso mediante la actividad profesional. Esta concesión tiene por objeto la ocupación de un espacio en la terminal de contenedores como soporte para la prestación de los servicios portuarios de manipulación de mercancías de contenedores.

Estipulación	Carácter
De acuerdo con lo previsto en la legislación vigente sobre prevención y control de emergencias, el concesionario deberá facilitar a la Autoridad Portuaria un informe de seguridad que será tenido en cuenta por dicho organismo portuario para la elaboración del plan de emergencia interior del puerto, así como cumplir con el resto de las obligaciones que le corresponda en esta materia. Asimismo, el concesionario adoptará las medidas exigidas por la normativa aplicable sobre protección de instalaciones portuarias». «**Regla 25ª. Medidas medioambientales.** Los vertidos de las aguas residuales y de las procedentes de lavado de depósitos o de escorrentía superficial deberán cumplir con las normas vigentes en materia de vertidos. Cuando las instalaciones no satisfagan las normas aplicables, el concesionario estará obligado a adoptar, en los plazos que se le señalen por la autoridad competente, las medidas correctoras necesarias para que se cumplan dichas normas. De conformidad con el Real Decreto 9/2005, del 14 de enero, por el que se establece la relación de actividades potencialmente contaminantes del suelo y los criterios y estándares para la declaración de suelos contaminados, el titular de la concesión, si la actividad que se realiza en la misma es potencialmente contaminante, deberá cumplir con las obligaciones que le imponga dicho real decreto y demás normas aplicables […]».	M y S
«**Base 10ª. Valoración de las ofertas.** […] La valoración de las ofertas, con una puntuación máxima de 100 puntos, se llevará a cabo con arreglo al siguiente desglose: […] B) Proyecto de explotación (hasta 30 puntos). […] Hasta el 5 % de la puntuación total de este apartado: el análisis medioambiental de la explotación de la terminal, controles establecidos y medidas correctoras incluidas en el Programa de Gestión Medioambiental presentado. Hasta el 5 % de la puntuación total de este apartado: el plan de medidas de responsabilidad social corporativa ofertadas, atendiendo al interés social de las medidas y a su presupuesto.	M y S

Autoridad portuaria	Tipología de pliego	Año
Santa Cruz de Tenerife	Bases del concurso	2011
Ferrol-San Cibrao	Condiciones particulares[703]	2005
Sevilla	Condiciones particulares[704]	1968

Fuente: Elaboración propia.

---

[703] Pliego no disponible en internet y al que se ha tenido acceso mediante la actividad profesional. Esta concesión tiene como objeto la construcción y explotación de una planta de biodiesel.

[704] Pliego no disponible en internet y al que se ha tenido acceso mediante la actividad profesional. Esta concesión tiene por objeto la instalación de una estación de servicios de carburantes para vehículos.

Estipulación	Carácter
Hasta el 5 % de la puntuación total de este apartado: el compromiso del licitador de superar el número mínimo de trabajadores a contratar en relación laboral común respecto al mínimo establecido por ley, debiendo seguirse el modelo que se adjunta como anexo 7 de este Pliego de Bases [...]».	M y S
«**Regla 26ª.** Los vertidos de las aguas residuales y de las procedentes de lavado de depósito o de escorrentía superficial deberán cumplir con las normas vigentes en materia de vertidos. Cuando las instalaciones no satisfagan las normas aplicables, el concesionario estará obligado a realizar, en los plazos que se le señalen, las correcciones necesarias hasta que, a juicio de la autoridad competente, se cumplan dichas normas». «**Regla Adicional 1ª.** El titular de la concesión está obligado a obtener de los Organismos correspondientes y mantener al día los permisos, licencias, planes y certificados que establezca la legislación vigente en cada momento en materia de seguridad y salud, de condiciones medioambientales y de prevención de la contaminación correspondiente a su actividad. Deberá cumplir asimismo lo recogido en la Ley de Prevención de Riesgos Laborales [...]». «**Regla Adicional 2ª.** Serán de cuenta del concesionario los elementos de recogida y tratamiento de aguas residuales, que sea necesario instalar en la concesión como consecuencia de las exigencias de calidad de vertido impuestos por el Organismo Competente de la Comunidad Autónoma. Por tanto, la Autoridad Portuaria admitirá en su red de saneamiento los vertidos del concesionario, en los mismos parámetros de calidad que le sean exigidos desde dicho organismo, debiendo el concesionario acometer las obras necesarias de enganche a la red portuaria».	M y S
«**Condición 10ª.** Se cumplirán, en lo que sea aplicable a la presente concesión, las disposiciones vigentes o que se dicten en lo sucesivo por el Ramo de Guerra, referentes a la zona polémica y militar de costas y fronteras, y, asimismo, se han de observar las disposiciones vigentes sobre contrato y accidentes del trabajo, seguros sociales y protección a la Industria Nacional».	S

Bibliografía

Acero Iglesias, P. (2002): *Organización y Régimen Jurídico de los Puertos Estatales*, Ed. Aranzadi, Cizur Menor (Navarra).

Aguado i Cudolà, V. (2021): *La contratación pública responsable. Funciones, límites y régimen jurídico*, Ed. Thomson Reuters Aranzadi, Cizur Menor (Navarra).

Aja Fernández, E. (1998): *Informe Comunidades Autónomas 1997. Vol. 1*, Ed. Instituto de Derecho Público, Barcelona.

Almazán Gárate, J. L. y Estepa Montero, M. (2007): *El régimen jurídico de los puertos del Estado*, Ed. Universidad Politécnica de Madrid, Escuela Técnica Superior de Ingenieros de Caminos, Canales y Puertos, Madrid.

Blasco Díaz, J.L. (1998): «Competencias urbanísticas municipales y obras estatales portuarias en la sentencia del Tribunal Constitucional 40/1998 de 19 de febrero», *Revista Vasca de Administración Pública*, núm. 52, pp. 351-362.

Blasco Díaz, J.L. (2023): «Comentarios a los artículos 57, 58, 59, 60 y 61 del TRLPEMM», en Petit Lavall, Mª. V., Blasco Díaz, J.L., Puetz, A. y Oller Rubert, M. (Dir.), *Comentarios al texto refundido de la Ley de Puertos del Estado y de la Marina Mercante y normativa de desarrollo*, Ed. Tirant lo Blanch, Valencia, pp. 489-507.

Bueno de Sitjar de Togores, B. (2011): «3. Autorizaciones y concesiones», en De Fuentes Bardají, J. (Dir.), *Manual de Dominio Público Marítimo-Terrestre y Puertos del Estado*, Ed. Thomson Reuter Aranzadi, Cizur Menor (Navarra), pp. 496-517.

Bueno de Sitjar de Togores, B. (2011): «4. El contrato de concesión de obra pública portuaria», en De Fuentes Bardají, J. (Dir.), *Manual de Dominio Público Marítimo-Terrestre y Puertos del Estado*, Ed. Thomson Reuter Aranzadi, Cizur Menor (Navarra), pp. 517-540.

Canales Gil, Á. y Huerta Barajas, J. A. (2018): *Comentarios a la Ley 9/2017, de Contratos del Sector Público,* Ed. Ministerio de la Presidencia y para las Administraciones Territoriales (Boletín Oficial del Estado), Madrid.

Carrillo Donaire, J.A. (2003): *Las servidumbres administrativas: delimitación conceptual, naturaleza, clases y régimen jurídico*, Ed. Lex Nova, Valladolid.

Caruz Arcos, E. y Moreno Prieto, J.D. (2020): «Las licencias urbanísticas y la cláusula "sin perjuicio de terceros"», *Revista de urbanismo y edificación*, núm. 45, pp. 233-246.

Clavero Arévalo, M. F. (2017): *La inalienabilidad del dominio público*, Ed. Universidad de Sevilla-Secretariado de Publicaciones, Sevilla.

Concha Jaraba, M. (2017): «Un acercamiento a la Concesión de Obra Pública Portuaria regulada en el artículo 126 de la Ley 48/2003, de 26 de noviembre, de régimen económico y prestación de servicios en Puertos de Interés General», *Reflexiones: Revista de Obras Públicas, Transporte y Ordenación Territorial*, núm. 1, pp. 103 a 121.

Eguinoa de San Román, R. (2012): *La gestión de los puertos de interés general*, Ed. Atelier, Barcelona.

Eguinoa de San Román, R. (2018): *Derecho comunitario y puertos de interés general. Un análisis del modelo portuario estatal a la luz del Reglamento (UE) 2017/352 del Parlamento Europeo y del Consejo de 15 de febrero de 2017 por el que se crea un marco para la prestación de servicios portuarios y se adoptan normas comunes sobre transparencia financiera*, Ed. Atelier, Barcelona.

Eguinoa de San Román, R. (2021): «Reflexiones para una reforma de la legislación de puertos de interés general», *Revista General de Derecho Administrativo*, núm. 56, pp. 1-29.

Estepa Montero, M. (2021): *Análisis sobre la política pública de los puertos de interés general*, Ed. Marcial Pons.

Fernández Acevedo, R. (2012): *Las concesiones administrativas de dominio público*, Ed. Aranzadi (2ª ed.), Navarra.

Fernández Acevedo, R. (2010): «Régimen jurídico de la utilización de los bienes y derechos demaniales: los títulos habilitantes (arts. 84 a 104)», en Mestre Delgado, J. F. (Dir.), *El régimen jurídico general del Patrimonio de las Administraciones Públicas*, Ed. El Consultor de los Ayuntamientos y de los Juzgados: Wolters Kluwer, Madrid, pp. 813-945.

Fernández Scagliusi, M.A. (2010): «La división en volúmenes de la propiedad pública en el ámbito urbanístico», *Revista Andaluza de Administración Pública*, núm. 78, pp. 157-190.

Fernández Scagliusi, M.A. (2011): «El problemático plazo de las concesiones de uso del dominio público (a propósito de la Resolución de la DGRN de 4 de diciembre de 2012)», *Revista de Estudios de la Administración Local y Autonómica*, núm. 317, pp. 283-295.

Fernández Scagliusi, M.A. (2015): *El dominio público funcionalizado: la corriente de valorización*, Ed. Instituto Nacional de Administración Pública, Madrid.

Fernández Scagliusi, M.A. (2015): *La rentabilización del dominio público en tiempos de crisis ¿Nuevas tendencias coyunturales o definitivas?*, Ed. Tecnos, Madrid.

Fonseca-Herrero Raimundo, A. J. (2021): «La ruptura del equilibrio del contrato y sus correcciones», *Revista de Administración Pública*, núm. 216, pp. 11-46.

Gallego Córcoles, I. (2024): «El Derecho de la contratación pública: Evolución normativa y configuración actual», en Gamero Casado, E. y Gallego Córcoles, I. (Dir.), *Tratado de contratos del sector público, Tomo I*, Ed. Tirant lo Blanch (2ª ed.), Valencia, pp. 176 a 183.

García de Enterría Martínez-Carande, E. (1987): «Sobre el principio de inembargabilidad, sus derogaciones y sus límites constitucionales y sobre la ejecución de sentencias condenatorias de la administración», en Martín-Retortillo Baquer, S. (Dir.), *Estudios de derecho y hacienda: homenaje a César Albiñana García-Quintana*, Ed. Ministerio de Economía, Industria y Competitividad, Madrid, pp. 121-152.

García de Enterría Martínez-Carande, E. (1954): «Sobre la imprescriptibilidad del dominio público», *Revista de Administración Pública*, núm. 13, pp. 11-52.

García Herrera, V. (2020): «A vueltas con la responsabilidad de las residencias de mayores por la gestión de la pandemia», *Actualidad Civil*, núm. 11.

García Morales, V. Y. (2010): «Políticas sectoriales que condicionan la competencia de ordenación del territorio y urbanismo. Especial referencia a puertos», *Revista Digital Facultad de Derecho,* núm. 2, pp. 74-109.

García Pérez, M. (1995): *La utilización del dominio público marítimo-terrestre. Estudio especial de la concesión demanial,* Ed. Marcial Pons, Ediciones Jurídicas S.A., Madrid.

Gimeno Feliú, J. M. (2004): «Los procedimientos y criterios de adjudicación y la posibilidad de valorar aspectos sociales y medioambientales», en Gimeno Feliú, J. M. (Coord.), *Contratación de las Administraciones Públicas: análisis práctico de la nueva normativa sobre contratación pública*, Ed. Atelier, pp. 61-94.

Gimeno Feliú, J. M. (2017): «Las condiciones sociales en la contratación pública: posibilidades y límites», *Anuario del Gobierno Local*, núm. 1, pp. 241-287.

González Carrillo, J. (2012): «La garantía provisional», en Alonso Mas, J.M. (Coord.), *Aspectos prácticos y novedades de la contratación pública: en especial en la Administración Local,* Ed. El Consultor de los Ayuntamientos (2ª ed.), Madrid.

González García, J. V. (2019): «Concesiones demaniales y servicio público», en Martínez Fernández, J.M. (Coord.), *La gestión de los servicios públicos locales en el marco de la LCSP, la LRJSP y la LRSAL,* Ed. El Consultor de los Ayuntamientos, Madrid.

Gonzalo Rodríguez, I. (1965): «Concesiones y autorizaciones portuarias», *Revista de Administración Pública*, núm. 46, pp. 369-386.

Hernández Rivera, C. (2011): «IV. Régimen de Policía», en De Fuentes Bardají, J. (Dir.), *Manual de Dominio Público Marítimo-Terrestre y Puertos del Estado*, Ed. Thomson Reuter Aranzadi, Cizur Menor (Navarra), pp. 631-651.

Horgué Baena, C. (2007): «Régimen de prestación de los servicios portuarios en los puertos de interés general. En especial, de los servicios portuarios básicos», *Revista Española de Derecho Administrativo*, núm. 134, pp. 285-320.

Huesca Boadilla, R. (2011): «I. Puertos competencia de la Administración General del Estado», en De Fuentes Bardají, J. (Dir.), *Manual de Dominio Público Marítimo-Terrestre y Puertos del Estado*, Ed. Thomson Reuter Aranzadi, Cizur Menor (Navarra), pp. 365-412.

Jiménez de Cisneros Cid, F. J. (1993): «La ordenación jurídica de la zona de servicio de los puertos de interés general», *Revista de Derecho Urbanístico y Medio Ambiente*, núm. 134, pp. 117-164.

Jiménez de Cisneros Cid, F. J. (1995): «La ejecución de obras en la zona de servicio de los puertos de interés general», *Revista de Derecho Urbanístico y Medio Ambiente*, núm. extra-145, pp. 55-78.

Jiménez de Cisneros Cid, F. J. (1996/97): «Organización instrumental pública en la Ley de Organización y Funcionamiento de la Administración Pública», *Documentación administrativa*, núm. 246-247, pp. 303-416.

Jiménez de Cisneros Cid, F. J. (1998): «Organización instrumental pública en la ley de organización y funcionamiento de la administración general del estado», *Estudios de Derecho judicial,* núm. 14, pp. 153-186.

Jiménez de Cisneros Cid, F. J. (1998): «Los puertos en el territorio: la constitucionalidad de la Ley de Puertos del Estado y de la Marina Mercante: Análisis de las Sentencias del Tribunal Constitucional núm. 40/1998, de 19 de febrero y de 2 de abril de 1998», *Revista de derecho urbanístico y medio ambiente*, núm. 160, 32, pp. 11-45.

Jiménez de Cisneros Cid, F. J. (2018): «A propósito del dominio público portuario», en Jiménez de Cisneros CID, F. J. (Dir.) *Homenaje al profesor Ángel Menéndez Rexach*, Ed. Thomson Reuters Aranzadi, Cizur Menor (Navarra), pp. 323-345.

Jiménez de Cisneros Cid, F.J. (2019): «El reglamento europeo de prestación de servicios portuarios y el dominio público portuario», en Eguinoa de San Román, R. (Coord.), *El Reglamento Europeo de Puertos y su impacto en el sector*, Ed. Atelier, Barcelona, pp. 55-80.

Juan Gómez, M. (2020): «Responsabilidad de la Administración Pública con ocasión del COVID-19. Diferencias entre responsabilidad contractual y extracontractual», *Diario La Ley*, núm. 9.639.

Lafuente Benaches, M. (1988): *La concesión de dominio público (Estudio especial de la declaración de su caducidad),* Ed. Montecorvo S.A., Madrid.

Laguna de Paz, J. C. (2017): «El control judicial de la discrecionalidad administrativa», *Revista española de Derecho Administrativo*, núm. 186, pp. 83-108.

López Benítez, M. (2015): «Las normas básicas y las competencias estatales del artículo 149.1.18 de la Constitución», en Rebollo Puig, M., López Benítez, M. y Carbonell Porras, E. (Coord.) *Régimen jurídico básico de las*

Administraciones Públicas: Libro homenaje al Profesor Luis Coscullela, Ed. Iustel, Madrid, pp. 111-134.

López Menudo, F. (2006): «¿Régimen jurídico unitario para las concesiones o pluralidad de regímenes especiales?», *Revista Andaluza de Administración Pública,* núm. 63, pp. 11-46.

López Menudo, F. (2007): «Títulos hábiles para la utilización de bienes y derechos demaniales. Tipología y régimen», en Horgué Baena, C. (Coord.), *Régimen Patrimonial de las Administraciones Públicas,* Ed. Iustel, Madrid, pp. 218-239.

López Menudo, F. (2013): «La vieja cláusula "sin perjuicio de tercero" y la Administración del porvenir», *Revista de Administración Pública,* núm. 190, pp. 462-480.

López Menudo F. (2022): «Las fuentes del Derecho Administrativo», en Barrero Rodríguez, C. (Coord.) *Lecciones de Derecho Administrativo. Parte General,* Ed. Technos (6ª ed.), Madrid, pp. 69-101.

López Molina, L., Pontón Aricha, T. y Vázquez Fariñas, M. (Dir.) (2023): *Puertos. Historia, evolución de la navegación y su reglamentación,* Ed. Dykinson, Madrid.

Magide Herrero, M. (2021): «Regulatory considerations on merger and acquisitions: regulated markets and general constraints», en Jordano Luna, M. y Sebastián Quetglas R. (Coord.), *Manual de fusiones y adquisiciones de empresas,* Ed. La Ley (3ª ed.), Madrid, pp. 1201-1240.

Menéndez Rexach, Á. (1995): «Dominio público portuario. El dominio público portuario estatal», *Revista de Derecho Urbanístico y Medio Ambiente,* núm. 145, pp. 79-122.

Menéndez Rexach, Á. (2005): «Concesión de utilización de dominio público», *Revista Direito E Justiça,* núm. Especial, pp. 117-148.

Menéndez Rexach, Á. (2005): «La concesión demanial: significado histórico y actual», en Rodríguez Mourullo, G. (Hom.), *Homenaje al profesor Dr. Gonzalo Rodríguez Mourullo,* Ed. Civitas, Madrid, pp. 2103-2128.

Menéndez Rexach, Á. (2021): *Régimen jurídico de la actuación administrativa, Vol. 2,* Ed. Thomson Reuter-Cívitas (2ª ed.), Pamplona, pp. 207-234.

Menéndez Rexach, Á. (2021): «Los faros españoles: evolución legislativa y régimen de utilización», *Ciudad y territorio: Estudios territoriales,* núm. 208, pp. 535-552.

Menéndez Rexach, Á. (2022): «Obras públicas y licencia en los puertos de interés general», *Revista de Derecho Urbanístico y Medio Ambiente,* núm. 358, pp. 17-50.

Mestre Delgado, J.F. (2004): «La extinción de las autorizaciones y concesiones demaniales», en Chinchilla Marín, C. (Coord.) *Comentarios a la Ley 33/2003, del Patrimonio de las Administraciones Públicas,* Ed. Civitas, Madrid, pp. 491-520.

Morales Morillas, C. (2020): «Fuerza mayor, factum principis y COVID», *Diario La Ley*, núm. 9.676, pp. 175-204.

Moreno Prieto, J. D. (2022): «Puertos Deportivos: la controvertida cuestión del plazo máximo de duración de las concesiones», *Revista Andaluza de Administración Pública*, núm. 113, pp. 121-154.

Musso, E.; Parola, F. y Ferrari, C. (2012): «Modelos de gestión portuaria», *Papeles de economía española*, núm. 131, pp. 116-127.

Nägele García de Fuente, N. (2023): «Novedades en torno a la prórroga de concesiones portuarias tras la aclaración del régimen transitorio de la Ley 27/1992», *Actualidad Jurídica Uría Menéndez*, núm. 62, pp. 120-127.

Nägele García de Fuente, N. (2023): «El control de la Autoridad Portuaria ante la transmisión de sociedades concesionarias», *Revista de Derecho del Transporte*, núm. 31, pp. 31-50.

Navajas Rebollar, M. (2023): «Comentarios al artículo 24 del TRLPEMM», en Petit Lavall, Mª. V., Blasco Díaz, J.L., Puetz, A. y Oller Rubert, M. (Dir.), *Comentarios al texto refundido de la Ley de Puertos del Estado y de la Marina Mercante y normativa de desarrollo*, Ed. Tirant lo Blanch, Valencia, pp. 319-332.

Oller Rubert, M. (2023): «Comentarios a la DT 2ª del TRLPEMM», en Petit Lavall, Mª. V., Blasco Díaz, J.L., Puetz, A. y Oller Rubert, M. (Dir.), *Comentarios al texto refundido de la Ley de Puertos del Estado y de la Marina Mercante y normativa de desarrollo*, Ed. Tirant lo Blanch, Valencia, pp. 1748-1752.

Palomar Olmeda, A. (2021): «Las modificaciones sustanciales de las concesiones de dominio púbico portuario en la STS del 10 de diciembre de 2020», *Diario La Ley*, núm. 9.772, Sección Doctrina.

Parejo Alfonso, L. (2004): «El régimen de utilización de los bienes y derechos de dominio público», en Chinchilla Marín, C. (Coord.), *Comentarios a la Ley 33/2003, del Patrimonio de las Administraciones Públicas*, Ed. Civitas, Madrid, pp. 433-474.

Parejo Alfonso, L. (2022): *Lecciones de Derecho Administrativo,* Ed. Tirant lo Blanch (12ª ed.), Valencia.

Ramos, A. (2012): «Las cláusulas sociales en la regulación de los contratos del sector público tras el RD Leg. 3/2011», *Contratación administrativa práctica: revista de la contratación administrativa y de los contratistas,* núm. 119, pp. 30-51.

Rivas Andrés, R. (2009): «La obligatoriedad de publicar en Diario Oficial los Reglamentos particulares de cada puerto», *Diario La Ley*, núm. 7.091.

Rivero Ysern, J.I. y Montoya Martín, E. (2015): «Una nueva oportunidad para la minería metálica: la reapertura de la mina de Aznalcóllar en Sevilla», *Revista Andaluza de Administración Pública*, núm. 91, pp. 37-90.

Rodríguez López, P. (2005): *Derecho Administrativo Patrimonial,* Ed. Bosch, Barcelona.

Román Márquez, A. (2023): «Las cláusulas sociales y ambientales en las subvenciones públicas», *Revista de Estudios de la Administración Local y Autonómica,* núm. 19, pp. 172-196.

Sabaté i Vidal, J.M. y Fuentes i Gasó, J. R. (2015): «Derecho Público y Derecho Privado en las concesiones administrativas de dominio de los puertos y dársenas deportivas», *Actualidad Administrativa,* núm. 5.

Santiago Fernández, Mª. J. (2021): «Régimen Jurídico aplicable a las Concesiones sobre Puertos Deportivos que fueron transferidos a la Comunidad Autónoma de Andalucía al amparo del Real Decreto 3137/1983, de 25 de agosto, por el que fueron transferidas a la Comunidad Autónoma de Andalucía las funciones y servicios del Estado en materia de Puertos Deportivos y de Recreo», *Reflexiones: Revista de Obras Públicas, Transporte y Ordenación Territorial,* núm. 12, pp. 55-75.

Torno Mas, J. (2014): «La ley 20/2013, del 9 de diciembre, de garantía de la unidad de mercado. En particular, el principio de eficacia», *Revista d'estudis autonòmics i federals,* núm. 19, pp. 144-177.

Trias Prats, B. (2014): «El nuevo régimen de duración de las concesiones portuarias en los puertos de interés general», *Revista española de Derecho Administrativo,* núm. 167, pp. 269-291.

Trias Prats, B. (2014): «El régimen económico de las Autoridades Portuarias (un recorrido histórico: desde la estatalización del servicio de puertos a la última legislación)», *Revista General de Derecho Administrativo,* núm. 35, pp. 1-20.

Trias Prats, B. (2019): «Servicios portuarios, actividades comerciales y dominio público», en Eguinoa de San Román, R. (Coord.), *El Reglamento Europeo de Puertos y su impacto en el sector,* Ed. Atelier, Barcelona, pp. 35-54.

Vélez Fraga, M. y Nägele García de Fuente, N. (2021): «La modificación de las concesiones portuarias ante la doctrina del Tribunal Supremo», *Actualidad jurídica Uría Menéndez,* núm. 56, pp. 155-165.

Vercher Noguera, A. (1996): «El medio ambiente en la jurisprudencia del Tribunal de Justicia de la Comunidad Europea», *La Ley: Revista jurídica española de doctrina, jurisprudencia y bibliografía,* núm. 2, pp. 1487-1497.

Villar Palasí, J.L. (1951): «La eficacia de la concesión y la cláusula "sin perjuicio de tercero"», *Revista de Administración Pública,* núm. 5, pp. 147-234.

Zabala Landa, F.J. (2019): «Gestión del dominio público portuario y régimen de garantías en la Ley de Puertos y Transporte Marítimo del País Vasco», en Martín Osante, J.M. (Dir.), *Navegación de recreo y puertos deportivos: nuevos desafíos de su régimen jurídico,* Ed. Marcial Pons, Madrid, pp. 75-86.

Zambonino Pulito, M. (1997): *Puertos y Costas: Régimen de los puertos deportivos,* Ed. Tirant lo Blanch, Valencia.

Zambonino Pulito, M. (2023): «Comentarios a los artículos 81 a 100 del TRLPEMM», en Petit Lavall, Mª. V., Blasco Díaz, J.L., Puetz, A. y Oller Rubert, M. (Dir.),

Comentarios al texto refundido de la Ley de Puertos del Estado y de la Marina Mercante y normativa de desarrollo, Ed. Tirant lo Blanch, Valencia, pp. 607-694.

Zambonino Pulito, M. (2023): «Consideraciones al régimen de las autorizaciones y concesiones de ocupación del dominio público portuario estatal», *Revista General de Derecho Administrativo*, núm. 64.

Zurutuza Arigita, I. (2017): «El acceso al mercado de los servicios portuarios: a propósito del nuevo Reglamento (UE) 2017/352», *Revista de Derecho del Transporte,* núm. 20, pp. 87-111.